Research on the Issuance of A Share ai

Chinese Company and the Dual Listing

中国公司A+H双重上市发行研究

增订版

朱 宁 / 著

中国法治出版社
CHINA LEGAL PUBLISHING HOUSE

目录

Chapter 1 第1章

中国资本市场发展与企业双重上市

1.1 企业发展与资本市场

任何企业的发展都离不开资金支持。伴随着金融市场的迅速发展，企业可以选择的融资方式也越来越多。通常来说，企业的融资来源包括内源性融资和外源性融资。内源性融资主要指企业向内部人（包括与企业有密切关系的相关主体）进行融资，其融资的资金来源主要是企业的利润，即股东将可分配收益留存企业，用以保证企业的现金流及进一步发展需要，或者股东、董事、高级管理人员向企业提供借款等。外源性融资是企业向外部人进行融资，其融资的资金来源主要是企业之外的社会其他主体，包括银行、其他金融机构和社会投资人等。外源性融资的方式包括债权融资和股权融资，而股权融资以公开发行股份的方式募集资金最为有效，具有期限长、无须还本付息的特点。

公开发行股票并上市交易是企业发展到一定阶段的重要选择。从一个国家资本市场发展的角度来看，一个有助于企业公开发行上市、便于融资、促使企业不断完善治理机制的市场，是一个发达的、具有竞争力的市场。在一个发达的资本市场中，金融机构及其产品是多元化的，金融服务机构恪守职责并能够协助企业获得其发展所需要的资金，而企业也必然遵守市场规则，公平对待投资者并保证其利益的实现。

资本市场是一国金融市场的重要组成部分，其核心功能是帮助企业进行外源性融资，满足企业长期发展的资本需求，实现社会资本的合理配置和有效使用。一个成熟的、运行良好的资本市场，应当具备多层次、体系化的资本融通功能，能够满足市场主体多样化的经济需求，这也是我国资本市场迫切需要达到的目标。证券市场是资本市场重要的组成部分，是企业融资最有效的市场之一。

现代意义上的证券市场不是一个基于私人意思自治自由形成的市场，而是一个由法律和经济发展共同推动形成的市场，它必定表现为一国法律意义上的市场，因而证券市场国际化所形成的国际证券市场也只能是一个具有国际性因素的国内证券市场。证券市场国际化程度的高低受国内法律开放态度的影响。在金融全球化的背景下，证券市场国际化成为全球资本市场发展的重点，国际金融中心的发展需要证券市场的国际化，而证券市场的国际化则需要外国公司跨境上市这一措施来推进。外国公司跨境上市法律制度演进受到法律制度形成的基础、法律文化传统、经济发展的要求以及国际金融中心竞争的需要等多重因素的影响，正是这些多重因素的影响造就了各自法律制度的异同。

1.2　中国资本市场

证券市场是有价证券发行和流通以及与此相适应的组织与管理方式的总称，包括证券发行市场和证券流通市场两个部分。证券发行市场也称证券的一级市场，是一个抽象的概念，主要指证券发行人募集资金的过程，包括企业向政府监管机构的申请，以及金融机构和中介机构的辅导、销售等辅助性行为等，其目标是给投资者提供一个公平透明的投资环境，并实现引导社会资金流向、优化资源配置的功能。证券流通市场也称证券的二级市场，分为场内交易市场和场外交易市场，是已发行的证券进行买卖、转让和流通的市场。[①]

1.2.1　中国资本市场发展概况

中国证券市场早在清代末期就已出现。为了便利洋务派兴办的股份制企

① 吴晓求、赵锡军、董安生主编:《证券市场概论》，中国人民大学出版社 2007 年版，第 22 页。

业的股票转让交易，清政府在光绪末年同意组建“上海股份公所”和“上海众业公所”，对外国企业的股票、公司债券，中国政府的金币公债以及外国设在上海的行政机构发行的债券等进行转让交易。

中华人民共和国成立后的第一家证券交易所是上海证券交易所（以下简称上交所），其于 1990 年 12 月 19 日正式开业。深圳证券交易所（以下简称深交所）虽然于 1990 年开始试营业，但正式开业是在 1991 年 7 月 3 日。深交所和上交所的设立，既代表着我国证券市场的新开端，也标志着我国全国性证券市场的正式建立。①1992 年 10 月国务院证券管理委员会和中国证券监督管理委员会的成立，代表着我国资本市场的正式形成，以及资本市场监管架构的初步建立。

我国资本市场建立的目的，最初是解决国有企业的资金短缺问题，帮助国有企业在传统的银行贷款之外，开辟一个新的融资渠道，利用社会资金促进国有企业的发展。1996 年的八届人大四次会议上，我国政府将股票市场定位为“社会主义经济的重要组成部分”②，在国家层面肯定了资本市场对经济体制改革的重大作用。1993 年《公司法》③ 和 1998 年《证券法》的颁布，在国家法律层面确立了资本市场的地位，这也标志着我国资本市场法律法规体系的正式建立。

2005 年，《公司法》、《证券法》皆进行了大幅度修改，从法律层面对证券公司综合治理、上市公司规范、投资者保护等进行了规范。《公司法》修订主要涉及以下十个方面：（1）引入公司法人人格否认制度；（2）取消按照公司经营内容区分最低注册资本额的规定；（3）无形资产可占注册资本的 70%；（4）取消公司对外投资占公司净资产一定比例的限制；（5）增加股东诉讼的规定；（6）规定有限责任公司中小股东在特定条件下的退出机制；（7）上市公司要设独立董事；（8）对关联交易行为作出严格的规范；（9）允

① 刘春长：《中国证券市场监管制度及其变迁研究》，中国金融出版社 2010 年版，第 23、24 页。
② 刘春长：《中国证券市场监管制度及其变迁研究》，中国金融出版社 2010 年版，第 69 页。
③ 本书中引用的《中华人民共和国公司法》统一简称为《公司法》，全书其他法律法规采用同样的处理方式。

许设立一人有限责任公司；（10）明确公司的社会责任，增加依法与职工签订劳动合同的规定。《证券法》的主要修订内容：（1）建立证券发行上市保荐制度，完善证券发行；（2）增加上市公司控股股东或实际控制人，上市公司董事、监事、高管人员的诚信义务和法律责任规定；（3）建立发行申请文件的预披露制度，提高发行透明度，拓宽社会监督的渠道；（4）健全证券公司内部控制制度，明确证券公司高级管理人员任职资格管理制度；（5）补充和完善对证券公司的监管措施；（6）建立证券投资者保护基金制度；（7）明确证券发行人、证券公司、上市公司的收购人或控股股东等对各类投资者的损害赔偿的民事责任规定；（8）增加发行失败的规定，强化发行人的风险意识，促进发行的市场化；（9）加大上市公司、证券公司有关高级管理人员和直接责任人员的责任，发行人有欺诈发行、虚假陈述的，以及证券公司有违规从事承销、保荐的，对其负有责任的高管人员和直接责任人员可给予警告、罚款等处罚。

随着经济体制改革的不断深入，我国民营企业也在不断成长，不仅带动了经济的发展，而且对我国产业结构和社会分配机制也产生了重大影响。尤其是高科技和互联网企业，不仅改变了人们的生活方式，也对我国的经济发展起着不可忽视的作用。1999年，我国资本市场开始接受非国有股份公司进入资本市场进行融资。2004年1月，国务院发布了《关于推进资本市场改革开放和稳定发展的若干意见》（已失效），推进发行制度、资本市场股权分置等重大改革，并鼓励机构投资者参与资本市场发展。

从20世纪80年代开启的金融全球化所引发的证券市场国际化也深深地影响着我国证券市场的发展。我国于2001年12月11日正式加入WTO后就面临着承担WTO所推进的金融服务业全面开放的义务。为此，我国从2002年12月1日开始施行合格的境外机构投资者制度（QFII），从2004年12月开始允许外国公司到中国资本市场发行债券，在2005年开启了旨在消除制约证券市场发展制度性障碍的股权分置改革，在2006年发布了《外国投资者并购境内企业暂行规定》（已失效），实际上开启了外国公司进入中国证券市场的迂回之路。这一系列的制度安排旨在逐步推进我国证券市场的国际化。2007 年，我国证券市场的管理层也明确表示鼓励境外公司自主选择到 A 股市场发行上市。为此，上海证券交易所也积极组织研究人员探索开放 A 股市场的方式。2009 年 4 月，国务院发布了《关于推进上海加快发展现代服务业和先进制造业建设国际金融中心和国际航运中心的意见》，明确提出到 2020 年，上海基本建成与我国经济实力以及人民币国际地位相适应的国际金融中心。

2013 年 11 月 12 日，中国共产党第十八届中央委员会第三次全体会议通过了《中共中央关于全面深化改革若干重大问题的决定》，决定“健全多层次资本市场体系，推进股票发行注册制改革，多渠道推动股权融资，发展并规范债券市场，提高直接融资比重”。2019 年 1 月，中央全面深化改革委员会第六次会议审议通过了《在上海证券交易所设立科创板并试点注册制总体实施方案》以及《关于在上海证券交易所设立科创板并试点注册制的实施意见》，正式进行注册制改革，在科创板实施注册制试点。

2019 年 12 月 28 日，第十三届全国人民代表大会常务委员会第十五次会议审议通过了修订后的《证券法》，最突出的修订内容就是在法律层面确立了以注册制为基础、以信息披露为核心的证券发行制度，为主板、创业板、公募债券等的注册制审核奠定了法律基础；同时，建立投资者保护制度，完善集体诉讼机制；对于有违法所得的相关证券违法行为规定没收违法所得，大幅度提高行政罚款额度。

2021 年，北京证券交易所（以下简称北交所）揭牌开市并同步试点注册制。

2023 年 2 月 1 日，中国证监会就全面实行股票发行注册制涉及的《首次公开发行股票注册管理办法》等主要制度规则草案向社会公开征求意见，全面实行股票发行注册制改革正式启动。2023 年 2 月 17 日，全面实行股票发行注册制正式实施。

目前，中国已经形成了以《证券法》为核心的四个层次的证券法律体系：第一个层次是由全国人民代表大会或全国人民代表大会常务委员会制定并颁布的法律，包括《民法典》、《公司法》、《证券法》、《证券投资基金法》等，此外，《反洗钱法》、《企业破产法》以及《刑法》等法律也与证券市场有着密切的联系；第二个层次是由国务院制定并颁布的行政法规，包括《证券公司监督管理条例》、《证券公司风险处置条例》、《证券交易所风险基金管理暂行办法》等；第三个层次是由证券监管部门制定的部门规章及规范性文件，包括《首次公开发行股票注册管理办法》、《上市公司证券发行注册管理办法》、《证券登记结算管理办法》、《证券发行与承销管理办法》、《上市公司信息披露管理办法》、《证券公司融资融券业务管理办法》、《证券市场禁入规定》等；第四个层次是指由证券交易所、中国证券业协会及中国证券登记结算有限公司制定的自律性规则，包括由上交所、深交所及北交所分别制定的上市规则等。2023 年，为贯彻落实全面实行股票发行注册制的相关要求，上交所、深交所和北交所都发布了一系列相关规则和指引，涉及首次公开发行审核关注要点、信息披露、证券违规的法律监管等多项内容。

1.2.2　我国多层次资本市场的建立

《证券法》第 37 条规定：“公开发行的证券，应当在依法设立的证券交易所上市交易或者在国务院批准的其他全国性证券交易场所交易。非公开发行的证券，可以在证券交易所、国务院批准的其他全国性证券交易场所、按照国务院规定设立的区域性股权市场转让。”目前，中国境内设有 3 家证券交易所和 1 家经国务院批准的其他全国性证券交易场所。我国境内的资本市场由主板、创业板、科创板、北交所、新三板和区域性股权交易市场构成，各市场板块之间已经基本形成定位清晰、协同互补、错位发展、有机互联的多层次资本市场格局。其中，交易所板块指的是上海证券交易所、深圳证券交易所和北京证券交易所。

上海证券交易所和深圳证券交易所均设有主板，主板突出“大盘蓝筹”特色，重点支持业务模式成熟、经营业绩稳定、规模较大、具有行业代表性的优质企业。上海证券交易所成立于 1990 年 11 月 26 日，截至 2024 年 6 月 27 日，上市公司总数达 2311 家，总市值 45.8 万亿元。其中，主板 1738 家，科创板 573 家。[①] 深圳证券交易所成立于 1990 年 12 月 1 日，截至 2024 年 6 月 27 日，上市公司总数达 2890 家，总市值 27.1 万亿元。其中，主板 1542 家，创业板 1348 家。[②]

创业板在深圳证券交易所，2009 年 10 月开市，主要致力于创业板深入贯彻创新驱动发展战略，适应发展更多依靠创新、创造、创意的大趋势，主要服务成长型创新创业企业，支持传统产业与新技术、新产业、新业态、新模式的深度融合。目前，深圳证券交易所创业板已经成为全球成长最快的服务创业创新市场，创业板市值及成交金额在全球创业板市场居领先地位。最初，深圳中小板设立的目的是拓宽中小企业融资渠道、推进自主创新，然而随着中小板的发展，中小板公司与主板公司之间没有了明确的界限，由此暴露出中小板和主板同质化的问题，此外，主板结构长期固化也是亟待解决的问题之一，因此，合并深交所主板与中小板成为以问题为导向的必然改革举措。2021 年 3 月 31 日，深圳证券交易所发布通知，经中国证监会批准，主板与中小板于 2021 年 4 月 6 日正式实施合并。[③] 深交所主板与中小板合并后，深市形成以主板、创业板为主体的市场格局，其主板重点支持相对成熟的企业融资发展，创业板将主要服务成长型创新创业企业。深市主板和中小板的合并可以更好地优化深交所板块结构，形成主板与创业板各有侧重、相互补充的发展格局，有利于满足企业不同发展阶段的融资需求，让资本更好地服务于实体经济。

科创板设立于上海证券交易所，2019 年 7 月 22 日开市。科创板面向世界科技前沿、面向经济主战场、面向国家重大需求，优先支持符合国家战略，拥有关键核心技术，科技创新能力突出，主要依靠核心技术开展生产经

① 上海证券交易所网站，https://www.sse.com.cn/market/view/，2024 年 6 月 28 日最后访问。
② 深圳证券交易所网站，https://www.szse.cn/market/overview/index.html，2024 年 6 月 28 日最后访问。
③ 深圳证券交易所网站，https://www.szse.cn/disclosure/notice/t20210331_585343.html，2024 年 6 月 28 日最后访问。

营，具有稳定的商业模式，市场认可度高，社会形象良好，具有较强成长性的企业。

2018 年 11 月 5 日，国家主席习近平在首届中国国际进口博览会开幕式上发表重要讲话，表示将在上海证券交易所设立科创板并试点注册制。2019 年 1 月 28 日，中国证监会发布《关于在上海证券交易所设立科创板并试点注册制的实施意见》；同年 3 月，《科创板首次公开发行股票注册管理办法（试行）》（已失效）、《科创板上市公司持续监管办法（试行）》、《上海证券交易所科创板股票发行上市审核问答》（已失效）及一系列配套规则陆续发布。

2019 年 7 月 22 日，科创板正式开市。首批在科创板上市的 25 家公司，行业聚焦在机械设备、医药生物、电子通信等行业领域，均为制造业企业。经过几年的发展壮大，硬科技特色更加突出，注册制“试验田”的作用不断彰显。

北京证券交易所设立在北京，是经国务院批准设立的我国第一家公司制证券交易所，2021 年 11 月 15 日正式开市。重点支持先进制造业和现代服务业等领域的企业上市。截至 2024 年 6 月 27 日，上市公司总数达 249 家，总市值 3080.14 亿元。①

71 家存量精选层公司和 10 家已完成公开发行等程序的企业成为北交所首批上市公司，当日合计成交 95.73 亿元。首批 81 家上市公司中超 80% 的公司来自先进制造业、现代服务业、高技术服务业、战略性新兴产业等领域，17 家为专精特新“小巨人”企业。② 在北京证券交易所设立的过程中，重点把握的原则是：（1）坚守“一个定位”。北京证券交易所牢牢坚持服务创新型中小企业的市场定位，尊重创新型中小企业发展规律和成长阶段，提高制度包容性和精准性。（2）处理好“两个关系”。一是北京证券交易所与沪深交易所、区域性股权市场坚持错位发展与互联互通，发挥好转板上市功能；二是北京证券交易所与新三板现有创新层、基础层坚持统筹协调与制度

① 北京证券交易所网站，https://www.bse.cn/static/statisticdata.html，2024 年 6 月 28 日最后访问。

② 中国政府网，https://www.gov.cn/xinwen/2021-11/16/content_5651111.htm，2024 年 6 月 28 日最后访问。

联动，维护市场结构平衡。（3）实现“三个目标”。一是建构一套契合创新型中小企业特点的涵盖发行上市、交易、退市、持续监管、投资者适当性管理等基础制度安排，提升多层次资本市场发展普惠金融的能力；二是畅通北京证券交易所在多层次资本市场的纽带作用，形成相互补充、相互促进的中小企业直接融资成长路径；三是培育一批优秀的创新型中小企业，形成创新创业热情高涨、合格投资者踊跃参与、中介机构归位尽责的良性市场生态。北京证券交易所的设立是对资本市场更好服务构建新发展格局、推动高质量发展作出的新的重大战略部署，既是实施国家创新驱动发展战略、持续培育发展新动能的重要举措，也是深化金融供给侧结构性改革、完善多层次资本市场体系的重要内容，对于更好地发挥资本市场功能作用、促进科技与资本融合、支持中小企业创新发展具有重要意义。北交所的设立，真正意义上打通了多层次资本市场为处在快速成长阶段与发展阶段的中小民营企业服务的关键一环，中国特色的多层次资本市场体系也不再是传统意义上的“金字塔结构”。

新三板是中国多层次资本市场的重要组成部分。全国中小企业股份转让系统官网显示，全国中小企业股份转让系统俗称“新三板”，是经国务院批准，依据《证券法》设立的继上交所、深交所之后的第三家全国性证券交易场所，全国股转公司为其运营机构。2013 年 12 月 13 日，《国务院关于全国中小企业股份转让系统有关问题的决定》发布，明确“全国股份转让系统是经国务院批准，依据证券法设立的全国性证券交易场所，主要为创新型、创业型、成长型中小微企业发展服务。境内符合条件的股份公司均可通过主办券商申请在全国股份转让系统挂牌，公开转让股份，进行股权融资、债权融资、资产重组等。申请挂牌的公司应当业务明确、产权清晰、依法规范经营、公司治理健全，可以尚未盈利，但须履行信息披露义务，所披露的信息应当真实、准确、完整”。

2023 年 8 月，证监会发布《关于高质量建设北京证券交易所的意见》，提出一系列高质量建设北交所的措施。随后北交所发布《北交所坚决贯彻落实中国证监会部署全力推进市场高质量发展》，将“已挂牌满12个月”的计算口径由原实际执行的“从挂牌至申报”明确为“由挂牌至上会”，同时允许挂牌满12个月的摘牌公司二次挂牌后直接申报北交所上市，这意味着原挂牌满12个月后摘牌准备申报沪深交易所的企业可以重新挂牌后直接申报北交所；2022年12月，北交所又推出直联审核监管机制。这些政策大幅提升了企业申报北交所的信心和效率。2023年10月8日，北交所发布修订后的《北京证券交易所上市公司持续监管指引第7号——转板》，标志着北交所向沪深交易所转板的通道常态化。从中长期看，转板制提高了北交所的未来预期，对于提升北交所市场自身流动性、加强多层次资本市场互联互通、促进北交所上市公司发展壮大以及提振民营企业信心等方面大有裨益。

新三板的深化改革及北交所的成立，将进一步落实《“十四五”促进中小企业发展规划》中提出的建立创新型中小企业、“专精特新”中小企业、专精特新“小巨人”企业的政策精神。

各板块定位的大逻辑主要由《首次公开发行股票注册管理办法》和《北京证券交易所向不特定合格投资者公开发行股票注册管理办法》两部法规予以明确。主板突出“大盘蓝筹”特色，重点支持业务模式成熟、经营业绩稳定、规模较大、具有行业代表性的优质企业；科创板面向世界科技前沿、面向经济主战场、面向国家重大需求，优先支持符合国家战略，拥有关键核心技术，科技创新能力突出，主要依靠核心技术开展生产经营，具有稳定的商业模式，市场认可度高，社会形象良好，具有较强成长性的企业；创业板深入贯彻创新驱动发展战略，适应发展更多依靠创新、创造、创意的大趋势，主要服务成长型创新创业企业，支持传统产业与新技术、新产业、新业态、新模式深度融合；北交所主要服务创新型中小企业，重点支持先进制造业和现代服务业等领域的企业，推动传统产业转型升级，培育经济发展新动能，促进经济高质量发展。

2008年以来，为了破解中小企业融资难的问题，各地陆续成立了一批区域性股权交易市场。其是为特定区域内的企业提供股权转让和融资服务的场外市场，一般由省级人民政府监管。2017 年 1 月 20 日，国务院办公厅印发了《关于规范发展区域性股权市场的通知》(以下简称《通知》)，在总结实践经验的基础上，对区域性股权市场作出专门的制度安排，是规范发展区域性股权市场的纲领性文件。根据《通知》规定，区域性股权市场是主要服务于所在省级行政区域内中小微企业的私募股权市场，既是多层次资本市场体系的重要组成部分，也是地方人民政府扶持中小微企业政策措施的综合运用平台；省级人民政府按规定实施监管，并承担相应风险处置责任，运营机构名单由省级人民政府实施管理并公告，同时向证监会备案。为贯彻落实党中央、国务院关于激发涌现更多“专精特新”中小企业的决策部署，提高区域性股权市场“专精特新”专板建设质量，更好地服务于中小企业，2022 年 11 月 15 日，中国证监会办公厅、工业和信息化部办公厅联合发布《关于高质量建设区域性股权市场“专精特新”专板的指导意见》。该意见聚焦于服务中小企业专精特新发展的目标，在高标准建设、高质量运行、高水平服务、加强有机联系、完善市场生态、加强组织保障六个方面作出了具体安排。例如，在高标准建设方面，从规范设立条件、聚焦服务对象、简化入板程序、明确建设方案等方面提出了可操作性的规则要求；在推动高质量运行方面，从分层管理体系（孵化层、规范层、培育层）、登记托管要求、信息披露原则、完善企业数据库四个层面来提高区域性股权市场的运行效率。区域性股权交易市场监管规则和政策要求的逐步完善，势必会进一步促进中小企业股权交易和融资、进一步鼓励科技创新和激活民间资本、进一步加强对实体经济薄弱环节的支撑作用。

根据《首次公开发行股票注册管理办法》的规定，中国证券监督管理委员会加强对发行上市审核注册工作的统筹指导监督管理，统一审核理念，统一审核标准并公开，定期检查交易所审核标准、制度的执行情况。首次公开发行股票并上市，应当符合发行条件、上市条件以及相关信息披露要求，依法经交易所发行上市审核，并报中国证监会注册。发行人应当诚实守信，依法充分披露投资者作出价值判断和投资决策所必需的信息，充分揭示当前及未来可预见的、对发行人构成重大不利影响的直接和间接风险，所披露信息必须真实、准确、完整，简明清晰、通俗易懂，不得有虚假记载、误导性陈述或者重大遗漏。应当按保荐人、证券服务机构的要求，依法向其提供真实、准确、完整的财务会计资料和其他资料，配合相关机构开展尽职调查和其他相关工作。其控股股东、实际控制人、董事、监事、高级管理人员、有关股东应当配合相关机构开展尽职调查和其他相关工作，不得要求或者协助发行人隐瞒应当提供的资料或者应当披露的信息。保荐人应当诚实守信、勤勉尽责，按照依法制定的业务规则和行业自律规范的要求，充分了解发行人的经营情况、风险和发展前景，以提高上市公司质量为导向，根据相关板块定位保荐项目，对注册申请文件和信息披露资料进行审慎核查，对发行人是否符合发行条件、上市条件独立作出专业判断，审慎作出推荐决定，并对招股说明书及其所出具的相关文件的真实性、准确性、完整性负责。证券服务机构应当严格遵守法律法规，中国证监会制定的监管规则、业务规则，本行业公认的业务标准和道德规范，建立并保持有效的质量控制体系，保护投资者合法权益，审慎履行职责，作出专业判断与认定，保证所出具文件的真实性、准确性和完整性。各方主体应当各司其职，共同推动我国资本市场的健康发展。

2023 年 2 月 17 日，中国证监会发布全面实行股票发行注册制相关制度规则，自公布之日起施行。证券交易所、全国股转公司、中国结算、中证金融、证券业协会配套制度规则同步发布实施。全面实行注册制制度规则的发布实施，标志着注册制的制度安排基本定型，以及注册制推广到全市场和各类公开发行股票行为。同时，全面实行注册制也是涉及资本市场全局的重大改革，在中国资本市场改革发展进程中具有里程碑意义。

2023 年 3 月，我国金融监管领域迎来重磅改革。中共中央、国务院印发《党和国家机构改革方案》，其中多项涉及金融监管领域：组建中央金融委员会、组建中央金融工作委员会、组建国家金融监督管理总局、深化地方金融监管体制改革、中国证券监督管理委员会调整为国务院直属机构、统筹推进中国人民银行分支机构改革……国家金融监督管理总局在中国银保监会的基础上组建而成，于 2023 年 5 月 18 日正式挂牌。通过构建“一行一局一会”的金融监管格局，把所有的合法金融行为和非法金融行为都纳入监管，让未来新出现的金融机构和金融业务难逃监管，形成全覆盖、全流程、全行为的金融监管体系。

经过 30 余年的发展，我国证券市场初步形成了以沪深交易所为主板市场，以科创板、创业板市场为代表的二板市场，以培育“专精特新”中小企业为定位的北京证券交易所，以全国中小企业股份转让系统为代表的全国性的三板市场和区域性股权交易市场所组成的多层次市场体系。我国证券市场不仅为中国企业发展筹集资金提供了重要渠道，更在社会资产配置及稳定经济结构等方面起到至关重要的作用，已成为我国经济发展的重要部分。我国证券市场的上市公司数量增长迅速，上市公司整体市值等方面也在逐渐缩小与国际资本市场的差距，开始向市场化、国际化发展。根据上海及深圳证券交易所的统计，截至 2024 年 1 月 30 日，在上海证券交易所及深圳证券交易所上市的公司共 5154 家，总市值 709061.8 亿元。[①] 截至 2024 年 1 月 31 日，在北京证券交易所挂牌上市的公司共 243 家，总市值 3615.98 亿元。[②] 全国股转系统挂牌公司共 6215 家，总股本 4442.07 亿股。[③]

2024 年 4 月 4 日，国务院发布《关于加强监管防范风险推动资本市场高质量发展的若干意见》（以下简称新“国九条”）。当月 12 日，证监会就涉及发行监管、上市公司监管、证券公司监管、交易监管等方面的 6 项规则草案公开征求意见，并制定了《关于严格执行退市制度的意见》，在退市监管方面完善相关制度规定。此外，沪深北证券交易所还同步就《股票发行上市审核规则》、《股票上市规则》等 19 项具体业务规则向社会公开征求意见，涉及提高上市条件、规范减持、严格退市标准等方面。（上述证监会及交易所

① 上海证券交易所网站，http://www.sse.com.cn/；深圳证券交易所网站，http://www.szse.cn/，2024 年 1 月 30 日最后访问。

② 北京证券交易所网站，http://www.bse.cn，2024 年 1 月 30 日最后访问。

③ 全国中小企业股份转让系统网站，http://www.neeq.com.cn/，2024 年 1 月 30 日最后访问。

制定及修改的若干制度，以下合称配套制度）

新“国九条”是继2004年、2014年两个“国九条”之后，国务院再次出台的资本市场指导性文件，是中国资本市场的第三个“国九条”，也被视为改革的“风向标”。新“国九条”聚焦中国式现代化这一中心，锚定金融强国建设这一奋斗目标，分阶段提出了未来5年、2035年和21世纪中叶资本市场发展目标，从投资者保护、上市公司质量、行业机构发展、监管能力和治理体系建设等方面，勾画了发展蓝图。

在强监管方面，新“国九条”确定将构建全方位、立体化资本市场监管体系。上市公司监管要突出全链条监管和提升上市公司投资价值，围绕严把上市关、严格持续监管、加大退市监管力度三个方面持续发力；机构监管要推动回归本源，做优做强，进一步压实“看门人”责任，引导证券期货基金等各类行业机构端正经营理念，提升合规水平、专业服务能力和核心竞争力。提高主板、创业板上市门槛，凸显科创板科创属性，完善板块定位。修改沪深主板上市条件，适度提高净利润、现金流、营业收入和市值等指标。修改创业板上市条件，提高创业板第1套上市标准的净利润指标，将最近2年的净利润指标由5000万元提高至1亿元，并新增最近1年净利润不低于6000万元的要求。完善科创板科创属性评价标准要求，对申报科创板企业的研发投入金额、发明专利数量以及营业收入增长率设置更高标准。

同时，提高发行上市辅导质效，扩大现场检查覆盖面。证监会新修正的《中国证监会随机抽查事项清单》（以下简称《随机抽查清单》）回应了新“国九条”的相关要求，在IPO前的发行上市辅导环节，扩大对在审企业及相关中介机构现场检查的覆盖面。《随机抽查清单》将首发企业随机抽取检查的比例由5%大幅提升至20%，现场检查和交易所现场督导的整体比例将不低于三分之一。

进一步压严、压实发行人第一责任和中介机构“看门人”责任。上交所要求，防止“带病申报”，在原规定的1年内2次不予受理等情形基础上，增加“一查即撤”、“一督即撤”情形，设置6个月的申报间隔期。深交所要求，严格申报间隔期要求，在原规定的 1 年内 2 次不予受理等情形基础上，新增“一查即撤”、“一督即撤”，可能存在“带病闯关”企业的申报间隔期规定。北交所要求，为了督促保荐机构、发行人等更加重视申报质量，防止“带病申报”、“闯关申报”，将保荐机构 12 个月内 2 次不予受理后再次申报的间隔期由 3 个月延长至 6 个月，针对发行人“一查即撤”、“一督即撤”增设 6 个月的申报间隔期。坚持“申报即担责”，严查欺诈发行等违法违规问题。强调压实发行人及“关键少数”对发行申请文件特别是经营财务等方面信息披露真实准确完整的第一责任。督促发行人建立现代企业制度，做优做强，与投资者共享发展成果，严禁盲目上市、过度融资。压严、压实中介机构“看门人”责任，强调中介机构应当从投资者利益出发，立足专业、勤勉尽责。对中介机构进行常态化滚动式现场监管，原则上实现全覆盖。强化财务真实性审核，督促中介机构充分运用核查手段、切实承担起防范财务造假的责任。从各个层面从严整治高价超募、抱团压价等发行承销环节的市场乱象，加强募投项目信息披露监管，加大发行承销监管力度，强化对新股发行询价定价配售各环节的监管。

此外，强化交易所审核主体责任。对于信息披露质量存在明显瑕疵的，上交所、深交所依规终止审核。落实金融监管要“长牙带刺”、有棱有角的要求，加大对相关主体配合发行人从事财务造假等违法违规活动的惩戒力度。北交所提出，将信息披露文件存在明显瑕疵作为终止审核的情形，针对申请文件明显瑕疵、严重影响投资者理解或审核开展等违规行为，将不接受上市申请文件纪律处分的最长期限提高至 2 年。完善信息披露豁免要求，做好替代性披露，并明确审核机构可以退回不符合信息披露要求的回复文件。此外，北交所拟优化咨询行业咨询委等审核时限扣除情形，并明确时限扣除同样适用于受理、问询、暂缓审议、复审等环节。与优化连续挂牌满 12 个月的执行标准相配套，明确发行人在提交上市委审议前因连续挂牌未满 12 个月中止审核的，中止期限可超过 3 个月。

新“国九条”严把 IPO 入口关，从源头上提高上市公司质量，不仅有利于增强市场吸引力，提升资本市场的投资价值和投资者信心，从而推动资本市场高质量发展，也有利于促使企业努力提升自身质地和内在价值，引导企业审慎、理性看待 IPO，避免盲目上市、圈钱上市和过度融资。

1.2.3　我国资本市场存在的问题

虽然近年来，我国资本市场取得了长足的进步，但整体上仍然是一个典型的新兴加转轨的市场，与全球其他国家的成熟资本市场相比，在上市公司质量、投资者来源等方面均相对落后。

整体来说，在很长的一段时间内，中国资本市场还存在比较多的问题，以证券市场为例：

第一，各层次资本市场存在同质性、单一性的问题。虽然我国已形成了多层次的证券交易市场，对主板、创业板、科创板等板块在定位上进行了区分，分别接纳拥有不同商业模式的公司，但区分度有限，除符合科创板定位的公司外，尚处于创业期的公司很难满足创业板及主板条件进而上市融资，面向专精特新的北交所也存在流动性不足的问题，而对证券交易所以外的“场外证券交易市场”（包括全国股转系统及区域性股权交易市场）来说，仍处于边缘化、为证券交易所“拾遗”的局面。因此，目前我国的多层次资本市场距离为不同生命周期的公司提供多层次、差异化的融资还有很长一段路要走。

第二，证券市场监管的行政管理色彩较浓。中国证监会、派出机构和系统单位共同构成了统一有序的全国证券监管体系，中国证监会负责制定、修改和完善证券期货市场规章规则，拟定市场发展规划，办理重大审核事项，指导协调风险处置，组织查处证券市场重大违法违规案件，指导、检查、督促和协调系统监管工作。沪深证券交易所、中国证券登记结算有限责任公司、中国证券投资者保护基金有限责任公司、中国证券金融股份有限公司、中证数据有限责任公司、全国中小企业股份转让系统有限责任公司、北交所、中国证券业协会、中国上市公司协会、中国证券投资基金业协会等单位，对其会员（参与人、上市公司或挂牌公司）及证券交易活动进行一线监管和自律监管。总体而言，中国的证券监管体制是以政府为主导的，证监会作为国务院的直属机构，是政府行政权能的组成部分。另外，证监会的负责人按照一般行政机关干部任免和管理，经费收支全部纳入国家预算内管理。

第三，机构投资人比例偏低。与发达国家或地区的市场相比，我国证券市场机构投资人比重过低。根据中国证券登记结算有限责任公司发布的投资者情况统计表，截至 2023 年 8 月，投资者总数为 22141.58 万，其中，自然人投资者数量为 22088.03 万（已开立 A 股账户投资者数量为 22030.71 万，已开立 B 股账户投资者数量为 236.74 万），非自然人投资者数量为 53.55 万（已开立 A 股账户投资者数量为 51.52 万，已开立 B 股账户投资者数量为 2.07 万）[①]，自然人投资者占全部投资者数量的 99% 以上。如考虑平均持股市值，则平均持股市值在 100 万元以下的个人投资者是我国证券交易的主力军。实证研究表明，平均持股市值低的个人投资者在证券交易中主要依赖于市场走势，而非自身的技术和知识，如在熊市中个人投资者易对市场失望，不寻找投资机会，而想尽快将股票套现以防止市场下跌带来的损失，在牛市中则对市场过于相信，甚至对自身的技术和知识过于自信，且在投资标的的选择上倾向于投资和交易大公司的股票或追逐焦点股票，投资的理性、成熟度、预测能力皆劣于机构投资人。[②] 而对证券市场整体而言，以散户为主的市场与以机构投资人为主的市场在稳定性上会存在差异。与此同时，投资人结构的类同也是现阶段我国股票市场单一性的重要表现。

---

① 中国证券登记结算有限责任公司网站，http://www.chinaclear.cn/zdjs/tjyb2/center_tjbg.shtml，2023 年 10 月 20 日最后访问。

② 李竹薇：《中国证券投资者结构和行为实证研究》，东北财经大学 2011 年博士学位论文。

1.3　中国企业跨境证券发行及双重上市

1.3.1　中国企业境外融资

我国的资本市场发展较晚，起初能够上市的企业数量非常少，且难度非常大。如前所述，我国资本市场设立的最初目的是帮助国有企业在传统的向银行进行债权融资之外，建立新的股权融资渠道。也正是基于这样的历史背景，我国投资机构偏爱大型国企，对于民营企业、新兴行业并未给予足够关注，我国民营企业尤其是中小型民营企业融资非常困难，形成了我国金融市场的结构性缺陷。根据全国工商联调研组所做的《中国小企业融资状况调查》，中小企业的融资难问题体现了我国金融资源实际供给流向与实体经济有效需求取向的矛盾，是长期制约我国金融体制改革、金融市场发展和企业成长壮大的主要问题。①

我国资本市场的行政管控色彩较浓，在经济环境受到影响或市场波动时，监管机构往往通过控制发行速度的方式对市场进行干预，使股票发行上市变得不可预测。②全面注册制实施（2023 年 2 月 17 日）之前，我国证券监管机构对首次公开发行（IPO）严苛的审核程序，使拟上市企业在完成内部重组改制及发行辅导后，仍需等待两年甚至更长的时间才可能获得股票发行核准，这不仅无法满足企业融资的需求，还在一定程度上制约和打击了资本市场参与者的信心。同时，我国证券法律法规关于股票发行和上市条件的设定标准过高，限制了高科技和创新型企业的上市机会。全面注册制后，对于 IPO 审核的时限也将进一步缩短。具体来说，自受理发行上市申请文件之

① 黄孟复主编:《中国小企业融资状况调查》，中国财政经济出版社 2010 年版，第 12 页。
② 胡国晖:《企业境外上市动机——理论和实证研究》，经济管理出版社 2007 年版，第 179 页。

日起，交易所审核和证监会注册的时间总计不超过 3 个月。交易所在受理之日起 2 个月内出具发行人符合发行条件、上市条件和信息披露要求的审核意见或作出终止发行上市审核决定，但发行人及保荐人、证券服务机构回复交易所审核问询的时间不计算在内。证监会收到交易所审核意见后的 20 个工作日内对发行人注册申请作出予以注册或者不予注册的决定；发现存在影响发行条件的新增事项的，可要求交易所进一步问询并就新增事项形成审核意见。发行人根据要求补充、修改注册申请文件，或证监会要求交易所进一步问询，要求保荐人、证券服务机构等对有关事项进行核查，对发行人进行现场检查，并要求发行人补充、修改申请文件的时间不计算在内。证监会认为交易所对新增事项的审核意见依据明显不充分的，可退回交易所补充审核。交易所补充审核后，认为发行人符合发行条件和信息披露要求的，重新向证监会报送审核意见及相关资料，注册期限重新计算。

基于前述我国资本市场的局限性，以及法律法规关于企业上市的存续期限、业务规模和利润标准高于境外其他资本市场的标准与条件要求，中小型民营企业尤其是高科技创业型企业往往选择到境外成熟资本市场上市，如美国、英国、我国香港地区等，这些境外成熟资本市场早已形成了针对高科技企业和创新型企业的创业板市场与柜台市场，上市条件灵活，融资渠道广泛，对创新型企业和高科技企业具有非常大的吸引力。此外，金融危机后，世界主要金融市场国家和地区为提振经济，在证券法及交易所上市规则等方面制定了更为开放和灵活的政策，并互相竞争，以吸引优质企业到本国金融市场上市，中国公司正是这些交易所竞相争取的目标。近年来，在全球化和国际化的大趋势下，我国政府也大力鼓励中国公司“走出去”，并通过“一带一路”倡议等推动和鼓励中国公司通过贸易、绿地投资或并购的方式开拓境外市场。但是，我国目前外汇监管政策还未完全放开，对有境外投资需求的中国公司来说，完全依赖自有资金或在国内资本市场筹措资金，难以满足其跨国经营的资金需求，而在境外资本市场进行融资是最现实且经济有效的方式。

从不同市场上市股票数量来看，A 股、港股市场以及美股市场是中国股票的主要交易市场。2020 年 12 月 18 日，美国《外国公司问责法案》出台，要求在美上市的公司接受美国当局的审计监管，否则将被强制退市。《证券法》第 177 条规定，“未经国务院证券监督管理机构和国务院有关主管部门同意，任何单位和个人不得擅自向境外提供与证券业务活动有关的文件和资料”，虽然该条未完全禁止向境外提供文件，但由于无明确的实施指引和细则解释，审慎起见，对中国企业而言，该条事实上属于禁止性选项。因此，考虑到国内《证券法》的规定，《外国公司问责法案》实质上使美国上市或拟赴美上市的中国企业面临进退两难的合规风险。2022 年 2 月，美国众议院又通过《2022 年美国竞争法案》，要求列明中国政府向国有企业提供的补贴清单，以及有利于中国企业的其他歧视性待遇，如贷款优惠等。2022 年 8 月，中国石化、中国石油、中国人寿、中国铝业和上海石化等 5 家中国企业相继发布公告，自愿将其美国存托股份从纽约交易所退市，这种大背景下，在美上市的内地企业面临的融资环境压力和不确定性明显增大。

正如我国资本市场建立之初是为了帮助国有企业解困一样，我国企业早期（尤其是国有企业）的境外上市也主要在政府主导下进行。我国政府鼓励国有企业到境外融资，尤其是那些有外汇资金需求的国有企业，或者融资需求巨大的国有企业，国家鼓励它们去境外发行股票和上市，从境外资本市场募集外汇资金。同时，国家也希望这些国有企业通过在国际资本市场的历练和学习，可以熟悉境外资本市场的先进市场理念和上市规则要求，进而对我国证券市场的规则完善起到促进作用。民营企业的境外上市，主要通过红筹架构、VIE（可变利益实体）架构等方式实现间接上市。近年来，中国监管部门持续完善对企业境外上市的规范体系，2023 年发布的《境内企业境外发行证券和上市管理试行办法》及配套规则，已对红筹架构、VIE 架构等的合法合规性标准作出明确界定，引导企业通过规范化路径实现境外上市。

关于中国公司境外上市的监管政策和态度，我国证券监管机构经历了一个逐步摸索、重点尝试，以及鼓励大中型国企境外上市、严格审批监管到逐步开放规范管理的过程。我国 1998 年颁布的《证券法》即确立了公司境外上市的监管框架，明确规定，经中国证监会批准，境内企业可以直接申请到境外其他国家或地区的证券交易所发行证券，或者通过其他间接方式在境外资本市场上市，也允许企业在境内发行证券后到境外其他证券市场再次发行证券并交易。国务院 1994 年 8 月 4 日发布的《关于股份有限公司境外募集股份及上市的特别规定》（以下简称《境外上市特别规定》，已失效），从国家层面对公司境外上市做出了规范性指引，并根据成熟一家、批准一家的原则对企业境外上市进行审批。2014 年 12 月，继取消“456 要求”[①]后，证监会又发文进一步放宽了境外上市的条件。对于已在境外证券市场发行股份的公司申请在内地公开发行股份，中国政府的监管态度也从限制到放开。1998 年 3 月，中国证监会颁布的《关于股票发行工作若干问题的补充通知》（已失效）对已发行 H 股的企业在境内市场发行 A 股进行了限制，但 2000 年 4 月公布的《上市公司向社会公开募集股份暂行办法》（已失效）又重新打开了 H 股公司回归境内证券市场融资的大门。而 2006 年 5 月 8 日《上市公司证券发行管理办法》（已失效）的施行更是将 A 股市场融资的闸门向 H 股公司重新打开。2023 年 2 月 17 日，证监会发布《境内企业境外发行证券和上市管理试行办法》及包括备案材料内容和格式指引、报告内容指引、备案沟通指引、境外证券公司备案指引在内的 5 项《监管规则适用指引》（以下简称《境外上市新规》），这是境外上市监管模式由审核制转向注册制的全面改革，后文将对这一问题进行详细论述。

从境内公司境外上市的数量分布来看，香港资本市场无疑是最受青睐的上市地。由于政治、文化和地缘的关系，香港资本市场与内地资本市场有着天然的紧密联系，作为亚洲的国际金融中心，香港集中了世界上主要的投资银行和其他金融机构，证券投资产品种类繁多，融资渠道广泛且成本低廉。香港资本市场经过百年以上的发展，已建立了系统的证券监管体系，培养了

① 《关于企业申请境外上市有关问题的通知》（已失效）中规定的条件，即“净资产不少于 4 亿元人民币，过去一年税后利润不少于 6000 万元人民币，筹资额不少于 5000 万美元”，俗称“456”要求。

具有丰富经验的专业服务机构。同时，内地企业也是香港资本市场上市公司的主要来源，是香港资本市场持续发展和与全球其他主要资本市场竞争的有力保障。

香港证券市场与中国 A 股市场成为同属于一个国家的两个证券市场。但是，基于特殊的历史背景，香港在上市条件、市场规则等方面更接近于英美证券市场，因此，根据《香港特别行政区基本法》确定的“一国两制”的原则，从证券监管的角度来看，香港资本市场仍被当作境外资本市场对待，也是我国企业境外上市的首选。香港实行双重备案制，香港联合交易所（以下简称香港联交所）对股票发行上市进行一线监管。香港的股票市场分为主板市场和创业板市场，主板市场主要针对的是规模较大、经营基础较为稳定良好的公司，创业板市场则主要针对的是具有增长潜力的公司。

美国、英国、新加坡、德国和澳大利亚等国家的资本市场也是中国公司境外上市的目的地。截至 2022 年年底，在境外直接或间接上市的中国公司总数达 1786 家，总市值达 61308 亿美元，境内 A 股、B 股上市的中国公司为 5153 家，总市值达 118692 亿美元。[①] 在美国市场融资水平明显下滑的情况下，港股对中国公司境外融资的意义更为凸显。

1.3.2　中国企业的双重上市

对那些规模较大、业务经营涉及多个国家和地区的中国公司来说，仅在单一资本市场上市融资已不能满足其业务发展需要，选择在两个或两个以上的资本市场上市是更为现实的选择，也就是双重上市或者多重上市。双重上市（Dual Listing）或多重上市（Multiple Listing）在学术研究中也被称为交叉

① 《全球中国股票运行概览（2022）》，载中证指数有限公司网站，https://csi-web-dev.oss-cn-shanghai-finance-1-pub.aliyuncs.com/static/html/csindex/public/uploads/researches/files/zh_CN/20230215163433-%E5%85%A8%E7%90%83%E4%B8%8A%E5%B8%82%E4%B8%AD%E5%9B%BD%E4%BC%81%E4%B8%9A%E6%8C%81%E7%BB%AD%E6%89%A9%E5%AE%B9%EF%BC%8C%E5%8A%A9%E5%8A%9B%E5%85%A8%E7%90%83%E8%A7%86%E8%A7%92%E6%8A%95%E8%B5%84%E4%B8%AD%E5%9B%BD.pdf，2024 年 10 月 20 日最后访问。

上市（Cross Listing），主要是指一个公司在两个或两个以上国家或地区申请发行股票并在当地证券交易所挂牌上市的行为。[①] 与在单一证券交易所发行股票相比，双重上市是更为复杂的跨境证券发行行为，通常涉及国际证券发行和交易，属于国际经济法范畴。

对于“跨境”的定义，国际证监会组织（International Organization of Securities Commissions，IOSCO）在 1998 年 9 月发布的《外国发行人跨境发行与首次上市的国际披露标准》（International Disclosure Standards for Cross-Border Offerings and Initial Listings by Foreign Issuers）中将其定义为：不管公司是否在母国和其他国家同时发行或上市证券，只要直接在母国之外的一个或多个国家发行或上市，这样的证券发行或上市就被认为是跨境。本书所指的中国企业双重上市，主要指中国企业在中国及其他国家或地区发行股票并上市，并不包括在同一证券交易所发行不同种类的股票，如 A 股、B 股等。

双重上市不仅能够有效扩大股东的范围、提高股票的流动性和降低投资风险，同时也能够增加媒体的关注度、提升品牌效应。双重上市的企业不仅可以在母国资本市场发行股票，也可以在境外资本市场发行股票，其股东基础和范围比仅在母国或境外单一资本市场上市的企业更为广泛，因而流动性更强。尤其是对新兴市场的上市公司而言，双重上市可以使境外投资者与境内投资者共同分担股权投资风险，降低公司的资本成本。同时，新兴市场的上市公司在境外上市，必须满足境外资本市场关于投资者保护、财务规范和信息披露的要求，能有效促进上市公司规范治理，有利于发现股票价值和减少内幕交易。[②]

通常来说，企业决定在本国及其他国家或地区的证券市场进行双重上市时，会将本国证券市场作为第一上市地，然后向其他国家或地区证券监管机

---

① 为避免混淆，本书统一采用“双重上市”（Dual Listing）概念。

② Olga Dodd:《Why Do Firms Cross-List Their Shares on Foreign Exchanges ？ A Review of Cross-Listing Theories and Empirical Evidence》, Auckland University of Technology, New Zealand, 2013.（奥尔加 · 多德：《公司为何在国外交易所交叉上市？交叉上市理论与经验证据综述》，新西兰奥克兰理工大学，2013 年。）

构或证券交易所申请股票发行和交易。但是，与国际上通行的模式不同，中国公司选择双重上市更多采取先在其他国家或地区的证券市场上市，再回到我国内地资本市场上市的路径。中国公司这种独特的双重上市行为的产生与我国的经济环境和证券市场监管政策密切相关。

我国企业（尤其是国有企业）的境外上市主要在政府主导下完成，其回归 A 股市场的节奏也受到国内经济环境和监管政策变化的影响。1997 年之前，我国政府支持国有企业在境外上市后回归 A 股市场，因而产生了许多“先 H 后 A”的双重上市公司，如青岛啤酒、洛阳玻璃、中国石化等。1997 年香港回归之后，受国际宏观经济环境的影响，中国证监会对境外上市中国公司发行 A 股的态度发生了阶段性的变化，例如，中国证监会于 1998 年发布了《关于股票发行工作若干问题的补充通知》（已失效），限定我国企业的股票发行只能遵循“一企一股”原则，即“发行 B 股或 H 股的企业不再发行 A 股，发行 A 股的企业不再发行 B 股或 H 股”，这基本上关闭了 H 股公司在境内发行 A 股的通道。后受国际经济环境影响，在香港上市的 H 股持续低迷，故中国证监会于 2000 年 4 月取消了“一企一股”的政策限制，鼓励在香港上市的优质 H 股企业在内地增发 A 股。

起初我国企业的国际化程度不高，因此在境外上市的中国公司普遍存在产品市场和资本市场脱节的问题，且大多数国有境外上市公司的业绩受政府因素影响较大，内部治理规范程度较低，造成境外资本市场对中国公司认知度不高、中国概念股普遍股价偏低、上市后再融资相对困难等情形。尤其是 2008 年金融危机后，全球主要经济体资本市场受到金融危机的影响陷入低谷，境外上市中国公司的股票价格整体表现低迷。然而，得益于中国经济的快速稳定发展，金融危机对中国资本市场的影响相对较小，近年来在市场容量、投资者来源和交易活跃度等方面都有显著提升。相较于境外市场的低迷，中国经济的良好表现及境内资本市场的高溢价对已在境外上市的中国公司吸引力巨大，除以直接上市方式在境外上市的 H 股、N 股等企业希望能回归 A 股，以间接上市方式，如红筹等，在境外上市的中国公司也希望能在 A

股双重上市，或者通过私有化退市回归 A 股市场。

2001 年安然事件后，美国 2002 年通过《萨班斯·奥克斯利法案》，建立独立的公众公司会计监督委员会（Public Company Accounting Oversight Board，PCAOB），加强对上市公司审计的监管。但是，在中国的法律框架下，企业境外上市需同时遵守《保守国家秘密法》和《档案法》等相关规定，相关工作底稿等档案应当存放在境内，“审计工作底稿等信息交换应通过监管合作渠道进行”。

2013 年以来，中国证监会等部门一直积极与 PCAOB 合作，寻求既符合中国相关法律法规，也能够实现对上市公司进行有效的审计监管的方案。2020 年 5 月，美国参议院通过《外国公司问责法案》，对于外国发行人连续三年不能满足 PCAOB 对会计师事务所检查要求的，禁止其证券在美国交易，法案还需众议院通过和总统签署才能生效。2020 年 8 月，美国发布《关于保护美国投资者防范中国公司重大风险的报告》，要求已在美上市的公司最晚于 2022 年 1 月 1 日前满足 PCAOB 开展检查的相关要求，不符合要求的企业须于 2021 年年底前退市。2022 年 3 月 10 日，美国证监会（SEC）发布公告，根据《外国公司问责法案》的规定，将百济神州、百胜中国、再鼎医药、盛美半导体、和黄医药 5 家公司纳入临时被识别名单（provisional list）。外国发行人如果连续三年不能满足 PCAOB 对会计师事务所的检查要求，那么其证券将被禁止在美交易。《外国公司问责法案》使中概股企业难以同时满足中美两国的合规要求，增加了融资和退市风险，直接导致中概股企业出现集体逃离华尔街的现象。

2018 年 4 月 24 日，港交所抓住这一有利时机，正式公布《新兴及创新产业公司上市制度》修订咨询总结。港交所将允许“同股不同权”结构的公司以及尚未盈利的生物科技公司赴港上市。对于企业发展依赖股权融资但公司核心竞争力由管理层或首席执行官（Chief Executive Officer, CEO）掌控的互联网、科技行业，这一修订制度的发布有助于企业在战略掌控和融资发展的博弈中找到最优折中方案；对于研发周期较长的生物科技类企业，该制度也提供了可持续的成长资本来源。港交所的上市规则的修订体现了其对“新经济”的开放态度，并直接为后续小米和美团点评的挂牌上市奠定了良好的制度基础。

2021 年 11 月 19 日，港交所公布《针对优化海外发行人上市制度的改革看法咨询总结》[①]，降低二次上市申请门槛，并为境外市场摘牌公司提供豁免期。[②]

2018 年 3 月 22 日，国务院办公厅转发证监会《关于开展创新企业境内发行股票或存托凭证试点的若干意见》（以下简称《试点意见》），成为我国第一份关于 CDR 的官方指导文件。《试点意见》的发布为国外上市的中国企业回国上市提供了一种全新方案。

对中概股而言，目前回归可以选择的路径较多，既可以选择私有化之后重新在 A 股或者港股上市，也可以选择在保留境外平台的同时实现两地上市。综合来看，在港股第二上市或许是最优选择，因此以境外回归公司的意愿选择为主。私有化上市需要耗费大量的时间和财务成本。私有化后，通过借壳或 IPO 在 A 股主板上市是此前中概股较为常用的方法，其中 360、完美世界、巨人网络等均为采用该路径的成功案例。此外，由于主板市场并不支持红筹架构，可能还需要对 VIE 架构进行拆除，从时间和财务成本上来看可能不占优势。而在港股进行主要上市或借壳上市，同样无法绕开私有化所带来的成本，在此基础上，新进入者并不存在较大威胁。两地上市可以节省大量成本。相较于私有化之后再度上市，两地上市可以节省大量的时间与财务成本。2020 年 10 月 29 日，开曼公司九号有限公司（689009.SH，以下简称“九号公司”）正式在上海证券交易所科创板挂牌上市，成为在科创板发行中

① 《有关检讨〈企业管治守则〉及相关〈上市规则〉条文的咨询总结》，载香港交易所网站，https://www.hkex.com.hk/-/media/HKEX-Market/News/Market-Consultations/2016-Present/April-2021-Review-of-CG-Code-and-LR/Conclusions-(Dec-2021)/cp202104cc_c.pdf，2024 年 10 月 20 日最后访问。

② 《有关海外发行人上市制度的咨询总结》，载香港交易所网站，https://www.hkex.com.hk/-/media/HKEX-Market/News/Market-Consultations/2016-Present/March-2021-Listing-Regime/Conclusions-(Nov-2021)/cp202103cc_c.pdf，2024 年 10 月 20 日最后访问。

国存托凭证（CDR）并上市的第一家红筹企业。但其并不具有广泛的示范效应，在目前中概股急迫的回归需求之下，国内当前的上市需求短期内难以满足。港股第二上市可能是最受欢迎的回归方式。相较于第二上市，港股双重上市需要同时满足两地监管要求，并适用港交所主要上市的上市规则，规则层面更为复杂。

因此，从目前情况来看，仿照阿里巴巴进行第二上市或将成为最受欢迎的方式。两地上市后，港股与在美上市的存托凭证通常可以自由转换（转换费每 100ADR 不高于 5 美元，用时 2 个工作日），或将为中概股的境外股份留下更加灵活的操作空间，从而可以在一定程度上缓和竞争趋势。

2023 年 2 月 17 日，随着境内股票发行全面注册制改革政策的出台，发行程序简化、时间效率提升，这势必会为中概股回归内地资本市场提供便利。

中国资本市场发展容量有限，回归 A 股的境外上市公司融资规模较大，给中国资本市场带来了巨大的扩容压力，也在一定程度上挤压了境内企业发行新股的空间。因此，市场上对于境外上市公司回归 A 股存在一定的顾虑，如中国资本市场是否有足够容量接纳这些以超大型国有企业为背景的境外上市公司回归 A 股，是否会挤占本已非常有限的国内上市公司资源，等等，这些顾虑对我国监管机构的态度有一定影响，也造成对境外直接上市公司回归发行 A 股一直进行严格监管。同时，目前 A 股市场上已回归的国企境外上市公司因多属传统行业，长期业绩表现并不尽如人意，也在一定程度上影响了中国股市的整体表现。

在双重上市的中国公司中，曾经国有企业的占比非常高，这与最初我国政府鼓励国有企业境外上市、借助境外严格成熟的证券市场规则，促进国有企业内部管理规范，从而达到一定程度上缓和及化解国有企业股份制改革中遇到的产权、激励等问题的目的是密不可分的。对民营企业来说，并未得到足够重视也与推广上市时民营企业普遍规模较小、不具备上市基本条件有关。而国内 A 股市场的上市，企业通常面临较长的准备和排队时间。全面实行注册制和备案制后，首次证券发行通过审核的时限将极大缩短。尤其是原来处于监管空白的红筹上市和 VIE 模式全面纳入中国证监会监管范畴，都将缩小企业境内上市和境外上市的差距。但境外资本市场仍具备流动性好、国际投资者数量众多、有助于提高企业国际知名度等境内上市不具备的融资效果。30 多年来，中国公司双重上市的发展较快，截至 2023 年 10 月，通过直接上市方式在境外上市的中国公司共 513 家，其中在境外证券市场主板上市的共 387 家，在两个以上证券交易所上市的企业共 145 家，其中包括 132 家双重上市公司和 13 家多重上市公司。①

根据经济学研究理论，双重上市对企业产生的积极影响，主要包括提高自身价值、提升公司治理能力和增强募集资金能力等方面。约翰 ·C. 柯芬在其文章《力争上游？交叉上市及证券市场竞争对国际公司治理的影响》（Racing Towards the Top？ : The Impact of Cross-Listing and Stock Market Competition on International Corporate Governance）中认为，双重上市有助于打破不同国家证券市场监管制度、信息披露及税收等方面的分割状态，将上市公司置于“声誉中介人”（如承销商、债券评级机构、证券分析师）的监督之下，使中小股东的权益得到合理关注，从而提高信息披露质量并促进股票的流动性，公司价值因此而得到提升。我国学者的实证研究也说明双重上市公司的整体公司治理水平和绩效优于仅在国内上市的公司。② 但其中在中国香港地区上市的双重上市公司与在美国上市的双重上市公司在业绩表现上又存在较大差异。③

与国际上双重上市普遍采用的先在本国证券市场上市，之后再向其他国家或地区的证券监管机构申请发行上市的方式不同，中国公司双重上市的方式绝大多数选择了先在境外证券市场上市，再回到国内资本市场上市的路

① 数据来源：Choice 数据库，https://choice.eastmoney.com/dataservice，2024 年 1 月 30 日最后访问。

② 陈昀、贺远琼：《双重上市对公司治理和公司绩效的影响研究——基于中国双重上市公司的证据》，载《湖北经济学院学报》2009 年第 1 期。

③ 周建、刘小元、程广林：《境外上市战略与企业绩效动态性研究——基于中国在美上市公司的经验证据》，载《山西财经大学学报》2010 年第 1 期。

径。究其原因，主要是我国资本市场政策引导和政府行政干预的结果。在我国改革开放初期资本市场刚刚建立，为了解决国有企业融资渠道狭窄的问题，我国政府对企业上市进行主导和安排，赴境外上市的企业基本是国有企业且由政府进行筛选，并同时鼓励这些企业在境外上市后发行 A 股以实现双重上市。① 中国公司双重上市最具代表性的案例是 1993 年青岛啤酒在香港联交所成功发行 H 股，上市后不久，青岛啤酒便经批准在上海证券交易所发行了 A 股股票，开启了我国企业通过先 H 后 A 方式双重上市的先河。先发行 H 股在香港上市、再发行 A 股在内地上市的 A+H 模式，成为后来中国企业双重上市的主要模式，也是本书的研究重点。

对于境外上市公司返回 A 股市场的双重上市，我国理论界和学术界存在诸多争议。支持境外上市中国公司回归 A 股双重上市的观点认为，境外上市公司的资产相对优良、公司规范性程度比较高，这些优质的境外上市公司回归 A 股市场，不仅对我国内地上市公司的素质和规范性有提高作用，也能有效提升我国资本市场的整体发展水平，对我国证券监管机构和资本市场参与主体对国际规则的理解有积极的推动作用。而反对意见认为，中国资本市场规模较小，境外上市公司回归 A 股，将会给国内股市带来扩容压力。

理论界和学术界对于中国公司双重上市各执一端的现状，给证券市场投资者带来了困惑。但是，目前为止，由于争论双方对有关中国境外上市公司返回 A 股市场双重上市问题的研究，大多还只停留在零散的、描述性的表面层次，尚无深入的理论探讨和实证分析等系统性的研究成果，因此，在究竟该鼓励还是该限制中国境外上市公司回归 A 股双重上市这一问题上，有关政策决策和监管机构也是莫衷一是。由此可见，尽快开展对有关中国公司双重上市行为的理论与实证研究和分析，具有重要意义。

① 潘越:《中国公司双重上市行为研究》，北京大学出版社 2007 年版，第 65 页。

1.3.3 双重上市的法律冲突

“法律冲突”，是指在国际民商事交往中，不同国家法律对同一问题的规定不同，而产生相互冲突。证券发行法律冲突产生的原因是证券发行人母国与投资者所属国家或地区之间的法律体系、市场基础和证券监管规则等方面存在差异。双重上市是典型的跨境证券发行与交易行为，涉及不同的法律体系及监管制度，如发行人注册地法律、证券发行地法律或证券交易所所在地法律等，都易产生法律冲突。在“一国两制”体制下，香港地区的法律体系、市场规则及监管理念与内地证券市场有巨大差异，“A+H”的双重上市模式也因此会涉及内地及香港地区两个法域，从而引发在上市条件、配套性制度、信息披露制度等方面的法律冲突。

香港证券市场在上市条件等方面针对不同的企业规模和类型制定了相对灵活的标准。香港联交所对于发行H股并在主板上市的中国公司的审核条件包括财务要求、管理层和控股权、公众持股量、专业顾问、信息披露、财务资料及上市适合性等七个主要方面。相较于香港市场，过去内地资本市场发行审核与上市审核一体化特征明显，中国证监会对于首次发行A股股票并在主板上市的企业的要求则包括主体资格、财务要求、规范运行等方面，比香港H股要严格得多。实行全面注册制后，A股主板上市准入条件发生了许多变化。例如，审核方面，主板发行上市由核准制改为注册制，即发行上市申请先由交易所审核，然后由中国证监会履行注册程序。具体规则方面，取消了现行主板发行条件中关于不存在未弥补亏损、无形资产占比限制等方面的要求；由单一财务指标变为可选的三套财务指标，进一步优化了主板上市标准；允许存在特别表决权的企业申请主板上市，并就相关的核查及信息披露要求作出规定。目前港股以形式审核为主，实质判断为辅，美股则以信息披露为核心，发行和上市审核监管分离，并配合严格的退市制度，市场化程度更高、进出双向通道更为通畅。在全面实行注册制改革后，A股的发行上市信息披露审核将与注册监管彼此分离，这不仅促进了交易所审核和证监会注册环节的有机衔接，也将会进一步向成熟市场靠拢。

证券首次公开发行监管制度是一个体系化的制度，除了发行上市条件、程序和审核方式之外，还需要在发行效率、发行结果等方面制定配套性的制度，从而确保股票的公开发行程序能够公平、公正地运行，达到良好的发行效果。首次公开发行股票的保荐制度和承销制度就承担了这样的职责。内地借鉴香港经验制定了首次公开发行股票的保荐制度，将保荐人定义为证券市场“看门人”，确保股票发行的质量符合发行条件和标准。股票承销是证券公司对发行人的股份进行销售的行为，决定发行的成败。香港从保护本地投资者的角度出发，规定了在香港市场公开认购的股票最低比例。

完善的信息披露制度是成熟证券市场最为重要的组成部分。我国目前信息披露制度中的预先披露制度有一定的先进性，不仅能促使发行人提高信息披露的质量，而且有助于社会公众及时了解发行人的基本情况并做出理性的投资判断。但是，我国的信息披露制度也存在较多弊端，如存在过于关注企业业务发展、对于违反信息披露的处罚较轻等问题。全面注册制之后，对于信息披露的质量和范围提出了更高要求。例如，《首次公开发行股票注册管理办法》第 34 条规定了信息披露的一般性规定，即发行人申请首次公开发行股票并上市应编制并披露招股说明书，保证相关信息真实、准确、完整。信息披露内容应当简明清晰，通俗易懂，不得有虚假记载、误导性陈述或者重大遗漏。中国证监会制定的信息披露规则是信息披露的最低要求。不论上述规则是否有明确规定，凡是投资者作出价值判断和投资决策所必需的信息，发行人均应当充分披露，内容应当真实、准确、完整。值得注意的是，科创板、创业板发行标准中取消了对境内发行人的盈利能力要求，与此相对，《首次公开发行股票注册管理办法》第 41 条规定了尚未盈利的发行人应当充分披露未盈利的成因，以及对公司现金流、业务拓展、人才吸引、团队稳定性、研发投入、战略性投入、生产经营可持续性等方面的影响。香港证券市场没有对证券发行和上市进行区分，因而在首次信息披露方面其仍以股票上市信息披露为主导。香港实行强制性信息披露制度，联交所经香港证监会授权，通过对发行人递交的股票上市申请文件合规性进行审查，避免出现遗漏、误导性信息和虚假信息的情形。对于不符合《上市规则》的披露信息，联交所会提出修改意见，要求发行人进行相应修改，直至满足联交所的要求。香港没有预先披露制度，发行人必须在其上市申请文件通过联交所审核后，才可以在联交所指定的地点和方式披露全部上市申请文件。

对于解决上述法律冲突，国际社会形成了一套有效的行为规则，即“冲突法”或“国际私法”，对跨境证券发行而言，由于其较强的复杂性及特殊性，涉及多重法律关系，因此会存在多重民事法律关系，所适用的准据法公式也因法律关系的不同而有所不同。需要注意的是，国际私法规则仅能从法律适用的角度明确在发生冲突的法律规则中适用何规则，而不能从根本上解决实体法律冲突的问题，对于实体法律之间存在的差异，其解决方式既有单边的立法做法也有国际协调（含签署国际条约）的做法。如在投资者保护方面，香港监管机构为了吸引内地公司到香港上市，专门制定了关于内地投资者保护的规定标准至少达到与香港“足够水平”的办法。同时，内地也通过制定相应规定来协调内地法律和香港公司条例在公司治理规范方面的差异，如章程必备条款等。目前，国际上既没有一个通行的法律规则来规范跨越国境的证券投资，也没有一个跨国的监管机构可以制定约束各个国家的通用的法律规则，而是通过一些“Soft Law”（软法，指那些不运用国家强制力保证实施的法律规范）和不同国家监管机构之间双边或多边合作的方式来适用不同国家的国内法。除了前述国际性的、自愿接受的规则和标准，与跨境证券活动有关的监管规则主要通过国家及地区之间的双边合作备忘录来规范。例如，2016 年 11 月 3 日，中国证监会与香港证券及期货事务监察委员会签署《内地与香港股票市场交易互联互通机制下中国证监会与香港证监会加强监管执法合作备忘录》；2018 年 10 月 17 日，中国证监会与英国金融行为监管局签署《上海与伦敦证券市场互联互通机制监管合作谅解备忘录》；2022 年 8 月 26 日，中美达成中概股审计监管合作协议，使中国会计师事务所与美国监管机构分享更多在美上市的中国公司的财务信息成为可能。[①] 截至 2022 年 12 月，中国证监会已同 67 个国家（或地区）建立监管合作机制，[②] 是国际证监会组织（IOSCO）的常任理事，积极参与国际金融治理。定期主动与境外机构投资者沟通，增进国际金融界对我国经济发展和资本市场的了解；本着依法依规、专业务实的态度推进中美审计监管合作。

1.3.4 香港与内地资本市场监管制度的融合发展

经过多年的合作与发展，香港资本市场与内地资本市场已经建立了互相依存的紧密合作关系。内地公司通过到香港资本市场上市，获得了发展资金，学习到了香港资本市场先进的监管理念、制度规范和国际经验；香港监管机构与境内监管机构对于在两地双重上市的内地公司进行协同监管，促进了境内资本市场监管规则的完善，提升了境内监管机构的监管水平。同时，境内资本市场是香港资本市场的资源储备及坚强后盾，在香港资本市场上市的中国公司比例逐年增长，已是香港资本市场非常重要的组成部分，使香港资本市场的市值及排名进入国际领先水平行列。

虽然由于法律体系和市场基础的不同，香港和内地资本市场在上市规则、审核标准、监管程序等方面存在较多差异，但随着内地公司在香港上市数量的增长，以及两地监管机构的频繁交流互动，近年来呈现出不断协调、逐步融合的趋势。例如，为解决内地公司在香港发行 H 股涉及的股东权利保护问题，内地监管机构通过发布规范性文件的方式，对 H 股公司的管理架构、法律适用等问题进行了规定；而香港联交所则通过在《上市规则》中制

① 《中美监管机构签署合作协议 依法推进跨境审计监管合作》，载新华网，http://www.news.cn/fortune/2022-08/26/c_1128951624.htm，2024 年 10 月 20 日最后访问。

② 数据来源：中国证券监督管理委员会官网，http://www.csrc.gov.cn/csrc/c100214/c7073540/7073540/files/%E4%B8%AD%E5%9B%BD%E8%AF%81%E7%9B%91%E4%BC%9A%E4%B8%8E%E5%A2%83%E5%A4%96%E8%AF%81%E5%88%B8%EF%BC%88%E6%9C%9F%E8%B4%A7%EF%BC%89%E7%9B%91%E7%AE%A1%E6%9C%BA%E6%9E%84%E7%AD%BE%E7%BD%B2%E7%9A%84%E5%A4%87%E5%BF%98%E5%BD%95%E4%B8%80%E8%A7%88%E8%A1%A8%EF%BC%88%E6%88%AA%E8%87%B32022%E5%B9%B412%E6%9C%88%EF%BC%89.pdf，2024 年 6 月 28 日最后访问。

定适用于H股公司的特别规则的方式吸收和认可内地监管机构对H股公司的特别规定。2023年2月17日，中国监管机构发布《境内企业境外发行证券和上市管理试行办法》及《境外上市新规》，自2023年3月31日起实施。《境外上市特别规定》和《关于执行〈到境外上市公司章程必备条款〉的通知》随之废止。中国发行人应当参照《上市公司章程指引》，而不再是《到境外上市公司章程必备条款》（以下简称《必备条款》）制定其章程。同时，境外上市新规也引入了新的备案制度，对于中国内地成立的公司直接或间接境外上市或证券发行，由注册备案制度取代现行的核准制度。同时，联交所亦对《上市规则》作出修订，以适应内地监管制度改革。例如，删除《上市规则》第19A章类别股东会议的规定、删除《上市规则》中发行或回购股份须经股东大会以特别决议案通过的规定等。

联交所亦发布了有关检讨《企业管治守则》及《联交所证券上市规则》和《创业板证券上市规则》条文的咨询总结，以进一步提升香港上市发行人的企业管治水平，特别是在企业文化、董事会独立性和董事会成员多元化，以及ESG（Environmental，Social and Governance，即环境、社会与公司治理）披露和标准等方面。

根据经修订的规则，除了遵守董事会的组成规定外，上市发行人还应该审查其现有的内部政策，并确保所有强制性政策（如反腐败政策和举报政策）得以制定，必须设立的委员会（如提名委员会）得以组建。此外，内地监管机构参考香港在创业板推行的保荐人制度，建立了A股首次公开发行的保荐制度。为了弥补与内地股票首次公开发行的预披露制度的差异，香港联交所在工商银行A+H同步上市过程中，创新性地推出了上市申请资料的“网上资料集”制度，并进一步发展为目前施行的“披露易”。

2023年12月15日，香港联交所就有关GEM（通常称香港创业板）上市改革的咨询文件刊发了咨询总结，并相应修订了《GEM上市规则》及《上市规则》，修订内容于2024年1月1日生效。根据新修订的《上市规则》的要求，已在GEM上市的公司，可以按照《上市规则》第9B章的新规定申请转主板上市。发行人既无须就转板聘请保荐人、申报会计师，也无须按照主板上市一般要求刊发上市文件、招股书、申请版本及聆讯后资料集等，仅需就转板上市取得所需的股东、董事会及／或监管机构批准，向香港联交所提交：（1）G 表格上市申请；（2）接近定稿的转板公告；（3）公告日期起算 12 个月所需营运资金充足的确认及佐证资料。①

修订前的《GEM 上市规则》中的资格测试模式仅有“现金流测试”一项资格测试模式，需要满足两个完整财政年度累计净现金流入至少 3000 万港元的要求。尚处于增长期研发开支较大的公司很难满足这个要求。修订后的《GEM 上市规则》新增加了“市值／收益／研发测试”资格测试模式，申请人以“市值／收益／研发测试”模式申请在 GEM 上市，必须符合以下所有条件：（1）具备至少两个财政年度的营业记录；（2）在刊发上市文件前的完整财政年度至上市日期的整段期间，其拥有权及控制权维持不变；（3）在刊发上市文件前的两个完整财政年度至上市日期的整段期间，其管理层维持不变；（4）上市时市值不低于 2.5 亿港元；（5）在刊发上市文件前两个财政年度的收益总额不低于 1 亿港元，而且收益在该两个财政年度按年增长；（6）在刊发上市文件前两个财政年度的研发开支总额不低于 3000 万港元；（7）在刊发上市文件前两个财政年度每年的研发开支占总营运开支不低于 15%。②

此次《GEM 上市规则》的修订还包括以下内容：（1）删除了发行人必须公布季报的有关要求，仅需公布年报和中期报告；（2）删除了发行人必须配备一名符合条件的监察主任的相关要求；（3）缩短合规顾问聘用年期至刊发上市后首个完整财政年度的财务业绩当日，删除其他仅适用于 GEM 发行人的合规顾问职责相关规定；（4）发行人控股股东的上市后禁售期由 24 个月缩短至 12 个月。

① 香港交易所《上市规则》第 9B.04、9B.05 条。

② 《〈GEM 上市规则〉修订》，载香港交易所网站，https://hkexcn.thomsonreuters.com/sites/default/files/net_file_store/Amendments_to_GEM_Rules_No.78_C.pdf，2023 年 12 月 29 日最后访问。

近年来，香港GEM板块新股上市数量、集资额大幅减少，GEM没有足够吸引力，导致其主板上市“踏脚石”的功能基本丧失。此次的一系列修订，就是契合研发型高增长企业的特点，减轻GEM上市公司的工作量和费用负担。转板申请人无须聘请保荐人和申报会计师，仅需提交G表格上市申请、转板公告、营运资金充足的证明材料等，程序的简化将会大大缩短转板时间，转板也将更加可控。对于计划赴港上市的企业，若无法满足香港主板上市条件，则可以选择先在GEM上市，以促进企业规范发展，提升企业形象和影响力，同时增加企业再融资渠道、降低融资成本，待公司发展到一定规模具备主板上市条件时，再通过GEM转主板的简化程序在主板上市，充分发挥GEM的“踏脚石”作用，为企业二级跳跃提供可能和发展空间。

本书认为，香港作为中国的特别行政区，与内地语言相通，具有共同的历史文化背景，以及天然的融合基础。在当前全球经济一体化的经济环境下，与香港资本市场的融合可以推动我国境内资本市场与国际资本市场的接轨，促进我国资本市场的国际化；对香港资本市场来说，当前国际性证券交易所竞争越来越激烈，与内地资本市场的融合不仅能保证上市公司的来源，更能在全球资本市场竞争的格局下占据有利地位。而对同时在香港和内地上市的中国公司来说，两地资本市场的融合将大大提高监管效率，降低企业的融资成本并获得更多的投资机会。

1.4 中国公司 A+H 双重上市相关制度存在的问题和解决思路

1.4.1 中国公司的双重上市模式受制于我国证券法律制度

《公司法》、《证券法》将公司境外上市区分为直接上市和间接上市，并在监管方面制定了不同的规则和实施措施，因而在双重上市的模式及路径选择上，境外直接上市公司与间接上市公司完全不同。对在境外直接发行股票上市的中国公司来说，可以通过在 A 股市场直接发行股票的方式实现境内、境外双重上市，但对于通过红筹、VIE 等搭建海外架构方式在境外上市的企业，其回归 A 股市场双重上市的路径则艰难得多。根据《上海证券交易所股票上市规则》第 3.1.4 条的规定，已在境外上市的红筹企业，申请发行股票或存托凭证并上市的，应当至少符合下列标准中的一项：（1）市值不低于 2000 亿元；（2）市值 200 亿元以上，且拥有自主研发、国际领先技术，科技创新能力较强，在同行业竞争中处于相对优势地位。深交所对于已在境外上市的红筹企业回归深主板上市的条件与《上海证券交易所股票上市规则》的规定相同。

中国公司的境外直接上市主要集中于香港市场，通过先在香港市场发行 H 股，再回归内地上市发行 A 股的方式实现双重上市的“先 H 后 A”模式，是中国公司双重上市的主流模式。“先 H 后 A”双重上市模式形成的原因，除了我国资本市场开放初期的政府支持之外，我国证券相关法律法规对于首次公开发行股票上市的条件设置，如修订前的《公司法》关于首次公开发行股票（IPO）必须是股份有限公司的规定，以及对于股份有限公司注册条件的限制等，也导致中国公司不得不将境外上市作为首选。此外，中国证监会制定的《首次公开发行股票注册管理办法》，对于发行人的会计基础工作、内部控制制度、持续经营能力、生产经营合规等方面作出了更为细致的要求，也使许多中国公司只能将上市条件更为灵活的香港 H 股市场作为在资本市场融资的首要选择。

1.4.2　我国证券市场改革有助于双重上市模式多元化发展

在全面注册制改革前，我国资本市场存在的主要问题是中国证监会对证券市场的行政干预较强。中国证监会通过设定严格的股票发行条件、阶段性暂停首次公开发行等刚性手段对市场实施控制，使我国证券市场长期处于上市公司数量较少、股票发行供不应求的局面。而股票发行的供不应求正是造成新股发行价格不合理、二级市场投机气氛浓郁等问题的核心原因，对我国资本市场资源配置和融资功能产生巨大负面影响。同时，股票发行的稀缺又在一定层面上产生了寻租机会，容易滋生腐败。

由于证券发行监管机构对首次公开发行程序和节奏的人为控制，因此申请发行股份的企业除需要满足证券监管机构设置的发行标准和条件，还需要选择与监管机构具有良好沟通能力的证券公司作为保荐人及承销商，以确保股份发行顺利进行。在这样的监管环境下，证券公司对与监管机构沟通渠道的关注远大于对发行专业技术的关注，从而造成我国证券公司在发行方案、定价机制等方面的专业能力低于国际同行。由于股票发行的供不应求，因此发行路演、承销方式选择等安排也不具有实际的意义。

值得高兴的是，我国证券市场监管机构已经注意到当前资本市场存在的问题，并期望通过注册制改革来解决股票发行供不应求的问题。关于注册制改革是否会弱化中国证监会对股票发行的监管权，市场上看法不一。有观点认为，目前证监会的权力太大，造成中国资本市场由行政手段控制，制约了经济的发展；也有观点认为，中国证监会的监管权力应当加强而不是削弱，只不过监管重点应当从事前监管转移至事中和事后监管，也就是加强对发行和上市的违法行为的监管。无论对中国证监会监管权力争论的分歧有多大，市场关于证券交易所应当加强股票上市审核权的认识是普遍一致的。

全面注册制改革后，股票发行的审核主体从证监会变成证券交易所，实质上是对政府与市场关系的调整，通过充分贯彻以信息披露为核心的理念，使发行上市全过程更加规范、透明、可预期。一是大幅优化发行上市条件。改革后，仅保留了企业公开发行股票必要的资格条件、合规条件，将核准制下的实质性门槛尽可能转化为信息披露要求，审核部门不再对企业的投资价值作出价值判断。二是切实把好信息披露质量关。实行注册制，并不意味着放松质量要求，审核把关将更加严格。审核工作主要通过问询来进行，督促发行人真实、准确、完整地披露信息。同时，综合运用多要素校验、现场督导、现场检查、投诉举报核查、监管执法等方式，压实发行人的信息披露第一责任、中介机构的"看门人"责任。三是坚持开门搞审核。审核注册的标准、程序、内容、过程、结果全部向社会公开，公权力运行全程透明、严格制衡，接受社会监督，与核准制有根本的区别。

注册制改革中，股票发行审核制度经历了从核准制到注册制的重大转变。审核主体从证监会变为证券交易所，将核准制下的实质性门槛尽可能转化为信息披露要求，审核部门不再对企业的投资价值作出判断，审核标准、程序、过程和结果全部公开。这次改革对发行上市审核注册程序进行了优化。交易所承担发行上市审核的主体责任，对企业是否符合发行条件、上市条件和信息披露要求进行全面审核；证监会同步关注发行人是否符合国家产业政策、板块定位，对交易所审核中遇到的重大问题及时指导，并基于交易所的审核意见依法注册；注册制改革将在优化上市标准的同时，畅通强制退市、主动退市、并购重组、破产重整等多元退出渠道，严格实施退市制度，强化退市监管，健全重大退市风险处置机制。光大证券认为，退市制度是注册制优胜劣汰市场业态的必要保障，是提升上市公司整体质量的重要举措；发行上市条件更加包容，长期以来，直接融资是我国金融体系的短板，难以满足实体经济特别是科技创新企业的融资需求。全面注册制有助于拓宽企业准入范围，提升资本市场包容性，助力直接融资。

随着中国证券市场法律法规的逐渐完善，市场融资能力不断增强，中国境内资本市场与境外资本市场的差距将进一步缩小，会有越来越多的中国公司首先选择在境内发行A股，再到香港或其他境外市场发行股份，中国公司的双重上市模式将不再以“先H后A”为主要模式，“先内后外”和“同步发行”也会越来越普遍。

1.4.3 H股上市是境外上市的最佳选择

企业在选择境外上市地点时，通常会考虑境外上市地国家资本市场的融资渠道、整体估值水平、监管环境和相关法律法规开放程度等问题，以及上市规则对于上市标准、条件和程序的具体规定。同时，境外资本市场对于证券发行人母国的认同度，以及对于发行人所处行业的理解和接受程度等也是影响发行人对境外资本市场做出选择的主要因素。当然，上市需支付的各项成本和上市期限也是企业在决定境外上市时应关注的问题。从过去20多年中国公司选择的境外上市地来看，主要集中在国际化程度较高、对中国公司认同度相对较好的资本市场，如美国、新加坡和中国香港地区等。中国资本市场相对封闭，与国际上其他资本市场的关联度较小，对于中国公司境外上市比较有认同度的是亚洲市场，主要集中在中国香港地区和新加坡，其中香港资本市场对内地公司的认同度高，也是内地公司境外上市的首选。

香港资本市场拥有较为完备的市场规则和配套体系，是成熟的国际性资本市场，也是亚洲最活跃的市场。经过多年发展，香港目前已成为国际领先的金融中心，在证券监管理念和上市规则方面有非常完善的安排，吸引了大量海外公司到香港上市，也集聚了全球各国主要投资机构到香港市场投资。香港政府对于资本市场的发展制定了明确的战略发展规划，将香港定位于连接内地和国际资本市场的桥梁，为中国公司的境外融资发展提供市场，也为香港投资者、国际投资者投资内地的优质H股公司提供服务。基于这一定位，香港资本市场制定了保障公平、效率的上市规则，并通过证券交易所和市场中介机构、专业人士等为发行人和投资者提供专业、便捷的服务。

在香港市场发行 H 股是我国政府鼓励的境外上市方式。作为中国内地资本市场国际化发展的重要通道，香港市场为中国 H 股公司募集外汇资金提供了广泛机会，也为内地资本市场基础规则的建立起到了积极的推动作用。我国内地资本市场建立初期，在法律法规和规则方面基本空白，没有《公司法》、《证券法》等基本法律制度，财务会计和资产评估标准也没有建立。我国证券监管机构在推动 H 股上市过程中，学习了香港资本市场的相关规则，对我国会计准则和企业资产评估标准的建立，以及其他资本市场基本规则的出台起到了积极的推动作用。通过 H 股上市，我国企业进入了国际资本市场，有机会了解和学习国际成熟资本市场的运行规则与公司治理规范，对解决国有企业改革和促进国有企业现代化发展起到了促进作用。

通过中国公司发行 H 股，香港市场与内地资本市场建立了良好的沟通和互动关系，香港监管机构与内地证券监管机构建立了定期的沟通机制，以便于及时协调解决 H 股公司的有关问题。香港与内地监管机构在解决法律差异方面也进行了有效安排，如香港《上市规则》针对 H 股发行人关于股东权利保护的差异，在公司章程方面做出的特别条款安排，以及关于 H 股公司适用不同会计准则等方面的规定，在保证香港上市规则的公平性和公开性的同时，兼顾了 H 股公司的特殊性，为内地公司发行 H 股奠定了良好的基础，使内地公司在香港市场得到充分理解和公平对待，这是其他任何一个境外资本市场都不可能做到的。

鼓励内地公司到香港发行 H 股，能有效缓解内地资本市场新股发行的积压问题，有助于减轻新股发行压力，维护内地资本市场的发行秩序。此外，香港作为我国的特别行政区，在政治、经济上与内地紧密相连，内地公司到香港上市，有助于增加香港资本市场的市值，提升香港市场在国际资本市场的地位和影响力，进一步吸引国际投资机构投资香港市场，有利于 H 股公司的融资和发展。本书认为，香港仍将是境内企业境外上市的重点，香港资本市场国际地位的提升对内地资本市场具有正面和积极的影响，而鼓励内地公司到香港发行 H 股对我国资本市场的国际化发展起着至关重要的作用。

1.4.4　发行 CDR 能有效解决境外上市公司回归 A 股市场问题

资本市场的国际化发展应具有双向流通的特点，也就是说既有本国企业到境外上市，也有境外企业到本国来发行证券，而我国目前资本市场的对外开放仅体现在鼓励中国公司“走出去”，在引进境外公司到 A 股市场发行证券方面还是空白。目前在境外上市的中国公司分为两类，一类是注册地在中国境内的上市公司，其身份仍然是中国公司，所发行的股份是中国法律下的“境外上市外资股”，在香港上市的 H 股公司便是此类公司的典型代表；另一类是主要业务、资产和市场在中国境内，但公司注册地在境外的上市公司，严格意义上说，此类公司在法律上并不是中国公司，而是由于返程投资的关系而涉及中国法律的管辖。如前所述，中国公司在境外上市模式的差异是境内监管政策造成的，在目前监管政策未作修改和调整的情况下，两类企业回归境内市场的方式选择也具有根本不同。

为扩大我国资本市场双向开放，并提高境内市场的国际化水平，在互联互通机制下，境内企业可赴境外发行全球存托凭证（Global Depositary Receipts，GDR），境外企业也可赴境内发行中国存托凭证（China Depositary Receipts，CDR）。二者间的第一个制度差异在于挂牌平台的质量和市场准入门槛。CDR 在上交所的主板挂牌交易，GDR 在伦敦交易所的“国际板”挂牌交易，通过国际订单（International Order Book）的交易平台来交易。伦敦交易所现有的中国发行人发行的 GDR 不多，主要发行方式是先在港股市场发行 H 股后再到伦敦交易所发行 GDR。伦敦交易所 GDR 发行门槛较低，与主板市场公司上市要求相比，有一系列财务及公司治理方面的要求不予使用。

第二个制度差异在于 CDR 必须有保荐人参与，这实际上相当于对发行人多了一层质量控制，多了一个发生问题后承担责任的主体，尤其在中国 A 股市场已经建立了先行赔付制度的情况下。而 GDR 就无须保荐人，发生问题后可能被追究责任的主体不包括证券服务机构。

CDR 对于通过直接申请方式在境外上市的中国公司，申请在境内证券市场发行股份时，对境外市场而言属于上市公司再次发行，但对境内资本市场及其监管机构来说仍然属于首次公开发行，适用中国境内首次公开发行股份的各项条件和标准，本书研究的 A+H 双重上市公司即属此类。由于境内 A 股市场的股票发行条件和程序过于严苛，因此并不是所有境外直接上市公司都具备发行 A 股的条件，而 CDR 理论上是直接进入 A 股市场最快捷的方式。整体来说，无论是“先内后外”、“先外后内”还是“同步上市”，A+H 双重上市都存在股票价格差异的问题，而中国存托凭证则有可能是解决这一问题的有效方式。有学者认为，H 股市场和 A 股市场出现价格差异的主要原因是港元和人民币的汇率差异，以及人民币在资本项下不能自由流动的外汇监管政策，使 A 股市场的溢价不能通过套利和资金的自由流动来解决，CDR 作为一个特殊通道，可以避免放松外汇管制而带来的热钱和其他不利影响。

同样，对于以搭建境外股权架构等间接方式在境外上市的中国公司，因其上市主体已不是中国注册的股份有限公司，故只能以 CDR 方式实现境内上市，或者在境外证券市场退市后重新申请在境内证券市场上市。

我国监管机构对 CDR 模式积极性不高的主要原因是通过 CDR 方式在境内上市的股票市值并不计入境内证券交易所的总市值范围，对中国证券交易所的市值排名并无实际提升作用。同时，CDR 的基础股票定价权在境外市场，CDR 在境内 A 股市场上市交易后也可能随时注销，发行 CDR 对 A 股市场的话语权并没有积极影响，而在境内市场发行溢价高于境外市场的情况下，发行 CDR 可能产生套利空间。此外，国际上 DR 的发行一般适用于真正的境外公司，而发行 CDR 的目的是解决境外上市中国公司回归境内证券市场的问题，针对的范围不同，未必能解决境外间接上市公司的真正困难。[①]

经过 30 多年的发展，我国宏观经济形势发生了巨大变化，已在境外上

① 乔炜：《红筹公司回归境内市场上市发行相关问题研究》，载《宁夏大学学报（人文社会科学版）》2010 年第 6 期。

市的中国公司有了回归 A 股市场的需求，外汇储备问题也不再是发行 CDR 的障碍。尤其是人民币加入特别提款权（Special Drawing Right，SDR）之后，国际金融机构也将人民币资产作为国际投资的配置资产之一，投资 CDR 将是这些国际投资机构参与我国资本市场证券投资的最有效途径。

通过发行 CDR 的方式实现在境内证券市场上市能有效解决 IPO 模式下法律制度的障碍。作为金融衍生产品，CDR 的发行和交易只需境内证券交易所制定相关规则即可，无须对法律进行修订，可以保持现有证券发行和交易制度的稳定性。此外，CDR 所代表的海外优质上市公司，不仅有助于提升我国证券交易所的国际地位，更能为我国及境外投资者提供更多的投资产品，增加证券交易所的收入和人气。对参与 CDR 发行和结算的商业银行与证券公司来说，有利于业务创新，提供更多的金融业务和金融产品，为全能化和国际化做准备。①

2018 年 3 月，《试点意见》将存托凭证认定为证券，并明确了存托凭证的基础制度框架。《证券法》（2019 年修订）以基本法形式将存托凭证作为一种证券品种纳入规范。2022 年 2 月 11 日，中国证监会发布《境内外证券交易所互联互通存托凭证业务监管规定》（以下简称《互联互通监管规定》），境内上市公司可以其新增基础股票为基础证券在境外发行 GDR，也可以其非新增基础股票为基础证券在境外上市 GDR。2023 年 2 月 17 日，中国证监会正式发布《存托凭证发行与交易管理办法（试行）》，明确了在注册制下存托凭证的法律适用和基本监管原则，对存托凭证的发行、上市、交易、信息披露制度等作出了具体安排。

2018 年 10 月 12 日，中国证监会发布《关于上海证券交易所与伦敦证券交易所互联互通存托凭证业务的监管规定（试行）》（已失效），允许符合条件的在上海证券交易所上市的境内上市公司在境外发行 GDR 并在伦敦证券交易所上市，正式建立了“沪伦通”机制。上交所上市公司华泰证券股

① 吴秀波：《创设 CDR 缓解央行外汇占款压力》，载《新金融》2008 年第 1 期。

份有限公司发行的 GDR 成为“沪伦通”下首只 GDR 产品，在伦交所挂牌交易。

2022 年 2 月 11 日，《互联互通监管规定》将 GDR 发行主体的适用范围扩展到符合条件的在境内证券交易所上市的境内上市公司，境内上市公司发行 GDR 的境外交易市场拓展到瑞士、德国等欧洲主要市场，由此实现了“中欧通”。2022 年 7 月 28 日，中瑞证券市场互联互通存托凭证业务正式开通。

自首家设置表决权差异的公司优刻得（688158.SH）2020 年 1 月在上海证券交易所科创板上市以来，已有多家存在表决权差异安排的境内注册公司及红筹企业在境内上市。

根据公开统计信息，截至 2023 年 5 月 16 日，中国证监会发布《监管规则适用指引——境外发行上市类第 6 号：境内上市公司境外发行全球存托凭证指引》（以下简称《GDR 指引》），已有 18 家境内上市公司发行了 GDR。其中，有 4 家是在《互联互通监管规定》发布之前发行的，均为国有资本控股，行业覆盖保险、证券、电力等；有 14 家是在《互联互通监管规定》发布之后发行的，以民营企业为主，集中在新能源、半导体等新兴行业。并且，已发行 GDR 的 18 家境内上市公司均选择了以新增基础股票作为基础证券的 GDR 发行模式。[①]

随着全面注册制改革的到来，针对 CDR 的发行，2023 年证监会修订了《试点创新企业境内发行股票或存托凭证并上市监管工作实施办法》，有关创新企业境内发行存托凭证的规定被细化和完善。一是明确试点企业：试点企业应为符合国家战略、科技创新能力突出并掌握核心技术、市场认可度高，属于互联网、大数据、云计算、人工智能、软件和集成电路、高端装备制造、生物医药等高新技术产业和战略性新兴产业，达到相当规模，社会形象良好，具有稳定的商业模式和盈利模式，对经济社会发展有突出贡献，能

---

① 数据来源：证券日报网站，http://www.zqrb.cn/stock/gupiaoyaowen/2023-05-06/A1683301125234.html，2024 年 6 月 28 日最后访问。

够引领实体经济转型升级的创新企业。试点企业可以是已境外上市的红筹企业，或尚未境外上市的企业（包括红筹企业和境内注册企业）。除前述规定范围内的红筹企业外，属于新一代信息技术、新能源、新材料、新能源汽车、绿色环保、航空航天、海洋装备等高新技术产业和战略性新兴产业，或者具有国家重大战略意义的红筹企业，亦被纳入试点范围。二是修改 CDR 发行标准：新增了几项标准，CDR 整体发行门槛有所降低，但总体来讲标准仍很高。例如，对于已境外上市试点红筹企业发行存托凭证并在境内上市的标准增加了“市值二百亿元人民币以上，且拥有自主研发、国际领先技术，科技创新能力较强，同行业竞争中处于相对优势地位”的要求。对于尚未境外上市试点企业发行存托凭证并在境内上市的标准新增了“营业收入快速增长，拥有自主研发、国际领先技术、同行业竞争中处于相对优势地位；且预期市值不低于人民币一百亿元，或预计市值不低于人民币五十亿元、最近一年营业收入不低于人民币五亿元”的要求。

关于存托凭证，本书将在第 2 章进行更详细的阐述。

1.4.5　上市公司分拆是公司拓宽融资渠道的有效方式

上市公司分拆是资本市场优化资源配置的重要手段，有利于公司拓宽融资渠道，获得合理估值，完善激励机制。2019 年年初，《关于在上海证券交易所设立科创板并试点注册制的实施意见》首次明确达到一定规模的上市公司，可以依法分拆其业务独立、符合条件的子公司在科创板上市。2019 年 12 月，证监会发布了《上市公司分拆所属子公司境内上市试点若干规定》（已失效），填补了过去上市公司分拆子公司在境内上市所面临的监管空白，2022 年，中国证监会正式发布《上市公司分拆规则（试行）》，确立了上市公司的子公司在境内外上市的主要规则，包括分拆的实质性条件、程序性条件、分拆监管与发行规则衔接等。同时强化中介机构核查督导职责，以及对分拆过程中如存在信息披露违规、内幕交易、操纵市场等行为，将严格管理。

分拆上市的基本条件：上市公司股票境内上市已满三年。上市公司最近三个会计年度连续盈利。上市公司最近三个会计年度扣除按权益享有的拟分拆所属子公司的净利润后，归属于上市公司股东的净利润累计不低于人民币6亿元（这里净利润计算以扣除非经常性损益前后孰低值为依据）。上市公司最近一个会计年度合并报表中，按权益享有的拟分拆所属子公司的净利润不得超过归属于上市公司股东的净利润的50%；上市公司最近一个会计年度合并报表中，按权益享有的拟分拆所属子公司的净资产，不得超过归属于上市公司股东的净资产的30%。

关于分拆上市，本书将在第2章进行更详细的阐述。

Chapter 2

第2章

中国公司双重上市

根据经济学研究理论，双重上市对企业产生的积极影响，主要包括提高自身价值、提升公司治理能力和增强募集资金能力等方面。国外学者认为，双重上市有助于打破不同国家证券市场监管制度、信息披露及税收等方面的分割状态，将上市公司置于“声誉中介人”（如承销商、债券评级机构、证券分析师）的监督之下，使中小股东的权益得到合理关注，从而提高信息披露质量并促进股票的流动性，公司价值因而得到提升。[①]我国学者的实证研究也说明双重上市公司的整体公司治理水平和绩效优于仅在国内上市的公司。[②]但其中在中国香港地区上市的双重上市公司与在美国上市的双重上市公司在业绩表现上又存在较大差异。[③]

双重上市（Dual Listing）主要指一个企业在两个证券交易所上市的行为。根据证券交易所所属的地区和国家不同，双重上市可以分为国内双重上市（Domestic Dual Listing）和国际双重上市（International Dual Listing）。国内双重上市（Domestic Dual Listing）指一个企业在本国的两个证券交易所发行股票并上市交易，而国际双重上市（International Dual Listing）指一家公司在本国证券交易所和外国证券交易所，或两个外国证券交易所发行股票并上市的行为。国际双重上市主要包括两种形式：直接上市，即直接到境外的证券交易所发行股票并上市；间接上市，即通过在境外其他国家的证券交易所发行存托凭证（Depository Receipts，DR）来实现向境外投资人发行股票而达到上市交易的目的。[④]本书所研究之双重上市，仅包括在本国证券交易所和在外国或其他地区证券交易所发行股票并上市的双重上市。

---

① John C. Coffee, Jr, “Racing Towards the Top? : The Impact of Cross-Listing and Stock Market Competition on International Corporate Governance”, Colum. L. Rev. Vol. 102,（November 2002）, pp. 1779-1781.

② 陈昀、贺远琼：《双重上市对公司治理和公司绩效的影响研究——基于中国双重上市公司的证据》，载《湖北经济学院学报》2009 年第 1 期。

③ 周建、刘小元、程广林：《境外上市战略与企业绩效动态性研究——基于中国在美上市公司的经验证据》，载《山西财经大学学报》2010 年第 1 期。

④ 陈安主编：《国际经济法学》，北京大学出版社 2013 年版，第 360 页。

2.1 双重上市模式

相较于其他国家的双重上市公司，中国公司的双重上市发展之路有着更为复杂的背景和目的。起初，由于我国关于不同企业主体境外上市的法律法规和监管政策的不同，中国公司双重上市的模式产生了完全不同的回归路径。国有企业的规模大，境外融资更受政府支持和鼓励，从而能够促进国有企业内部管理规范，进而在一定程度上缓和化解国有企业股份制改革中遇到的产权、激励等问题。

对民营企业来说，境外资本市场如美国和中国香港地区流动性好，有数量众多的国际投资者，且上市审核的时间也比 A 股市场短并可以预期和可控，这不仅能帮助企业降低融资成本，也可以提高企业的国际知名度，实现更有效的融资效果。近年来，中国公司双重上市的发展较快，根据中证指数研究报告，截至 2022 年年底，全球上市中国股票合计约 6939 只，进一步考虑全球上市中国股票在不同地区多重上市情形后，6939 只全球上市中国股票共对应 6690 家公司主体。其中，有 147 家公司 A+H 双重上市、2 家公司 B+H 上市、74 家公司 A+B 上市、26 家公司在中国香港地区和美国双重上市。[①]

根据上市地及具体发行顺序的不同，双重上市一般包括三类发行方式："由内向外"、"由外向内" 和 "同时上市"。"由内向外"，是指先在本国资本市场发行上市后，再前往境外资本市场发行股票及上市；"由外向内"，是指

---

① 数据来源于中证指数研究报告：《全球上市中国企业持续扩容，助力全球视角投资中国——全球中国股票运行概览（2022）》，载中证指数有限公司网站，https://csi-web-dev.oss-cn-shanghai-finance-1-pub.aliyuncs.com/static/html/csindex/public/uploads/researches/files/zh_CN/20230215163433-%E5%85%A8%E7%90%83%E4%B8%8A%E5%B8%82%E4%B8%AD%E5%9B%BD%E4%BC%81%E4%B8%9A%E6%8C%81%E7%BB%AD%E6%89%A9%E5%AE%B9%EF%BC%8C%E5%8A%A9%E5%8A%9B%E5%85%A8%E7%90%83%E8%A7%86%E8%A7%92%E6%8A%95%E8%B5%84%E4%B8%AD%E5%9B%BD.pdf，2024 年 10 月 20 日最后访问。

首先在境外资本市场获得发行股票及上市的核准，再回归本国资本市场进行上市；同时上市，是指同时在境内、境外两个资本市场发行股票及上市。①

我国资本市场建立的初衷，是解决国有企业融资难问题，在制度建设和政策引导方面，鼓励国有企业境外融资并将融得资金投入内地的经济建设，形成中国公司的双重上市以“由外向内”为主要模式的特点。在中国公司双重上市的境外上市地选择方面，选择先在香港发行 H 股，再到内地发行 A 股的数量居多，最具代表性的案例是青岛啤酒，其于 1993 年在香港发行 H 股股票后，同年即在境内又发行了 A 股股票，是“先 H 后 A”双重上市的典型案例。

虽然 1997 年香港回归后，香港证券市场与中国 A 股市场是同属于一个国家的两个证券市场，但是香港在上市条件、监管要求和交易规则等方面更接近于欧美国家成熟的证券市场，因此，在学术研究中，香港证券市场仍被当作境外证券市场看待。截至 2023 年 8 月，A+H 双重上市的中国公司仍占双重上市公司中的绝对多数。② 本书将以“A+H 双重上市”为例来分析前述三种双重上市模式的特点及存在的相关问题。

2.1.1 “由内向外”模式

“由内向外”是国际上大多数国家采用的双重上市模式。就“A+H 双重上市”来说，是指境内公司先在 A 股发行股票并上市，再到香港发行 H 股，即“先 A 后 H”模式。我国企业以“先 A 后 H”模式实现双重上市的第一个成功案例是中兴通讯股份有限公司（以下简称中兴通讯）。

中兴通讯成立于 1997 年 11 月 11 日，同年 11 月 18 日中兴通讯 A 股在深圳证券交易所上市（股票代码：000063）。赴香港发行 H 股主要是为了实

---

① 郭静静:《A+H 股双重上市公司治理效应研究》，辽宁工业大学 2011 年硕士学位论文。

② 《中上协统计月报（2023 年 8 月）》，载中国上市公司协会网站，https://capcofile.oss-cn-beijing.aliyuncs.com/2023/file/%E6%9C%88%E6%8A%A5/8%E6%9C%88%E4%BB%BD/%E4%B8%AD%E4%B8%8A%E5%8D%8F%E7%BB%9F%E8%AE%A1%E6%9C%88%E6%8A%A5%EF%BC%882023%E5%B9%B48%E6%9C%88%EF%BC%89.pdf，2024 年 6 月 28 日最后访问。

现其建立外汇资金融资窗口及国际化发展之战略目标，但由于A股市场与H股市场的诸多差异，中兴通讯赴港上市之路可谓几多坎坷。2002年7月，中兴通讯发布董事会公告：中兴通讯计划于2002年第四季度发行境外上市外资股，并在香港联交所主板上市；发行后H股所占总股本的比例不超过发行后总股本的30%；H股发行定价将根据当时国际资本市场情况，参照同类公司在国际市场的估值水平进行定价。

因担心中兴通讯以远低于A股市盈率的价格在H股市场发行股票进而摊薄每股收益，中兴通讯A股流通股股东对中兴通讯H股发行持坚决反对态度，以汉唐证券为代表的流通股投资者甚至联名请求证监会审慎看待中兴通讯拟进行之H股发行，保护中小投资者的利益。根据证监会发布的《关于上市公司增发新股有关条件的通知》（已失效），增发新股的股份数量超过公司股份总数20%的，其增发提案须获得出席股东大会的流通股股东所持表决权的半数以上通过。但由于该通知仅适用于A股市场的增发，中兴通讯称中国证监会海外部曾口头承诺，中兴通讯的H股发行视为其在境外市场的IPO，不在该通知管辖范围之内，其增发H股无须适用该通知规定的特殊表决。因此，持股比例较少的流通股股东无法对股东会决议产生实质性影响。2002年8月20日，中兴通讯召开股东大会，并通过了发行H股之议案。流通股股东开始纷纷抛售各自持有的中兴通讯股票。

2003年春天，非典型肺炎的肆虐使H股市场进入“寒冬”，中兴通讯赴香港上市融资的难度进一步增大，加上流通股股东与大股东矛盾升级，中兴通讯于2003年4月17日召开董事会审议通过《关于停止公司H股发行上市方案的决议》，并将该决议提交于2003年5月30日召开的2003年第一次临时股东大会审议，该决议经审议得到通过。至此，中兴通讯H股发行计划暂时搁浅。2004年，因国际市场环境的变化，并经与投资者良好沟通，中兴通讯再次启动H股发行计划。2004年10月28日，中兴通讯获得了中国证券监督管理委员会《关于同意中兴通讯股份有限公司发行境外上市外资股的批复》（证监国合字〔2004〕38号），后于2004年12月9日在香港主板整体上市（股票代码：00763）[①]，成功登陆香港主板市场，成为国内首例通过“先 A 后 H”实现双重上市的企业。中兴通讯之后，中国太平洋保险、招商银行、民生银行等多个企业也通过“先 A 后 H”模式成功在内地和香港两地上市。

“先 A 后 H”发行方式避免了对境内市场资金的“挤出效应”，符合国际通行的双重上市发行顺序。先发行 A 股能使发行人和境内机构掌握发行的定价权，而 A 股发行时确定的发行价格是 H 股发行的基础，可以使 H 股的定价更为合理，能够有效地保护 A 股市场投资人的利益。同时，先在 A 股市场发行股份，发行人必须按照我国《证券法》的规定向公众发行 25% 的股份，保证了在 A 股市场的股票发行量，使 A 股投资者有更多申购中签机会。在我国新股发行供应量相对偏少的情况下，如果 A 股的发行比例太低，会造成二级市场追捧的情况，也是新股上市第一天收益率超高的核心要素，因为某些指数基金需要被动建仓，进一步带动二级市场的股价上涨。[②]

“先 A 后 H”模式的核心障碍是 H 股定价与 A 股定价存在明显差距比，主要原因是 A 股市场是相对独立和封闭的市场，投资者比较看重概念，对于这类未盈利公司愿意给予高估值溢价，并且对未来盈利有较高预期。整体的估值水平比香港 H 股市场高，而香港证券市场面向全球投资人，以国际其他主要证券市场为参考对象，股票发行的整体估值和定价更为理性，更注重经营稳健和盈利确定，投资人更为慎重，较难接受比 A 股更高的发行价格。因此，以 A 股发行价为基础确定 H 股的发行价，难以被香港市场接受。但是，如果 H 股市场的发行价明显低于 A 股市场的价格，与 A 股市场价格差异太大，那么 A 股市场投资者也难以认可 A 股上市公司在香港发行 H 股的方案。

---

① 中兴通讯企业官网，https://www.zte.com.cn/china/about/investorrelations.html，2024 年 10 月 20 日最后访问。

② 吴秀波：《沪港双重上市公司的发行问题研究》，复旦大学 2008 年博士学位论文。

2.1.2 “由外向内”模式

与国际通行方式不同，我国企业主流的双重上市模式是“由外向内”，即在内地设立的股份有限公司先到香港证券市场发行 H 股，然后在一定期间内到内地证券交易所发行 A 股，即“先 H 后 A”。“由外向内”是具有中国特色的双重上市发行方式，采取该发行方式回归中国 A 股市场的中国公司也被称为“海归股”。前文所提到的青岛啤酒就是中国首家通过“先 H 后 A”的形式实现在香港及内地双重上市的企业。1993 年 6 月 11 日，青岛啤酒召开创立人大会，并通过 A 股和 H 股公开发行与上市决议。1993 年 7 月 15 日，青岛啤酒股票（0168）在香港交易所上市，同年 8 月 27 日，青岛啤酒（600600）在上海证券交易所上市。

截至 2023 年 8 月，138 个双重上市企业中，有 110 个选择“由外向内”，即先发行 H 股，再发行 A 股的方式实现双重上市。①

中国公司选择“由外向内”双重上市模式是我国证券市场发展的特殊背景造成的。我国证券市场发展初期，市场整体容量相对较小，配套制度不尽完善，难以满足企业的融资需求。而境外主要资本市场，尤其是香港证券市场规则完善，流动性好，对内地企业认同度较高，能有效解决中国公司的资金需求。当时根据联交所的上市规则制定了一套公司章程必备条款，让申请到港上市的国企根据必备条款制定公司章程。上市申请人载有必备条款的公司章程便是上市公司与香港联交所之间的契约，以此来约束上市公司。②

“先 H 后 A”发行方式不仅解决了中国资本市场发展初期企业的融资需求，也在 H 股企业回归 A 股市场后，为境内资本市场带来了国际先进的监管

---

① 《中上协统计月报（2023 年 8 月）》，载中国上市公司协会网站，https://capcofile.oss-cn-beijing.aliyuncs.com/2023/file/%E6%9C%88%E6%8A%A5/8%E6%9C%88%E4%BB%BD/%E4%B8%AD%E4%B8%8A%E5%8D%8F%E7%BB%9F%E8%AE%A1%E6%9C%88%E6%8A%A5%EF%BC%882023%E5%B9%B48%E6%9C%88%EF%BC%89.pdf，2024 年 6 月 28 日最后访问。

② 史美伦：《H 股：三十年互联互通的起点》，https://sc.hkex.com.hk/TuniS/www.hkexgroup.com/Media-Centre/Insight/Insight/2023/Laura-Cha/H-shares-kick-starting-30-years-of-connectivity?sc_lang=zh-CN，2024 年 6 月 28 日最后访问。

理念和交易规则，同时增加了中国证券市场的市值，提升了中国在全球资本市场的排名。但是，我们也必须注意到，在“先 H 后 A”双重上市模式下，A 股发行价普遍高于 H 股发行价，从而引发关于内地、香港两地股东不公平待遇的激烈讨论。此外，H 股的定价偏低造成中国公司在香港证券市场的价值被大大低估，对国有上市公司来说，可能会造成国有资产贱卖的问题。

在“先 H 后 A”发行方式下，由于是 H 股先发行，其定价权通常由境外机构掌握，为了便于发行，境外机构通常会尽量压低 H 股发行价，使香港市场投资者获得较大的收益空间。但是，在 H 股公司决定回归 A 股市场时，因为有 A 股市场股价高于香港的预期，在香港证券市场的 H 股股价通常会暴涨，香港市场的投资者又通过已涨高的 H 股股价获得二次超额收益。因为按照有关文件的规定，A 股发行的定价规则是发行之时 H 股前 20 日均价的 90%，或者是 H 股前一日收盘价的实际上限，这就造成了 A 股发行价会远超 H 股的上市发行价。[①]

“先 H 后 A”发行方式也会造成 A 股发行量相对更少。按照我国《公司法》与《证券法》[②]的相关规定，股份公司首次公开发行股票的比例不低于 25%，若股本大于 4 亿元，公开发行的股份不低于 10%。对于已经在境外市场公开发行股份的公司再在我国境内发行 A 股，我国法律并没有规定具体公开发行的比例要求。就已发行 H 股的公司来说，由于香港证券市场有首次公开发行的股份必须达到总股本 25%（特别情况下为 10%）的要求，在“先 H 后 A”发行方式下，大多数已发行 H 股的中国公司在满足香港证券交易所关于公开发行 25% 股份的要求之后，能够在 A 股市场发行的股份就相对偏少，因此 H 股上市公司在 A 股市场维持着较为稀缺的状态。[③]

---

① 柯建飞:《中国公司交叉上市的影响研究》，华侨大学 2011 年博士学位论文。

② 这是 2014 年《证券法》中的规定，2019 年修订的《证券法》取消了股份公司首次公开发行股份的比例限制。

③ 吴秀波:《沪港双重上市公司的发行问题研究》，复旦大学 2008 年博士学位论文。

2.1.3 “同时上市”模式

“同时上市”指中国公司在境内资本市场和境外资本市场同时发行股票并上市。“同时上市”在香港也被称为“同步发行”，指中国公司在境内和香港同时申请发行 A 股与 H 股，同时进行披露、询价、发行以及上市交易。“同时上市”模式要求境内与境外资本市场在发行申请和审核节奏方面高度一致，且在发行制度、交易规则、信息公开及流动性等方面不能存在巨大差异，具体操作难度非常大。因此，我国双重上市公司中目前仅有中国工商银行、中信银行和新华人寿等少数巨型公司实现了在境内 A 股市场与香港 H 股市场同时发行股票并上市，即“A+H 同步发行”。其中，2006 年 10 月 27 日，工商银行在上海证券交易所和香港联交所同步上市，募集资金总额为 220 亿美元，成功克服了两地资本市场在发行程序、时间表、信息披露要求等方面的差异，通过政府间协作进行了多项制度创新，具有里程碑意义。工商银行的 A+H 双重上市，不仅是当时全球历史上最为庞大的 IPO，同时也是国内首个采用“A+H 同步发行”来实现双重上市的企业，是中国资本市场的重大突破，也将香港与内地两个资本市场的合作推上了一个新台阶。①

“同时上市”模式最大的优点，是能有效缩小境内外市场发行价格的差异，使境内外投资者都能得到公平的对待。因为“同时上市”模式的核心是同步发行、同股同价的原则，有助于解决“先 H 后 A”模式下 H 股定价偏低而带来的不公平现象。在“同时上市”模式下，由于本国投资者对发行人更为了解，对新股的认购积极性会更高，从而带动境外投资者的认购意愿，保证境外发行的成功，降低发行风险。对发行人来说，“同时上市”需要递交的发行上市申请文件、适用的会计规则等基本是一致的，能有效降低股票发行成本，提高募集资金效率。

① 周建、刘小元、程广林：《境外上市战略与企业绩效动态性研究——基于中国在美上市公司的经验证据》，载《山西财经大学学报》2010 年第 1 期。

我们必须承认，工商银行“A+H 同步发行”的成功，是内地及香港两地监管机构采取“特事特办”的原则推动的，也得益于内地和香港各方中介机构的共同努力，这样的模式不具有普遍推广的可能性。内地和香港在发行审核标准、上市条件和程序等多个环节均存在明显差异，虽然可以通过特别安排，将两地资本市场规则的差别在个案中予以特殊处理，实现“同股同价”，但这样的安排需要耗费巨大的行政协调和沟通成本，不可能频繁适用于其他的 A+H 双重上市公司。此外，内地和香港资本市场在流动性、投资者基础、投资者偏好等方面存在较大差异，即便实现“A+H 同步发行”，在二级市场上股票走势也会完全不同。因此，长远来看，“A+H 同步发行”的价格差异仍然存在。

2.1.4 其他模式

整体来说，无论是“先内后外”、“先外后内”还是“同步上市”，A+H 双重上市都存在股票价格差异的问题。

除前述“由内向外”、“由外向内”和“同时上市”三种双重上市模式外，我国资本市场历史上还出现过 A+B 公司转为 A+H 公司的案例。2012 年 12 月 19 日，中集集团通过特殊安排，将其已发行的 B 股股票通过转换上市地以介绍方式在香港联交所主板上市，通过 B 股股东行使现金选择权退出或由国泰君安代表 B 股股东在国泰君安香港开立 H 股账户并托管其持有的中集集团股份的形式，将 B 股转为 H 股。中集集团就该转股方案先后获得证监会、国际外汇管理部门及香港联交所的批准，最终成功由 A+B 公司转为 A+H 双重上市公司。B 股是人民币特种股票，是在我国上海证券交易所和深圳证券交易所正式挂牌交易的外资股，其股票面值由人民币标注，但在认购或交易时以中国证监会和交易所认可的外国货币来操作。B 股股票实际的注册以及发行上市地均属于我国境内。A+B 公司是指既在上海证券交易所或深圳证券交易所发行 A 股股票，又同时发行 B 股股票的境内股份有限公司。如果从双重上市模式选择来看，中集集团的 A+B 转为 A+H 属于“先 A 后 H”发行模式，但其 H 股的形成及来源系由 B 股转换上市地而来，[①] 属于首创。中集集团的 A+B 转为 A+H 的方式，对于中国证券市场解决 B 股市场不活跃问题有一定的创新意义。

“A+B”转为“A+H”的重点在于“B 转 H”。《国务院关于股份有限公司境内上市外资股的规定》第 24 条第 1 款规定：“经国务院证券委员会批准，境内上市外资股或者其派生形式可以在境外流通转让。”由于国务院证券委员会已与中国证券监督管理委员会合并，因此，B 股上市公司经中国证监会批准后，可以向香港联交所申请“B 转 H”上市。

“B 转 H”方案的核心是以介绍方式在香港联交所上市，拟实施“B 转 H”方案的上市公司需要满足香港联交所关于介绍方式上市的要求。根据香港《上市规则》规定，对于“寻求上市的证券已在另一家证券交易所上市”的情形，可以采用介绍方式上市，[②] 公司采取介绍方式上市需要满足与首次公开发售方式同等的条件，主要包括上市适当性、财务要求、营业状况及管理层变动、最低市值、公众持股市值、公众持股数量以及股东分布等方面，符合上述要求的 B 股上市公司方具备实施“B 转 H”方案的基础条件。

根据上海证券交易所《B 转 H 业务实施细则》、深圳证券交易所《B 转 H 业务实施细则》和香港交易所《上市规则》的相关规定，“B 转 H”方案需要履行的主要程序和境内主要信息披露文件如表 2-1 所示：

---

① 李伟斌律师行：《A+H 公司法律实务研析》，中国政法大学出版社 2013 年版，第 32 页。

② 介绍上市是已发行证券申请上市所采用的方式，该方式无须作任何销售安排，因寻求上市的证券已有相关数量且被广泛持有，故可推断其在上市后会有足够的市场流通量。对于不缺乏资金的中概股具有一定的吸引力，特别是在资本市场不是很理想的情况下，发行募资反而可能影响公司估值并存在上市不成功的风险。

表2-1 “B转H”方案需要履行的主要程序和境内主要信息披露文件

序号	主要程序	境内主要信息披露文件
1	上市公司股东会审议通过“B 转 H”方案，选择一家香港证券公司作为在联交所卖出股份的经纪商	筹划重大事项股票停牌公告
2	上市公司向深交所申请 B 股终止上市以及向中国结算申请 B 股退出登记	“B 转 H”方案、董事会决议、独立董事意见、财务顾问报告、法律意见书、股票复牌公告等
3	由上市公司选择的香港证券公司报送至联交所	—
4	向中国证监会备案	“B 转 H”进展公告
5	获得香港联交所批准	“B 转 H”进展公告
6	实现现金选择权方案	现金选择权实施具体方案、实施提示性公告、实施结果公告等
7	B 股股票终止上市	B 股股票终止上市公告
8	香港证券公司经由深证通发至境内的成交明细数据进行资金清算	—
9	H 股交易日后第一个联交所交收日，中国结算与香港证券公司通过香港结算系统进行预对盘；H 股交易日后第二个联交所交收日，中国结算与香港证券公司以实时货银对付方式完成证券和资金交收	—

2.2 中国公司境外上市

中国公司“先外后内”的双重上市模式，是指先在境外资本市场发行股票，再回到境内资本市场上市，涉及我国关于企业境外上市的政策背景、法律法规和监管规则等问题，以及境外上市公司境内发行股票等问题。根据《证券法》的相关规定，境外上市指境内企业直接或者间接到境外发行证券或者将其证券在境外上市交易，也就是说，境外上市有直接上市和间接上市两种方式。境外直接上市的上市主体仍然是根据中国法律在中国境内设立的股份有限公司，其申请在境外公开发行并上市交易的股份是“境外上市外资股”，仅对境外的投资者发行；境外间接上市的上市主体是根据外国注册地法律在境外设立的公司，通常是开曼、百慕大或英属维京群岛等地，该上市主体与中国的关系是基于其在中国境内设立外商投资企业，通过股权或协议的方式实现对境内业务或资产的权益控制而产生的。此类上市主体即便对上市地中国香港地区、美国来说也属于外国公司。

首次公开发行（IPO）是证券发行的一种方式，指发行人以公开的要约方式，向不特定对象出售代表其一定权利和价值的证券。根据我国《公司法》、《证券法》的相关规定，首次公开发行分为募集设立时的公开发行和发行新股。募集设立时的公开发行，应取得交易所批准及证券监管机构的注册，主要指在股份公司成立时，由发起人购入不少于总股份数35%的份额，其余部分则进行公开募集。发行新股是指股份有限公司成立后，经股东会同意发行新的股票。[①] 发行新股是我国首次公开发行的主要方式，因此首次公开发行在我国也被称为“新股发行”。为避免歧义，本书统一称为首次公开发行股票（IPO）。

我国企业到境外其他国家或地区上市主要通过首次公开发行股票（IPO）实现。根据我国证券市场法律法规的相关规定，境外直接上市是我国境内企业通过改制或新设股份有限公司，经中国证监会核准，申请到境外证券监管机构发行股票并上市交易的行为。申请到境外直接上市的中国公司身份仍为中国股份公司，其申请在境外公开发行并上市交易的股份仅对境外投资者发行、在境外证券交易场所交易，因此，在境外上市后，该中国公司实质上变更成为在中国注册经营的中外合资企业，其向境外投资人募集并在境外上市

① 《公司法》第151条。

的股份被称为“境外上市外资股”，主要包括 H 股（Hong Kong，香港上市）、N 股（New York，纽约上市）、S 股（Singapore，新加坡上市）等。境外直接上市公司的股票以人民币标明面值，但可以使用美元、港元或其他当地货币进行股票交易或结算。

通常来说，境外间接上市指中国境内的法人或自然人在境外设立或者控制一家或多家控股公司，通过协议安排、股权收购等方式，将其在境内拥有或控制的权益，以直接或间接的方式变更为境外控股公司拥有或控制，并以该控股公司名义在境外证券市场发行股票并上市。境外间接上市与直接上市的最根本不同之处在于，境外直接上市的公司其法律身份还是中国境内的公司，而境外间接上市的法律主体是境外公司，虽然该主体可能由中国境内的法人或自然人设立或控制。

境内公司境外直接上市的最早案例是青岛啤酒 1993 年在香港联合交易所直接发行 H 股上市，而 1992 年华晨汽车在美国纽约证券交易所上市则开启了企业境外间接上市的先河。华晨汽车与青岛啤酒在境外上市的成功，带动了中国公司到境外上市的积极性，许多中国公司步其后尘通过直接或间接的方式在境外上市，且境外上市地的范围也在逐步扩大，除美国及中国香港地区外，在伦敦证券交易所、法兰克福证券交易所、新加坡证券交易所及东京、韩国等证券交易所都能看到中国公司的身影。

2.2.1 境外直接上市的监管

境外直接上市是指在中国注册的股份有限公司，经境内证券监管机构的同意及境外监管机构的核准，在境外证券交易所公开发行股票并上市的行为。在中国设立的股份有限公司申请在境外上市，其性质依然是中国境内的企业法人，受中国《公司法》、《证券法》及中国证监会相关监管政策和规定的约束。同时，由于部分股份在境外证券市场公开募集并上市交易，境外直接上市公司亦会受到境外上市地相关证券法律法规和规范性条件的规制，即所谓“双重监管”。由于我国法律制度与境外主要证券市场国家的法律制度存在较大差异，且公司法的规定也不同，故境外直接上市公司需要适应境内、境外两套法律制度和监管体系的差异。

在境外主要资本市场中，香港证券市场具有法律制度完善、市场监管严格、程序透明和审核期限短等诸多优势。在地理及历史渊源上，香港证券市场也与内地有天然的特殊联系，成为境内企业实现境外上市的首选。同样原因，在双重上市的境内公司中，选择香港发行 H 股、境内发行 A 股的方式实现双重上市的比例也是最高的。

为解决内地和香港之间不同法律体系及监管规则的差异，鼓励境内企业到香港证券市场上市，1993 年，中国证监会与香港联合交易所共同签订了《监管合作备忘录》，对计划在香港上市的境内企业进行监管合作安排。1994 年，国务院发布《境外上市特别规定》，从国家层面对境外上市做出规范性指引。同时，当时的国务院证券委、国家体改委根据《境外上市特别规定》制定了《必备条款》，要求到境外上市的公司在其公司章程中载明《必备条款》所要求的内容，以解决到香港上市的境内公司所面临的法律差异问题。

在境内监管方面，2013 年前，我国监管机构对于境内企业境外直接上市设定了相当严苛的条件，如 1999 年中国证监会《关于企业申请境外上市有关问题的通知》[①] 指出，证监会根据成熟一家，批准一家的原则对企业境外上市进行审批。对于申请到境外上市的公司，应当具备企业净资产不少于 4 亿元人民币，过去一年的税后利润不少于 6000 万元人民币，并且有持续增长的势头，按合理预期市盈率计算，融资金额不少于 5000 万美元（俗称“456 要求”），且内部的管理制度建立健全，管理者的管理水平较高等条件。同时，该文件要求境内企业在境外上市后，从境外资本市场募集的资金要用于与国家产业政策符合的产业上，要符合利用外资的政策和满足对固定资产投资立项的规定等。

① 该法规被中国证监会《关于股份有限公司境外发行股票和上市申报文件及审核程序的监管指引》（2012 年 12 月 20 日发布，2013 年 1 月 1 日实施）废止。

2012 年 12 月 20 日，中国证监会《关于股份有限公司境外发行股票和上市申报文件及审核程序的监管指引》废止了《关于企业申请境外上市有关问题的通知》，取消了我国企业申请到境外上市严苛的“456 要求”，对企业性质，如国有企业和集体企业等，不再进行明显的上市划分，只要符合《公司法》设立的公司，并且符合境外上市的相关条件，都可提出境外发行股票和上市。

2014 年 12 月，继取消“456 要求”后，在中国证监会的行政许可范围内，不再保留关于境外发行上市的财务审核，申请境外上市的企业无须再向中国证监会提交企业财务报表，也不用再提交审计报告，中国证监会对于财务会计方面的问题不再进行意见反馈。2015 年，中国证监会对境外发行上市的审核又进一步简化，中国证监会仅对涉及国有股权管理、合规运营、股权结构等重点事项进行审核，在香港发行 H 股的发行价格不再要求与 A 股价格相关联，参照适用 A 股发行的相关禁止性条件也被取消。①

为进一步明确境外上市的审批要求，中国证监会于 2019 年 7 月 22 日公布《【行政许可事项服务指南】股份有限公司境外公开募集股份及上市（包括增发）审批》，进一步将 H 股的上市申请文件减少至 6 项，但对于其中的申请报告和相关文件一项新增了提交公司及其董事、监事、高级管理人员关于申请材料真实、准确、完整的承诺的要求；于 2019 年 7 月 23 日公布《股份有限公司境外公开募集股份及上市（包括增发）审核关注要点》，进一步将审核关注要点减少至 11 条，取消了国有股权管理事项审核，引入了对发行人业务以及募集资金投向是否符合《市场准入负面清单》和《产业结构调整指导目录》的核查，新增了对发行人是否存在违反国家和地方环境保护相关要求的情形、发行人现有股东及本次发行对象（如适用）之间是否存在关联关系或一致行动关系等事宜的核查。

从前述法律、法规和监管政策的变化，可以看出在我国资本市场建立至

---

① 《中国证监会大力改革境外发行上市制度并公开审核要点和审核进度》，载中国证券监督管理委员会官网，http://www.csrc.gov.cn/csrc/c100028/c1001941/content.shtml，2024 年 5 月 13 日最后访问。

今的 30 多年中，我国政府对企业境外上市的监管思路和相关立法，从鼓励大中型国企为主，到严格审批监管，再到随着全球经济一体化而逐步开放，最终实行备案制，经历了一个不断摸索和改进的过程。我国监管机构对境外上市监管思路的调整和相关监管政策的制定也在不断完善与优化。受益于内地和香港之间互联互通机制的开启，香港股票市场中 H 股公司的市值和交易金额占比迅速增长，至 2024 年 9 月，香港市场共有 1447 家内地企业上市公司，包括 H 股 350 家、红筹股 1116 家、内地民营企业 1466 家。内地企业上市公司占香港股票市场总值的 76.5%，占整体股份成交金额的 86.5%。①

2.2.2 境外直接上市公司的境内股票发行及模式

2.2.2.1 H 股全流通

中国政府鼓励中国公司在境外上市，主要是为国有企业开辟境外融资渠道，帮助国有企业筹集外汇资金以参与国家或地方政府重点项目的开发建设。在境外上市的制度设计方面，中国政府既希望企业能够取得好的融资效果，又要保证国家对境外上市中国公司的控制权，因而对公司的股东结构进行了复杂的设定，规定了国家股、法人股、自然人股和内部职工股等不同类别的股份。在股权分置改革之前，除自然人股之外，国家股、法人股和内部职工股等都不能在资本市场上自由流通交易。② 也正是基于这一原因，境内企业在香港发行 H 股时，基于保持国资控股权及国有资产不流失等方面的考虑，没有对 H 股公司的股份作全流通安排，即内资股股东所持有的股份不能在香港市场流通，只能在中国法人或自然人、合格境外机构投资者或战略投资者之间进行转让。在香港发行 H 股的国有上市公司，其境内股东所持有的上市公司股份，不能直接进入香港证券市场进行公开买卖。之后，虽然有越来越多的内地民营企业也在香港发行 H 股，但基于上市政策一贯性考虑，也

① 数据来源：香港交易所网站，https://www.hkex.com.hk/Market-Data/Statistics/Consolidated-Reports/Monthly-Bulletin?sc_lang=zh-HK#select1=0&selection=Sep-2024&select2=0&data=rpt_Stock_market_highlights_2409_c，2024 年 10 月 21 日最后访问。

② 敬景程：《股权分置问题的制度经济学思考》，载《经济评论》2005 年第 2 期。

约定俗成地接受了内资股股份不流通的现实。

此外，内地法律规定的限制也导致在香港市场发行 H 股股份后，境内股东持有股份仅限于境内转让，不会由于 H 股股份的公开发行而自由交易或流通。《公司法》（2023 年修订）第 160 条中规定，“公司公开发行股份前已发行的股份，自公司股票在证券交易所上市交易之日起一年内不得转让。法律、行政法规或者国务院证券监督管理机构对上市公司的股东、实际控制人转让其所持有的本公司股份另有规定的，从其规定。公司董事、监事、高级管理人员应当向公司申报所持有的本公司的股份及其变动情况，在就任时确定的任职期间每年转让的股份不得超过其所持有本公司股份总数的百分之二十五；所持本公司股份自公司股票上市交易之日起一年内不得转让。上述人员离职后半年内，不得转让其所持有的本公司股份。公司章程可以对公司董事、监事、高级管理人员转让其所持有的本公司股份作出其他限制性规定”。而香港交易所发布的《上市规则》第 10 章对于新上市后控股股东出售股份做出了限制，“在发行人申请上市时刊发的上市文件况列为发行人控股股东的人士或一组人士，本身不得（并须促使有关登记持有人不得）进行下列事项：自新申请人在上市文件中披露控股股东持有股权当日起至证券开始在本交易所买卖日起计满 6 个月之日止，出售上市文件所列示由其实益拥有的证券”。也就是说，所谓的发行 H 股，只是向境外投资人公开发行的 25% 的股份，中国境内股东所持有的 75% 的股份，在办理全流通业务前，并不能在香港市场上进行自由交易。中国法律法规的相关规定，将境外上市中国公司的股份人为地割裂为境外投资人持有的可流通部分和境内股东持有的不能流通部分，造成 H 股上市公司的股份割裂，不仅限制了 H 股上市公司的股票流通量，也严重影响了境外直接上市融资的效率和资金使用率。同时，在香港上市的 H 股公司境内股东和境外股东的权益不同，导致股东之间的利益诉求和实现渠道也存在巨大差异，在重大事项决策时经常产生争议。

H 股公司境内股东和境外股东所持股份的区别对待，造成 H 股控股股东的股权价值难以得到真正体现，导致大股东对二级市场股价缺乏关心和兴趣，以及由此产生法人治理结构的缺陷，这也给市值管理带来了负面影响。因此，从维护市场长期稳定发展及保障全体股东利益的角度出发，对 H 股实行股权分置改革是必要的，这是我国资本市场进一步走向规范、成熟的必由之路。从完善 H 股公司治理结构，提升其治理水平的角度来看，这项改革更是不可或缺的。在沪深 A 股市场股权分置改革基本完成后，也确实不断有人提出过 H 股实行全流通的问题，但因为涉及面较广且情况相对复杂，所以一直没有获得实质性推进。① 由于通过 A+H 模式实现在境内 A 股和 H 股双重上市的公司，其非流通内资股可以通过在内地交易所发行 A 股的方式实现上市交易，所以面临“全流通”问题的是那些仅发行 H 股的公司。根据港交所的统计，截至 2019 年 2 月，在香港市场有 229 家 H 股公司于主板上市，其中近 130 家仍有非流通股，这些公司的总市值约为 3.9 万亿港元，相当于 2017 年年底港股市场总市值的 11%。但它们的可交易市值仅为 1.18 万亿港元，约占这些公司总市值的 30%。②

如前所述，为进一步明确境外上市的审批要求，2019 年 7 月，中国证监会对 H 股的首发和增发上市申请文件进行了修改，力求精简，但在首发文件中新增了对公司及其董事、监事、高级管理人员申请材料真实、准确、完整的承诺要求。在增发募集文件中，取消了国有股权管理事项的审核，引入了对发行人业务以及募集资金投向必须符合《市场准入负面清单》和《产业结构调整指导目录》的核查要求，新增了对发行人在环境保护方面和对发行人现有股东及本次发行对象之间是否存在关联关系或一致行动关系等情况核查的要求。

H 股曾为人诟病的一个方面即为内资股不能在境外上市流通，但中国证监会于 2019 年 11 月 14 日发布《H 股公司境内未上市股份申请“全流通”业务指引》（中国证券监督管理委员会公告〔2019〕22 号，以下简称《“全流

---

① 桂浩明：《H 股全流通：不可或缺的改革》，载《上海证券报》2018 年 1 月 5 日，第 8 版。
② 陈思远：《内地企业香港上市操作实务与图解》，法律出版社 2019 年版，第 156、157 页。

通”业务指引》)，在 2018 年已开展三家 H 股上市公司“全流通”试点[①]的基础上，全面推出了 H 股“全流通”政策，亦同步出台 H 股“全流通”申请材料目录及审核关注要点；中国证券登记结算有限责任公司与深交所于 2019 年 12 月 31 日联合发布《H 股“全流通”业务实施细则》；为落实 H 股“全流通”全面推开改革，中国证券登记结算有限责任公司于 2020 年 2 月 7 日发布《H 股“全流通”业务指南》，明确相关股份登记存管和清算交收的业务安排与办理流程。至此，中国全面推开 H 股“全流通”，这有利于扩大境内公司在香港联交所上市股份的流通规模，充分利用境内外两种资源，吸引更多国际投资者投资 H 股公司，更好地推动两个市场互联互通，促进 H 股上市公司的长远发展。

根据《“全流通”业务指引》第 2 条的规定，H 股公司或申请拟发行 H 股上市的公司，可就以下类型的股份申请 H 股“全流通”：①境外上市前境内股东持有的未上市内资股；②境外上市后在境内增发的未上市内资股；③外资股东持有的未上市股份。

根据《“全流通”业务指引》第 3 条的规定，在符合相关法律法规以及国有资产管理、外商投资和行业监管等政策要求的前提下，境内未上市股份股东可自主协商确定申请流通的股份数量和比例，并委托 H 股公司向中国证监会备案。因此，H 股“全流通”并非 100% 的股份均必须“全流通”，股东是可以自主决策流通的股份数量和比例的。

根据《【行政许可事项服务指南】股份有限公司境外公开募集股份及上市（包括增发）审批》的规定，H 股“全流通”所需递交的申请文件如下：① 申请报告：除需包含公司演变、业务概括、治理结构、财务状况、经营业绩等方面，还需包含参与 H 股“全流通”的可行性、准备情况及参与 H 股“全流通”方案。② 公司相关文件：董事会决议、公司章程、特殊行业许可证（如适用）、关于审核关注要点的说明，公司及其董事、监事、高级管理

① 2018 年 4 月 23 日，联想控股获中国证监会批准参加 H 股“全流通”试点，成为首家试点企业。此后，中航科工和威高股份分别成为第二家和第三家试点的企业。

人员关于申请材料真实、准确、完整的承诺函和申请人及中介机构联络表。③ 行业监管部门出具的监管意见书（如适用）。④ 国有股权设置管理及国有股份转为境外上市股份的有关批复文件（如适用）。⑤ 申请 H 股“全流通”的境内未上市股份股东授权文件及关于股份合规取得情况的说明。⑥ 境内法律意见书：需包含关于审核关注要点的专项法律意见书及律师事务所、律师事务所负责人、签字律师关于申请材料真实、准确、完整的承诺。

根据中国证监会于 2019 年 11 月 15 日发布的《H 股公司境内未上市股份申请“全流通”审核关注要点》，H 股申请“全流通”审核关注要点如下：①公司及各下属公司业务范围是否涉及国家禁止或限制外商投资的领域，本次 H 股“全流通”前后是否持续符合有关外资准入政策；② 公司及各下属公司、相关境内未上市股份股东近两年是否存在涉嫌违反《证券法》、《证券投资基金法》、《期货交易管理条例》、《国务院关于股份有限公司境外募集股份及上市的特别规定》（国务院令第 160 号，已失效）及《国务院关于进一步加强在境外发行股票和上市管理的通知》（国发〔1997〕21 号，已失效）等证券、期货法律法规行为的情形；③ 公司及各下属公司、相关境内未上市股份股东以及就本次 H 股“全流通”事项聘请的相关证券服务机构是否存在因涉嫌违法违规被行政机关立案调查，或者被司法机关侦查，尚未结案的情形；是否存在被中国证监会依法采取限制业务活动、责令停业整顿、指定其他机构托管及接管等监管措施，尚未解除的情形；④ 公司及相关境内未上市股份股东是否属于国发〔2016〕33 号文规定的严重失信主体；⑤ 本次 H 股“全流通”事项是否履行了完备的内部决策程序，是否取得了必要的内部批准和授权，是否履行了取得行业监管部门出具的监管意见书（如适用）、国有股权设置管理及国有股份转为境外上市股份的有关批复文件（如适用）等必要的外部批准程序；⑥ 相关境内未上市股份股东持股是否涉及内部职工直接持股、股份代持或间接持股的情形，如涉及，是否符合《关于金融企业内部职工持股的通知》（财金〔2010〕97 号）等有关规定。

“全流通”维度的 H 股模式能够更有效地帮助企业实现融资需求，企业可选择搭建“A+H”股平台，实现在A股和H股市场同时上市。此后，已有一批又一批的企业通过“A+H”的方式实现了全流通，尤其自2023年6月29日以来，港交所与北交所签署备忘录，正式开始支持双方市场上符合条件的已上市公司在对方市场申请上市，“北+H”两地上市模式顺利落地。“北+H”模式是“A+H”模式的突破性延伸，更是进一步打通资本流通的通道，为企业带来了极具竞争力的机遇和选择。

2.2.2.2 “先H后A”双重上市

根据我国《公司法》和《证券法》的相关规定，通过直接申请方式在境外上市的中国公司，其向境外证券市场发行的股份是“境外上市外资股”，但其法律身份仍是在中国境内注册的股份有限公司。因此，境外直接上市的中国公司申请在境内发行股票时，适用中国《公司法》、《证券法》和中国证监会关于上市公司发行A股股票的规定与要求。经研究“先H后A”方式双重上市的案例，已发行H股的中国公司主要通过IPO方式实现在境内发行A股股票。

首次公开发行（IPO）指发行人以公开的要约方式，向不特定对象出售代表其一定权利和价值的证券，与非公开发行相对。首次公开发行制度是一国证券市场最为重要的制度，突破了传统银行融资的局限，通过向社会公众募集资金而实现企业的经济功能，直接体现证券市场资源配置的基本功能。首次公开发行制度受社会价值观、道德文化及法律、法规、政策和规则等正式制度的影响，具有公共性和强制性。已发行H股的中国公司申请在境内发行A股股票时，与其他中国公司一样，适用我国法律、行政法规规定的有关首次公开发行股票的标准和条件。

已发行H股的中国公司直接到A股IPO的案例包括山东墨龙（00568.HK，002490.SZ）及荣昌生物（09995.HK，688331.SH）。其中，山东墨龙于2004年4月在香港联交所创业板上市，2007年2月由香港联交所创业板转到主板上市，2010年10月直接回到中小板发行新股融资。荣昌生物于2020年11月9日在港交所上市，2022年3月31日在科创板上市。

除了直接在 A 股 IPO 之外，先 H 后 A 双重上市公司回归 A 股的模式还包括吸收合并和分拆借壳上市等。

吸收合并回归 A 股市场的案例如上海电气（02727.HK，601727.SH）及金隅股份（02009.HK，601992.SH）。其中，上海电气通过向其控股的 A 股上市公司上电股份其余在册股东换股发行的方式吸收合并上电股份，从而成为 A 股上市公司。该案例中，上海电气所持有的上电股份之股份为限售流通股，不参与换股，在合并完成后予以注销。其余股份由持股人自行选择全部或部分换股或行使现金选择权，行使现金选择权部分由第三方先支付现金对价受让行使现金选择权部分的股份，再由第三方全部进行换股。通过合并，上海电气向上电股份未行使现金选择权的股东及第三方发行上海电气人民币普通股（A 股）；上电股份未行使现金选择权的股东及第三方所持有的（如有股东行使现金选择权）全部上电股份的股票按照换股比例转换为上海电气所发行的 A 股。上电股份终止上市，全部资产、负债及权益并入上海电气，上电股份法人资格因合并注销。不同于直接到 A 股市场申请 IPO，上海电气 A 股发行与吸收合并同时进行，互为前提，其发行的 A 股全部用于换股吸收合并上电股份，不另向社会公开发行股票募集资金。

金隅股份亦通过吸收合并其持股的 A 股上市公司太行水泥回归 A 股市场。被吸收合并前，太行水泥第一大股东为金隅集团，第二大股东为金隅股份。鉴于金隅集团在收购太行水泥以及金隅股份 H 股首次公开发行申请时均承诺视时机整合旗下水泥资产，以解决金隅股份和太行水泥之间的同业竞争问题。为履行金隅集团前期承诺，保证金隅股份产业链之完整性，提升协同效应，实现金隅股份入驻 A 股市场的战略目标，金隅股份采取了换股吸收合并太行水泥的方式，回归 A 股市场的同时消除同业竞争。具体操作为：金隅股份持有的太行水泥无限售条件的流通股不参与换股，也不行使现金选择权，合并完成后予以注销；金隅集团持有的太行水泥限售条件流通股参与换股，不行使现金选择权；除金隅股份、金隅集团及持有权利受限股票股东持有的股份外，其余股份由持股人自行选择全部或部分换股或行使现金选择权，行使现金选择权部分由现金选择权提供方先支付现金对价受让行使现金选择权部分的股份，再由现金选择权提供方全部进行换股。通过换股吸收合并，金隅股份向太行水泥未行使现金选择权的股东及现金选择权提供方发行金隅股份人民币普通股（A 股）；太行水泥未行使现金选择权的股东及现金选择权提供方所持有的（如有股东行使现金选择权）全部太行水泥的股票按照换股比例转换为金隅股份本次发行的 A 股；太行水泥终止上市，全部资产、负债及权益并入金隅股份，太行水泥法人资格因合并注销。

与上海电气的案例不同，金隅股份换股吸收合并交易方案中，赋予了被吸收合并方目标股东一项追加选择权，即如金隅股份 A 股上市首日的交易均价低于金隅股份换股价格，截至金隅股份 A 股在上海证券交易所上市首日收盘时，如追加选择权目标股东仍持有金隅股份 A 股，则该追加选择权目标股东可以行使追加选择权，将所持有的金隅股份 A 股按照金隅股份 A 股换股价格部分或全部转让给追加选择权提供方。此项追加选择权颇有新意，在一定程度上保护了被吸收合并方参与换股股东的利益。

上市公司分拆上市是资本市场优化资源配置的重要手段，有利于公司拓宽融资渠道，获得合理估值，完善激励机制。实践中，部分上市公司采取多元化经营战略，涉足新的产业或行业为实现业务聚焦与不同业务的均衡发展产生了将部分业务分拆出来独立上市的诉求。2019 年年初，《关于在上海证券交易所设立科创板并试点注册制的实施意见》首次明确达到一定规模的上市公司，可以依法分拆其业务独立、符合条件的子公司在科创板上市。2019 年 12 月，证监会发布了《上市公司分拆所属子公司境内上市试点若干规定》（已失效），填补了过去上市公司分拆子公司在境内上市所面临的监管空白。

2022 年，中国证监会正式发布《上市公司分拆规则（试行）》，对《上市公司分拆所属子公司境内上市试点若干规定》和《关于规范境内上市公司所属企业到境外上市有关问题的通知》进行了修改、整合，统一了境内外监管要求，明确和完善了分拆条件，尤其针对市场反映的问题，明确“拟分拆所属子公司最近三个会计年度使用募集资金”的方式及起算期间，“最近三个会计年度使用募集资金合计不超过子公司净资产百分之十”的计算标准，董事、高管持有拟分拆子公司股份不超过一定数量的认定依据等。此外，为促进上市公司聚焦原有主业发展，《上市公司分拆规则（试行）》进一步明确子公司主要业务或资产若属于上市公司首次公开发行股票并上市时主要业务或资产的，不得分拆该子公司上市。

分拆上市须满足以下条件：上市公司股票境内上市已满三年；上市公司最近三个会计年度连续盈利；上市公司最近三个会计年度扣除按权益享有的拟分拆所属子公司的净利润后，归属于上市公司股东的净利润累计不低于6亿元（这里净利润计算以扣除非经常性损益前后孰低值为依据）；上市公司最近一个会计年度合并报表中按权益享有的拟分拆所属子公司的净利润不得超过归属于上市公司股东净利润的50%，最近一个会计年度合并报表中按权益享有的拟分拆所属子公司的净资产，不得超过归属于上市公司股东净资产的30%。

上市公司存在下列情形之一的，不得分拆：（1）资金、资产被控股股东、实际控制人及其关联方占用或者上市公司权益被控股股东、实际控制人及其关联方严重损害。（2）上市公司或其控股股东、实际控制人最近36个月内受到过中国证监会的行政处罚。（3）上市公司或其控股股东、实际控制人最近12个月内受到过证券交易所的公开谴责。（4）上市公司最近一年或一期财务会计报告被注册会计师出具保留意见、否定意见或无法表示意见的审计报告。（5）上市公司董事、高级管理人员及其关联方持有拟分拆所属子公司股份，合计超过所属子公司分拆上市前总股本的10%，但董事、高级管理人员及其关联方通过该上市公司间接持有的除外。

子公司存在下列情形之一的，不得分拆：（1）主要业务或资产是上市公司最近三个会计年度内发行股份及募集资金投向的，但子公司最近三个会计年度使用募集资金合计不超过子公司净资产10%的除外。（2）主要业务或资产是上市公司最近三个会计年度内通过重大资产重组购买的。（3）主要业务或资产是上市公司首次公开发行股票并上市时的主要业务或资产。（4）主要从事金融业务的。（5）子公司董事、高级管理人员及其关联方持有拟分拆所属子公司股份，合计超过该子公司分拆上市前总股本的 30%，但董事、高级管理人员及其关联方通过该上市公司间接持有的除外。

分拆上市的 IPO 审核要点在于企业的技术来源、业务内容及其发展方向与原上市公司须存在本质的差异。只要发行人具有核心技术，有确定的定位和竞争优势，具备较强的持续经营和盈利能力，并且分拆上市的子公司与上市公司资产能够有效地区分和界定，不存在损害上市公司投资者利益的情形，那么分拆上市计划就是被允许和能够得到支持的。

境外上市公司分拆子公司在 A 股上市除遵守 A 股关于 IPO 审核的标准和要求外，还需遵守境外各个交易所的政策和法规。香港交易所有关港股上市公司分拆子公司上市的规定主要体现在《上市规则》第 15 项应用指引。其主要内容包括：原上市公司分拆出来的公司（以下简称新公司或被分拆公司）不论是在港交所还是在其他地区的交易所，新公司均须符合港交所《上市规则》关于申请上市的条件，其中包括港交所《上市规则》第 8 章公司申请上市的基本条件。就第 8 章公司申请上市的基本条件而言，原上市公司（其为港交所主板上市公司）分拆新公司在香港以外地区上市，新公司至少符合下述基本条件：关于财务要求，新公司需具备不少于三个财政年度（依据原上市公司的财政年度）的营业记录，并须符合下列三项财务准则中的一项：（1）盈利测试股东应占盈利：过去三个财政年度合计盈利至少 8000 万港元（其中最近一年盈利至少 3500 万港元，前两年累计盈利至少 4500 万港元），且市值上市时至少达 2 亿港元。（2）市值 / 收入测试市值：上市时市值至少达到 40 亿港元且收入（最近一个经审计财政年度至少 5 亿港元）。（3）市值 / 收入 / 现金流量测试市值：上市时市值至少达到 20 亿港元且收入（最近一个经审计财政年度至少 5 亿港元）；现金流量前三个财政年度来自营运业务的现金流入合计至少 1 亿港元。

其他要求还包括：新公司在至少最近三个财政年度管理层（包括董事及

核心高级管理人员）大致维持不变。新公司在至少最近一个经审计财政年度的拥有权和控制权大致维持不变。如原上市公司上市年限不足3年，港交所上市委员会一般不会同意分拆上市的申请。

原上市公司经分拆后余下的业务（即不包括其在新公司的权益）须独立地符合《上市规则》第8章关于上市基本条件的规定。特别是其盈利必须符合《上市规则》对新上市公司最低盈利的要求。

为符合上文所述的最低盈利总额规定，原上市公司必须达到以下标准：在申请分拆上市前连续三个财政年度的盈利/亏损合计后的纯利，不得少于5000万港元，如未能达到这个标准，则在申请上市前连续四个财政年度中，其中任何三个财政年度的盈利/亏损合计后的纯利不得少于5000万港元，如未能达到这个标准，则在申请分拆上市前连续五个财政年度中，其中任何三个财政年度的盈利/亏损合计后的纯利不得少于5000万港元。上述的盈利/亏损指原上市公司的股东应占盈利/亏损（不包括公司在新公司的权益），并应扣除原上市公司日常业务以外的业务所产生的收入或亏损。

原上市公司应谨慎考虑其与新公司涉及或可能涉及冲突的问题，并于呈交申请前解决相关事宜。冲突问题主要包括：竞争问题（包括新公司与原上市公司的业务重叠程度及新公司与原上市公司之间是否有清晰的业务界限）。在新公司与原公司存在业务重叠的情况下，解释业务虽有重叠，但可以厘定清晰的原因。日后新公司与原公司潜在/实际竞争的程度，以及为处理潜在/实际竞争而采取的治理措施。新公司的运作（包括管理、营运、行政及财务方面）如何能够独立于原上市公司，双方之间持续关系/交易均须按《上市规则》的规定适当进行。

原上市公司分拆出来的新公司独立上市时，新公司新发行股份的行为被视为原上市公司出售新公司相关权益的交易。如有关交易属原上市公司的一项主要交易，则需获股东的批准。如控股股东在分拆建议中占有重大利益，则该控股股东及其联系人须在股东会上回避表决。主要交易是指根据《上市规则》第14.06条规定，资产比率（以新公司资产总值乘以拟出售的比率，除以原上市公司的资产总值）、盈利比率（以新公司占的总盈利乘以拟出售的比例，除以原上市公司的资产总值）、收益比例（与新公司涉及资产占的总收益，乘以拟出售的比率，除以原上市公司的收益）、代价比率（以新公司拟在上市项目取得的金额，除以原上市公司的市值）的任何百分比在 25% 或 25% 以上。原上市公司的资产总值按全年及中期业绩公告内披露的资产总值，并扣除当期派发及拟派发的中期及期末股息作出调整计算。

原上市公司在分拆新公司上市时，须向其股东提供一项可以取得新公司股份的权利，以充分保障股东的权益。但原上市公司在股东大会上取得少数股东的批准或取得港交所的豁免的情况下，可以不向其股东提供前述权利。

如果关联交易的任何百分比计算在 25% 或 25% 以上，则须获得母公司股东的批准。如果控股股东在有关议案中占重要权益，则该控股股东及其关联人应放弃表决。

2016 年 2 月 8 日，百济神州于美国纳斯达克全球精选市场挂牌上市（股票代码：BGNE.NASDAQ）[①]，IPO 发行价为 24 美元 /ADR，净融资额大约为 1.67 亿美元，成为首家登陆美国纳斯达克资本市场的中国创新药公司。

2018 年 4 月 30 日，港交所上市制度改革正式生效，允许未盈利生物医药企业在港股上市。2018 年 8 月 8 日，百济神州在香港联交所挂牌上市（股票代码：06160.HK），IPO 每股发行价为 108 港元，净融资额约为 68.28 亿港元。值得注意的是，百济神州在香港上市选择的是双重主要上市（Dual Primary Listing），即将香港联交所作为第一上市地。因此，作为生物科技公司的百济神州，需要同时遵守香港联交所上市规则第 18A 章生物科技公司的上市要求以及香港主板首次公开发行的要求。百济神州在香港上市时市值达 828.53 亿港元，符合第 18A 章拟上市企业市值达到 15 亿港元的要求。

2021 年 11 月 16 日，中国证监会同意百济神州在科创板首次公开发行

① 纳斯达克全球精选市场财务标准中的市值标准为：总市值不少于 1.6 亿美元，总资产不少于 8000 万美元，股东权益不少于 5500 万美元。参见：https://listingcenter.nasdaq.com/assets/initialguide.pdf，2024 年 5 月 14 日最后访问。

股票注册。根据中国证监会发布的《试点创新企业境内发行股票或存托凭证并上市监管工作实施办法》和《关于创新试点红筹企业在境内上市相关安排的公告》之规定，已在境外上市红筹企业的市值要求需符合下列标准之一：（一）市值不低于2000亿元人民币；（二）市值200亿元人民币以上，且拥有自主研发、国际领先技术，科技创新能力较强，同行业竞争中处于相对优势地位。同时，试点企业应当是“符合国家战略、科技创新能力突出并掌握核心技术、市场认可度高，属于互联网、大数据、云计算、人工智能、软件和集成电路、高端装备制造、生物医药等高新技术产业和战略性新兴产业，达到相当规模，社会形象良好，具有稳定的商业模式和盈利模式，对经济社会发展有突出贡献，能够引领实体经济转型升级的创新企业”。

2021年12月15日，百济神州正式登陆科创板（股票代码：688235.SH），发行价格为人民币192.6元/股，超额配售选择权行使前对应的公司市值为人民币2304.994亿元，超额配售选择权全额行使后公司发行后总市值人民币2338.23亿元，符合境外上市红筹企业回归科创板的市值要求。

百济神州已成为首家在美国纳斯达克交易所、香港联交所、内地科创板3地上市的生物医药公司。百济神州的成功上市，为中概股未来之路的选择起到一定的示范作用。

虽然吸收合并、分拆借壳上市等也是H股公司回归A股市场可以选择的操作模式，但从法律依据、合规性、方案设计及具体操作的难易程度等方面考虑，IPO是大多数“先H后A”公司回归A股市场的首选模式。本书也将“先H后A”双重上市公司中以IPO方式在香港发行H股和内地发行A股作为主要研究和分析对象。

2.2.3　境外间接上市的监管

境外间接上市又称为红筹上市，具有广义和狭义之分。广义的红筹上市泛指所有在境外上市的、由中国内地企业或自然人直接或间接控股的上市公司。而狭义的红筹上市则仅指在香港上市的、由内地企业（包括国企和民企）直接或间接控股 35% 以上的上市公司。[①] 中国公司的境外间接上市早于境外直接上市，主要原因是我国资本市场起步较晚，与企业上市有关的法律法规，如《公司法》、《证券法》于 1993 年和 1998 年才分别颁布实施。早期的中国公司境外间接上市主要是借壳上市，如中信集团、国美电器等。

中国资本市场的建立与境外上市制度的建立，主要是为了满足国有企业改制和融资的需求。在全面注册制实行之前，我国法律法规设定的上市条件以国有企业为标准，对企业的存续期限、业务规模、利润标准和股份转让等均设置了远高于境外其他资本市场的要求，这是民营中小型企业尤其是高科技创业型企业无法达到的。而境外成熟资本市场已经建立了专门为高科技企业和创新型企业提供融资平台的创业板市场与柜台市场，上市条件灵活，融资渠道广泛，投资退出方式灵活，对中国民营企业、创新型企业和高科技企业具有非常大的吸引力，是中国民营公司选择境外间接上市最主要的原因之一。

但是，在境外间接上市涉及的境外股权架构搭建方面，由于我国法律法规对中国境内自然人的境外投资一直没有开放，境内自然人无法通过境内合法审批或登记的方式在境外设立公司，只能选择先在境内设立公司，再以该公司名义申请境外直接投资的方式设立境外主体，或者避开监管，通过分拆购汇等手段将境内资金汇出境外设立控股架构。如果选择以境内新设公司名义设立境外上市主体，则可能面临无法满足境外上市地关于控股要求的问题，但如果选择直接避开境内监管，则会在境外上市过程中面临合规风险，也为未来在境外上市后回归 A 股市场增加障碍。

由于间接上市通常会在境外设立离岸公司作为控股主体，有观点认为，间接上市的企业是设立于境外的商业主体，中国法律没有管辖权。但由于市场上也存在一部分国有企业通过间接方式在境外上市，为解决大量中国公司

① “红筹”是 1997 年恒生证券指数服务公司提出的概念，被市场广为接受，指在香港上市的、由内地企业控股占 35% 以上的中资上市公司，内地企业主要是指国有企业。随着民营企业在香港上市的数量增长，“红筹”概念又被分为“大红筹”和“小红筹”。“大红筹”指境内国有企业在香港上市的公司，“小红筹”主要指民企股东以个人名义在境外设立公司并在香港上市的企业。

将境内资产转移到境外间接上市可能造成的国有资产流失问题，国务院于1997年6月20日发布了《国务院关于进一步加强在境外发行股票和上市管理的通知》（已失效），也就是市场所称的“红筹指引”，明确规定了由中资控股（包括中资为最大股东）的境外公司，在发生下列情形时，应当获得中国证监会的同意或核准，包括：（1）境外中资控股上市公司进行分拆上市、增发股份；（2）境外中资控股上市公司以其拥有的境外资产和由其境外资产在境内投资形成并实际拥有三年以上的境内资产，在境外申请发行股票和上市；（3）境外中资控股公司在境外上市，以及将境内资产先转移到境外中资非上市公司再注入境外中资控股上市公司在境外上市。由于“红筹指引”主要针对的是国有背景的境外中资控股上市公司，对于民营企业或中国自然人控股的境外上市公司如何监管，并没有更为具体的解释和指引，留下了监管空白。为解决这一问题，2000年6月，中国证监会发布了《关于涉及境内权益的境外公司在境外发行股票和上市有关问题的通知》（已失效），建立境外上市的“无异议函”制度，要求境内的律师事务所对不属于“红筹指引”所列情形的境外上市项目出具法律意见书。中国证监会有权对境内律师事务所出具的法律意见书进行审查，对符合证监会规定的法律意见书，中国证监会法律部将出具“无异议函”。但是，中国证监会碍于资源有限无法对拟赴港上市企业一一查证，因此，为使中国企业的海外上市程序更趋于市场化，中国证监会最终于2003年废止了该制度。该制度的诞生和废止，实际上反映了市场各方（特别是企业、境外中介机构）与中国证监会的博弈，体现了监管理念的变化，即对中国企业海外上市逐渐减少行政干涉，而执行责任自负原则，交由市场来调节。

“无异议函”制度的废止在一定程度上明确了政府对通过红筹上市或其他方式在境外间接上市的公司不行使直接的监管权。但是，由于境外间接上市的主要资产及经营业绩等均来源于中国境内，采用搭建境外股权架构上市的境外公司必须实现其对境内权益的控制，因此仍然涉及我国关于外商投资、税收及外汇等方面的法律法规及政策的监管。

2005 年 10 月 21 日，国家外汇管理局发布了《关于境内居民通过境外特殊目的公司融资及返程投资外汇管理有关问题的通知》（汇发〔2005〕75 号，以下简称“75 号文”，已失效），对与境外间接上市控股结构有关的“特殊目的公司”、“返程投资”等行为涉及的跨境资金流转行为进行规范。根据“75 号文”，境内居民法人持有境内企业资产，在境外进行融资而成立的企业称为“特殊目的公司”。境内居民在特殊目的公司开展的投资活动称为“返程投资”。“75 号文”虽然于 2014 年被《关于境内居民通过特殊目的公司境外投融资及返程投资外汇管理有关问题的通知》（汇发〔2014〕37 号，以下简称“37 号文”）替代，但从国家外汇监管的角度对境内企业境外间接上市的相关概念和外汇申请程序等进行明确与规范，“75 号文”还是具有一定的开创意义。

“37 号文”主要解决了三个问题，一是从法律法规层面解决了境内居民个人无法在境外投资的困境，是现有外汇管制体系下中国自然人唯一合法合规持有境外公司股份的方法。二是解决了境内居民个人在境外持股以及境外融资和返程投资的合规性问题，外商投资企业（WFOE）在办理境内外汇登记和银行账户的时候，必须声明自己是返程投资企业，否则会面临虚假申报带来处罚的风险。对于这种境外架构中有中国自然人的情况，需要中国自然人完成相应的境外投资的合规手续，才能顺利完成外商投资企业外汇登记中的“返程投资企业”的标识。三是打通了境内居民境外投资资金调回通道，中国境内居民在境外的投资，如果产生资本项下收益，不管是分红还是交易变现，未来资金调回时如果要将该收益转回境内，进行外汇申报也需提供已经完成的“37 号文”登记文件。总而言之，“37 号文”的出台和实施使得办理外汇登记的时限及结果更加可预期，将对民营企业的海外融资和红筹上市产生重大影响。

在返程投资涉及的外商投资政策及监管方面，2006 年 8 月 8 日，商务部、国务院国有资产监督管理委员会、国家税务总局、国家外汇管理局等颁布了《关于外国投资者并购境内企业的规定》（以下简称《并购规定》），对境内企业在境外间接上市所涉及的设立、并购和上市等三个操作环节提出了严格的监管要求，例如，《并购规定》第 42 条规定，“境内公司在境外设立特殊目的公司，应向商务部申请办理核准手续”；第 44 条规定，“特殊目的公司以股权并购境内公司的，境内公司除向商务部报送本规定第三十二条所要求的文件外，另须报送以下文件”；第 40 条规定，“特殊目的公司境外上市交易，应经国务院证券监督管理机构批准”；等等。《并购规定》虽于 2009 年 6 月 22 日进行了修改，但前述关于境内企业在境外间接上市所涉及的设立、并购和上市的规定并无任何变化。

基于上述监管政策的限制，自 2006 年 9 月以来，各种试图规避《并购规定》审批程序的境外上市模式不断被设计并尝试，包括存托凭证模式、VIE 模式、新设中外合资（合作）企业模式及家族信托模式等。下文将对中国公司境外间接上市的主要模式进行简要介绍。

2.2.3.1　存托凭证模式

存托凭证起源于美国摩根银行，其原型叫作预托凭证，主要目的是规避存托凭证发行人所属国家或地区对于本国企业的境外融资限制，[①] 或对于本国或地区投资人投资境外证券市场的限制。存托凭证（Depository Receipt，DR）主要指外国上市公司在本国证券市场发行的有价证券可转换凭证，又称为存券收据、存股证或预托凭证。存托凭证是金融衍生工具的一种，其代表的有价证券可能是外国公司股票，也可能是债券。存托凭证（DR）的发行人是外国的上市公司，受外国证券法律监管，而投资者通常是本国机构或自然人，其交易行为受本国证券法律监管。存托凭证（DR）的发行和交易涉及两个市

① 1927 年，英国法律为了保护国内资本市场的发展，对本国企业到海外上市融资进行禁止性规定的限制，英国零售商 selfbridge 公司（自桥公司）看好国际市场，希望能够在美国证券市场募集美国资本，而美国摩根银行也看到了跨国投资的市场前景和获利空间，于是创造了美国预托凭证（ARD）这一金融工具。具体操作流程是：selfbridge 公司（发行公司）先与美国摩根银行（存托机构）签订存托协议，美国摩根银行再与英国摩根银行（托管机构）签订保管协议。selfbridge 公司把股票存放在英国摩根银行进行托管，英国摩根银行通知美国摩根银行在美国证券市场发行代表 selfbridge 公司股票的可转让权利凭证——ADR，美国摩根银行负责 ADR 的发行上市及注销等具体事宜，ADR 在美国证券市场像当地其他证券一样进行交易流通，由此规避了英国禁止本国企业在海外登记上市的规定。

场，即基础发行市场和存托凭证市场，具有显著的国际性。其可以在主要的证券交易所上市交易，如美国的纽约证券交易所、纳斯达克证券交易所、美国证券交易所和伦敦证券交易所、欧洲证券交易所或新加坡证券交易所等，也可以通过在场外市场（OTC）、私募等方式进行交易。

存托凭证在发展初期未能被市场普遍接受，发展非常缓慢，直至 1955 年美国证券交易委员会（Securities Exchange Commission，SEC）允许依照 1933 年《证券法》的规则对存托凭证（ADR）进行登记，才开始有了快速的发展。随着全球经济的高速发展，各国之间的经济相互依存度不断提高，相应的证券市场也伴随着经济的发展快速成长，发行存托凭证已不再主要以规避境外融资或投资限制为目的，而是希望得到更广泛的投融资渠道和提升公司的国际知名度。目前，存托凭证所代表的基础证券也由普通股票扩展至优先股和债券。

中国公司通过发行存托凭证在境外间接上市主要是在美国发行存托凭证。根据美国证券法的规定，美国存托凭证（America Depository Receipt，ADR）是指已在美国以外的证券市场挂牌交易的外国公司的股票，在美国境内证券市场进行交易或销售。对美国投资者来说，只需在美国的证券交易所开设证券账户，即可以投资或购买其他国家的公司股票，而无须面对复杂的国际结算问题。

美国存托凭证（ADR）根据发行方式可分为无保荐 ADR 和有保荐 ADR。有保荐 ADR 的主要特点是发行人可以直接参与美国股票市场，为其今后筹资做准备。无保荐 ADR 在市场上相对比较少见。

有保荐 ADR 包括四种类型：一级 ADR、二级 ADR、三级公募 ADR 和私募 ADR（144A/S 规则）。

一级 ADR 不能在美国公开发行和上市，只能在美国柜台市场以及一些非美国交易所进行交易；公司不必遵循美国公认会计准则（GAAP）和完全符合美国证券交易管理委员会（SEC）的公开性要求。

二级 ADR 不能在美国公开发行，但可以在纽约证券交易所（NYSE）、美国证券交易所（AMEX）或全美证券自动报价系统（NASDAQ）上市。公司在发行二级 ADR 时，财务报表必须按 GAAP 制作，还必须满足上述交易所的上市条件。由于二级 ADR 计划相对于一级 ADR 计划提高了透明度，因而也增加了吸引力。

三级公募 ADR 可以通过发行存托凭证在美国市场筹集资金，在 NYSE、AMEX 和 NASDAQ 等证券交易所上市。其允许公司向美国投资者公开发行以 ADR 表示的股票，但必须严格遵守美国《1933 年证券法》和《1934 年证券交易法》，根据 GAAP 编制会计报表，严格遵守 SEC 的信息披露要求，并符合所选择交易所的上市要求。三级公募 ADR 达到了最大限度的公开性和流动性，对于所有的美国和非美国投资者都具有很大的吸引力。

私募 ADR 可以将公司的存托凭证在避开 SEC 注册程序的情况下配售给合格的机构投资者（Qualified International Buyer，QIB）和符合 S 规则（Regulation S）的非美国投资者；私募 ADR 的发行无须按照 GAAP 编制财务报告，发行后两年内不能进入公开市场，只能在全美证券商协会的 PORTAL（Private Offerings Resale and Trading Through Automated Linkages）上交易；私募 ADR 的合格机构投资范围非常狭小。①

1993 年 7 月，上海石化以发行美国存托凭证（ADR）的方式在纽约证券交易所（NYSE）挂牌上市，是我国企业通过发行存托凭证在境外上市的首例。此后，先后通过发行美国存托凭证（ADR）方式在美国上市的中国公司有马鞍山钢铁、仪征化纤、南方航空、中国联通、中国人寿、阿里巴巴等知名企业。阿里巴巴集团在美国上市之前，曾尝试在香港证券交易所上市，但由于香港证监会不接受“双重股权架构”的安排而未果。2014 年 5 月 7 日，阿里巴巴集团向美国证券交易管理委员会（SEC）提交了 IPO 招股书，计划通过此次 IPO 筹集 10 亿美元，并将发售 3.2 亿股美国存托股票（ADR）。2014 年 9 月 19 日，阿里巴巴集团的美国存托凭证（ADR）项目通过规模

① 吴献金、刘晓兰：《中国企业利用 ADR 方式境外上市研究》，载《湖南大学学报（社会科学版）》2002 年第 4 期。

250.3 亿美元的首轮公开募股交易完成了设立，交易中献售 368122000 份美国存托凭证（ADR），代表同等数量的阿里巴巴集团普通股。[①] 阿里巴巴集团的美国存托凭证（ADR）以 BABA 代码在纽约证券交易所挂牌交易。作为项目中的存托银行，花旗银行将通过其本地托管机构持有阿里巴巴集团普通股，并据此发行代表这些股票的美国存托凭证（ADR）。阿里巴巴集团也是 IPO 同时发行美国存托凭证（ADR）的代表性案例。

美国存托凭证（ADR）的优势在于其适用的是美国法律，可以避免跨境证券交易涉及的国际法律适用问题，有效降低投资者的风险。同时，ADR 可以消除跨国交易的诸多不便，如交易延误等，方便美国投资者购买非本国企业的证券。对中国公司来说，发行美国存托凭证（ADR）可以解决企业的资金需求，同时扩大股东范围、提升股权价值和企业知名度。但是，通过发行美国存托凭证（ADR）方式上市融资也存在一定的弊端：一是 ADR 上市融资的成本较高，发行 ADR 的成本通常是筹资总额的 12%—18%，而中国境内市场的筹资成本仅有 5% 左右；在后续运行的成本方面，发行美国存托凭证（ADR）每年需要支付的费用较高，包括上市公司维护费、信息披露、审计费、律师费等。此外，由于 ADR 发行中还普遍存在发行折价率的问题且中国公司发行 ADR 的折价率明显高于市场普遍水平，可能造成中国公司“贱卖”股份的情形。[②] 二是中国公司发行 ADR 的法律风险逐渐暴露。美国是当今世界上对资本市场监管极为严厉的国家，制定了一系列严格的法律规则，对上市公司（包括中国赴美上市公司）提出了严格的信息披露、公司治理和规范运作要求，如果中国赴美上市公司违反了上述规定，则将会受到严厉的处罚。公司上市后，也必须达到经营状况和流动性数量标准以及公司治理与信息披露要求等非数量标准，否则将面临巨大的退市风险。三是会弱化中国的证券市场。由于境外股票市场上具有更优质的上市公司，国内外

① 《阿里巴巴集团提交 IPO 招股书》，载中国证券网，https://stock.cnstock.com/xg/sx_xgjj/201405/3011705.htm，2024 年 6 月 28 日最后访问。

② 陶京伟:《中国公司利用 ADR 融资研究》，西南财经大学 2007 年硕士学位论文。

资金可以在境外市场获得更大的收益，从而会将更多资金转移到境外。因此大量优质国有大型企业和颇具发展潜力的中小企业到海外上市，可能会降低中国股市上市公司的整体质量，也不利于国内投资者投资渠道和方式的多样化。[①]

2.2.3.2　VIE 模式

VIE 是 Variable Interest Entity 的简称，在我国通常被称为协议控制。实质上，VIE 是会计准则的概念，来源于国际财务报告准则及国际会计准则，并根据美国财务会计准则委员会（Financial Accounting Standard Board，FASB）的解释而适用于没有直接股权控制关系的企业，通过拥有实际或潜在经济利益，成为另一企业的实际控制人或主要受益人，而需要做财务并表处理。[②]根据美国财务会计准则委员会私人公司委员会 2013 年 2 月 12 日的说明，[③]美国关于 VIE 的指引始见于 1959 年 8 月美国会计师协会（America Institutes of Certified Public Accountant，AICPA）的会计研究期刊（ARB 51），目的是公平体现在传统的基于所有权的投票权之外，一家企业对另一家企业的直接或间接的经济利益控制。安然事件后，美国财务会计准则委员会公布了第 46 号解释（FASB Interpretation No.46，FIN 46R）并在 FIN 46R 的后续修订中，对如何辨别及决定适用 VIE 提供了明确的指引。传统上，股份持有人的权利通过股东投票权来体现，具有投票权的投资人有权决定是否开展对所投资企业有重大经济影响的活动，并有责任弥补亏损和分享收益。但是，当一家企业的资本金非常缺乏，没有其他额外资金的补充无法正常经营，而股东又缺乏能力或经验对企业进行融资时，那些能够对企业进行资金支持的投资者可能会通过其他经济利益关系来实施对企业的影响和控制，如提供借款、债务担

---

① 袁达松、徐秋华：《中国企业美国上市的 ADR 模式——以 360 纽交所主板 IPO 相关法律事务为例》，载《证券法律评论》2015 年第 1 期。

② 郭雳、陈俐利：《红筹架构企业回归 A 股首发上市实践与监管研究》，载《证券法苑》2013 年第九卷。

③ Private Company Council Agenda Report（《私营公司理事会议程报告》），https://www.fasb.org/page/ShowPdf?path=PCC_Agenda_Report_2013_02_12_Final.pdf&title=PCC_Agenda_Report_2013_02_12_Final，2024 年 10 月 21 日最后访问。

保等，就形成了 Variable Interest Entity（VIE，可变利益实体）。

与 VIE 不同，协议控制或合同控制是一个法律概念，主要指法律主体双方或多方就特定法律事项签署书面协议以期达到一方控制另一方的目的，如租赁经营、承包经营、委托管理等。协议控制是与股权控制相对应的法律概念，协议控制所涉及的特定事项通常是关于被控制企业的经营管理权、决策权及利益分配权、债务承担等重大事项的特别安排。被控制企业的股东需要根据协议的约定，在一定期限内放弃或让渡其作为股东的各项法定权利，以获取更大的利益。

根据上述对 VIE 和协议控制的分析可以看出，VIE 是一个会计准则方面的概念，是将不通过股权控制的企业和收益合并入特定法律主体（通常是上市公司），强制要求披露并进行监管，以保护公众投资者的权益。而协议控制是一个法律概念，是通过合同关系而非股权投资关系对某一特定企业或企业团体施加一定程度的影响或控制。然而，利用 VIE 协议控制的规则和要求，人为创造并搭建壳公司，通过签署各类协议的方式，让原本毫无关联的若干企业产生业务上和经营管理上的“关联”而形成 VIE 并达到合并财务报表的目的，被认为是我国企业实现在境外间接上市的一种有效途径。因此，以此种人为方式搭建起来的 VIE 模式在我国被称为“VIE 模式”或者“协议控制”模式。为便于理解，本书将统一简称为“VIE 模式”。

中国公司通过“VIE 模式”在境外成功上市的最早案例是 2000 年新浪网（sina.com）在美国上市，因此“VIE 模式”又被称为“新浪模式”。新浪的 VIE 架构就是通过境内公司与境外公司签署一系列协议形成的。在境外，新浪是在开曼群岛注册的控股公司，全资子公司有：香港利方投资有限责任公司（香港利方）、香港新浪有限责任公司（香港新浪，运营香港新浪网）、美国加州注册的新浪在线（新浪在线）、英属维尔京群岛注册的新浪有限公司。在中国境内，为避免外商投资企业不得经营电信运营和电信增值服务业务（包括网络信息服务，Internet Content Provider，ICP）的限制，1999 年，王志东和汪延出资 100 万元共同注册了北京新浪信息服务有限公司（ICP 公司），由该公司持有境内“新浪网”所需的各类经营许可资质并负责运营。同时，注册了北京四通利方技术服务公司（北京四通利方），向ICP公司提供技术服务。另外，北京四通利方和王志东共同出资注册成立了北京新浪互动广告有限责任公司（新浪广告），负责北京“新浪网”的广告经营。[①]

在新浪模式中，上市主体新浪公司通过境内外关联主体之间的五份业务协议，将ICP公司的营业收入和利润合并计算至上市公司的控制体系内，包括：（1）北京四通利方与新浪广告之间的咨询服务协议；（2）北京四通利方与ICP公司之间的技术服务协议；（3）北京四通利方与ICP公司之间的设备租赁协议；（4）新浪公司与新浪广告的海外市场独家广告代理协议；（5）新浪广告与ICP公司之间的广告空间购买协议等。

新浪成功上市后，各互联网公司纷纷效仿，后来者包括空中网、百度和阿里巴巴等。随后，新浪模式被推广到广告等新媒体领域，分众传媒、华视传媒等也通过搭建VIE架构实现境外上市。自新浪上市之后至2012年12月31日，通过“VIE模式”在境外间接上市的中国公司有119家，[②]甚至很多非互联网公司也采用该模式在境外上市。有观点认为，“VIE模式”是互联网企业的一大创举，是对红筹模式最彻底的改进。[③]

过去，我国互联网企业搭建VIE架构的目的，是在不违反中国限制性法律法规或政策的前提下实现在境外上市。而“VIE模式”所规避的中国相关法律法规和政策，主要包括《外商投资产业指导目录》[④]中列明的禁止或限制外资投资的特定产业或行业、《并购规定》中涉及的外资并购和外汇审批、2014年《证券法》第238条规定的境内企业直接或者间接到境外发行证券或在境外上市交易须经证监会批准以及《境外投资管理办法》（商务部令2014

---

① 参见翁海华、尹先凯等：《前世及今生：“新浪模式”之惑》，载《21世纪经济报道》2009年6月13日。

② 参见环球律师事务所：《VIE结构相关法律问题研究报告（第一版）》，环球律师事务所网站，https://www.glo.com.cn/Content/2019/12-23/1855309160.html，2024年10月21日最后访问。

③ 参见刘湘宁：《VIE：默认合法是时下的最佳选择》，华泰联合证券研究报告，2011年7月11日。

④ 本法规被《鼓励外商投资产业目录（2022年版）》（2022年10月26日公布，2023年1月1日实施）废止。

年第 3 号)、“37 号文”、《企业境外投资管理办法》(国家发展和改革委员会令第 11 号)等相关规定[①]。因具有明显的法律规避的目的，故 VIE 模式的合法性问题在过去几年一直是市场关注的焦点。

外商投资体制改革的道路依然漫长。《外商投资法实施条例》强调了促进和保护外商投资的主旨，旨在为外商投资企业打造一个平等、公正的竞争环境。该条例对现行外资法规进行了深入的修订和过渡性规则的明确，提升了法律及相关制度的可操作性。现有的外商投资企业应严格遵循《外商投资法》及《外商投资法实施条例》等政策法规，及时调整其组织结构、机构设置和行为准则，抓住我国进一步对外开放的机遇，实现共赢发展。

2.2.4 境外间接上市企业的境内上市

随着我国经济的持续发展，中国资本市场的活跃度及融资能力得到了极大提升，通过红筹架构、VIE 架构等方式在境外间接上市的中国公司回归 A 股市场的热情也在不断升温。境内市场对于境外上市企业的回归，尤其是互联网等高科技企业回归 A 股也表现出极高的兴趣。境外间接上市公司回归境内资本市场有助于提升 A 股市场的市值，优化 A 股上市公司的结构，而创新型和高科技企业的回归，更有助于推动我国高新技术产业的发展。但过去几年境外间接上市公司回归 A 股的政策并不明朗，回归路径困难重重。

目前，我国监管机构对于红筹股等境外间接上市公司回归 A 股市场的政策逐渐规范化，各种方式回归 A 股的先例也有明显的示范作用，这些有利因素积极推动境外上市中企回归 A 股市场。2008 年后，通过在 A 股市场创立国际板来专门承接红筹回归企业的上市一度成为热议话题。2018 年以来，伴随着我国境内资本市场开放步伐的不断加快，有关红筹企业回归的各项制度相继落地，红筹企业回归科创板上市迈出了实质性步伐。2018 年 3 月，国务

① 本条规定已于 2019 年《证券法》修订时被修改，现为《证券法》(2019 年修订)第 224 条，该条规定：境内企业直接或者间接到境外发行证券或者将其证券在境外上市交易，应当符合国务院的有关规定。

院办公厅转发证监会《关于开展创新企业境内发行股票或存托凭证试点的若干意见》，允许试点红筹企业按程序在境内资本市场发行股票或存托凭证上市，并对试点企业资格、试点方式、发行条件、信息披露等进行了规定，从制度层面确立了红筹回归的通道。2019 年 1 月，证监会发布《关于在上海证券交易所设立科创板并试点注册制的实施意见》（中国证券监督管理委员会公告〔2019〕2 号），允许符合规定的红筹企业申请股票发行或存托凭证，并在科创板上市，进一步明确了红筹企业回归的路径。2019 年 5 月，中国人民银行、外汇局发布《存托凭证跨境资金管理办法（试行）》（中国人民银行、国家外汇管理局公告〔2019〕第 8 号），从存托凭证发行资金管理、存托凭证跨境转换资金管理、存托凭证存托资金管理等方面，制定了与存托凭证配套的外汇管理政策。2020 年 6 月，上海证券交易所发布《关于红筹企业申报科创板发行上市有关事项的通知》（上证发〔2020〕44 号），调整了红筹企业上市条件，进一步明确了红筹企业申报科创板的相关事项、信息披露要求及持续监管规定。2020 年 2 月，华润微电子发行普通股股票并在科创板挂牌上市，成为科创板"红筹第一股"；2020 年 7 月，中芯国际发行普通股股票并在科创板挂牌上市，成为首家"A+H"上市的红筹企业；2020 年 10 月，九号机器人正式挂牌上市，成为第一家发行 CDR 存托凭证的红筹回归企业。

此外，针对境外上市公司到中国资本市场发行 A 股的积极性，也有市场人士提出建立有别于 A 股市场的国际板，以介绍上市[①]的方式吸引外国公司在中国境内资本市场发行证券并交易。

所谓"国际板"，是指在我国证券交易所内为境外企业专门设立一个上市板块，发行以人民币计价的股票，类似于我国主板、中小板和创业板市场。"国际板"只是一个市场概念，在学术界、实务界还没有形成一个统一的解释。

① 介绍上市（way of introduction）是已发行证券申请上市的一种方式，无须在上市时再发行新股，因为该类申请上市的证券已有相当数量，并为公众所持有，故可推断其在上市后会有足够的流通量。介绍上市在境外是常见的一种上市模式。

我国在证券市场建立初期就提出了在上海设立国际板的构想，但由于当时股票市场刚刚起步，完全不具备设立条件，这一构想没能实现。2008 年，中国人民银行发布的《国际金融市场报告》再次提出了设立国际板的想法，其中提到进一步研究境外上市红筹企业回归 A 股市场以及推进我国国际板建设的相关问题。2009 年 4 月，国务院发布了《关于推进上海加快发展现代服务业和先进制造业建设国际金融中心和国际航运中心的意见》，首次正式公开在上海证券交易所设立国际板的计划。2011 年 5 月，《国务院批转发展改革委关于 2011 年深化经济体制改革重点工作意见的通知》（已失效）中明确提出，在围绕加快转变经济发展方式深化改革方面，要研究建立国际板市场。2012 年 1 月 30 日，国家发展改革委公布的《“十二五”时期上海国际金融中心建设规划》明确将“推进上海证券市场国际板建设，支持符合条件的境外企业发行人民币股票”列入规划。

近年来，随着全球经济一体化的不断深入，我国加快了金融市场国际化的发展进程，为了在激烈的国际竞争中获得更多的金融话语权，推出“国际板”的话题再次被提及。但是，关于在我国设立国际板的话题在市场上争议非常大，支持意见和反对意见都非常强烈，且市场对于国际板的反应似乎也并不乐观，每次关于国际板推出的消息发布，就会带来一轮股价下跌。

支持设立国际板的意见认为，国际板的建立对我国经济发展至少有如下促进作用：首先，经济全球化已经是世界发展中不可阻挡的趋势，而其中的一个重要组成部分就是金融全球化。国务院于 2009 年 4 月发布的《关于推进上海加快发展现代服务业和先进制造业建设国际金融中心和国际航运中心的意见》确立了上海的国际金融中心地位，提出“根据国家资本账户和金融市场对外开放的总体部署，逐步扩大境外投资者参与上海金融市场的比例和规模，逐步扩大国际开发机构发行人民币债券规模，稳步推进境外企业在境内发行人民币债券，适时启动符合条件的境外企业发行人民币股票”等。国际金融中心的一个重要标志就是证券市场国际化，实现资本以证券的形式在国际流通，而在上海证券交易所上市的公司均为国内企业，这明显不符合国际金融中心的定位要求。一个成熟的国际金融中心应当是境内企业及投资者可以到境外投资或融资，境外企业及投资者也可以到境内投资和融资。关于跨境投资方面，我国从 2002 年开始推行合格境外机构投资者（Qualified Foreign Investment Institutions，QFII）制度，允许外国投资者通过 QFII 到我国证券市场投资；2006 年，我国开始实施合格境内机构投资者（Qualified Domestic Investment Institutions，QDII）制度，允许机构和个人投资者通过 QDII 投资境外资本市场，并对外国投资者并购境内企业的行为进行了规范。关于跨境融资，我国允许境内企业直接到境外证券市场上市，也允许境内企业在境外发行债券；对于境外企业到境内融资，我国于 2004 年开放了债券市场，允许外国公司到中国市场发行债券。然而，境外企业到我国境内证券市场上市还是空白。因此，有必要设立国际板来接纳境外企业到我国境内证券市场上市，促进上海国际金融中心的建设和发展。①

其次，一个国家的货币地位必然影响该国的国际经济地位，而一个国家货币的强势需要有发达的资本市场作为支撑，国际板的设立有助于人民币国际化。人民币国际化逐渐从贸易开放向资本项目和金融开放的进程发展，国际板的设立，可以让境外公司以发行人民币股票的形式来境内融资，境外资产以人民币进行定价发行并结算，这意味着人民币将会被广泛应用到证券的交易与结算中，必然会推动人民币的国际化进程。另外，以人民币标价的国际板的推出，意味着中国的股票市场已经能够对国际资产进行定价，这不仅可以使人民币进行自由兑换，还能在一定程度上缓解外汇储备的过快增长，对我国国际收支平衡和国内的货币政策稳定形成有利影响。

再次，我国内地证券市场发展的特殊背景和市场结构，造成大量经营业绩良好的企业到境外上市，而境内投资者并未能享受到这些企业因中国经济快速发展而带来的收益。同时，随着我国内地居民个人财富的快速增长，投资理财的需求不断增加，机构投资者和个人投资者迫切希望能有更多的投资

---

① 冯果、袁康:《国际板背景下证券法制的困境与变革》，载《法学杂志》2013 年第 4 期。

渠道。但我国内地证券市场在金融产品创新、避险工具以及交易手段等方面与国际成熟证券市场存在较大差距。如果我国能让优质的境外企业在境内国际板上市，并完善上市公司的分红制度，那么境内投资者就能够分享我国证券市场发展及上市公司收益所带来的丰硕果实。

最后，国际板的设立能促进我国证券市场的整体发展，有助于加强我国证券市场与国际证券市场的联系，从而在市场运行机制和监管方式等方面逐渐与国际市场接轨。境外企业到我国证券市场上市，能促使我国的监管部门和金融机构、上市公司学习到更多国际化的资本市场运作方式，提升我国金融市场的国际化和规范化水平，逐渐使我国证券市场从新兴加转轨市场转变为成熟市场。①

反对推出国际板的意见认为，根据我国证券市场法律体系、发行制度和监管水平等现状，推出国际板风险极大、利益极小。首先，境外公司跨境到我国来上市，其核心目的是筹集资金、扩大市场份额和提升公司声誉等，但我国证券市场容量的相对有限性、市场规范化程度低以及上市程序的隐性成本等，将影响国际板对境外公司的吸引力。此外，已经在我国开展投资的境外公司的表现也并不尽如人意，频繁出现的商业贿赂问题，以及部分 QFII 利用政策及跨境投资的监管漏洞进行短线炒作行为等，充分说明国际板的设立对于规范我国证券市场发展及提升国际竞争力的帮助十分有限。②

其次，国际板的发行无外乎两种形式，即直接发行股票 IPO 或者发行 CDR，如果是直接 IPO，那么我国证券市场过高的市盈率能够使境外公司直接募集到巨额的人民币资金，从而使国际板成为跨国公司的“圈钱地”。③ 我国上市公司分红制度的不完善，大多数中小投资者并不关心上市公司的实际情况，也不关心其是否具有发展潜力值得投资，而是试图在短期内通过投机获取收益，造成股票发行的高溢价，使那些善于营销和炒作的境外企业有机

---

① 罗璐璐:《国际板开设的利弊分析——基于投资者保护视角》，载《时代金融》2014 年第 2 期。

② 罗璐璐:《国际板开设的利弊分析——基于投资者保护视角》，载《时代金融》2014 年第 2 期。

③ 钟林:《怎可轻言“国际板准备好了”》，载《财富视野》2010 年第 23 期。

会利用我国证券市场实现圈钱的目的。

再次，近年来我国证券市场扩容速度较快，市场资金出现了一定程度的流动性紧张，境外企业在国际板上市融资，将对已疲惫的证券市场融资功能产生巨大冲击，从而分流主板、中小板和创业板的资金，对境内的上市公司产生挤出效应。货币市场过高的银行存款准备金率易致银根紧缩，我国企业向银行进行贷款融资比较困难，尤其是民营企业，如果推出国际板，则必然会有相当比例的资金流向国际板，造成证券市场的可用投资资金减少，加重境内企业融资困难的程度，对我国经济的健康发展产生消极影响。

最后，在国际板上市的是主要经营业务在中国境外的跨国公司，涉及两个以上国家或地区的跨境监管，这无疑给我国的证券监管制度带来了挑战。适度有效的监管是证券市场健康稳定发展的重要保障，对于国际板尤其如此。由于跨境因素的存在，国际板市场的监管将面临诸多难题，既要防范风险进行严格监管，又要采取适度措施以吸引优质境外上市资源，这对我国的证券监管机构提出了巨大挑战。在我国现有监管体制既无相关的制度基础又无类似的监管经验的情况下，国际板的市场监管存在难以破解的困局。

除上述争议外，也有观点认为，我国可以立法允许境外公司到我国证券市场上市，但并不一定需要专门设立一个独立的“国际板”市场。该观点认为，一个完善的、国际化的证券市场应该是一个统一的市场，不能因为上市公司主体的不同而设立不同的市场，只要符合相应的上市条件，就应该在同一市场内与本国的上市公司进行平等的竞争。我国B股市场的设立将投资者人为地进行了割裂，其效果并不理想，已有专家建议在准入之后就与内国发行人一样进行竞争，甚至有专家建议取消B股市场，将其与A股市场合并。①

本书认为，确实如前述争议所述，在我国证券市场设立国际板，会促进我国证券市场的国际化发展，提升我国作为国际金融中心的作用，但也面临

① 杨波、时华伟、沈琳琳、洪国庆、钱向劲：《B股市场的未来出路及相关外汇管理问题研究》，载《浙江金融》2011年第3期。

巨大挑战，会对我国现行的证券法律体系带来巨大冲击。从法律角度分析，外国公司跨境上市涉及的法律制度非常广泛，除证券发行和交易有关的法律法规外，还涉及公司法、外商投资和外汇管理等相关法律制度，需要实务界、学术界和立法部门共同研究与探讨才能得到解决。具体来说，跨境上市涉及的法律问题包括：

（1）境外企业的法律主体资格

既然国际板允许境外企业到我国境内证券交易所上市，那么首先需要解决的问题就是境外企业到我国境内发行股票并上市的主体资格。根据中国证监会发布的《首次公开发行股票并上市管理办法》[①] 第 3 条规定，“首次公开发行股票并上市，应当符合《证券法》《公司法》和本办法规定的发行条件”，但是，由于我国《证券法》对于境外企业能否在我国境内上市没有规定，因此依照《证券法》第 2 条规定，“在中华人民共和国境内，股票、公司债券、存托凭证和国务院依法认定的其他证券的发行和交易，适用本法；本法未规定的，适用《中华人民共和国公司法》和其他法律、行政法规的规定”。而《公司法》对于公司的定义是“在中华人民共和国境内设立的有限责任公司和股份有限公司”，[②] 显然，境外公司并非我国《公司法》的调整对象。前述法律法规的规定直接限制了境外企业到我国境内上市的可能性，若要推出国际板，必须首先突破这一障碍。

（2）境外企业境内上市的具体条件

上市条件作为在证券交易所公开发行股票并上市的基本要求，是筛选优质上市公司的重要指标。确定合理的上市条件，对充分提高资本市场效率、防范市场风险、维护投资者利益等方面具有重要作用。国际上对于境外企业到本国上市的具体条件通常采取两种模式：第一种是规定境外企业与境内企业适用相同标准的证券上市条件，如伦敦证券交易所和香港联交所；第二种

① 本法规被《首次公开发行股票注册管理办法》（2023 年 2 月 17 日发布，2023 年 2 月 17 日起施行）废止。

② 《公司法》第 2 条。

是规定境外企业与境内企业分别适用不同的证券上市条件，而且境外企业适用的上市条件往往高于境内企业，纽约证券交易所和澳大利亚证券交易所采取的就是这种方式。本书认为，如果我国推出国际板，则可以适用第二种模式，即对于境外企业制定比境内企业高的上市条件，吸引真正有实力的优质境外公司到我国上市。

（3）投资者保护

投资者得到有效保护是证券市场成熟健康发展的重要标志和根本保障。在国际板上市的境外公司，其注册地和主要业务经营地都在境外，我国境内投资者很难获悉该境外公司的真实情况，存在信息不对称的情形。此外，相较于境外股东或投资者，我国境内投资者对于境外公司的相关信息的获得存在滞后性和有限性，在公司重大决策方面的参与度和影响力非常微弱。我国证券民事诉讼制度目前还不太完善，虽然《证券法》原则性地规定了大量的法律责任，但以行政处罚为主，私权救济难以实现。在发生上市公司虚假信息披露等证券侵权行为时，投资者获得法律救济的门槛较高、途径有限，难以获得合理的经济补偿。[①] 对于这些在国际板上市的公司，一旦发生证券诉讼，投资者的追索权很难得到保证。

由于我国证券市场的特殊性，以及没有境外公司到我国证券市场上市的经验，无论是实务界还是学术界都没有对此问题进行过系统的探讨和研究，也缺乏应对相关问题的经验，虽然国际上有其他成熟证券市场的经验可以借鉴，但基于经济结构和市场基础的差异，不宜直接适用境外成熟证券市场的模式和规则。对此，本书认为，我国对于证券市场的开放和国际化问题，应该采取循序渐进的方式逐步放开，对于境外公司在境内上市的模式，可以在证券交易所层面进行尝试，通过跨境 ETF 和中国存托凭证（CDR）的方式进行实验，积累对境外公司监管等方面的经验，待到一段时间之后，再通过立法对境外公司境内上市问题进行规范。

① 冯果、袁康:《国际板背景下证券法制的困境与变革》，载《法学杂志》2013 年第 4 期。

除 ETF 和 CDR 模式外，境外间接上市公司回归 A 股市场可供选择的方式还包括 IPO 模式、借壳上市模式及联通模式等，以下将逐一进行介绍和分析。

2.2.4.1 ETF 模式

ETF（Exchange-Traded Fund）即交易型开放式指数基金，又称交易所交易基金，是一种采用被动管理方式复制或跟踪某一市场指数并且在证券交易所上市交易的创新型金融工具。ETF 不直接投资于一揽子股票，而是依据各股票在指数构成中所占的比重来确定基金的一种股票投资组合。全球第一只真正意义上的 ETF 是 1993 年美国道富环球投资推出的标准普尔存托凭证（Standard & Poor Depositary Receipt，SPDR），直至今日仍然深受市场欢迎。与开放式指数基金和封闭式基金相比，ETF 具有可日内交易、交易成本低廉、交易透明、交易便利等优势；与指数期货相比，ETF 的优势则包括交易方式类似股票、无保证金、投资规模合理和投资类型广泛等。因此，随着 ETF 产品种类的丰富和市场规模的扩大，ETF 逐渐成为各国投资者进行资产配置或全球化资产配置的主要金融投资工具。

2004 年 12 月，我国证券市场正式推出了第一只 ETF 产品——上证 50ETF，经过 10 多年的发展，根据上海证券交易所发布的报告，截至 2022 年年底，境内共有 753 只 ETF 挂牌上市，资产总规模达到 15976 亿元。[①] 追踪的标的指数涵盖全市场股票指数、行业股票指数、债券指数、商品指数、境外股票指数等。ETF 已成为我国投资者进行指数投资的主要金融工具。[②] 从我国证券市场国际化发展的角度来看，跨境 ETF 被认为是在境外上市中国公司回归 A 股市场最容易操作的一种方式。

跨境 ETF 是指由我国境内基金公司发起设立且在境内交易所上市，标的指数为境外证券市场指数，基金份额的申购、赎回及交易在境内交易所进

① 上海证券交易所：《ETF 行业发展报告（2023）》，http://etf.sse.com.cn/fundtrends/c/5715525.pdf，2023 年 6 月 4 日最后访问。

② 陈志英：《我国 ETF 市场发展现状及展望》，载《河北金融》2017 年第 2 期。

行，但基金所持有的资产则在境外证券市场交易。跨境 ETF 的推出不仅能够丰富我国的 ETF 产品，使投资者借投资跨境 ETF 之便间接地投资境外股票市场，分散单一证券市场的风险，还能加强境内证券市场与境外证券市场的联系，提升我国证券交易所的地位。[①] 我国证券市场第一批跨境 ETF 是 2012 年 10 月 22 日在深交所上市交易的华夏恒生 ETF（159920）和在上交所上市交易的易方达恒生中国企业 ETF（510900）。自 2012 年首批跨境 ETF 发行上市以来，跨境 ETF 发展不断加速，在 2021 年达到顶峰，当年全市场共发行 54 只跨境 ETF。截至 2021 年年底，跨境 ETF 总市场规模达 1141 亿元，产品覆盖美国、日本、德国、法国等全球多个国家和地区。2022 年，跨境 ETF 延续了 2021 年的高增长态势，全市场新发跨境 ETF31 只，覆盖港股科技、港股宽基、美股生物科技、纳斯达克 100 等领域。截至 2022 年年底，跨境 ETF 共 109 只，总规模达到 1971 亿元。[②] 但是，由于跨境 ETF 是以严格跟踪境外证券市场指数为投资目的的被动投资基金，其投资的对象是境外证券市场的指数，境内投资者只能通过现金方式购买在境内证券交易所上市交易的跨境 ETF 基金份额，并需承担对应境外组合证券的买入成本，其本质与合格境内投资者（QDII）基金非常类似，都是一种间接的境外证券组合投资方式，没有实现让境内投资者直接投资境外上市公司的目的。同时，随着我国合格境外投资者（QFII）制度的推行，越来越多的国际投资者进入中国市场投资境内 ETF 产品，这些投资机构在给我国证券市场带来大量资金的同时，也对我国 ETF 运行制度提出了更高的要求，包括 ETF 的品种、交易和结算方式等。

在中国内地资本项目尚未完全对外放开的背景下，如何在现有法律框架内实现资金的跨境流动一直是境内外投资者关心的议题。随着中国内地对外开放的不断加深，境外投资者可以通过合格境外机构投资者（QFII）、人民

① 王冕:《我国 ETF 指数型基金发展研究》，北京林业大学 2012 年硕士学位论文。

② 深圳证券交易所基金管理部:《ETF 市场发展白皮书（2022 年）》，https://app-web.chnfund.com/jx/202303/t20230330_4176031.html，2024 年 10 月 21 日最后访问。

币合格境外机构投资者（RQFII）等机制参与内地的银行间市场、证券交易所等金融市场，投资于债券、股票、基金、衍生品等产品；境内的投资者可以通过合格境内机构投资者（QDII）、人民币合格境内机构投资者（RQDII）等通道，通过商业银行、证券公司、基金管理公司等机构投资于境外金融市场的产品。北京、上海、深圳等地区在金融改革和开放方面的试点安排，也为境内外投资者提供了合格境外有限合伙人（QFLP）、合格境内有限合伙人（QDLP）、合格境内投资企业（QDIE）等更多通道。尤其自 2014 年“沪港通”开通以来，“债券通”、“基金互认”、“跨境理财通”等制度有序推出，两地金融市场互联互通不断扩容和深化。2022 年 7 月 4 日，中国人民银行、香港证券及期货事务监察委员会、香港金融管理局发布联合公告，开展香港与内地利率互换市场互联互通合作，意味着两地互联互通的业务品种范围从股票、债券、基金、理财产品等扩展至衍生品，也标志着两地金融市场交流与合作的进一步深化。

“沪港通”，即沪港股票市场交易互联互通机制，指上海证券交易所和香港联合交易所有限公司建立技术连接，使两地投资者通过当地证券公司或经纪商买卖规定范围内的对方交易所上市的股票和股票 ETF。

深港通即深港股票市场交易互联互通机制，指深交所和联交所建立技术连接，使两地投资者通过当地证券公司或经纪商买卖规定范围内的对方交易所上市的股票和股票 ETF。

2014 年 11 月 10 日，中国证券监督管理委员会和香港证券及期货事务监察委员会发布联合公告，批准沪港通，并决定于 2014 年 11 月 17 日开始沪港通项下的股票交易。2016 年 11 月 25 日，中国证监会和香港证监会发布联合公告，批准深港通，并决定于 2016 年 12 月 5 日开始深港通项下的股票交易。2022 年 6 月 28 日，中国证监会和香港证监会发布联合公告，批准两地交易所正式将符合条件的交易型开放式基金（交易所买卖基金，ETF）纳入内地与香港股票市场互联互通机制，并决定于 2022 年 7 月 4 日开始互联互通项下的 ETF 交易。

内地与香港股票市场交易互联互通机制的主要现行业务规则包括：中国证监会发布的《内地与香港股票市场交易互联互通机制若干规定》、中国证券登记结算有限责任公司（中国结算）发布的《内地与香港股票市场交易互联互通机制登记、存管、结算业务实施细则》、上交所发布的《上海证券交易所沪港通业务实施办法》、深交所发布的《深圳证券交易所深港通业务实施办法》。

沪港通采用“双通道”独立运行机制，具体分为“沪股通”和“沪港通下的港股通”［港股通（沪）］两部分。其中，沪股通指投资者委托联交所参与者，通过联交所证券交易服务公司，向上交所进行申报，买卖规定范围内的上交所上市股票和股票 ETF。港股通（沪）则指投资者委托上交所会员，通过上交所证券交易服务公司，向联交所进行申报，买卖规定范围内的联交所上市股票和股票 ETF。

与沪港通类似，深港通也包括“深股通”和“深港通下的港股通”［“港股通（深）”与“港股通（沪）”合称“港股通”］。其中，深股通是指香港投资者委托香港经纪商，经由联交所在深圳设立的证券交易服务公司，向深交所进行申报，买卖规定范围内的深交所上市的股票和股票 ETF；港股通（深）则指内地投资者委托内地证券公司，经由深交所在香港设立的证券交易服务公司，向联交所进行申报，买卖规定范围内的联交所上市的股票和股票 ETF。

2023 年 3 月 13 日，沪港通、深港通股票标的双向扩容正式实施，沪港通下港股通标的范围扩大至与深港通下港股通一致，港股通股票标的范围在现行股票标的基础上，纳入恒生综合指数内符合有关条件的在港主要上市外国公司股票。这一扩容举措对资本市场而言，不仅有助于境外投资者更高效地投资国内证券市场，也推动了两地资本市场的协同发展。2024 年 9 月，沪股通当月买入及卖出成交额（ETF 及股票）合计为 11389.5951 亿元人民币，港股通（沪）当月买入及卖出成交额（ETF 及股票）合计为 6064.3616 亿港元，深股通当月买入及卖出成交额（ETF 及股票）合计为 10657.204 亿元人民币，港股通（深）当月买入及卖出成交额（ETF 及股票）合计为 4466.502 亿港元。①

两地还进一步推出了债券、基金、理财和衍生品等多方面的互联互通合作，从沪深港通到衍生品互换通，内地和香港在金融市场互联互通方面的合作有序推进、逐步加深。两地在更大范围、更深程度上的合作，一方面可以拓宽境外投资者进入内地市场和境内投资者走向海外市场的渠道，为跨境资金流动提供更多样的通道；另一方面丰富了两地金融市场的交易品种，有利于两地金融市场实现互为补充、互相支持，并最终共同提升竞争力、达到双赢。当然，作为跨境业务，两地互联互通机制也不可避免地面临着反洗钱、数据合规、消费者权益保护、争议解决等多方面的挑战。

本书认为，跨境 ETF 只是我国证券市场国际化发展的第一步，我们应在积累一定经验后，推出其他更有利于证券市场发展的方式吸引境外企业到境内上市。首先，跨境 ETF 虽然在一定程度上解决了境内投资者投资境外上市公司的问题，但对于在境外证券市场上市的中国公司并没有太大的有利影响。跨境 ETF 投资的对象是境外证券市场的指数，在该市场上市的中国公司通常很难被选入跨境 ETF 的成份股，而且，境外上市公司的个股表现对于跨境 ETF 的价格没有直接影响。其次，跨境 ETF 跟踪的是境外证券市场的指数，ETF 对应的证券资产主要托管在境外，而基金份额则是在国内进行申购赎回和交易，境内外证券市场的规则不同造成投资者要面对境内和境外双重的法律风险。最后，我国关于跨境 ETF 的法律法规还需进一步制定和完善，如卖空机制等。我国目前有关跨境 ETF 的制度和规则主要由交易所负责制定，上海证券交易所于 2020 年发布了修订后的《上海证券交易所交易型开放式指数基金业务实施细则》及其他配套 ETF 交易规则，深圳证券交易所于 2022 年发布了修订后的《深圳证券交易所证券投资基金交易和申购

---

① 香港交易所每月数据，https://www.hkex.com.hk/Mutual-Market/Stock-Connect/Statistics/Historical-Monthly?sc_lang=zh-HK#select1=0&selection=Sep-2024&select2=3&data=data_tab_monthly_202409c，2024 年 10 月 21 日最后访问。

赎回实施细则》，但是，有关针对不同 ETF 产品的专门交易细则尚需进一步完善。

2.2.4.2　CDR 模式

CDR（China Depository Receipts）是中国存托凭证的英文简称。如前文所介绍，存托凭证（Depository Receipts，DR）是一种金融衍生工具，特指在一国证券市场流通的代表外国公司有价证券的可转让凭证。CDR 是指向中国境内投资者发行的、在中国境内证券市场交易的存托凭证。一般而言，CDR 的发行以国内某一商业银行来充当配套的存托银行，同时主持国内 A 股市场的发行，供国内投资者买卖。发行 CDR 的境外公司的基础股票则存托于存托银行指定的托管银行。每一个 CDR 均对应境外上市公司的基础股票，此类股票与普通流通股股票属于相同类别，而且是同股同权。①

CDR 概念的提出始于 2001 年，通过让在香港上市的 H 股公司和红筹股公司在内地发行 CDR 的方式支持香港资本市场复苏。2002 年，中信证券向中国证监会提交了 CDR 的具体发行方案，但未得到采纳。2006 年年末，深圳证券交易所向中国证监会提交了《关于择机推出中国存托凭证的请示函》，并对 CDR 的管理提出了明确的建议，包括发行 CDR 的上市公司主体资格、市值、发行规模和财务指标等，但亦未得到中国证监会的认可。

我国监管机构对 CDR 模式积极性不高的主要原因是通过 CDR 方式在境内上市的股票市值并不计入境内证券交易所的总市值范围，对中国证券交易所的市值排名并无实际提升。同时，CDR 的基础股票定价权在境外市场，其在境内 A 股市场上市交易后也可能随时注销，发行 CDR 对 A 股市场的话语权并没有积极影响，而在境内市场发行溢价高于境外市场的情况下，发行 CDR 可能产生套利空间。此外，国际上存托凭证（DR）的发行一般适用于真正的境外公司，而发行 CDR 的目的是解决境外上市的中国公司回归境内证券市场的问题，针对的范围不同，未必能解决境外间接上市公司的真正

① 吴秀波:《红筹股公司回归 A 股市场遥遥无期？》，载《国际融资》2008 年第 5 期。

困难。①

从提出 CDR 概念至今，我国宏观经济形势发生了巨大变化，已在境外上市的中国公司迫切希望能回归 A 股市场，外汇储备问题也不再是发行 CDR 的障碍。尤其是人民币加入特别提款权（Special Drawing Right，SDR）之后，国际金融机构也将人民币资产作为国际投资的配置资产之一，而投资 CDR 将是这些国际投资机构参与我国资本市场证券投资的最有效途径。为此，中国人民银行发布的《中国人民银行年报 2015》，以及在《有序实现人民币资本项目可兑换》的专栏文章中表示，允许符合条件的优质外国公司在境内发行股票，可考虑推出可转换股票存托凭证（CDR）。② 可以期待的是，国际金融机构配置人民币证券资产，将会吸引大量国际优质上市公司到我国资本市场发行 CDR，这不仅有利于我国资本市场的进一步发展，也为我国投资者带来更多优质的投资机会，产生良性循环。

有市场研究人员甚至对 CDR 的发行模式提出了建议，认为我国在 CDR 发行模式的选择上应该参照美国存托凭证的三级发行模式，原因主要体现在以下几个方面：首先，只有三级 ADR 可以实现境外上市公司的融资要求，符合目前大部分境外上市公司希望通过发行 CDR 增加募集资金渠道的要求。其次，三级 ADR 面对的监管最为严格，对投资人而言更有保障。由于中国证券市场对推出 CDR 各方面配套建设尚不完善，以严格监管为特色的三级发行模式作为 CDR 的发行模式比较适合中国目前证券市场发展的现状。该模式倾向于保护投资人的利益，并且强化境外发行人的信息披露义务，与中国现阶段证券市场的制度准备能够相互衔接。此外发行公司必须遵守证券交易法上的完全信息披露义务，亦增加了此种存托凭证的流通性与交易性。③

中国存托凭证制度的推出，为境外创新企业回归境内资本市场融资奠定

① 乔炜：《红筹公司回归境内市场上市发行相关问题研究》，载《宁夏大学学报（人文社会科学版）》2010 年第 6 期。

② 《中国人民银行年报 2015》，http://www.pbc.gov.cn/chubanwu/114566/115296/3087023/3086996/2016062115-305560130.pdf，2024 年 5 月 20 日最后访问。

③ 姜楠：《中国存托凭证法律制度建构研究》，中国政法大学 2011 年硕士学位论文。

了制度基础，有助于完善我国资本市场结构，充分发挥证券市场的投融资功能，从而促进我国资本市场的改革和国际化进程。对于上市公司，企业可以避开直接发行股票的法律要求，降低发行成本，同时还可以增强投资者基础，改善公司的投资者结构，增强基础股票的流动性，并可能会提升股票的市场影响力。①

2020年10月29日，开曼公司九号有限公司（689009.SH，以下简称九号公司）正式在上海证券交易所科创板挂牌上市，成为在科创板发行中国存托凭证（CDR）并上市的第一家红筹企业。同时，九号公司也是中国资本市场第一例采用红筹VIE架构在境内上市并存在投票权差异等公司治理特殊安排的公司。②

九号公司本次科创板上市的保荐机构（主承销商）是国泰君安证券股份有限公司。2019年4月16日，九号公司与中国工商银行股份有限公司（以下简称工商银行）签署《存托协议》，委托工商银行作为本次发行CDR的存托人。2019年4月16日，工商银行与中国工商银行（亚洲）有限公司［以下简称工商银行（亚洲）］签署《托管协议》，委托工商银行（亚洲）作为存托凭证的境外基础证券托管人。存托人根据基础股票的类别分别签发A类CDR和B类CDR，其中A类CDR对应A类普通股并享有A类普通股的相应权利，B类CDR对应B类普通股并享有B类普通股的相应权利。

本次九号公司向存托人发行704万股A类普通股，作为转为CDR的基础股票。存托人将基础股票与CDR之间的转换比例按照1股：10份CDR进行转换，转换后的70409170份存托凭证占CDR发行后公司总股本的10%。九号公司向社会公众公开发行CDR，发行价格为每份CDR18.94元人民币，共募集13.34亿元人民币。

2015年1月至2月，九号公司先后引入A-1轮、A-2轮财务投资人，使

① 薛晗：《中国存托凭证制度的规制逻辑与完善路径》，载《中国政法大学学报》2019年第2期。

② 许星杰、黄晶晶、林恳、余心朵：《首家以VIE架构在科创板上市发行CDR的红筹企业——九号公司》，载锦天城律师事务所网站，https://www.allbrightlaw.com/SH/CN/10475/ce5a2c2515f097d9.aspx，2024年6月28日最后访问。

公司创始人持股比例低于 50%。由于九号公司彼时处于快速发展阶段，仍需不断引入后续融资，进一步稀释创始人的持股比例，从而削弱创始人对公司的经营控制权，因此经创始人及财务投资人协商，一致同意九号公司放弃同股同权的结构，转而采用特殊投票权结构。

根据 2019 年 4 月 2 日九号公司审议通过的《公司章程（草案）》，九号公司股份分为 A 类普通股股份（普通股份）和 B 类普通股股份（特别表决权股份），公司每份 B 类普通股股份享有 5 份表决权，每份 B 类普通股股份的表决权数量相同；除表决权存在差异外，A 类普通股股份与 B 类普通股股份具有的其他股东权利完全相同。除《公司章程（草案）》第 11.8 条规定的事项外，该公司股东大会的其他决策事项也均为 B 类普通股享有特别表决权的表决事项。

针对特殊投票权的安排，上交所就（1）采用特殊投票权结构的原因；（2）特别表决权安排数量设置的合理性；以及（3）特殊投票权安排是否符合相关法律法规及上市规则要求予以询问。

2018 年 3 月 22 日，国务院办公厅公布《试点意见》，允许符合试点企业条件的红筹企业在境内资本市场发行股票或存托凭证上市。自此，红筹企业可以在一定条件下，保留其红筹架构在境内资本市场进行上市融资，但需同时满足上述《试点意见》和相应资本市场板块的上市要求。

由于九号公司同时具有红筹及 VIE 架构且存在表决权差异安排，因此九号公司可以选择适用《上海证券交易所科创板股票上市规则》（2019 年修订）第 2.1.3 条及第 2.1.4 条第二套标准，申请上市。根据德勤华永会计师事务所出具的审计报告，九号公司 2019 年年度经审计的营业收入为 45.86 亿元人民币，高于人民币 5 亿元；同时根据九号公司于 2017 年 9 月进行的 C 轮融资估值情况，九号公司估值 15.2 亿美元，约人民币 100 亿元，超过人民币 50 亿元，且九号公司 2019 年及 2018 年经营业绩保持增长态势。

目前，仍只有九号公司一例 CDR 上市公司，其并没有表现出预想的示范效应。2020 年 4 月 30 日，中国证监会发布《关于创新试点红筹企业在境内上市相关安排的公告》，其中第 2 条规定，存在协议控制架构的红筹企业申请发行股票，中国证监会受理相关申请后，将征求红筹企业境内实体实际从事业务的国务院行业主管部门和国家发展改革委、商务部意见，依法依规处理。九号公司创造了科创板开市以来上市时长的最高纪录（多达 532 日），这可能是原因之一。

本书认为，通过发行 CDR 的方式实现在境内证券市场上市能有效解决 IPO 模式下法律制度的障碍，因为 CDR 所代表的只是在境外资本市场的基础股票，并不是发行 A 股，不受《公司法》、《证券法》等相关法律的约束。作为金融衍生产品，CDR 的发行和交易只需境内证券交易所制定相关规则即可，无须对法律进行修订，可以保持现有证券发行和交易制度的稳定性。此外，CDR 所代表的境外优质上市公司，不仅有助于提升我国证券交易所的国际地位，更能为我国及境外投资者提供更多的投资产品，增加证券交易所的收入和人气。对参与 CDR 发行和结算的商业银行和证券公司来说，还有利于业务创新，提供更多的金融业务和金融产品，为全能化和国际化做准备。①

2.2.4.3　IPO 模式

IPO 模式，即境外间接上市公司直接在境内证券交易所发行 A 股的方式。IPO 模式的特点主要在于 A 股发行人的注册地及第一上市地均在中国境外，A 股市场投资者可以在境内证券交易所直接以人民币购买其发行的 A 股股票。此模式的优点在于，直接在 A 股市场 IPO 可以增加证券市场的整体市值，当境内 A 股发行价高于境外时，可以有较高的溢价，取得较好的融资效果，而且发行结构简单，不涉及境外存托管银行等机构，成本较低。但是，IPO 模式回归境内市场最大的障碍是法律限制。由于我国《公司法》、《证券法》仅规定了在中国境内设立的股份有限公司可以在我国证券市场公开发行股份，对于注册地在境外的公司在 A 股上市并无规定，存在法律空白。因此，实践中 VIE 架构下的拟上市主体，不论是外商独资企业还是境内运营实体，均

---

① 吴秀波:《创设 CDR 缓解央行外汇占款压力》，载《新金融》2008 年第 1 期。

需进行相应的调整，以满足我国《证券法》对于上市主体资格的合规要求。

2.2.4.4 借壳上市模式

借壳上市模式，即通过收购或资产置换取得上市公司的控股权，从而实现间接上市的模式。该模式主要被因国家政策等原因暂无法达到 IPO 标准的企业采用。实践中的案例如分众传媒（002027）。

2.2.4.5 联通模式

联通模式也称为“SPV（Special Purpose Vehicle）模式”，因在香港上市的中国联通（00762.HK）和在内地上市的中国联通（600050）首次使用而得名。联通模式中，香港中国联通的母公司是在英属维京群岛注册的公司（BVI 公司），而内地的中国联通的控股股东是中国联合通讯公司。内地的中国联通是 BVI 公司的控股股东，而 BVI 公司持有香港中国联通的大部分股权，形成了境内上市的中国联通间接控制香港中国联通的情形。联通模式对想要规避内地政策限制回归境内市场发行 A 股的境外上市公司有一定的启发，但因其机构复杂，且需经国务院特别批准而不具有普遍适用意义。

2.2.5 关于中国公司境外上市的利弊之争

在中国公司积极努力开拓境外证券市场融资渠道的同时，关于境外上市的利弊之争也一直没有停止。对境外上市表示支持的观点认为，选择境外上市最重要的目的是筹集资金，而我国资本市场的行政管控色彩较浓、市场容量有限，无法满足企业的融资需求，因此，应当鼓励企业到美国、欧洲及中国香港地区等的发达资本市场筹集资金。同时，境外资本市场严格的法律环境和监管规则，有利于中国公司改善公司治理结构、提高公司声誉和品牌形象，并积累在资本运作和跨境并购方面的经验，为未来回归 A 股市场带来丰富经验，有助于提升中国境内资本市场的国际竞争力。① 对境外上市持反对意见的人认为，鼓励境外上市会导致我国大量的资产流失，因为大型国企在境

① 易宪容、卢婷:《国内企业海外上市对中国资本市场的影响》，载《管理世界》2006 年第 7 期。

外上市通常是先剥离不良资产，以其优质资产到境外上市，但境外上市的股价受制于境外资本市场的低市盈率，导致境外上市国有企业的价值被低估，造成我国国民财富的流失。

就境外直接上市来说，国务院于1992年、1993年发布的一系列文件确定了境外上市试点企业和证监会审批制度，[①]并于1994年8月发布了对中国公司境外上市具有指引性意义的《境外上市特别规定》。该规定明确了境外上市外资股和内资股的定义，并对中国公司发行境外上市外资股的相关要求和程序进行了规定。之后，原国务院证券委员会于1996年颁布《国务院证券委员会关于推荐境外上市预选企业的条件、程序及所需文件的通知》（已失效），1999年中国证监会出台《关于企业申请境外上市有关问题的通知》（已失效），对境外上市的申请条件和程序进行了相应的规定，企业净资产不能少于4亿元人民币，在过去的一年内，税后利润不少于6000万元人民币，并有增长潜力，筹资额不少于5000万美元。前述两个文件明确了公司境外上市的条件和门槛，基本将中小型企业，特别是民营企业，限制在了门槛之外，在一定程度上限制了公司境外融资。关于公司境外间接上市，则没有明确的法律法规或政策进行规范和指引，尤其在2006年《并购规定》颁布后，境外间接上市似乎偃旗息鼓。

随着中国经济的进一步发展，以及全球经济一体化的进程，我国政府对企业境外上市的态度有所缓和，直接的表现是中国证监会于2012年12月20日发布的《关于股份有限公司境外发行股票和上市申报文件及审核程序的监管指引》（以下简称《境外上市监管指引》，已失效）废止了“456要求”、对境外上市所需的境内审核程序进行了简化。2005年《证券法》规定，无论在境外发行证券还是将证券在境外上市交易，都需要我国国务院证券监督管理机构批准才可以实施。因此，境外上市在很大程度上仍受制于我国监管机构

① 1992年12月17日国务院发布《国务院关于进一步加强证券市场宏观管理的通知》（国发〔1992〕68号）、1993年3月8日国务院发布《国务院批转国家体改委关于一九九三年经济体制改革要点的通知》（国发〔93〕16号）、1993年4月22日国务院颁布《股票发行与交易管理暂行条例》（国务院令第112号）。

的态度。然而，由于理论界和学术界对于境外上市存在争论，我国监管机构对境外上市一直持有审慎保守的态度，监管政策也随着政治和经济环境的变化而具有不确定性。2023 年 2 月，经国务院批准，中国证监会发布境外上市备案管理相关制度规则。此次发布的制度规则共 6 项，包括《境内企业境外发行证券和上市管理试行办法》及其 5 项配套指引。将境外直接上市及境外间接上市均纳入了我国证券监督管理机构的监管，实行统一的备案制管理，改变了原有境外发行上市活动的监管差异。证监会表示，国家扩大资本市场对外开放的方向不会改变，境外上市备案管理制度规则的发布实施，将更好地支持企业依法合规到境外上市，利用两个市场、两种资源实现规范健康发展。①

根据前述分析我们可以看到，在境外上市新规施行前，与间接上市相比，境外直接上市要求高、规定严格、程序复杂，且需经过境内、境外多地监管机构的审批，境内股东持有的股份不能自由流通，时间成本及费用也较高。但是，境外直接上市的法律法规与规范性文件较为系统和完整，其方式也得到境内监管机构的鼓励和境外监管机构的认可，不存在境外上市的合法性问题，未来回归境内资本市场进行双重上市也较为便捷。对于通过直接申请方式在境外上市的中国公司，双重上市的结构与国际上双重上市通常的发行结构相同，也包括“先内后外”、“先外后内”和“同时上市”三种模式。但不同之处在于，国际上其他国家企业双重上市的发行顺序普遍采用“先内后外”方式，即先在本国证券市场发行股票，再到境外发行股票的方式，但中国公司双重上市更多采用“先外后内”，即先在境外股票市场发行上市，再回到境内上市的方式。

以搭建红筹架构、VIE 架构等间接方式在境外上市公司，优点在于股份可以全部上市流通、可以采用国际通用的会计准则等，境外上市新规施行前股票发行及再融资无须境内审批，在管理上具有非常大的灵活度。但是，由

① 中国证监会:《境外上市备案管理制度规则发布实施》，载中国证券监督管理委员会官网，http://www.csrc.gov.cn/csrc/c100028/c7124479/content.shtml，2023 年 8 月 8 日最后访问。

于境外间接上市的主体是境外法人，不符合现行中国法律规定的A股发行上市主体资格且境外间接上市模式具有规避中国法律监管的目的，合法性存疑，未来直接回归境内资本市场的难度非常大，因此在境外上市新规施行后仍需进行备案以完成进一步合规和纳入政府监管，且只能通过IPO或CDR等方式回归境内资本市场。

Chapter 3 第3章

A+H 首次公开发行的监管及标准

首次公开发行市场是股票市场的基石和“源头”，发行人在首次公开发行完成之后，一般通过向证券交易所申请挂牌上市而进入证券二级市场交易。首次公开发行证券的结构通常包括向机构投资者发行的部分和向上市地公众发行的部分。对于跨境证券发行，尤其在美国、欧洲或我国香港地区等成熟市场进行双重或多重上市发行，则必须熟知上市地的规则、惯例和交易规模等，以便确定发行结构。跨境证券发行是国际投融资的一种方式，涉及发行人母国关于境外融资行为的监管和股票发行地国或地区关于证券发行上市的要求与监管规则，具有明显的行政双重监管特性。跨境证券发行监管是证券监管的一部分，属于金融监管的范畴。经济周期波动会影响资本的监管制度安排，而资本监管制度的变化又必然会在某种程度上对经济周期产生更剧烈的影响，有时甚至是负面影响。

如菲利普·裴达希在其所著的《IPO 全球指南》中所述，一个公司无论选在什么地方、以何种方式开始进行全球范围内的 IPO，总是要满足相关证券管理机构或它选择上市的证券交易所设置的最低标准，以保障拟发行的股份符合上市地法律和上市规则的要求。具体来说，主要包括利益冲突的排除（同业竞争、关联交易限制）、预期市值标准、最低公众持股比例、持续的营业记录、股份的流动性和发行上市后的持续性责任等几个方面的条件。[①] 但是，国际上并没有一个通行的法律规则来规范跨越国境的证券投资，也没有一个跨国的监管机构可以制定约束各个国家通用的法律规则，通常是直接适用证券发行地或上市地国家或地区的国内法。在跨国证券发行的监管方面，主要通过一些“Soft Law”和不同国家监管机构之间开展双边或多边合作的方式进行。[②]

“Soft Law”主要指被不同国家、监管机构或市场自愿接受的规则和标

① ［法］菲利普·裴达希:《IPO 全球指南》，黄春元、刘欣译，中国财政经济出版社 2012 年版。

② Iain G MacNeil: “An Introduction to the Law on Financial Investment”, Hart Publishing, 2005, the first edition, page 43.（伊恩·G. 麦克尼尔:《金融投资法导论》，哈特出版社 2005 年版，第 43 页。）

准。在投资领域，国际性的“Soft Law”主要是由国际证监会组织[①]制定的，可以被适用于成员国的规则和标准。最具代表性的是国际证监会组织制定的“在跨境发行股票及外国首次发行股票中的证券法律和国际信息披露标准的目标和原则”（IOSCO's Objectives and Principles of Securities Regulation and International Disclosure Standard for Cross Border Offerings and Initial Listing by Foreign Issuers）。这份文件实际上为国际上市的证券规则及申请文件的内容和格式制订了标准。[②]随着跨境证券活动不断增加，IOSCO于2002年5月制定了《关于咨询、合作与信息交换的多边备忘录》（以下简称《多边备忘录》），为成员机构调查处理跨境证券类案件提供了便利，为国际监管合作制订了新的标准。中国证监会于2007年签署了《多边备忘录》。[③]

与国际证券投资有关的另一个“Soft Law”是会计准则统一的趋势，主要是为了解决跨境投资中适用和解释不同国家会计规则的巨大差异。国际会计标准委员会（International Accounting Standards Committee，IASC）在会计准则统一方面做出了巨大努力。国际会计标准委员会成立于1973年，目的是促进国际会计原则的统一，在成员国接受该规则后即对成员国企业具有约束力。[④]

除了前述国际性的、自愿接受的规则和标准外，其他与跨境证券活动有关的监管规则主要通过国家及地区之间的双边合作备忘录来规范。截至2022年12月，我国证券监管机构与67个境外国家或地区的证券（期货）监管机

① 该组织成立于1973年，目的是促进美国证券监管机构的合作，现在该组织已经发展为包括世界主要资本市场的国际性组织（http://www.iosco.org/）。

② Iain G MacNeil: “An Introduction to the Law on Financial Investment”, Hart Publishing, 2005, the first edition, page 43.

③ 中国证监会是IOSCO的正式会员，上海证券交易所、深圳证券交易所、中国金融期货交易所、中国证券登记结算有限责任公司、中国证券投资者保护基金有限责任公司和中国证券业协会是IOSCO的附属会员。

④ Iain G MacNeil: “An Introduction to the Law on Financial Investment”, Hart Publishing, 2005, the first edition, page 44.

构签署了备忘录，对跨境证券与期货的交易行为进行监管。[①]在有关跨境上市监管方面，中国证监会、上海证券交易所和深圳证券交易所与香港证监会、香港证券交易所签署了一系列更具操作意义的备忘录，其中最具代表性的是 1993 年 6 月 19 日签署的《监管合作备忘录》。《监管合作备忘录》通过互利协助和信息交流，加强对投资者的保护，维持公平、有序、高效的证券市场，以及确保各方的有关法规得到遵守，并通过定期联络和人员交换，促进互相磋商和合作。[②]2007 年，签署《监管合作备忘录》所依赖的法律基础发生重大变化，根据中国证监会职能的变化，中国证监会和香港证监会在原《监管合作备忘录》的基础上签署了《监管合作备忘录》附函，对内地和香港联手打击跨境证券违法违规与犯罪行为，保护两地投资者合法权益等方面的监管及执法合作进行了更为详细的约定。

1997 年 7 月 1 日香港回归，根据《香港特别行政区基本法》确定的“一国两制”原则，香港仍然可以继续保留原有的法律体系和市场规则。经过多年的发展，香港目前已经成为国际领先的金融中心，拥有较为完备的市场规则和配套体系，是亚洲最活跃的证券市场。香港没有对公开发行股票的主体资格进行明确规定，只要符合香港《公司条例》规定的公众公司，都可以向联交所提出股票上市申请。但如果申请人是海外公司，联交所则要求申请人注册地或设立地相关法律对于公司股东的保障应至少相当于香港的水平，或者申请股票发行的海外公司通过修改组织文件而达到香港对股东保护的水平。[③]

已发行 H 股的中国公司愿意回归 A 股市场，主要原因是大多数国有企业在境外上市后业绩增长缓慢，再融资非常困难，而 A 股市场经过 20 多年发展，市场容量逐渐扩大、法律制度及规则不断完善，且长期以来发行市盈率

① 《中国证监会与境外证券（期货）监管机构签署的备忘录一览表（截至 2022 年 12 月）》，载中国证券监督管理委员会官网，http://www.csrc.gov.cn/csrc/c100214/c7073540/content.shtml，2023 年 8 月 8 日最后访问。

② 《监管合作备忘录》第 1 条。

③ 《上市规则》第 19.05 条及附注。

高于 H 股市场，在境内市场发行 A 股后，A+H 方式不仅能解决 H 股境内股东的股份流通问题，在两个市场获得更多的融资金额，对提升 H 股整体市值也是非常有帮助的。

为了解决内地与香港之间的法律制度差异，两地监管机构经多方探讨达成了关于 H 股上市的特殊安排，并通过对 H 股公司章程设置特别规定的强制性要求来实现。[①] 鉴于这些原因，在香港和内地双重上市的 A+H 公司，不仅要满足香港联交所《上市规则》的各项标准和要求，也要符合 A 股发行上市的要求和条件，还须兼顾两地关于跨境证券发行上市的特别规定。[②] 本章将从香港和内地资本市场的发展历史、监管体系以及首次公开发行制度的比较，对 A+H 双重上市公司涉及的监管规则、上市条件等差异进行介绍和分析。

3.1 香港及内地资本市场发展及监管体系

3.1.1 香港资本市场发展及监管体系

3.1.1.1 香港资本市场发展历史

香港资本市场起源于 1865 年颁布的《公司条例》及 1891 年 2 月香港股票经纪人协会的成立。香港股票经纪人协会于 1914 年更名为香港股票交易所，其成员仅为外国经纪商，不包括香港本地经纪人。由于英美法对香港影响非常大，香港对案例研究的重视程度要远远高于成文法。因此，在香港证券市场早期，并没有统一的证券监管机构和法律。1921 年，以华人为成员的香港证券经纪人协会成立，并于 1947 年与香港股票交易所进行合并，整合

① 王春阁:《内地公司香港上市及两地监管合作研究》，北京大学出版社 2005 年版，第 59 页。

② 基于香港的历史背景，香港证券市场在上市条件、监管要求和交易规则等方面更接近于欧美等国家的证券市场，因此从证券监管的角度，仍被当作境外资本市场对待。

成为“香港证券交易所有限公司”，标志着香港资本市场进入了一个全新的发展时期。1969 年，香港远东证券交易所成立，该交易所的成立不仅结束了香港证券交易所有限公司的垄断，也对金银证券交易所、九龙证券交易所的设立起到了推动的作用。

1972 年 10 月底，香港股票市场出现了首例并购案，即香港老牌的英资置地公司收购牛奶公司。当时香港股票市场尚未建立任何关于上市公司并购方面的法律法规，于是并购双方各出奇招，使股价不断攀升。收购当日恒生指数一天内上升 43 点，达到 623 点收市。由于当时大部分投资者还未意识到股市存在下跌之风险，许多香港市民把毕生积蓄都投入了股票市场。在这期间，香港股市上谣言四起，导致股市波动极大，股票市场蕴藏的风险性引起了当时港英政府的注意。1973 年 1 月，港英政府增设了“证券咨询委员会”及“证券监督专员”。同时，为限制更多证券交易所的成立，香港于 1973 年颁布了《证券交易所管制条例》（The Stock Exchange Control Ordinance），对经营未经认可的交易所予以重罚，并禁止九龙证券交易所进行交易。1974 年 2 月，港英政府废止《证券交易所管制条例》，颁布《证券条例》、《保护投资者条例》等，对香港资本市场进行进一步规范。1974 年 7 月，成立香港证券交易所联合委员会，并于次年通过了《收购及兼并守则》，加强对上市公司收购兼并活动的监管，并配合港英政府监管，对证券商实行登记注册制度。1976 年颁布的《证券交易所上市规则》，对证券发行上市的条件、程序及要求制定了严格的规定。1980 年立法局批准通过了《证券交易所合并条例》，并相应颁布了其他配套法律规定，对金融机构的业务风险进行规制，增加银行参与证券市场融资的成本，促进证券发行市场的规范发展。

1986 年 4 月，香港证券交易所、远东证券交易所、金银证券交易所和九龙证券交易所四家证券交易所合并组成香港联合交易所，实现了港英政府对于证券市场的统一管理，推动了香港资本市场的进一步规范和发展。1987 年 10 月 19 日，香港发生了灾难性股市危机，市场称为香港“黑色星期一”，导致香港联交所停市四天，对证券市场的稳定及投资者的信心造成巨大打击。为稳定金融市场，港英政府成立证券检查委员会，对香港证券市场运行及规则进行检视。证券检查委员会由戴维森（Ian Hay Davison）负责，故证券检查委员会的工作报告也被称为《戴维森报告》。《戴维森报告》于 1988 年 6 月 2 日正式发布，其对香港联交所存在的问题提出了整改建议，并对构建香港资本市场的三级架构提出了建设性意见。根据《戴维森报告》，香港须建立资本市场三级管理架构体系：第一层级是港英政府，其拥有对香港证券市场的备用权利，在特殊情况下可以干预市场；第二层级是设立香港证监会，其专门对证券市场的运作实施管理，负责实际监管工作；第三层级是已运行良久的香港联交所，其主要职责是负责证券市场的日常运营，包括发行上市审核和证券规范交易，是第一线的监管者，负责执行《上市规则》的各项规定。[①]1989 年 5 月，伴随着《证券及期货事务监察委员会条例》的颁布，香港证监会正式登上历史舞台，香港资本市场的三级监管架构正式开始运行。

1999 年 12 月，为支持中小企业的发展，同时也为了增加股市的交易量与流动性，香港联交所理事会通过了创业板市场（即第二板）的上市要求，香港创业板市场是主板市场以外的一个完全独立的新的股票市场，与主板市场具有同等地位，但在上市条件、交易方式、监管方法和内容上都与主板市场有很大差别。香港创业板的宗旨是为新兴有增长潜力的企业提供一个筹集资金的渠道。香港创业板成立之初，投资者参与十分踊跃，市场行情一度非常火爆。最早上市的天时软件和浩伦农业首个交易日的升幅分别高达 80% 和 60%。到 2000 年 3 月底，香港创业板市场共有上市公司 16 家，其中 1999 年上市的有 7 只股票，2000 年前 3 个月有 9 只股票上市。总市值从最开始（1999 年 11 月 25 日）的 45 亿港元，已升至近 1000 亿港元。上市公司集中的行业主要是互联网、计算机和电讯等热门高科技行业，创业板的推出有力带动了香港高新技术产业的发展。2000 年 3 月 6 日，香港联交所、香港期货交易所和香港证券结算公司正式合并，统一由香港交易所有限公司控

① 何杰:《香港“八七”股灾与〈戴维森报告书〉》，载《证券市场导报》1994 年 Z1 期。

股。2000 年 6 月 27 日，该公司在联交所上市，由非营利性主体变成股份制的营利性上市公司。随后，香港证监会制定了一系列的证券市场监管规则与准则。但是，由于香港证券市场监管的基本规则散布在十多个相关的条例之中，立法体系混乱，因此，为满足监管需求，香港特别行政区立法会开始整合纷繁散乱的证券监管规则，于 2003 年制定了《证券及期货条例》，成为香港证券监管的主要法律依据。

经过多年发展，香港现已成长为领先的国际金融中心，有着较为发达的市场运行系统及良好的投资氛围，是亚洲整体流动性最为理想的资本市场之一。香港资本市场证券和金融产品非常丰富，现货市场和期货市场都发展良好，交易规模在全球交易所中居领先地位。香港资本市场的中介服务也非常完善和成熟，金融分析师、会计师和律师等专业人员在资本市场运行中起到了非常重要的作用。作为中国不可分割的一部分，香港与内地文化相同、地理接近，长期以来一直是境内企业境外上市的首选市场。根据香港交易所的公开信息，截至 2024 年 10 月末，在香港上市的公司共计 2621 家，总市值 3597.96 亿元，其中 H 股上市公司 351 家，红筹股上市公司 1117 家，合计市场总成交额 2591.26 亿元。①

3.1.1.2　香港资本市场监管体系

虽然香港资本市场是与内地最亲近的国际性资本市场，但由于历史原因，其在法律体系、监管理念和上市规则等方面参照了英国的体系，实行的是自律型监管，与内地有非常大的不同。香港资本市场已有 100 多年的历史，国际化程度非常高，与证券市场有关的法律制度和监管体系比较完善，政府机构与相关机构形成了既合作又分工的良性关系。根据 1988 年《戴维森报告》的建议，香港资本市场对证券和期货市场进行统一规范和管理，建立了三级架构的监管体系，即拥有一定立法权的香港政府、负有法定监管责

① 香港交易所网，https://www.hkex.com.hk/Mutual-Market/Stock-Connect/Statistics/Hong-Kong-and-Mainland-Market-Highlights?sc_lang=zh-HK#select3=0&selection=2024-10-18&select2=9&select1=17，2024 年 10 月 21 日最后访问。

任的香港证监会和行使一线监管职责的香港联交所。

3.1.1.2.1　香港政府

虽然在《戴维森报告》中将香港政府列为香港资本市场的第一级监管机构，但严格来说，香港政府并不参与香港资本市场具体的监管活动，不能被认定为一般所指的监管机关。作为特别行政区政府，香港政府有责任在《香港特别行政区基本法》授予的权限内，负责从宏观上制定金融市场发展政策，关注金融市场发展，维持香港资本市场的稳定发展，加强社会公众对资本市场的信心，以保障及提升香港作为国际金融中心的地位。财经事务及库务局作为香港政府的主要职能机构，其负责制定与香港经济有关的法律法规和政策，并承担香港政府监管证监会及交易所的职责。[①]

3.1.1.2.2　香港证监会

香港证监会（The Securities and Futures Commission，SFC）成立于 1989 年，是香港资本市场的第二层级监管机构，也是香港发行的独立证券监管机构。香港证监会根据《证券及期货条例》及附属法例赋予的相关权利，行使调查、纠正及纪律处分等监管职责。香港证监会的监管目标主要包括：第一，维持及促进证券期货业的公平性、效率、竞争力、透明度及秩序；第二，协助公众了解证券期货业的运作；第三，保障广大投资者；第四，尽量减少业内的罪行及失当行为；第五，降低证券期货业的系统风险；第六，协助政府维持香港在金融方面的稳定性。[②] 为保证能够有效达到前述之法定监管目标，香港证监会按照公营机构的最佳管治方式建立了管治架构，设立了董事局及其下属多个委员会，对证监会的运行进行密切监控。香港证监会组织架构如图 3-1 所示：

① 中华人民共和国香港特别行政区政府财经事务及库务局网站，https://www.fstb.gov.hk/sc/aboutus/welcome_msg.htm，2024 年 10 月 21 日最后访问。

② 香港证券及期货事务监察委员会网站，https://sc.sfc.hk/TuniS/www.sfc.hk/TC/About-the-SFC/Our-role，2024 年 10 月 21 日最后访问。

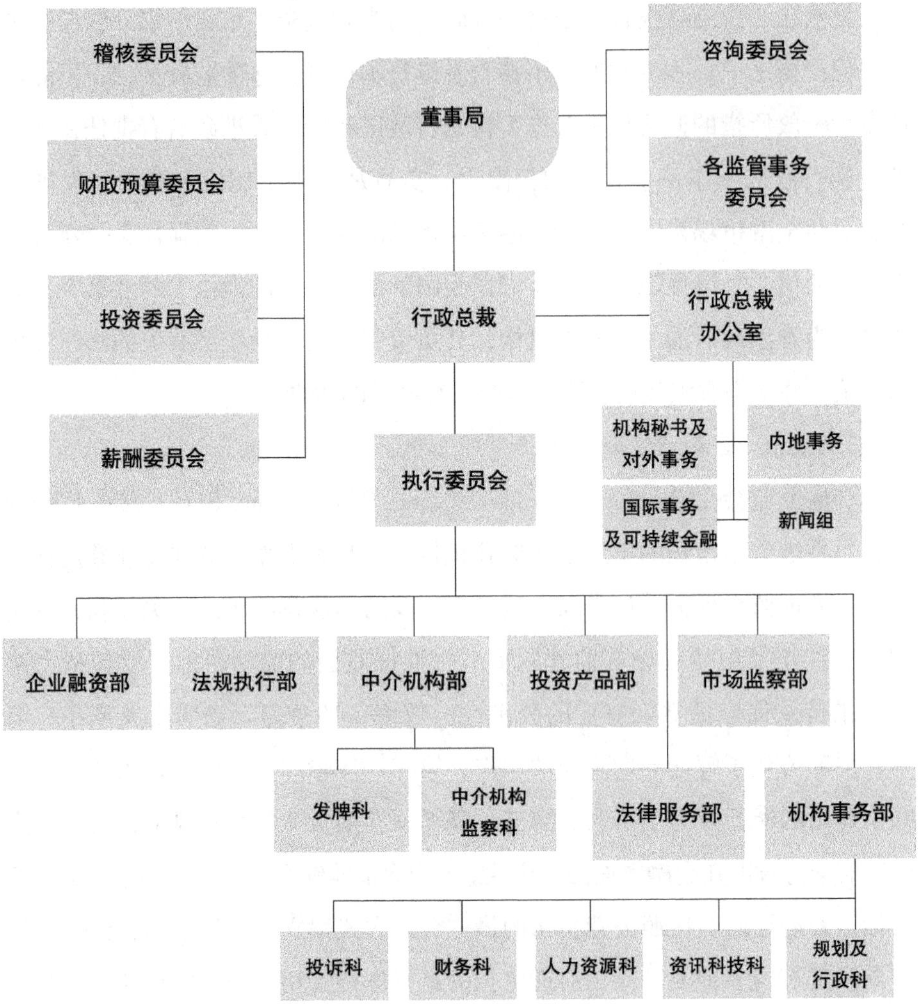

图3-1　香港证监会组织架构图

香港证监会的监管对象包括所有证券及期货市场的参与者，也包括投资者。具体来说，监管对象主要分为三种，第一种是从事证券和期货交易，或者为证券与期货交易提供意见或服务的融资、资产管理和信贷评级机构，如经纪行、投资顾问、基金经理和中介人等。第二种是证券发行人，也就是上市公司和投资基金。在“双重存档”制度下，香港证监会有权审批上市申请。第三种是香港交易及结算所有限公司（香港交易所）、自动化交易服务公司、股份登记机构和投资者赔偿有限公司等市场运营机构。自香港证监会成立以来，香港的市值急速增长，上市公司数目由 1989 年的 290 家增加至超过 1700 家，持牌人数目亦由约 1900 名增加至近 39000 名。2012 年，香港证监会成立国际及中国事务组，目的是推动跨境及全球监管发展和合作。①

香港证监会并不包含在香港政府公务员系统之中，其主要职能是监督和管制证券市场的运行以及执行与证券市场相关的法律规则，努力营造一个有效率、公平、公开透明、有序的证券市场，包括对金融服务业的从业人员进行监管，如保荐人、基金经理、投资顾问等。整体而言，香港证监会在市场监管与上市规制方面起着领导作用，其与香港财政司一道维护香港的金融市场秩序。当企业行为失当时，可通过行使法定调查权力和执法权力，确保法例得到遵守。

3.1.1.2.3　香港交易及结算所有限公司

香港资本市场的第三级监管机构是香港交易及结算所有限公司（以下简称香港交易所）。香港交易所于 2000 年 3 月由联交所与香港期货交易所有限公司（以下简称期交所）实行股份化，并与香港中央结算有限公司（以下简称香港结算）合并后组成。合并后，联交所、期交所和香港结算由香港交易所单一控股。香港交易所于 2000 年 6 月 27 日以介绍方式在联交所上市。②

① 香港证券及期货事务监察委员会网站，https://www.sfc.hk/TC/About-the-SFC/Our-role，2024 年 10 月 21 日最后访问。

② 香港交易所网站，https://sc.hkex.com.hk/TuniS/www.hkexgroup.com/About-HKEX/About-HKEX/HKEX-Milestones?sc_lang=zh-HK#2010，2024 年 10 月 21 日最后访问。

作为承担第一线监管职责的机构，香港交易所有责任核准证券发行及上市申请，并对公司上市后履行上市规则的行为进行持续性监管。香港交易所对资本市场的监管权限来源于香港证监会的授权。1991 年 11 月 25 日，香港证监会与联交所签署了《谅解备忘录》，香港证监会将与上市有关的日常管理事宜让渡于联交所，保留对上市规则的最终决定权。由于联交所并入香港交易所且计划上市，2000 年 3 月 6 日，香港证监会与香港交易所签署了《关于修订和重申管理上市事宜的谅解备忘录》①，根据该备忘录，香港交易所在机构内设有“Chinese Wall”（中国墙），将业务单位与规管单位完全分隔开。为配合上述方针，香港交易所的董事会授权上市委员会执行一切有关上市事宜的职能及权力，而不会同时行使这方面的管辖权，董事不会参与亦不会获知关于上市的政策和运作事宜，其目的是尽量减少香港交易所上市后同时存在的作为商业主体上市公司和担任一线监管机构的角色与利益冲突。此份《谅解备忘录》虽然保留了香港交易所作为一线监管机构的职责，但也明确了香港证监会对香港交易所及其附属交易所的监督责任。

前述 2000 年《谅解备忘录》被香港证监会与香港交易所于 2003 年 1 月 28 日签署的《关于上市事宜的谅解备忘录》② 所替代。2003 年《谅解备忘录》确立了香港证券发行的“双重存档”制度，即要求在香港上市的证券发行人，在向联交所递交上市申请后，也应将上市申请文件副本递交一份给香港证监会。“双重存档”要求同样也适用于上市公司根据上市规则递交的持续

① HKEx and SFC, Amended And Restated Memorandum Of Understanding Governing Listing MattersBetween Securities And Futures Commission And the Stock Exchange of Hong Kong Limited（香港交易所及证监会，关于证券及期货事务监察委员会与香港联合交易所有限公司之间上市事宜的修订及重述谅解备忘录），https://www.sfc.hk/sfc/doc/EN/aboutsfc/arrangements/local-org/hkex_sfc_mou.pdf，2024 年 10 月 21 日最后访问。

② HKEx and SFC, Memorandum Of Understanding Governing Listing Matters Between Securities AndFutures Commission And the Stock Exchange of Hong Kong Limited,28January 2003（香港交易所与证监会，关于证券及期货事务监察委员会与香港联合交易所有限公司之间上市事宜的谅解备忘录，2003 年 1 月 28 日），https://www.hkex.com.hk/News/News-Release/2003/030128news?sc_lang=en，2024 年 10 月 21 日最后访问。

性信息披露资料。实践中，不乏已上市企业因为信息披露违规而被香港证监会严厉惩处的案例，如2009年，电讯盈科为加强战略重组、资产买卖、主业调整的自主性而进行私有化且该私有化已取得香港高等法院的批准。然而，经审查电讯盈科所披露的相关信息，香港证监会注意到，在股东投票批准这一交易前，电讯盈科相关利益方存在操纵投票的行为，为此对于高等法院的裁决提出上诉。上诉庭最后推翻了此前高等法院关于批准电讯盈科私有化的裁决。①

"双重存档"制度确立了香港交易所作为法定监管机构的地位。联交所作为证券交易所，负有审核证券上市申请、执行上市规则等职责，主要包括：监管上市发行人（包括上市发行人、保荐人、合规顾问）、执行上市规定、拟定交易及结算规则及指引，规制和管理证券及衍生品市场等。联交所与在交易所上市的公司之间是合同关系，对于证券违法行为没有调查和裁处的权力。而作为法定的监管机关，香港证监会承担着促进与鼓励证券期货市场发展的职责，对香港交易所履行职责的情况进行监督。香港证监会具有法定调查权，对于证监会怀疑故意或轻率地提供了不实或具有误导性信息的发行人，证监会有权依法开展调查。由于香港证监会与联交所之间可能存在功能的重叠，二者会按期召开会议讨论有关证券上市监管问题。证监会作为联交所的上一层监管机构，也会考核联交所在上市和监管方面的表现。在双重存档制度下，联交所与香港证监会的分工主要体现在以下方面：

首先，在二级市场交易与参与者监管方面，自2000年起，证监会已经成为香港交易所参与者的主要监管者，负责涉及香港交易所参与者操守及合规经营的监督、持牌申请、牌照发放以及与客户之间争端的解决。联交所则主要负责业务风险管理、市场检查等方面的事宜。

其次，在履行职责的方式上，联交所履行职责的主要方式之一，就是

① 《香港上诉庭否决电盈私有化》，载中国广播网，https://finance.cnr.cn/gs/201207/t20120702_510087586_1.shtml，2024年10月21日最后访问。

努力使上市公司及其董事等管理人员遵守《上市规则》，全权负责和调查涉嫌违反《上市规则》的案件，并在符合条件的情况下开展正式的纪律行动。如果案件中涉嫌违反民事法或刑法，那么联交所需要将案件移送法定机关，并给予协助。在不少情形下香港证监会有权根据法例规定行使调查权和执法权。

最后，在信息披露的具体负责方面，联交所是负责审批所要披露资料的唯一机构。但是依据《证券及期货条例》所规定的“双重存档”制度，一旦香港证监会发现上市公司的信息披露有需要解释或澄清的内容，证监会就可以对该上市公司实施停牌处理。对发行人申请文件中资料缺漏或者存在误导因素的，证监会有权反对该公司的上市申请。

近年来，关于香港交易所上市引发的角色冲突问题逐渐引起市场的高度关注，有评论甚至认为香港交易所为了增加上市收费，吸引更多的公司上市，已经降低了上市门槛，如在“Tom.com”上市时给予过多的豁免等。[①] 香港交易所作为上市公司，为维护股东利益必须追求效益最大化，势必会将上市公司数量和规模作为业务目标，但其同时肩负监管上市公司的责任，又要对上市公司的品质进行监管，二者存在潜在的利益冲突。事实上，早在 2002 年的“细价股事件”之后，业界已开始质疑香港交易所是否能在上述角色冲突中取得平衡。“细价股事件”起源于香港交易所发表了一份“首次上市及持续上市资格及除牌程序有关事宜之上市规则修订建议咨询文件”（以下简称咨询文件），向公众咨询意见。该咨询文件的其中一项建议是，每股股价低于 5 角（以下简称细价股）的上市公司须合并，否则经过一连串的程序，以及处理完成可能提出的上诉后，相关上市公司或会遭到除牌。咨询文件发出第二日，在主板上市的 761 只股票中就有 577 只（即 76%）股价下跌。细价股的总市值下跌 109.1 亿元，相当于全部细价股市值约 10% 或主板总市值

① 王春阁:《内地公司香港上市及两地监管合作研究》，北京大学出版社 2005 年版，第 89—93 页。

约 0.3%。而其中的 66 只股票（62 只为细价股）的股值下跌超过 20%，跌幅最大达 88%。香港交易所于次日决定延长咨询期两个月，于一天后撤回咨询文件中有关“持续上市资格”的部分。后根据调查小组的调查结果，香港交易所是咨询文件所载建议的主要构思者，但负责为上市事宜把关的上市委员会在咨询文件发表前约两个星期才首次获悉该文件的内容。[①] 该事件反映出香港交易所对自身的委员会角色及期望稍欠清晰。身为香港证券市场的一线监管机构，香港交易所应当确保香港证券市场的上市公司质量符合国际金融中心的标准，但其作为上市公司，在自己开办的交易所上市，不仅会产生商业目标和监管目标的冲突，还可能会在对其他上市公司进行监管时发生利益冲突。为解决前述问题与香港交易所作为上市公司需决议的所有事项，均须交由香港证监会作最后决定。

3.1.2　中国内地资本市场发展及监管体系

3.1.2.1　中国内地资本市场发展历史

中国证券市场早在清代末期就已出现。为了便利洋务派兴办的股份制企业的股票转让交易，清政府在光绪末年同意组建“上海股份公所”和“上海众业公所”，对外国企业股票、公司债券、中国政府的金币公债以及外国在上海设立的行政机构发行的债券等进行转让交易。

新中国资本市场的发展起源于 1978 年以来的市场化改革，历经了四个主要发展阶段。第一个发展阶段是 1978 年至 1992 年，是中国资本市场的萌芽期，为了解决国有企业外源性融资的迫切需求，政府开始在银行之外，鼓励企业开拓多种形式的融资渠道。这一阶段的代表性事件包括 1981 年国债重新开始发行、1982 年企业债和 1984 年金融债的相继出现。1986 年，上海市率先开办了股票上市转让业务，此后，深圳市也开始进行股票转让业务。后经国务院批准，1990 年 12 月上海证券交易所正式设立，与 1991 年 7 月深

① https://finance.sina.com.cn/t/20020912/0723253626.html，2024 年 6 月 28 日最后访问。

圳证券交易所正式开始运行，是我国证券市场正式诞生的标志性事件，我国全国性证券交易体系建设完成。此外，为满足国家经济建设需要，以 1991 年年底第一只 B 股（境内上市外资股）——上海电真空 B 股的上市发行为标志，我国建立了 B 股市场，吸引境外机构投资我国证券市场。上述事件标志着我国证券市场的正式诞生及证券交易体系的建设完成。这一阶段，我国证券一级市场得到了有限度的拓展，二级市场逐渐起步，交易活跃；证券品种渐趋多样化，从最初的单一国库券增加到 1991 年的数十个品种；市场中介组织发展迅速，机构开始向多样化网络型方向发展，证券市场在国内的开放范围迅速扩大，开放程度明显提高。

第二个发展阶段是 1992 年 10 月国务院证券管理委员会和中国证券监督管理委员会的成立，代表我国资本市场正式形成，以及资本市场监管架构的初步建立。1993 年国务院决定开展国有企业境外上市试点，开辟了 H 股等多种企业境外上市渠道。[①]1996 年，第八届全国人民代表大会第四次会议上，我国政府将股票市场定位为“社会主义经济的重要组成部分”[②]，在国家层面肯定了资本市场对经济体制改革的重大作用。1993 年《公司法》和 1998 年《证券法》的颁布实施，在国家法律层面确立了资本市场的地位，也代表着我国资本市场法律体系的正式建立。

第三个发展阶段是 1999 年非国有股份公司开始有机会进入我国资本市场进行融资。在此阶段，我国资本市场不再只是国有股份公司的天下，非国有股份公司逐渐在资本市场崭露头角。尤其在 2001 年中国加入世界贸易组织（World Trade Organization，WTO）后，我国经济逐渐与世界接轨，境外上市公司数量不断增加，进一步促进了我国资本市场的改革和发展。2002 年 11 月 5 日，中国证监会等发布了《合格境外机构投资者境内证券投资管理暂行办法》（已失效），首次推出合格国外机构投资者（Qualified Foreign Institutional Investor，QFII）制度。QFII 指的是允许合格的境外机构投资者在

① 尚福林主编：《证券市场监管体制比较研究》，中国金融出版社 2006 年版，第 6 页。
② 刘春长：《中国证券市场监管制度及其变迁研究》，中国金融出版社 2010 年版，第 69 页。

一定的规定和限制下汇入一定额度的外汇资金，并转换为当地货币，通过严格监管的专门账户投资当地资本市场，其资本所得、股息等经批准后可转为外汇汇出的一种市场开放模式。QFII 的实施加快了中国资本市场国际化的步伐。2004 年 1 月，国务院发布了《关于推进资本市场改革开放和稳定发展的若干意见》(已失效)，推动发行制度、资本市场股权分置等重大改革，并鼓励机构投资者参与资本市场发展。2005 年《公司法》、《证券法》的修改，从国家法律层面对证券公司综合治理、上市公司规范、投资者保护等重要内容进行规范和完善。

第四个发展阶段是自 2019 年科创板注册制试点至 2023 年 2 月全面注册制改革在沪深交易所主板施行注册制，在此阶段，我国通过先在上交所开设的科创板试点注册制，再逐步推广到创业板、北交所直至全面施行注册制推广到沪深交易所主板。注册制的特点：一是在全面注册制改革后，所有全国性证券交易场所，即沪深交易所主板、上交所科创板、深交所创业板、全国股转交易系统和北交所都实施发行注册制。股票发行行为全覆盖，是指初次发行、再发行都实施注册制。二是把选择权交给市场，强化市场约束、法治约束和诚信约束，坚持以信息披露为核心，将企业公开发行股票的资格条件、合规条件全部以简明的语言公布出来。

经过 40 多年的发展，中国内地资本市场已成为我国经济发展的核心，不仅是中国公司成长为筹集资金的重要渠道，更在社会资产配置及稳定经济结构等方面起到至关重要的作用。根据上海证券交易所及深圳证券交易所的统计，截至 2023 年 6 月，在上海证券交易所及深圳证券交易所上市的公司共 5014 家，总市值约 825604.19 亿元。[①] 整体来说，我国证券市场的建立和发展的过程与境外成熟证券市场的发展路径完全不同，主要是因为我国证券市场的发展是政府推动的结果。也因如此，我国证券市场发展的主要目标和任务除了规范和监管外，也应包含对市场的培育，从不断探索、尝试到实现立

① 上海证券交易所网站，http://www.sse.com.cn/；深圳证券交易所网站，http://www.szse.cn/，2023 年 8 月 8 日最后访问。

法的渐进式过程。

3.1.2.2 中国内地资本市场监管体系

我国内地证券市场的监管体制从 20 世纪 80 年代初期的分散监管，到 20 世纪 90 年代的多头监管，再到目前的集中统一监管，历经了三个发展阶段，形成了典型的政府主导型监管体制。其主要特点是，中央政府设计监管架构以控制证券市场运行，具有行政监管职责的中国证监会行使实质审查的权利，在证券发行监管体制中起着绝对主导作用，上交所和深交所及中国证券业协会是自律监管机构，对中国证监会的行政监管进行补充。① 作为在政府主导型监管体制中对证券市场实施统一监管的主导者，中国证监会的监管权涵盖了证券发行和买卖、上市公司规范管理与信息披露，以及对证券公司等市场参与主体的监督管理等，不仅拥有作为行政机构的许可权和处罚权，还享有制定行政规章、监管规则等的立法权。② 然而，作为自律性监管组织，上海证券交易所和深圳证券交易所、中国证券业协会则几乎没有独立性，只能在证监会直接管理下承担相对辅助和次要的监管职责。

我国内地资本市场的监管体系包括国务院、中国证监会和交易所三个层面。根据《公司法》、《证券法》的相关规定，国务院是证券市场的最高主管机构，决定整个资本市场的指导思想和发展方向。③ 中国证券监督管理委员会（中国证监会）是国务院直属机构，依照法律、法规和国务院授权，统一监督管理全国证券期货市场，维护及保障证券期货市场秩序和合法运行。中国证监会的组织机构如图 3-2 所示：

① 刘春长:《中国证券市场监管制度及其变迁研究》，中国金融出版社 2010 年版，第 78、79 页。
② 刘春长:《中国证券市场监管制度及其变迁研究》，中国金融出版社 2010 年版，第 78、79 页。
③ 《公司法》第 131、134 条,《证券法》第 7 条。

图3-2　中国证监会的组织机构

2023 年 3 月 7 日，十四届全国人大一次会议举行第二次全体会议，根据国务院关于提请审议国务院机构改革方案的议案，证监会由国务院直属事业单位调整为国务院直属机构。金融监管框架转变为“一委一行一局一会”新格局。具体来说，“一委”将由原来的国务院金融稳定发展委员会及其办事机构变更为新组建的中央金融委员会和中央金融工作委员会，主要负责宏观上的金融稳定和发展，对金融工作进行集中统一领导。“一行两会”（即中国人民银行和中国银保监会、中国证监会）则将变更为“一行一局一会”（即中国人民银行、国家金融监督管理总局、中国证监会），在中国银保监会的基础上组建国家金融监督管理总局，统一负责除证券业之外的金融业监管，中国银保监会将不再保留。同时中国人民银行对金融控股公司等金融集团的日常监管职责、有关金融消费者保护职责，以及中国证监会的投资者保护职责将全部划归国家金融监督管理总局行使。这一调整将原来银保监会和证监会的监管职能进一步划分明晰，有效减少了此前分业、多头监管造成的监管重复和监管空白。

自律性组织是任何一个资本市场都不可或缺的一部分。我国证券市场的自律性监管机构证券交易所和证券业协会，通过合同或会员章程等契约性文件，对证券从业机构和人员实施自律性监管。在我国证券市场的政府主导型监管体制下，自律监管组织承担的是辅助型监管角色。上海证券交易所、深圳证券交易所和北京证券交易所经中国证监会特别授权，审核股票发行上市申请、安排股票交易，以及对上市公司进行监管等。作为公认的证券市场“一线监管者”，上海证券交易所、深圳证券交易所和北京证券交易所的主要监管权限包括依法审核公开发行证券申请，组织和监督证券交易，对会员进行监管，对证券服务机构为证券上市、交易等提供服务的行为进行监管，等等。[①] 上海证券交易所、深圳证券交易所和北京证券交易所归口中国证监会直属管理，交易所章程修改、总经理任命等重大事项，均须经中国证监会批准。在以往的实际运行中，由于证监会对证券发行的实质性审核，上海证券交易所和深圳证券交易所的上市审核有名无实，仅作为安排发行人股票上市交易的程序性机构。自 2019 年 7 月注册制试点实施以来，证券交易所从科创板、创业板、北交所再到全面注册制的主板逐渐承担越来越多的上市审核工作，中国证监会在名义上仅对股票进行注册，但实际上仍有 IPO 公司通过交易所审核但在注册阶段受到中国证监会否决的情况存在，注册阶段仍是一道实质性的关口。[②]

① 《证券交易所管理办法》第 7 条。

② 中国证监会 2019 年 8 月发布《关于不予同意恒安嘉新（北京）科技股份公司首次公开发行股票注册的决定》，这是证监会首次否决拟登陆科创板企业的 IPO 注册。

中国证券业协会于1991年8月28日正式成立，由会员自愿加入，是证券行业的自律组织，其主要成员是从事证券业务的金融机构、证券公司或其他证券服务机构等。中国证券业协会的组织形式是会员制，合法取得经营资质的金融机构和证券中介机构均可申请。会员须承认并遵守协会的章程及各项规则，在会员有违法、违规行为时，协会有权给予处分。① 截至2023年年底，中国证券业协会共有会员475家，其中，法定会员140家，普通会员255家，特别会员80家；共有观察员309家。②

3.2　首次公开发行制度

首次公开发行制度突破了传统银行融资的局限，通过向社会公众募集资金而实现企业的经济功能，直接体现证券市场资源配置的基本功能，是一国证券市场最为重要的制度。与逐年累积利润的缓慢过程相比，公开发行股票能在成本更低的情况下，更有效地完成企业的融资需求，是企业再发展和提升公司知名度最为重要的一种手段。首次公开发行制度具有公共性，对参与首次公开发行程序的主体来说具有强制性，因而受到一个国家在政治、经济、文化等多方面的不同影响，尤其是法律、法规、政策和规则等组成的具有法律强制力的监管制度的影响。

首次公开发行（IPO）是股票发行的主要方式，指发行人以公开要约，向不特定对象出售代表其一定权利和价值的股票。由于公开性的要求，发行股票的公司不仅要遵守法律法规对公开发行股票及上市交易的特别规定，接受证券监督机构和证券交易所等监管机构的监管，也要面对社会公众投资者的监督。此外，通过公开发行股份而出让公司的股权将导致公司原有股东的

① 《中国证券业协会章程》，http://www.sac.net.cn/ljxh/xhzc/，2024年1月26日最后访问。

② 中国证券业协会官方网站，https://jg.sac.net.cn/memberUnitsPub，2024年1月26日最后访问。

持股比例下降，削弱股东对公司的控制权及影响力等，这些都是公司在决定公开发行之前必须了解的。对双重上市的企业来说，由于股票涉及在两个以上不同证券市场公开发行，需要适应及接受境内和境外证券监管机构的不同监管要求，因此更加应该充分了解不同股票发行地资本市场关于公开发行条件及特定问题监管规则，避免因违反相关规定而可能承担的法律责任。

首次公开发行股票通常采用一次性发行，但也存在其他发行方式，如储架发行和存量发行等。储架发行制度（Shelf Offering）一般指发行人一次注册，多次发行的机制。该制度源于美国，最初推出是为了方便已上市公司在特定情况下通过增发、配股及发行可转换债券策略实现再融资目的的一种特殊流程规定。我国虽确立了证券储架发行制度，但适用范围仅局限于债券与非上市公众公司股票的定向发行，尚未将其拓展适用于上市公司股票公开发行领域。证券储架发行制旨在简化证券发行程序、降低发行人发行成本，允许证券“一次核准、多次发行”，即企业在取得证券发行核准之后，依据现实资金需求、项目进度分期、分批发行证券，有利于规范所募资金流向、监督发行人资金使用情况。此外，由于证券储架发行制实行分期发行，前一期发行的证券已在市场上进行交易，其市场价格可为再次发行定价提供依据，保证后续发行的证券更接近市场价格。同时，分期发行可以优化信息披露的质量、强化发行人的诚信意识，因为前一次披露的信息已经接受市场的检验，如果存在虚假陈述、披露不实将会导致其后续发行难以融取资本。[①]

IPO 存量发行与 IPO 增量发行相对应，也是公司公开发行股份的基本方式，从性质上看都是公开发售证券。我国 A 股 IPO 长期以来采用增量发行，即在公司原有股本的基础上，新增股本的发行方式。存量发行，又称首次公开发行股票时公司股东公开发售股份，是指在公司首次公开发行时，公司原有股东按照公开发行程序对外发行其持有股票的行为。存量发行包括 IPO 过程中的存量发行（存量上市、减持上市或减法上市）和公司上市之后的存量

① 刘志伟:《论证券储架发行制度在上市公司 IPO 中的拓展适用》，载《证券市场导报》2015 年第 4 期。

发行（上市公司股东将其持有的股份以公开的方式转让）。存量股份通常为“限制性证券”（Restricted Securities），香港将存量发行称为“发售现有证券”（offer for sale），是指已发行证券的持有人或代表，或同意认购并且获得分配证券的人或代表，向公众人士发售该证券。

我国证券市场已引入存量发行制度。2001 年 6 月 6 日，国务院颁布《减持国有股筹集社会保障资金管理暂行办法》（以下简称《暂行办法》，已失效），规定我国采取国有股存量发行的方式进行国有股减持，一度成为股票市场和社会关注的焦点。监管机构期望引入 IPO 存量发行制度能够有效缓解股票供应不足和超募现象，促进合理定价并有效缓解二级市场集中减持的冲击。2014 年 1 月，市场出现 IPO 存量发行中老股转让数量远远大于发行新股数量，老股巨额套现现象之后，中国证监会对《首次公开发行股票时公司股东公开发售股份暂行规定》作了修改，并设置了“公司股东公开发售股份数量不得超过自愿设定 12 个月及以上限售期的投资者获得配售股份的数量”的要求。我国目前只允许在首次公开发行（IPO）中进行存量发行，对于增发中的存量发行尚无规定。①

在上市条件上，境外主要证券市场对非本国公司提出了更高的上市条件。以纽约证券交易所为例，该交易所对申请上市的外国公司在公众持股数、公众持股额、公司税前利润以及现金流量等数据的要求上均严于对美国公司的要求。法兰克福证券交易所也针对申请在该交易所上市的公司采取双重标准，针对欧盟国家的公司采用一般标准（General Standard），将该一般标准作为在法兰克福证交所上市的最低标准；针对非欧盟国家则采用较高标准（Prime Standard）。通过设定较高的上市条件，可以为申请在市场所在地国交易所上市的境外公司设置一定的门槛，进而可以控制和筛选上市公司，确保上市公司质地优良。这既可以提高交易所的声誉和吸引力，也可以降低实力弱、声誉差的境外公司进行欺诈发行的概率。

---

① 李永平:《IPO 存量发行制度研究》，西南政法大学 2016 年硕士学位论文。

欧美主要证券市场对外国公司跨境发行上市的法定条件主要体现在公司的经营历史、股票市值、股票的公众化结构、财务报表以及保荐人等方面。对发行人的经营历史一般都有两至三年的硬性要求。因为持续经营是上市公司继续发展所必需的，而考察公司的存续年限则是一个重要指标。根据国际证监会组织发布的《外国发行人跨境发行和首次上市的国际披露标准》（International Disclosure Standards for Cross-Border Offerings and Initial Listings by Foreign Issuers），申请上市的公司原则上要求提供最近 5 年的财务数据，如果经营时间少于 5 年的则需提供成立以来的历年财务报告。[①] 当然，3 年之所以成为公司上市的经营年限要求，在于其一般能反映企业的连续经营和稳定性。不过，在有些市场，尤其是创业板市场，3 年的标准通常下降为 2 年，甚至没有公司经营历史的要求，主要是因为创业板市场的目的在于培育有发展潜力的公司来提升证券市场的竞争力。对证券交易所而言，股票的高市值表明了公司的经营能力，因而各国的证券交易所规则一般都提出了对股票市值或者盈利水平的要求。

外国公司在具备了上市条件之后，还要经过东道国的证券监管机构的核准或注册登记等审核程序才能最终上市。在核准条件下，证券发行人不仅需要依照法律规定公开所有必需资料并确保信息真实性，而且需要满足若干实质性条件。证券监管机构将对证券发行人进行实质性审核，并有权否决不符合实质性条件的证券发行申请。在核准制条件下的监管机构具有事前的审查权、事后的审查和撤销权。在注册制条件下，发行人准备发行证券时，必须向证券监管机构申报，提供真实、客观、全面的公司资料及法律要求公开的与证券发行相关的一切信息并承担相应的责任；证券监管机构只对申报文件的全面性、准确性、真实性和及时性进行形式审查，而不对发行人和证券进行实质性审核和价值判断；一旦发行人的材料符合形式要件，即可发行证券。在注册制条件下的监管机构只具有事后的审查和处罚权。

① 国际证监会组织网站，https://www.iosco.org/，2023 年 7 月 10 日最后访问。

3.2.1 香港首次公开发行制度

香港的股票发行由联交所审核，属于核准制。[①]根据《证券及期货条例》的相关规定，香港没有场外交易市场，也不允许证券进行任何形式的场外交易。在香港公开发行股票必须获得联交所的批准，上市也由联交所安排。根据联交所的《上市规则》，发行人若想在香港证券市场以公开募集方式发行股票或配股，取得交易所的批准是重要前提。联交所将会依法对申请人进行实质审查，只有申请人所披露的信息和其他申报材料通过联交所的形式审查与实质审核之后，方能获得证交所对其股票发行的核准。除联交所外，任何人不许建立或经营证券交易所，也不得在联交所以外的任何证券市场买卖股票。[②]如前所述，香港资本市场的监管制度属于双重备案制，香港证监会是法定监管机构，根据《证券及期货条例》的相关规定，监督香港交易所（联交所）履行相关证券发行审核职责，并对联交所做出的发行上市决定具有否决权。

香港联交所通常会要求计划上市的企业至少两个月前，向香港联交所提交股票上市的申请及相关资料，以便有充分的时间进行审核。联交所负责上市审核的是上市委员会和上市部，上市委员会对上市申请资料进行审核，有权做出核准或驳回上市申请的决定；上市部对上市申请材料是否“大致完备”进行审核，并向上市委员会提出相关建议。

香港联交所允许的上市方式包括首次公开发行和追加发行。首次公开发行（IPO）包括认购（Offer for Subscription）和转售（Offer for Sale）。认购是指由证券发行人或者发行人的承销机构，通过直接向社会公众发出认购发行人股份的要约，并承诺对发行人全部公开发行的证券进行包销；而转售是指证券承销机构或其代理人先向发行人购买发行的证券，再向社会公众发售其认购的证券。[③]

---

① 陈岱松：《证券上市监管法律制度国际比较研究》，法律出版社 2009 年版，第 136 页。

② 胡继之主编：《海外主要证券市场发行制度》，中国金融出版社 2001 年版，第 247 页。

③ 冯果、袁康：《国际板背景下证券法制的困境与变革》，载《法学杂志》2013 年第 4 期。

申请在联交所进行股票发行上市的发行人，除非获得联交所的特别豁免，否则须符合联交所《上市规则》设定的上市条件，以及严格遵守《上市规则》规定的各项要求。[①]《上市规则》详细列明了联交所接受股票发行上市申请的基本原则，包括：（1）发行人的业务适合上市交易；（2）发行人符合上市规则规定的各项条件，且根据要求向公众投资者披露了足以进行合理判断的资料和信息，从而使投资者对于发行人及其拟上市的证券或者担保人（如属担保发行）能够有一个全面的了解和评估；（3）证券发行人及其担保人（如属担保发行），必须及时向证券投资者和社会公众公开有关拟发行证券最新信息或变更情况，尤其是可能影响投资者利益的相关资料；（4）证券的发行人应确保持有其股份的所有投资者均公平且平等对待；（5）证券发行人的董事在做出相关决定时，应综合考虑发行人全体股东的整体利益，特别应关注公众投资者或中小股东的利益；（6）上市发行人新发行的股票应当首先考虑现有股东的意见，通过配股的方式向现有股东出售，除非全体股东另有决定。[②] 对于联交所做出的豁免、变更或免除遵守《上市规则》的行为，香港证监会有权进行审查。若联交所需要对《上市规则》进行修订，也须经过香港证监会的批准。

根据《上市规则》，申请股票在香港联交所发行上市，须至少指定一名保荐人协助发行人进行上市申请，对发行人有关上市的商业影响及上市程序提出专业建议，并确保发行人递交给联交所的申请文件真实且不存在重大错漏。香港联交所关于指定保荐人的要求最初仅针对 H 股发行人，从 2005 年 1 月开始扩展到强制要求所有发行人均须聘请保荐人，且聘请期限不得少于上市后一年。对于担任 H 股上市公司的保荐人，联交所特别要求保荐人对 H 股发行人是否适合上市、董事及监事了解其责任的性质以及履行董事或监事承诺，尤其对 H 股发行人的董事了解联交所的《上市规则》和适用的法律及法

① 《上市规则》，载香港交易所网站，http://www.hkex.com.hk/chi/rulesreg/listrules/rulesandguidelines_c.htm，2024 年 1 月 26 日最后访问。

② 《上市规则》第 2.03 条。

规对董事的要求，发表明确的意见。①

3.2.2 中国内地A股首次公开发行制度

我国内地证券发行制度的发展主要分为三个阶段。第一个阶段是1990年上海证券交易所成立至1998年《证券法》正式颁布。在此阶段，我国内地的证券发行制度是审批制，国家对股票发行规模实行额度控制，由各省市及中央部委根据分配到的名额，选定可申请发行股票的企业。1993年4月22日，国务院颁布实施了《股票发行与交易管理暂行条例》，规定股票发行人必须按照其隶属关系，向省级政府或直辖市政府，或者中央直属企业的主管机关提出书面申请，前述相应级别的政府机关或者主管机关，应当对发行人关于股票发行的书面申请进行审核并颁发批准证书。发行人在取得相应级别政府机关或行政机关的正式批准证书后，再将发行股票的申请提交中国证监会进行复审，即股票发行的双重审批模式。

1998年12月29日《证券法》的颁布，意味着我国证券发行制度进入了第二个发展阶段。中国证监会依据《证券法》的规定和国务院的授权，组建了新的发行审核委员会，确立了首次公开发行证券的核准制。②同时，中国证监会根据《证券法》的规定，于2000年3月发布了《股票发行核准程序》（已失效）和《股票发行上市辅导工作暂行办法》（已失效），确立了股票发行的核准程序，包括发行人提出申请、主承销商推荐、发行审核委员会审核和证监会核准等主要环节。③但当时的情况是，我国证券监管部门似乎未严格区分审批和核准的差别，虽然《证券法》从国家法律层面确立了股票首次公

① 联交所《上市规则》第19A.06条（2023年8月1日删除）。2023年8月1日，香港交易所为反映注册制后内地监管规则的调整，对《上市规则》作出了部分修订，删除或修改若干有关中国发行人但已再无必要的条文，以使分别适用于中国发行人的规定及其他发行人的相关规定保持一致。

② 《证券法》（1998年）第10条规定，"公开发行证券，必须符合法律、行政法规规定的条件，并依法报经国务院证券监督管理机构或者国务院授权的部门核准或者审批；未经依法核准或者审批，任何单位和个人不得向社会公开发行证券"。

③ 尚福林主编：《证券市场监管体制比较研究》，中国金融出版社2006年版，第12页。

开发行的核准制度，但是与《证券法》规定的首次公开发行股票的其他配套制度尚未完全建立，证券监管机构对于股票发行仍然存在计划经济下重批准的特点。例如，2001 年 3 月，中国证监会通过颁布《关于发布〈证券公司从事股票发行主承销业务有关问题的指导意见〉的通知》（已失效）确立了券商的通道制，严重阻碍了承销市场的公平竞争，也导致了个别券商为完成指标而协助发行人造假的问题。此外，股票发行审核委员会制度也存在一定的缺陷，如股票发行审核委员会委员的兼职制度、无记名投票制度导致个别股票发行审核委员会委员在审核工作中具有一定的随意性，而权责的不统一又增加了寻租的可能性，造成发行成本的增加。①

中国证监会于 2003 年 12 月 28 日发布了《证券发行上市保荐制度暂行办法》（以下简称保荐制度，已失效），对证券发行和上市过程中应当聘请保荐机构和保荐代表人进行了规定，建立了证券发行上市的保荐制度，对保荐机构和保荐代表人的职责期限进行了明确，并建立了责任追究机制。保荐制度要求保荐机构和保荐代表人在证券监管机构进行注册登记，并接受中国证监会的监督管理。保荐制度的建立及 2005 年 10 月《证券法》的修改，使股票发行的核准制得以真正实施。此外，中国证监会也对首次公开发行审核的配套制度进行了进一步完善，如明晰了新股发行标准、审核流程，对发审委员会制度进行修订和提前发行申请文件的预先披露时间等，大大提高了股票发行审核流程的公开度和透明度，真正确立了以信息披露为核心的股票核准制度。

根据中国共产党第十八届中央委员会第三次全体会议通过的《关于全面深化改革若干重大问题的决定》，我国的证券发行制度从核准制逐渐向注册制过渡。2015 年 12 月 27 日，第十二届全国人民代表大会常务委员会第十八次会议通过《关于授权国务院在实施股票发行注册制改革中调整适用〈中华人民共和国证券法〉有关规定的决定》，其中规定对于拟在国内 A 股上市的

① 李东方：《证券发行注册制改革的法律问题研究——兼评“〈证券法〉修订草案”中的股票注册制》，载《国家行政学院学报》2015 年第 3 期。

股票采取注册制度，期限为自 2016 年 3 月 1 日起的两年内。

第三个阶段为全面实行注册备案制。2018 年 11 月，国家主席习近平在首届中国国际进口博览会开幕式上正式宣布，在上海证券交易所设立科创板并试点注册制，标志着注册制改革进入启动实施阶段。2019 年 7 月，首批 25 家科创板公司上市交易，注册制试点正式落地。2020 年 4 月，中央全面深化改革委员会通过《创业板改革并试点注册制总体实施方案》，在创业板试点注册制；同年 8 月，创业板改革并试点注册制首批 18 家企业上市；10 月，党的十九届五中全会提出，全面实行股票发行注册制。2021 年 11 月，北京证券交易所揭牌开市，同步试点注册制。2023 年 2 月，中国证监会就全面实行股票发行注册制涉及的《首次公开发行股票注册管理办法》等主要制度规则草案向社会公开征求意见，全面实行股票发行注册制改革正式推出。①

根据《首次公开发行股票注册管理办法》的规定，在中华人民共和国境内首次公开发行并在上海证券交易所、深圳证券交易所上市的股票的发行注册，适用该办法。首次公开发行股票并上市，应当符合发行条件、上市条件以及相关信息披露要求，依法经交易所发行上市审核，并报中国证监会注册。根据《北京证券交易所上市公司证券发行注册管理办法》的规定，上市公司申请在境内发行股票、可转换为股票的公司债券及国务院认定的其他证券品种，适用该办法。上市公司发行证券的，应当符合《证券法》和本办法规定的发行条件和相关信息披露要求，依法经北京证券交易所发行上市审核，并报中国证券监督管理委员会注册，但因依法实行股权激励、公积金转为增加公司资本、分配股票股利的除外。

3.2.2.1　核准制与注册制之辩

关于核准制和注册制的优劣比较，以及注册制是否适合中国内地资本市场并解决当前面临的各种问题，在注册制改革前一直在市场中存在激烈争论，本书将尝试对核准制和注册制的争论进行梳理与分析。

---

① 《全面注册制掀开资本市场改革新篇章》，https://baijiahao.baidu.com/s?id=1756769849040985206&wfr=spider&for=pc，2024 年 10 月 20 日最后访问。

注册制是证券发行监管的一种形式，也被称为“申报制”、“登记制”、“公开主义或形式主义”。在我国大部分有关证券法的教科书中，基本都把注册制定义为在公开发行证券时，证券发行人只需根据相关法律及规则，在规定的地点公开其所发行证券的申请资料，符合投资者决策所需的充分完整信息披露要求，即可向证券监管机构进行申请注册其证券。[①]证券监管机构对于发行人递交的证券发行申报文件，也仅进行形式审查，即只关注申报文件和资料的全面性、准确性和真实性，并不对申报文件和资料中相关信息的真实性进行实质性审查与价值判断，只要发行人的申报资料符合全面性、准确性和真实性的形式要件，即可公开发行证券。[②]因此，证券监管机构对于证券发行申请材料只进行形式审查似乎使对注册制的普遍理解变成了通说，证券市场上相当一部分专业人员也对此观点深信不疑。

但是，认为证券监管机构只关注股票发行申报文件的形式和信息公开程序，不对申报文件相关信息的真实性进行实质性审核，是对注册制的“流行性误解”。[③]事实上，注册制与形式审核并不具有等同的意义，在施行注册制的发达资本市场中也存在一定程度的实质审核。例如，在注册制起源地美国，1933 年《证券法》、1934 年《证券交易法》、2000 年《萨班斯—奥克斯利法案》和《多德—弗兰克法案》等一系列法律法规，构建了美国证券发行由联邦和州两套体系组成的双重注册制（Due Registration），即在联邦层面，美国证券交易委员会仅重点关注企业的信息披露质量，不会对企业的内部治理和业务价值进行判断，只有在发现企业存在违法违规行为时才对其进行处罚。然而，美国的各州确立了不同于联邦的证券发行审核制度，通过各州制定的证券法对证券发行实行非常严格的审核制，统称为“蓝天法案”。[④]美国

① 范健、王建文:《证券法》，法律出版社 2007 年版，第 105 页。

② 陈岱松:《证券上市监管法律制度国际比较研究》，法律出版社 2009 年版，第 145 页。

③ 沈朝晖:《流行的误解:“注册制”与“核准制”辨析》，载《证券市场导报》2011 年第 9 期。

④ “蓝天法”，1911 年诞生于美国堪萨斯州（Kansas）。关于“蓝天法”的解释有很多种，主要有防止投机商们在本州内销售建于蓝天之上的建筑房屋，以及除了高高在上的蓝天之外，没有任何实质内容的股权销售等意思，代表表面回报丰厚但实际并无价值且风险巨大。

制定联邦层面的证券法，其目的是规范和弥补因各州证券监管制度不同而产生的差异与空白。

此外，美国证券法律体系关于信息披露的规则要求十分严格，除正常的证券发行信息披露外，发行人在公开发行证券过程中还需严格限制对招股说明书相关信息的沟通，以确保发行人披露的招股说明书是所有投资者作出投资决策所信赖的核心文件，防止投资者受到其他信息的干扰。此举实质是确保证券发行人对其所披露信息的真实性及完整性负责，防范“发行抢跑”行为，否则，美国证券交易委员会（SEC）将会要求发行人消除“抢跑”涉及的相关信息对市场的影响。如Google（谷歌）在申请上市过程中，其创始人在Google正式上市前接受了一家杂志社的采访，并提出了Google上市的一些相关问题。该项行为被美国证券交易委员会视为“发行抢跑”，是会对市场造成一定影响的行为，因此，美国证券交易委员会要求Google将该次访谈的内容添加到其招股说明书中，并对该内容的真实合法性负责。如该内容违法，则Google有义务对其发行的股份进行回购。

我们可以这样认为，美国各州所进行的实质审核是美国注册制的基础，而美国联邦层面通过的《证券法》以对证券发行的注册制来防范实质审核中可能存在的各种问题。国内大多数学者对美国各州的证券监管制度不太熟悉，仅在研究联邦证券监管的基础上对注册制进行定义可能会产生断章取义的结果。此外，国内研究较多的一般是中国公司在美国上市的案例，中国公司在美国上市被看作国际业务板块的外企上市，因此，可以跳过注册制审核及实质审核等程序，使原本烦琐的过程通过在美国证券监管机构注册后就能完成，这样会造成在美国上市只需联邦层面的证监会审核的错觉，更进一步加深了我们对美国注册制的误解。①

实质上，核准制并不像我国学界所理解的那么落后，只是基于经济环境和市场基础的不同，在我国演绎出了不同于国外其他市场的特点罢了。如在

① 蒋大兴:《隐退中的“权力型”证监会——注册制改革与证券监管权之重整》，载《法学评论》2014年第2期。

同样成熟的欧洲市场，英国就对首次公开发行采取了严格的双重核准制，即申请在伦敦证券市场上市，必须经过英国上市委员会及伦敦证券交易所的双重审核。虽然从表面上看，英国上市委员会与美国证监会存在实质审核和形式审查的区别，但二者都是通过发行与上市分别进行审核程序，且评判标准也集中在信息披露是否准确、公平及完整方面。[①]此外，注册制的实施还需要完善且运行良好的配套制度，美国完善的法律体系和市场配置也为注册制的执行奠定了坚实的基础，如证监会与交易所在证券公开发行与上市方面的明确监管分工、严格尽责的中介机构、专业的机构投资者、灵活便利的退市和转板机制，以及成熟的集团诉讼制度与强势行政执法等，这些配套制度的有效运行使注册制的实施得到了保证。[②]

因此，不能简单地以是否进行实质性审核来确定注册制与核准制的区别，在注册制下，监管机构同样会对证券发行申请资料进行审核，两者最大的区别不在于是否审核，而在于具体是由哪个监管机构进行审查以及如何审查的问题。注册制的推行需要市场资源的灵活配置为其提供基础，而相关信息的披露应当在强制执行的制度下保障实施。注册制的推广并未替代审核制度，其目的是加强对信息披露的监管，确保所披露信息的完善性和准确性，为此，相关信息需要经过监管部门的审核，对于不满足要求的企业和个人，监管部门有权对其询问并要求其进行修改。[③]国内学者都较为熟悉的香港市场联交所的《上市规则》中也规定了关于上市申请较多的实质审核。关于注册制最重要的信息披露方面，美国联邦证券监管机构也会根据实质信息和非实质信息的判断进行审核。[④]因此，核准制与注册制并无事实上的优劣之分，只有是否适合一国证券市场发展的历史背景和现实条件而已。[⑤]

---

① 李燕、杨淦：《美国法上的 IPO“注册制”：起源、构造与论争——兼论我国注册制改革的移植与创生》，载《比较法研究》2014 年第 6 期。

② 李燕、杨淦：《美国法上的 IPO“注册制”：起源、构造与论争——兼论我国注册制改革的移植与创生》，载《比较法研究》2014 年第 6 期。

③ 吴志攀等：《证券发行法律制度完善研究》，载《证券法苑》2014 年第十卷。

④ 沈朝晖：《流行的误解：“注册制”与“核准制”辨析》，载《证券市场导报》2011 年第 9 期。

⑤ 余尘：《股票发行注册制制度环境及我国注册制改革路径》，载《中国流通经济》2015 年第 7 期。

反观我国资本市场，注册制改革前证券发行审核制存在的主要问题是中国证监会对证券市场的行政干预性较强。从审核制向注册制的转变，不仅是对股票发行由实质性审核变更为以信息披露为主的形式性审核，更是在修改证券法的同时，建立和完善一系列配套制度，如发行定价机制、承销制度、信息披露制度、投资者保护制度和退市制度等，从而形成一个完整的发行体系。

2015年以来，由于金融危机后续影响等因素，我国股市出现较大波动，市场上对于是否要如期推出注册制也产生了不同意见。反对声音认为，我国目前推出注册制的前置条件并不成熟，证券市场的法治体系残缺，并不具备体现市场真实信息和淘汰劣质上市公司的能力，因此，注册制不可能解决目前资本市场存在的问题，很难得到市场各方的支持。① 支持继续推行注册制的观点认为，整个社会应当理性看待注册制改革，因为注册制是一个系统性、社会化工程，不可能仅通过局部的修改和调整就能完成，而是需要发行制度改革、配套规则完善和市场生态环境改良等多方面的推进才能顺利进行，不能把所有期望寄托在一纸文件上。②

上交所科创板及深交所创业板逐步开展注册制试点直至全面注册制改革后，具有中国特色的注册制上市审核制度也逐渐浮出水面。首先是加快了审核时间，从科创板的施行经验来看，从申请到获准注册最短可以达到40日的极速，平均时间也不过4个月；其次是下放了实质审核权限，由中介机构及交易所对公司是否符合上市条件进行审核，而证监会只对公司的申请文件是否符合信息披露的形式要求进行审核。在注册制试点及全面注册制改革的一段时间内，A股市场取得了长足的进步。

在注册制下，公司能否获准公开发行股票并上市，首先取决于证券交易所的专业审核和判断，其次与证券监管机构在注册时秉持的执法立场有关，证券监管机构在审核中，经常要考虑国家政策乃至市场价格波动，审核结果

① 王文剑：《注册制是环境的产物吗？》，载《企业观察家》2015年第9期。
② 王啸：《理性期许注册制落地》，载《证券市场导报》2016年第1期。

易存在不确定性。就证券交易所来说，它是证券交易的组织者，不享有行政权力，更愿意服务和吸引更多公司到本交易所公开发行股票并上市，与公司之间容易形成良性互动关系。与此同时，不同的证券交易所设置了不同的上市条件，证券交易所更了解自己的股票发行和上市规则，而且在实践中形成了强大的审核能力，容易与投资者进行良好沟通。因此，证券交易所在股票发行注册制中占据重要地位，有助于重新构建发行人、监管者、投资者和市场组织者之间的良性关系。①

我国实行的注册制不是照搬域外做法，而是借鉴了国际通行做法，并根据我国实行核准制和试行注册制的经验作出了重大的发展与调整。它在本质上是包含实质监管在内的股票发行注册制。注册制与多层次、多板块市场的多元化和包容性条件相配合，为企业证券的发行与融资创造了多种选择和可能，有助于提高资本市场运行效率，帮助合格的公司上市融资，更好地发挥市场机制的作用，实现资本市场服务实体经济的功能。

3.2.2.2 《公司法》修订对公司首次公开发行的影响

2023 年 12 月 29 日，新修订的《公司法》(以下简称新《公司法》) 审议通过，并于 2024 年 7 月 1 日正式施行。新《公司法》共 15 章、266 条，在股东出资责任与权益保护、公司资本制度、公司治理制度、公司决议效力、公司登记、公司债券等方面的规定均有较大变化。本次《公司法》的修订，为便利公司投融资、优化治理机制提供了更多的制度选择，同时对规范公司的组织和行为、强化各方主体责任等方面作了进一步完善。

新《公司法》第 47 条规定，全体股东认缴的出资额由股东按照公司章程的规定自公司成立之日起五年内缴足。第 228 条规定，有限责任公司增加注册资本时，股东认缴新增资本的出资，依照本法设立有限责任公司缴纳出资的有关规定执行。股份有限公司为增加注册资本发行新股时，股东认购新股，依照本法设立股份有限公司缴纳股款的有关规定执行。因此，企业 IPO

① 叶林:《以信息披露为核心构建股票发行注册制》，载《中国金融》2023 年第 10 期。

时的重点核查事项之一就是发行人是否存在股东未全面履行出资义务、抽逃出资等情形。如果股东未按章程规定缴足出资，则可能面临丧失相应部分股权的后果。在首发上市审核中，若未按期实缴的股东涉及控股股东、实际控制人的，则可能影响股份权属清晰、控制权稳定性，从而触及《首次公开发行股票注册管理办法》第 12 条第 2 项规定的发行条件，即“发行人的股份权属清晰，不存在导致控制权可能变更的重大权属纠纷，首次公开发行股票并在主板上市的，最近三年实际控制人没有发生变更；首次公开发行股票并在科创板、创业板上市的，最近二年实际控制人没有发生变更”。依照《监管规则适用指引——发行类第 4 号》“4-5 出资瑕疵”中的规定，“历史上存在出资瑕疵的，应当在申报前依法采取补救措施”。未按期缴纳出资的补救措施可能包括未按期实缴的股东补缴出资，消除出资瑕疵；未按期实缴的股东主动转让股权，由受让人足额缴纳；公司向该股东发出失权通知后，股东转让股权并由受让人足额缴纳出资，或者相应地减少注册资本并注销该股权；公司发出失权通知后六个月内股权未转让或者注销的，由公司其他股东按照其出资比例足额缴纳相应出资；等等。

新《公司法》第 21 条至第 23 条规定了法人人格否认制度，本次修订在第 23 条第 2 款增加了横向法人人格否认制度：“股东利用其控制的两个以上公司实施前款规定行为的，各公司应当对任一公司的债务承担连带责任。”对于首发上市申报企业涉及控制股东或实际控制人控制多个关联公司进行资产转移或者利益输送的情形，发行上市审核除依照《首次公开发行股票注册管理办法》第 12 条第 1 项“资产完整，业务及人员、财务、机构独立，与控股股东、实际控制人及其控制的其他企业间不存在对发行人构成重大不利影响的同业竞争，不存在严重影响独立性或者显失公平的关联交易”和《监管规则适用指引——发行类第 4 号》“4-11　关联交易”中的规定，关注发行人业务、财务的独立性以及关联交易的合法性、必要性、合理性、公允性外，还可能进一步关注发行人是否需对控股股东、实际控制人控制的其他企业的债务承担连带责任，并评估相关情形是否触及《首次公开发行股票注册管理办法》第 12 条第 3 项的发行条件，即“不存在涉及主要资产、核心技术、商标等的重大权属纠纷，重大偿债风险，重大担保、诉讼、仲裁等或有事项”这一红线。

3.3 首次公开发行上市的标准

在介绍首次公开发行上市的标准之前，有必要先区分发行和上市的概念，因为在不同资本市场，发行和上市的定义是不同的。在英国和中国香港地区，发行就意味着上市，而在德国或美国，发行与上市是两个独立的程序，发行并不必然上市。发行和上市是否存在区别，是由一国的资本市场体系决定的，对于没有场外市场的国家和地区，发行的目的就是上市。而对于存在场内和场外不同层级交易市场的国家或地区，发行和上市由不同监管机构负责，条件和程序有严格区分。[①] 本书介绍的 A+H 双重上市公司涉及在香港地区和内地公开发行股票，因此，在介绍香港市场时，本书将使用“上市”的概念；在介绍内地市场时，则使用“发行及上市”的概念；做概要介绍时则统称“发行上市”。

首次公开发行上市的标准包括发行上市条件和发行上市程序。发行上市条件是监管机构设定的准入标准、具有可供股票发行人参考衡量的具体指标，以及监管机构将依据该指标对发行人是否符合股票发行上市标准进行实质性审查。发行上市条件通常包括业绩和业务、股本与股东、公司治理结构和信息披露等内容。[②] 发行上市程序通常指证券监管机构对发行人发行上市申请的审核流程，包括对申请资料的要求和时间安排等。

---

① 陈岱松:《证券上市监管法律制度国际比较研究》，法律出版社 2009 年版，第 162 页。
② 程敏:《中国企业海外上市争议分析》，载《时代金融》2010 年第 6 期。

在A+H双重上市模式下，作为中国发行人，在香港市场发行H股是以非上市公司身份申请首次公开发行股票的，需要满足和遵循联交所对于H股上市规定的条件及程序；同时，基于中国证监会对境外上市的监管，还须获得中国证监会对于在香港首次公开发行上市H股的核准。但是，对于已经在香港发行H股，再申请回到内地资本市场发行A股并上市的H股公司，则只需遵守中国《公司法》、《证券法》、《首次公开发行股票注册管理办法》和《上市规则》等法律法规与规则规定的条件及程序，取得中国证监会关于首次公开发行A股股票并在主板上市的核准，而香港联交所对于H股上市公司公开发行A股股票并无额外核准要求。

下文将对中国公司在“先H后A”双重上市模式下，作为中国发行人，需要遵守香港和内地监管机构关于首次公开发行股票并上市的条件与程序，以及存在的差异进行介绍和分析，以期在首次公开发行股票并上市的监管方式、审核标准等方面探索出适合两地市场共同发展的思路，并对未来两地监管政策的修改提出建议。由于现有的A+H双重上市公司大部分为在A股主板上市公司和香港H股主板上市公司，因此本书仅对两地主板上市的条件与程序进行比较和分析。

3.3.1　香港股票上市标准

香港证券市场股票上市的核心是信息披露，在上市条件与程序方面根据企业规模和类型的不同制定了相对灵活的标准。关于首次公开发行股票的具体标准，香港联交所制定了差异化的主板和创业板上市条件。申请在香港主板或创业板上市的发行人必须合法设立、业务适合上市，并同时满足财务、营业记录及管理层、最低市值、公众持股量及股东分布等要求。在具体上市指标方面，主板和创业板又存在较大差异。以最低市值为例，主板发行上市要求上市公司的市值不低于20亿港元，但创业板要求仅为1亿港元；在股东分布上，主板上市公众股东数量至少为300人，而创业板的要求为至少

100 人。总体来看，创业板发行上市的标准主要针对中小企业和创新型企业的特点而设定，明显低于主板的要求，有利于中小企业及科技型、创新型公司满足上市融资的需求。

香港联交所在 2017 年 6 月刊发的《有关建议设立创新板的框架咨询文件》的基础上，于 2018 年 2 月 23 日正式刊发《新兴及创新产业公司上市制度咨询文件》（以下简称咨询文件），以落实先前允许未有收益或盈利的生物科技企业在香港主板上市的建议，并阐明了建议的不明确之处（特别是界定产品是否已通过概念验证阶段——Proof Of Concept），便于让有意赴港上市的生物科技企业切实地评估其是否符合相关要求。这一重大改革，对境内的生物科技行业来说，无疑具有里程碑意义且影响深远。

根据咨询文件的要求，联交所建议在《上市规则》新增一章——第 18A 章，生物科技章节（以下简称第 18A 章），并刊发指引信，阐述联交所在判断未能通过财务资格测试的申请人是否适合在联交所上市时的考虑因素。根据《上市规则》第 18A 章的要求，“生物科技”（Biotech）是指运用科学及技术制造用于医疗或其他生物领域的商业产品，“生物科技产品”（Biotech Product）是指生物科技产品、流程或技术，而“生物科技公司”（Biotech Company）则是指主要从事生物科技产品研发、应用或商业化发展的公司。联交所目前仅计划接纳从事受规管产品研发、应用及商业化发展的生物科技公司。根据第 18A 章申请上市的申请人，除应符合该章节关于生物科技公司的特别规定外，亦须符合《上市规则》第 8 章关于上市资格（财务资格测试除外）的一般规定。①

① 香港交易所网站，https://cn-rules.hkex.com.hk/sites/default/files/net_file_store/HKEXCN_SC_11524_VER33883.pdf，2024 年 10 月 21 日最后访问。

3.3.1.1　香港主板上市条件

香港主板上市条件见表 3-1：

表 3-1　香港上市条件汇总

上市条件	具体要求
财务标准	至少符合以下一项测试： （1）盈利测试：上市前 1 年盈利≥ 3500 万港元；上市前 2—3 年总盈利≥ 4500 万港元；据估计上市成功之后总市值≥ 5 亿港元。 （2）市值 / 收入测试：据估计上市成功之后的总市值≥ 40 亿港元；最近一年收入 ≥ 5 亿港元。 （3）市值 / 收入 / 现金流测试：预计上市时市值 ≥ 20 亿港元；最近一年收入 ≥ 5 亿港元；前三年累计现金流 ≥ 1 亿港元。
管理层和控股权	（1）最近一个经审核的财政年度内，公司的拥有权和控制权未发生重大变化。 （2）管理层在最近 3 个财政年度维持不变。 （3）至少三名独立董事，并必须占董事会成员人数至少三分之一。
公众持股量	（1）最低公众持股量一般为 25%。 （2）如果上市时预期市值超过 100 亿港元，公众持股比例可降至 15%。 （3）若有多于一类股份（如 A 股），而 H 股预计市值在 5000 万港元以上，H 股公众持股比例可减至不少于 15%。 （4）至少 300 名股东。
专业顾问	（1）必须委任一名保荐人协助处理上市申请。 （2）必须委任一名合规顾问，任期由上市之日起，至公布上市后首个完整财政年度的财务业绩之日止。
信息披露	文件记载的信息需要有详细的介绍，在核心内容上需要确保内容的完善，而且不存在误导或者是欺诈的要素，不得有如下行为： （1）故意遗漏公司的重要不利信息，或对信息的重要性未进行恰当说明； （2）故意夸大对公司有利的信息； （3）列出预测而没有提供足够的限制条件或解释；或 （4）以误导方式列出风险因素。
财务资料	对一般企业而言，综合《公司条例》及《中国公司会计准则》等文件的规定来编制财务资料；对银行而言，根据《银行业（披露）规则》编制财务资料。

续表

上市条件	具体要求
上市“适合性”	不适合上市的考虑因素包括： （1）业务 / 盈利难以持续，比如依赖未变现的收益以满足盈利要求； （2）过分依赖主要客户； （3）业务范围不当，比如在受海外政府实施经济制裁的国家有业务； （4）董事及控股股东不能胜任； （5）过分依赖母公司和关联企业； （6）与母公司的业务有严重重叠； （7）申请人从事赌博业务； （8）重大违规行为。

根据香港联交所《上市规则》的规定，注册地在香港之外的海外发行人（包括 H 股发行人）申请在香港上市时，适用的上市规则与香港本地发行人基本相同，包括《公司条例》、《证券及期货条例》以及香港交易所制定的《上市规则》等。如前所述，香港实行“双重存档”制度，对于首次公开发行 H 股的审核由联交所具体执行，香港证监会具有法定否决权。由于内地与香港的法令制度存在较大差异，为确保 H 股发行人提供的股东保障与香港发行人水平相当，对于 H 股发行人，联交所专门制定了规章进行豁免或提出额外要求。为此，《上市规则》第 19A 章对 H 股发行人的法人资格和组织规则等进行了特别规定，明确要求 H 股发行人须依照国际会计准则编制财务报告，在章程中对 H 股发行人不同类别股东的权利进行说明，以及相关争议的仲裁解决等。①

中国公司在香港发行 H 股的方式通常是认购和配售。香港联交所在审核中国公司发行 H 股的申请时，应首先审查发行申请资料的合规性和完整性，即招股章程的基本内容是否齐备，包括但不限于公司的股权结构及股本、主要业务、至少 3 年的经营业绩及是否负债、董事情况、募集资金用途等，以

① 胡继之主编：《海外主要证券市场发行制度》，中国金融出版社 2001 年版，第 261 页。

及会计师的财务报告和公司章程等文件。同时，由于内地与香港之间存在法律差异，香港联交所特别规定：（1）H股发行人应当是在内地正式注册的股份有限公司；（2）除联交所特别批准外，所有H股必须由公众人士持有，且不得少于已发行股本总额的10%，由公众持有的H股和A股股份，合计不得低于已发行股份总额的25%；（3）H股发行人应当在香港设置股东名册并指定一名香港代理人接收或送达法律文件；（4）连续3年聘用香港的保荐人或接纳专业顾问公司作为履行上市规则的合规顾问；（5）必须设有两位独立非执行董事；（6）可以根据国际会计准则和中国内地会计准则建立两套账目；（7）规定H股股东和A股股东的不同权利；（8）在招股章程中对内地的政治、经济和法律等风险进行特别说明。[①] 同时，香港联交所也会要求发行人的保荐机构对发行人招股章程中披露的信息或数据进行核实，并在出现问题时，要求保荐人进行书面说明或解释。

3.3.1.2　香港主板上市程序

香港市场没有股票发行和上市的区分，H股发行人获得联交所关于股票公开上市的核准后即可公开交易。根据香港交易所的《上市规则》的规定，申请发行H股股份并在香港主板上市共涉及九个环节：（1）在预计上市委员会进行聆讯前至少25个营业日，向交易所申请排期，同时支付首次上市申请费，并呈交包括内容完备的招股章程初稿，经核数师审核的至少两个财务年度的会计报告，以及对于发行人现有的或者上市后仍然存在的关联交易及其解决方案的书面说明；（2）在预计上市委员会进行聆讯前至少20个营业日，提交经营期间内有关发行人及其母公司、子公司整体财务报告的初稿及其任何调整或变更报告，公司章程的主要内容及其补充细则，以及发行人的所有重大合同，包括但不限于发行人与董事、高级管理人员、监事之间签署的合同和发行人与其保荐人（只限H股）所签订的合约；（3）在预计上市

① 王春阁：《内地公司香港上市及两地监管合作研究》，北京大学出版社2005年版，第59、60页。

委员会进行聆讯前至少 15 个营业日，提交盈利预测备忘录，一份经每名董事／监事按《上市规则》要求出具的有关其他任何业务的正式声明及承诺书；（4）在预计上市委员会进行聆讯前至少 10 个营业日，提交香港《公司条例》所规定的合约，草拟上市的正式通告，草拟证券上市申请表及所有权文件或股票，以及发行人根据中国法律需要出具的关于发行人法人主体身份合法设立和有效存续的法律意见书初稿（只限于 H 股）；（5）在预计上市委员会进行聆讯前至少 4 个营业日，正式申请上市并提交相关文件；（6）上市单位同意推荐；（7）上市委员会进行聆讯后同意上市；（8）刊发招股章程及正式通告，并于刊发后不迟于预计批准招股章程注册当日上午 11 时，将有关文件送达联交所；（9）证券开始交易。

申请发行 H 股并在香港主板上市还应取得中国证监会的同意。境内公司到香港上市属于境外直接上市，根据《证券法》以及《关于股份有限公司境外发行股票和上市申报文件及审核程序的监管指引》（已失效）等的规定，应依法向中国证监会提出申请，并报送申报报告、纳税证明、法律意见书、招股说明书（草稿）等文件。① 中国证监会国际合作部负责受理发行人在香港发行 H 股的申请，并与香港联交所同步进行审核。②

3.3.2 中国内地首次公开发行股票及上市标准

我国内地资本市场建立于 20 世纪 90 年代，以解决国有企业资金困难为主要目标，首次公开发行股票的条件非常严格，即使是针对中小型企业和高新技术企业的中小板和创业板，也在治理结构、财务状况和持续盈利能力等方面设置了较高的标准。我国内地资本市场首次公开发行及上市制度的行政

① 中国证监会：《股份有限公司境外公开募集股份及上市（包括增发）审核关注要点》，http://www.csrc.gov.cn/csrc/c101932/c1606437/content.shtml，2024 年 5 月 27 日最后访问。

② 中国证监会：《股份有限公司境外公开募集股份及上市（包括增发）审核工作流程》，http://www.csrc.gov.cn/csrc/c101932/c1606439/content.shtml，2024 年 5 月 27 日最后访问。

管控特点突出，证券监管机构对境外投资长期持有谨慎和保守的态度，在双重上市方面，中国公司的境外上市除了要符合境外资本市场的上市条件外，还应当取得中国证监会的同意。关于境外公司在我国资本市场上市，我国目前也仅针对H股上市公司制定了相应的制度。

在香港H股上市的中国公司回归内地A股市场主要经历了三个阶段：第一个阶段发生在1993年至1997年，以政府安排为主导，主要是大型国有企业，因自身业绩下滑及香港金融危机到境内资本市场再融资。由于1998年3月中国证监会发布的《关于股票发行工作若干问题的补充通知》(已失效)确定了“一企一股”制度，限制已发行外资股的企业再发行A股，中国公司双重上市的通道基本封闭。2000年4月证监会颁布的《上市公司向社会公开募集股份暂行办法》(已失效)启动了H股公司回归A股市场的第二个阶段。根据该暂行办法的规定，H股公司被列入申请公募增发的上市公司范畴。股权分置改革之后，我国政府对境外上市公司回归境内发行A股持有鼓励和推动的态度，中国证监会于2006年5月颁布了《上市公司证券发行管理办法》(已失效)，对我国上市公司发行证券的条件和程序进行规范指引，在境外证券市场上市的中国公司也适用此办法，包括H股公司，由此开启了H股企业回归A股市场的第三个阶段。尤其是2008年金融危机之后的一段时间，在全球主要资本市场经济萧条的情况下，A股市场一枝独秀，吸引了更多的H股企业回到境内市场再融资。[①]

相较于香港H股市场，内地监管机构设定的A股市场准入标准非常严格。以主板为例，只有合法设立的股份有限公司，具有至少连续三年持续经营记录且管理体系完善，才可以申请发行上市。同时，该发行人在近三年之中主营业务与核心管理层并不存在显著变动，实际控制人也不存在重大变动。关于发行人的财务标准，发行条件要求须整体资产状况良好，不存在过

① 陈玉亮:《H股回归及其对A股市场的影响》，载《新金融》2007年第4期。

多负债，有一定的盈利水准以及配套的现金流，近三年的有关会计资料之中并无虚假，不存在重大违法现象。①

3.3.2.1 中国内地 A 股首次公开发行并在主板上市条件

我国上海证券交易所主板及深圳证券交易所主板均属于 A 股主板市场，为便于理解，本书将在上交所的有关规定作为案例，对首次公开发行 A 股股票并在上海证券交易所主板上市的主要条件见表 3–2：

表 3–2 上海证券交易所主板上市主要条件总结

发行条件	主要内容	具体要求
主体资格	公司类型	发行人是合法设立的股份有限公司，具有持续经营的营业记录。
	成立时间	除非得到国务院的特别批准，否则发行人应当至少有三年连续的、良好的营业记录。如果是有限责任公司通过整体改制设立成为股份有限公司，则营业记录的起算时间可以从有限责任公司注册登记之日起计算。股份有限公司的股份数应以有限责任公司的原账面净资产值折股计算。
	经营要求	（1）不存在涉及主要资产、核心技术、商标等的重大权属纠纷，重大偿债风险，重大担保、诉讼、仲裁等或有事项，经营环境已经或者将要发生重大变化等对持续经营有重大不利影响的事项； （2）发行人生产经营符合法律、行政法规的规定，符合国家产业政策。
	特殊要求	（1）最近三年内主营业务和董事、高级管理人员均没有发生重大不利变化，最近三年实际控制人没有发生变更； （2）发行人的股份权属清晰，不存在导致控制权可能变更的重大权属纠纷。

① 《主板发行条件》，载上海证券交易所网站，https://www.sse.com.cn/services/listingwithsse/regulations/main/，2025 年 8 月 5 日最后访问。

续表

发行条件	主要内容	具体要求
规范运行	发行人董事、监事和高级管理人员不得存在的情形	（1）被中国证监会采取不得担任上市公司董事、监事、高级管理人员的证券市场禁入措施，期限尚未届满； （2）最近三十六个月内受到中国证监会行政处罚，或者最近十二个月内受到证券交易所公开谴责； （3）因涉嫌犯罪被司法机关立案侦查或者涉嫌违法违规被中国证监会立案调查，尚未有明确结论意见。
	发行人不得存在的情形	（1）最近三年内不存在贪污、贿赂、侵占财产、挪用财产或者破坏社会主义市场经济秩序的刑事犯罪； （2）最近三年不存在欺诈发行、重大信息披露违法或者其他涉及国家安全、公共安全、生态安全、生产安全、公众健康安全等领域的重大违法行为； （3）注册申请文件存在虚假记载、误导性陈述或者重大遗漏； （4）注册申请文件内容存在重大缺陷，严重影响投资者理解和发行上市审核或者发行注册工作。
财会要求	财务状况	市值及财务指标应当至少符合下列标准中的一项： （1）最近三年净利润均为正，且最近三年净利润累计不低于2亿元（原为1.5亿元），最近一年净利润不低于1亿元（原为6000万元），最近三年经营活动产生的现金流量净额累计不低于2亿元（原为1亿元）或营业收入累计不低于15亿元（原为10亿元）； （2）预计市值不低于50亿元，且最近一年净利润为正，最近一年营业收入不低于6亿元，最近三年经营活动产生的现金流量净额累计不低于2.5亿元（原为1.5亿元）； （3）预计市值不低于100亿元（原为80亿元），且最近一年净利润为正，最近一年营业收入不低于10亿元（原为8亿元）。
	其他要求	（1）发行人内部控制制度健全且被有效执行，能够合理保证公司运行效率、合法合规和财务报告的可靠性，并由注册会计师出具无保留结论的内部控制鉴证报告； （2）发行人会计基础工作规范，财务报表的编制和披露符合企业会计准则与相关信息披露规则的规定，在所有重大方面公允地反映了发行人的财务状况、经营成果和现金流量，最近三年财务会计报告由注册会计师出具无保留意见的审计报告。

2024 年新“国九条”颁布后，上海、深圳、北京证券交易所同步就《股票发行上市审核规则》、《股票上市规则》等 19 项具体业务规则向社会公开征求意见，涉及提高上市条件、IPO 监管方面的配套制度的全面调整。各板块上市条件进一步完善。

（1）主板

①将第一套上市标准中的最近三年累计净利润指标，从 1.5 亿元提升至 2 亿元，最近一年净利润指标从 6000 万元提升至 1 亿元，最近三年累计经营活动产生的现金流量净额指标从 1 亿元提升至 2 亿元，最近三年累计营业收入指标从 10 亿元提升至 15 亿元；②将第二套上市标准中的最近三年累计经营活动产生的现金流量净额指标，从 1.5 亿元提升至 2.5 亿元；③将第三套上市标准中的预计市值指标，从 80 亿元提升至 100 亿元，最近一年营业收入指标从 8 亿元提升至 10 亿元。

（2）创业板

①将创业板第一套上市标准的最近两年净利润指标，由 5000 万元提高至 1 亿元，并新增最近一年净利润不低于 6000 万元的要求；②将创业板第二套上市标准的预计市值由 10 亿元提升至 15 亿元，最近一年营业收入由 1 亿元提升至 4 亿元，支持规模、行业及发展阶段适应创业板定位要求的企业上市。

修订后的主板、创业板上市条件，拟自新上市规则发布之日起实施，尚未通过上市委审议的主板、创业板拟上市企业，应当适用新的上市条件；已通过上市委审议的，适用修订前的上市条件；未通过上市委审议，且不符合新修订的上市条件的公司，交易所将引导其重新申报在其他合适的板块上市，做好接续审核。此外，上交所将同步修订《科创板企业发行上市申报及推荐暂行规定》，进一步完善科创板定位把握标准，支持和鼓励“硬科技”企业在科创板发行上市。深交所也将同步完善创业板定位相关要求，进一步从促进新质生产力发展要求出发，明晰创业板“三创”、“四新”的把握逻辑和标准，适度提高反映创新企业成长性的相关指标。

IPO 监管方面的配套制度包括《关于修改〈科创属性评价指引（试行）〉的决定》、《关于修改〈中国证监会随机抽查事项清单〉的决定》，上海、深圳、北京证券交易所《股票上市规则》、《股票发行上市审核规则》等。调整情况主要如下：

（1）提高 IPO 的门槛。国内各板块上市标准 / 科创属性评价指标见表 3–3：

表 3–3　国内各板块上市标准 / 科创属性评价指标

板块	上市标准 / 科创属性评价指标
科创板（同时符合）	财务指标未修订，科创属性评价指标提高： ①最近三年研发投入占营业收入比例 5% 以上，或最近三年研发投入金额累计在 8000 万元（原为 6000 万元）以上； ②研发人员占当年员工总数的比例不低于 10%； ③应用于公司主营业务并能够产业化的发明专利 7 项（原为 5 项）以上； ④最近三年营业收入复合增长率达到 25%（原为 20%），或最近一年营业收入金额达到 3 亿元。
主板（符合其一）	①最近三年净利润均为正，且最近三年净利润累计不低于 2 亿元（原为 1.5 亿元），最近一年净利润不低于 1 亿元（原为 6000 万元），最近三年经营活动产生的现金流量净额累计不低于 2 亿元（原为 1 亿元）或营业收入累计不低于 15 亿元（原为 10 亿元）； ②预计市值不低于 50 亿元，且最近一年净利润为正，最近一年营业收入不低于 6 亿元，最近三年经营活动产生的现金流量净额累计不低于 2.5 亿元（原为 1.5 亿元）； ③预计市值不低于 100 亿元（原为 80 亿元），且最近一年净利润为正，最近一年营业收入不低于 10 亿元（原为 8 亿元）。
创业板（符合其一）	①最近两年净利润均为正，累计净利润不低于 1 亿元（原为 5000 万元），且最近一年净利润不低于 6000 万元（新增指标）； ②预计市值不低于 15 亿元（原为 10 亿元），最近一年净利润为正且营业收入不低于 4 亿元（原为 1 亿元）； ③预计市值不低于 50 亿元，且最近一年营业收入不低于 3 亿元。

续表

板块	上市标准 / 科创属性评价指标
北交所（符合其一）	①预计市值不低于 2 亿元，最近两年净利润均不低于 1500 万元且加权平均净资产收益率平均不低于 8%，或者最近一年净利润不低于 2500 万元且加权平均净资产收益率不低于 8%； ②预计市值不低于 4 亿元，最近两年营业收入平均不低于 1 亿元，且最近一年营业收入增长率不低于 30%，最近一年经营活动产生的现金流量净额为正； ③预计市值不低于 8 亿元，最近一年营业收入不低于 2 亿元，最近两年研发投入合计占最近两年营业收入合计比例不低于 8%； ④预计市值不低于 15 亿元，最近两年研发投入合计不低于 5000 万元。

（2）将上市前突击“清仓式”分红等情形纳入发行上市负面清单。

新“国九条”明确上市前要披露分红政策，将上市前突击“清仓式”分红纳入发行上市负面清单，目前尚未有明确的配套规则。

（3）扩大对在审企业及相关中介机构现场检查覆盖面。

①“首发企业检查”的抽查比例由“随机抽签的比例为 5%”修改为“随机抽签的比例为 20%”。

②拓展现场督导适用范围。明确交易所可通过抽取一定比例的方式对相关中介机构的执业质量进行现场督导；明确发生重大会后事项的情况下，交易所可以根据需要进行现场督导。

③新增遇检查撤回的申报间隔期规定。新增规定现场检查、督导情形下主动撤回的申报间隔期为 6 个月。

（4）从严监管分拆上市。

新“国九条”明确从严监管分拆上市，目前尚未有配套规则。

（5）板块定位及审核。

①从行业地位、经营规模、核心技术工艺、行业趋势、经营稳定和转型升级等方面，进一步明确发行人、保荐人对主板定位进行评估、判断的具体要求。

②完善终止审核情形。明确信息披露质量存在明显瑕疵，严重影响投资

者理解或者本所审核，以及发行人不符合国家产业政策或者板块定位的，交易所可依规作出终止发行上市审核的决定。

需要注意的是，本次配套制度的修订落实了“扩大对在审企业及相关中介机构现场检查覆盖面”的相关意见，在沿袭2024年3月11日发布的《首发企业现场检查规定》整体思路的基础上，新“国九条”从“进一步完善发行上市制度”、“强化发行上市全链条责任”、“加大发行承销监管力度”三个方面严把发行上市准入关，并通过证监会、交易所的若干配套制度规则予以细化。在IPO前的发行上市辅导环节，扩大对在审企业及相关中介机构现场检查覆盖面。《随机抽查清单》将首发企业随机抽取检查的比例由5%大幅提升至20%，现场检查和交易所现场督导的整体比例将不低于三分之一。

新“国九条”对上市监管的调整还比较突出的是关于“清仓式”分红制度的规定。证监会于2024年3月15日发布的《关于严把发行上市准入关从源头上提高上市公司质量的意见（试行）》即明确提出“严密关注拟上市企业是否存在上市前突击‘清仓式’分红等情形，严防严查，并实行负面清单式管理”。本次新“国九条”再次指出，“明确上市时要披露分红政策。将上市前突击‘清仓式’分红等情形纳入发行上市负面清单”，但是在配套制度方面，目前暂未有对“清仓式”分红的明确规定。沪深交易所就加强IPO企业分红监管有关考虑答记者问时表示，正研究加强对拟上市企业上市前突击“清仓式”分红行为的监管。在指标方面的初步考虑是，对于报告期三年累计分红金额占同期净利润比例超过80%的或者报告期三年累计分红金额占同期净利润比例超过50%且累计分红金额超过3亿元，同时募集资金中补流和还贷合计比例高于20%的，将不允许其发行上市。

上交所、深交所亦加大对重组上市的监管力度，削减“壳资源”价值，对照主板上市条件的修改，提高主板重组上市条件。在完善重组小额快速审核机制方面，扩大科创板小额快速机制适用范围，取消科创板配套融资“不得用于支付本次交易现金对价”的限制；按照融资需求与公司规模相匹配的思路，将科创板配套融资由“不超过5000万元”改为“不超过上市公司最近一年经审计净资产的 10%”。明确“交易方案存在重大无先例、重大舆情等重大复杂情形”的，不适用小额快速审核程序，并将小额快速机制下交易所的审核时限缩减至 20 个工作日。适当放宽创业板小额快速适用范围，允许配套融资用于支付本次交易现金对价，将配套融资额度优化为“不超过上市公司最近一年末经审计净资产的 10%”，同时将小额快速交易所审核时限缩减至 20 个工作日。此外，还明确支持上市公司之间吸收合并，吸收合并中获得股份的相关主体不满足投资者适当性管理要求的，可继续持有或者依规卖出相应股份。

对于新“国九条”关于完善发行上市制度、鼓励上市公司应用并购重组等方式提高发展质量的政策规定，本次配套制度（主要涉及上海、深圳、北京证券交易所《上市公司重大资产重组审核规则》）关于资产重组方面的主要修订情况如下：

（1）根据《上市规则》提高重组上市门槛。国内各板块重组上市标准和条件见表 3-4：

表 3-4 国内各板块重组上市标准和条件

板块	重组上市标准与条件
主板 （同时符合）	①最近三年连续盈利，且最近三年净利润累计不低于 2 亿元（原为 1.5 亿元），最近一年净利润不低于 1 亿元（原为 6000 万元）； ②最近三年经营活动产生的现金流量净额累计不低于 2 亿元（原为 1 亿元）或者营业收入累计不低于 15 亿元（原为 10 亿元）。
科创板	不变
创业板 （符合其一）	①最近两年净利润均为正，累计净利润不低于人民币 1 亿元（原为 5000 万元），且最近一年净利润不低于人民币 6000 万元（新增）； ②最近一年净利润为正且营业收入不低于人民币 4 亿元（原为 1 亿元）； ③最近一年营业收入不低于人民币 3 亿元，且最近三年经营活动产生的现金流量净额累计不低于人民币 1 亿元。
北交所	不变

（2）完善重组“小额快速”审核机制。

①科创板 / 创业板放宽小额快速适用范围。

取消配套融资“不得用于支付本次交易现金对价”的限制；将配套融资由“不超过 5000 万元”调整为“不超过上市公司最近一年末经审计净资产的 10%”。

②明确“交易方案存在重大无先例、重大舆情等重大复杂情形”的，不得适用小额快速审核程序。

③小额快速交易所审核时限缩减至 20 个工作日，明确市场预期。

（3）明确重组交易中获得股份相关主体的投资者适当性管理要求。

明确发行股份购买资产或上市公司换股吸收合并交易中，交易对方或被吸收合并公司股东不符合相关板块股票投资者适当性管理要求的，仅能持有或者依规卖出所获得的股份。

（4）根据中国证监会或交易所相关规则修订作出适应性调整。

沪深：具体包括可转换公司债券转股价格修正、暂停计时、终止审核、自律管理等条款。北交所：明确定向发行可转债购买资产的规则、增加现场督导方式开展审核、明确审核时限计算规则、完善终止审核的情形。

由于“重组上市”的标的资产需要满足上市标准及参照相关上市要求，因此本次上市标准提升，相应地，“重组上市”的标准与条件也需要参考调整。需要注意的是，新“国九条”明确表示将深化退市制度改革，加快形成应退尽退、及时出清的常态化退市格局。其中包括明确进一步削减“壳”资源价值，加强并购重组监管，强化主业相关性，严把注入资产质量关，加大对“借壳上市”的监管力度，精准打击各类违规“保壳”行为。

2023 年 8 月 27 日，中国证监会发布统筹一、二级市场平衡优化 IPO、再融资监管安排，明确了当前再融资监管的总体要求，完善了一、二级市场逆周期调节机制，围绕合理把握 IPO、再融资节奏作出了安排，如对破发、破净、经营业绩持续亏损、财务性投资比例偏高等情形的上市公司再融资，适当限制其融资间隔、融资规模。

2023 年 11 月 8 日，上交所、深交所有关负责人就优化再融资监管安排的具体执行情况回答了记者提问，对上市公司再融资节奏、融资规模等作出更加从严和从紧的安排，重点突出扶优限劣，引导资源向优质上市公司集聚，具体举措包括：（i）严格限制破发、破净情形上市公司再融资；（ii）从严把控连续亏损企业融资间隔期；（iii）上市公司存在财务性投资比例较高情形的，须相应调减本次再融资募集资金金额；（iv）从严把关前次募集资金使用；（v）严格把关再融资募集资金主要投向主业的相关要求。

自新“国九条”中明确严格再融资审核把关后，2024 年 4 月 19 日，中国证监会发布十六项措施，从上市融资、并购重组等全方位提出支持性举措，为科技型企业建立融资“绿色通道”，精准识别科技型企业，优先支持突破关键核心技术的科技型企业在资本市场融资，支持科技型企业首发上市、再融资、并购重组和境外上市等。

综上，“重组上市”本身即经营不善的上市公司的一种温和退出方式，过往对上市公司实控人而言，如果公司经营不善，无法持续满足挂牌要求，那么往往还可以通过“卖壳”的方式退出资本市场并取得一定的收益。但从目前政策以及“注册制”的良性发展方向来看，大力推行退市制度以及通过退市的方式出清不良企业是大势所趋，由此可推知后续关于重组上市的监管将逐渐趋严，如果市场主体想通过“借壳”的方式实现上市，则难度将进一步加大。

倘若发行人关于首次公开发行 A 股股票的申请被交易所作出终止发行上市审核决定或中国证监会作出不予注册决定的，则 6 个月内不得再次提出股票发行申请。若发行人的首次公开发行获得中国证监会同意注册，则发行人应当按照规定在注册决定有效期内发行股票，发行时点由发行人自主选择。公开发行的股份达到公司股份总数的 25% 以上；公司股本总额超过 4 亿元的，公开发行股份的比例为 10% 以上。

已在境外上市的红筹企业，申请发行股票或者存托凭证并在主板上市的，应当至少符合下列标准中的一项：

①市值不低于2000亿元；

②市值200亿元以上，且拥有自主研发、国际领先技术，科技创新能力较强，在同行业竞争中处于相对优势地位。

未在境外上市的红筹企业，申请发行股票或者存托凭证并在主板上市的，应当至少符合下列标准中的一项：

①预计市值不低于200亿元，且最近一年营业收入不低于30亿元；

②营业收入快速增长，拥有自主研发、国际领先技术，在同行业竞争中处于相对优势地位，且预计市值不低于100亿元；

③营业收入快速增长，拥有自主研发、国际领先技术，在同行业竞争中处于相对优势地位，且预计市值不低于50亿元，最近一年营业收入不低于5亿元。

前述规定的营业收入快速增长，应当符合下列标准之一：

①最近一年营业收入不低于5亿元的，最近三年营业收入复合增长率10%以上；

②最近一年营业收入低于5亿元的，最近三年营业收入复合增长率20%以上；

③受行业周期性波动等因素影响，行业整体处于下行周期的，发行人最近三年营业收入复合增长率高于同行业可比公司同期平均增长水平。

处于研发阶段的红筹企业和对国家创新驱动发展战略有重要意义的红筹企业，不适用“营业收入快速增长”的上述要求。

3.3.2.2　中国内地A股主板发行上市程序

我国内地的股票发行包括发行和上市两个程序。根据《首次公开发行股票并上市管理办法》（已失效）的相关规定等，中国证监会对发行人提出的首次公开发行股票申请进行备案，发行人应当遵守的备案程序涉及如下环节：（1）递交首次公开发行申请材料，包括招股说明书、发行保荐书、上市保荐书、审计报告和法律意见书等；（2）交易所在接收有关资料之后，于5个工作日内决定是否受理；（3）交易所审核机构自受理之日起20个工作日内发出审核问询，发行人及保荐人应及时、逐项回复本所问询，审核问询可多轮进行；（4）交易所审核机构认为无须进一步问询的，应出具审核报告提交上市委；（5）中国证监会在 20 个工作日内对发行人的注册申请作出同意或者不予注册的决定；（6）中国证监会同意注册的决定自作出之日起 1 年内有效，发行人应当按照规定在注册决定有效期内发行股票，发行时间由发行人自主选择。

3.3.3 香港及内地股票发行上市标准差异分析

根据前述香港及内地资本市场有关股票公开发行上市的条件和程序介绍，我们可以得出结论，在注册制改革前，香港证券监管机构对于 H 股上市的审核，以及内地证券监管机构对于 A 股公开发行的审核都规定了非常具体明确的标准，并对申请资料进行了实质性审核，只是在审核重点与程序方面因法律法规和规则的差异而侧重点不同；在注册制改革后，内地证券监管机构对于 A 股公开发行的审核变成了形式审核，与香港证券监管机构对于 H 股上市的审核有了本质上的不同。总的来说，香港证券市场在上市条件等方面针对不同的企业规模和类型制定了兼具严格性和灵活性的标准。香港联交所对于发行 H 股并在主板上市的中国公司的审核条件的考量主要包括财务要求、管理层和控股权、公众持股量、专业顾问、信息披露、财务资料及上市适合性等七个方面，较为注重发行人的合规问题，更关注发行人未来业绩的增长空间。相较于香港市场，内地资本市场在本轮注册制改革前 A 股发行审核与上市审核一体化特征明显，审核条件较为严苛，缺乏灵活性；近年来进行的注册制改革及多层次资本市场建设旨在改变这一情况。

下文将通过对香港联交所《上市规则》和中国证监会《首次公开发行股票注册管理办法》关于发行人主体资格、业绩和业务、股本与股东、公司治理结构和信息披露等具体要求的比较，对香港 H 股和内地 A 股的发行上市条件与程序进行比较及分析。

3.3.3.1 关于发行人主体资格

拟在香港上市的发行人，无论是香港公司还是海外公司，都必须接受证监会和联交所有关股票发行上市法律规则的约束。通常情况下，海外发行人与香港发行人平等适用《上市规则》，只在个别章节对海外发行人作了特殊规定。但是，不是所有国家或地区的公司都可以在香港上市，香港对于上市公司有“司法区”的限制，只有在特定司法区内注册的公司，即《上市规则》所称之“海外公司”才允许在香港上市。在法律制定上，香港并没有为海外公司单独制定一套法律，大部分的上市条件都与本地区公司上市条件一致，仅在《上市规则》后面新增了一些对于海外公司的条款，如第24章对海外发行人的上市资格、股份计划、上市文件、会计师报告、持续责任等内容进行了特殊规定。基于香港与内地的特殊关系，《上市规则》专门在主板第19A章以及创业板《上市规则》第25章，对“中华人民共和国境内注册成立的发行人”（中国发行人）在香港上市作了特殊规定。根据联交所《上市规则》，无论是“海外公司”还是“中国发行人”，如果希望在香港联交所上市或发行证券，那么前提是必须符合其注册地的相关法律要求。

除了规定只有特定司法区域内注册的公司才可以申请在香港上市外，联交所《上市规则》还要求海外发行人（包括中国发行人）对公司股东所提供的保护与香港公司法下对股东的保护大致相当，并允许海外发行人（包括中国发行人）通过修改公司章程等文件的方式，确保上市公司对于股东的保护不低于香港水平。此外，《上市规则》对于海外发行人（包括中国发行人）在港授权代表的条件、发行证券类别、证券交易地点、股东名册设置和股票过户等进行了详细规定，对海外发行人（包括中国发行人）的股东名册、股票交易等进行规范。

关于申请首次公开发行股票并上市的发行人主体资格，根据中国《公司法》、《证券法》等相关法律的规定，要求A股发行人必须是境内注册的股份有限公司，因为股份有限公司的规范性和公开性程度更高。香港《公司条例》对于股票发行人的主体资格则没有类似要求，只要符合香港联交所的上市条件，本地企业和海外企业都可以到香港交易所申请上市。但是，由于在香港申请发行 H 股的公司是在内地注册的公司，其申请在香港上市须符合内地法律法规的规定并在中国证监会备案，因此其主体也必须是股份有限公司。

3.3.3.2 关于业绩和业务条件

业绩和业务是股票发行上市最主要的考量指标，主要包括公司的经营年限、盈利能力、发展潜力和其他一些特殊考虑。在经营年限方面，A 股市场要求发行人的存续满足至少 3 个完整的会计年度，且实际控制人 3 年内没有发生变化；H 股虽然也要求 3 个会计年度的营业记录，但是在发行人满足市值、董事及管理层稳定等特殊情况下，联交所可以接受少于 3 年的营业记录。本书认为，3 年的经营期限可以比较全面地反映发行人的经营情况和稳定性，符合大部分国际性的资本市场的普遍要求。①

盈利能力和发展潜力通常由股票发行申请人的财务数据与行业特性决定。盈利能力包括盈利要求和盈利预测，盈利要求是对发行人过往年度盈利水平的要求，通常为过去一年或三年，而盈利预测是会计师事务所等专业机构根据发行人过往盈利水平和未来发展趋势所做出的专业判断，也是判断发行人是否具有业务发展潜力的主要依据。在首次公开发行的盈利能力方面，注册制改革前 A 股主板要求发行人同时满足最近 3 个财务年度连续盈利，且净利润总额合计不少于人民币 3000 万元、公司拥有的可用现金总额合计不低于人民币 5000 万元，或整体业务收入金额合计不低于人民币 3 亿元的标准，而香港 H 股主板则通过净利润 / 市值、市值 / 收入 / 现金或市值 / 收入三种模式对发行人的财务标准进行测算，只要符合其中一种即满足上市标准，较为灵活。注册制改革后，A 股主板财务标准亦引入了较为灵活的另外两种财务标准，只要满足其一即可。

在成熟资本市场，对于某些特殊行业的发行人，证券监管机构会考虑发行人所从事的行业可能存在的特殊业务情况，给予某些特殊豁免或附加某些

① 李朝晖：《证券市场法律监管比较研究》，人民出版社 2000 年版，第 119 页。

特殊要求，以鼓励或限制特殊行业发行人的股票发行上市申请。在 A+H 双重上市中，香港 H 股主板就设置了类似安排，对于工程类、矿业类公司在营业记录、财务指标方面可提供额外豁免。我国内地 A 股主板对于发行人的行业背景情况则无相关考虑和特殊安排，仅在科创板及创业板有高新技术企业可以在不盈利的情况下进行上市的规定。

3.3.3.3　关于股本和股东

上市公司是公众公司，其股权结构具有公开性和流动性的特点。为保证上市公司股权结构的稳定，防止上市公司被控股股东或内部人所控制，证券监管机构通常对申请首次公开发行股票及上市的发行人有股本和股东的要求。[①] 我国内地 A 股主板要求 A 股发行人具备 3000 万元以上的总股本，在发行之后的股本则需要维持在 5000 万元以上；香港 H 股主板则没有股本总额的要求，但规定上市时的最低市值为 2 亿港元。[②]

关于公开发行股份（公众持股）比例，A 股主板要求发行人在公开市场发行至少 25% 的股份，也就是向社会公众公开发行不低于公司总股份数的 25%；如果发行人的总股份数超过人民币 4 亿元，则在公开市场发行的比例需要维持在总股份的 10% 之上。与 A 股市场的要求相同，H 股主板也对发行比例进行了类似的规定。联交所《上市规则》要求发行人公开发行的股份不低于公司股份总数的 25%，同时要求股票发行后至少有 300 名股东；如果发行人上市时预期市值超过 100 亿港元，则公开发行的股份比例可降至 15%；如果发行人属于 A+H 双重上市，且 H 股预计市值在 5000 万港元以上，则发行人在香港发行 H 股的比例降低至不少于 15%。

3.3.3.4　关于公司治理结构

公司治理通常是指利用一套有效的机制，通过妥善协调处理公司与利益相关者的关系，实现决策的合理性，以达到保障各方权益的目的。公司治理

---

① 陈岱松:《证券上市监管法律制度国际比较研究》，法律出版社 2009 年版，第 171 页。

② 李怡芳、李丹:《沪港两地发行制度比较》，载上海证券交易所网站，http://www.sse.com.cn/aboutus/research/report/c/10056782/files/b5f4666e761e4628baab903ce1743e2d.pdf，2024 年 6 月 28 日最后访问。

包括内部治理结构和外部治理结构两部分。所谓内部治理结构是指由股东、董事会和经理三方面组成的管理与控制体系。而外部治理结构是指通过竞争的外部市场等对管理行为实施约束的控制制度。公司治理是上市公司规范治理的核心，也是证券市场规则完善的重要体现。本书中的公司治理主要指上市公司的内部治理，涉及公众公司的职业经理人、董事会和股东之间的关系，包括股东权利、股东的平等待遇、信息透明度和董事会责任等内容。

公司治理有“股东会中心主义”和“董事会中心主义”两种截然不同的学说，前者认为应当给予股东更多的权力，保障股东在公司中控制者的地位，防止其诉求被董事会及管理层忽视；后者认为应由董事会决定公司经营方针、资源分配且权力不应当受到太多制约，其在公司治理中应处于核心地位。香港法律体系下的公司治理相关规定延续了英美法中的单层模式，赋予董事会较大的权力，董事会作为监督者和系统维护者，是业务决策、执行和监督机构。公司不设监事会，独立董事取代我国内地公司法规定的监事会。

香港联交所对于申请 H 股上市的中国发行人在公司治理方面提出了实质性要求，如管理层稳定、管理层人员具有不少于 3 年的关联业务经验等。联交所还特别要求 H 股发行人的保荐人对 H 股发行人的董事了解《上市规则》，以及作为上市公司董事所承担的法律责任等进行明确说明。关于董事制度及独立董事，香港《上市规则》第 3 章规定了董事会、董事和董事会秘书等职责，要求上市公司董事除了勤勉尽责，还应当积极履行参与公司事务，不能单纯依靠出席董事会会议。《上市规则》要求独立董事至少达到董事会人数的三分之一，独立董事要保持独立性，不得在集团内担任任何管理职务，与上市公司及其附属公司之间不存在财务和其他权利的联系，不应与公司的关联人士有任何联系等。如果独立董事持有发行人已发行股份超过 1%，则有可能不被视为具有独立性。

我国内地的公司治理模式类似于以德国为代表的双层模式，但又不完全一样。我国 A 股公司的内部治理主要是通过股东会、董事会和监事会的良好运行来实现的。但实践中，《公司法》对股东赋予了广泛的权力，更偏向于

“股东会中心主义”的公司治理理念，股东会作为上市公司的最高决策机构，通常决定上市公司的主要重大事项，董事会是股东会的从属机关。除《公司法》外，中国证监会发布的《上市公司章程指引》也对董事会的运行进行了具体规定，但由于董事会和监事会都是由股东会选举产生，因此董事会的运行效果很难真正体现。在对董事会的监督方面，除了独立董事外，还设有监事会，在监督职能方面存在交叉或冲突。

3.3.3.5 关于会计准则

在双重上市的会计准则适用上，国际上大多证券市场尽量避免单边适用上市地会计准则，以降低发行人两地上市的财务会计成本。香港于2005年开始采用国际财务报告准则，香港财务报告准则与国际财务报告准则完全趋同。中国企业会计准则已于2007年实现了与国际财务报告准则在会计原则和实质内容上的趋同，尤其对企业盈余管理方式的转变产生了重大的影响，盈余管理行为的抑制能够进一步提高上市公司信息披露水平、建立健全有效的信息披露机制，进而提高整个资本市场的投资者保护水平和监管水平。新会计准则保留了部分具体的会计处理手段，以适应中国国情的特殊情况，但基本实现了与香港会计准则的双边等效以及与国际会计准则的实质性趋同，逐渐缩小了我国会计准则与境外成熟资本市场之间的差距。

对A+H股公司而言，其A股财务报告与H股报告若适用不同的准则，则涉及准则间差异的处理及披露问题。根据2007年12月财政部会计准则委员会与香港会计师公会签署的《关于内地企业会计准则与香港财务报告准则等效的联合声明》，内地企业会计准则与香港财务报告准则，除资产减值损失的转回以及关联方披露两项准则相关内容需调节差异外，其余内容已经实现等效。而财政部于2008年8月7日发布的《企业会计准则解释第2号》（部分失效）和2008年12月26日发布的《关于做好执行会计准则企业2008年年报工作的通知》也明确要求，同时发行A股和H股的上市公司，除部分长期资产减值损失的转回以及关联方披露两项差异外，对于同一交易事项，还应当在A股和H股财务报告中采用相同的会计政策、运用相同的会计估计进行确认、计量和报告，不得在 A 股和 H 股财务报告中采用不同的会计处理。在财政部后续发布的年报中，对于同一交易事项在 A 股和 H 股财务报告中，内地与香港会计处理差异仍未消除的，应当在附注中充分说明原因及消除差异的时间表。香港交易所在 2010 年 12 月发布的《有关接受在香港上市的内地注册成立公司采用内地的会计及审计准则以及聘用内地会计师事务所的咨询总结》一文中，明确准许内地注册成立的发行人采用内地会计准则编制其财务报表。[①] 我们可以由此看出，在内地和香港相关部门与机构的不懈努力下，两地的会计准则不断趋同，会计准则的差异已经不大，对 A+H 公司财务报告的影响也明显缩小。

3.3.3.6 关于信息披露

信息披露是股票发行及上市的核心。及时、准确和完整的信息披露能有效保证证券市场投资者得到充分合理的保护，并根据所获得的信息做出理性的投资判断。信息披露的质量决定了信息披露制度的完善性，是评判一国证券市场发展程度的最主要标准，因此，全球证券市场监管机构都对股票发行上市的信息披露时间、内容以及格式等进行了具体的规定。

关于 H 股上市的信息披露，香港联交所采取事前和事后相结合的方式进行审查。在一般情形下，应当披露的重大交易以及关联交易需要进行事前审查。为控制事前审查带来的时间增加以及效率下滑，联交所于 2008 年年初颁行了《有关〈上市规则〉修订建议的综合咨询文件》(以下简称《咨询文件》)，将首次公开发行的信息披露程序分为两个阶段。在第一个阶段，联交所仅预先审查发行人针对特定事宜所披露的公告，包括：其一，按照《上市规则》有关规定需要进行公告的交易或者安排，此类交易或安排必须获得股东大会的审批；其二，关联交易。而在第二个阶段，联交所无须对发行人的公告进行预先审查，但若发行人对需披露的信息存在疑问的，可以在实际发布公告之前，向联交所进行咨询。

① 刘丰收:《A+H 股公司境内外会计准则差异分析》，载《国际商务财会》2016 年第 4 期。

根据我国《公司法》、《证券法》和《首次公开发行股票注册管理办法》的相关规定，任何股票发行人向证券监管机构提出首次公开发行A股股票并上市的申请时，必须依法向交易所递交首次公开发行申请文件，包括但不限于招股说明书和财务会计报告，并进行公告。《招股说明书》应当包括发行人基本情况、发行人业务情况、财务会计信息、募集资金运用和风险因素等内容，是首次公开发行股票信息披露最重要的文件。但是，首次公开发行股票的招股说明书是A股发行信息披露的最低要求，A股发行人应当根据自身实际情况，合理判断与股票发行有关的重大信息，评估可能对投资者作出认购或出售该股票决定造成重大影响的信息或资料，并及时予以披露。

注册制的重要内容之一，是减少证券发行的法定约束条件和更多的盈利水平方面的要求，以强化信息披露责任，重构发行人与投资者之间的关系。这种新型关系的实质是强化发行人信息公开透明责任和信息披露义务，让投资者自担风险，自主选择，投资者面临更多差异化的投资产品，获得更多的选择机会。总之，以“弱法定条件＋强信息披露”为特征的注册制，可以更好地协调投资者与发行人之间的关系，更好地体现证券市场的包容性，夯实证券市场估值体系的重构基础。[①]

3.3.4　香港及内地股票发行上市程序差异及其分析

在发行程序方面，如前所述，内地A股市场将股票公开发行与上市作为两个环节，设置了不同条件，而香港H股市场则未对发行和上市进行区分，发行即上市。[②]对A+H双重上市公司来说，在香港主板首次公开发行H股股票，不仅需要满足香港H股的监管要求和上市条件，也需符合中国证监会关于企业境外上市的核准条件。而已经在香港发行H股的中国公司到内地发行A股，则只需满足A股市场关于首次公开发行股票并上市的条件，香港联交所对H股公司发行A股并无特别规定或限制。

---

① 叶林：《以信息披露为核心构建股票发行注册制》，载《中国金融》2023年第10期。

② 李伟斌律师行：《A+H公司法律实务研析》，中国政法大学出版社2013年版，第19页。

我国内地目前首次公开发行程序是“重发行，轻上市”，发行注册的标准严格、期限漫长，发行审核委员会不仅对发行人的基本情况进行判断，对发行人的业务情况和财务指标等也会要求充分披露。

从文件提交次数来看，中国证监会要求首次公开发行 A 股的申请文件应一次性提交，初步审查后进行预先披露；香港联交所允许发行人分批递交申请文件，通过登载网上预览资料集的方式进行信息披露。从核准期限来看，香港联交所对于申请在联交所上市的审核通常可以在 3 个月之内完成，而中国证监会在注册制改革前审核 A 股发行申请的期限很难预测，通常需要 2 年以上，以创业板和科创板施行注册的经验来看，注册之后从提交申请到获准注册的期限通常不超过 4 个月。

2024 年 10 月 18 日，香港联合交易所以及香港证券及期货事务监察委员会共同宣布，将对新上市申请的审批流程时间表进行优化。对于百亿市值的“合资格 A 股企业”赴港上市，专门提供了快速审批时间表。按照这一优化后的流程，只要“合资格 A 股上市企业”提交的申请完全符合相关规定，香港证监会和联交所均只会发出一轮监管意见，并且会在不超过 30 个工作日的时间内完成监管评估。这一举措极大地提高了 IPO 审核的确定性，使得企业能够据此制定更为明确、可靠的上市计划，从而掀起内地公司赴港上市的新一波热潮。

Chapter 4 第4章

A+H 双重上市之保荐及承销制度

证券首次公开发行监管制度是一个完整的制度体系，除了发行上市标准设定和审核方式外，还需在发行效率、发行结果等方面制定配套性的制度，以保证股票的发行和上市程序能够公平、公正地运行，实现良好的融资效果。保荐制度和承销制度就承担了保证首次公开发行体系良好运行的职责。在证券首次公开发行程序中，保荐人负责协助准备文件、协调管理其他中介机构以及负责与监管机构沟通，以保证所发行证券的品质；而承销商则负责协助确定证券发行价格、市场推介及联系投资者，保证最佳的发行效果。

保荐制度（Sponsorship）也称为保荐人制度，起源于英国并被部分主要被国际证券市场所采纳，如中国香港地区和加拿大等。保荐人制度是指有资格的保荐人推荐符合条件的公司公开发行和上市证券，并对所推荐的发行人披露的信息质量和所作承诺进行审慎核查，对发行人的证券发行承担训示、督促、辅导、指导和信用担保的制度。保荐人制度建立的目的是提高上市公司质量，通过拒绝为信息披露方面存在重大缺陷的发行人进行保荐的方式，阻止市场不当行为，向投资者保证拟发行证券的品质。通过确立保荐人“第一看门人”（Main Gatekeeper）的角色，将发行人申请股票发行及上市文件的审查责任赋予保荐人，由其负责对申请文件进行实质性审查，提高保荐人对发行申请文件真实性和准确性的关注，减少发行人在申请发行过程中可能涉及的虚假信息和故意隐瞒等情形。

我国证券市场于 2003 年正式引入了保荐人制度。2003 年 12 月 18 日，中国证监会颁布了《证券发行上市保荐制度暂行办法》（已失效），要求所有证券发行人必须由保荐人提供保荐。根据该规定，证券发行的保荐人通常由证券公司或投资银行担任，通过为发行人提供专业服务获取报酬。保荐机构的保荐责任一般将持续至发行人股票上市后的一定期限内。保荐制度是我国证券监管机构有效实施证券监管的重要制度。证券监管机构通过颁布相关规定的方式，对保荐人的工作范围和职责进行约束，同时对保荐人履行职责的行为进行监督，对那些不能履行勤勉尽责义务的保荐人采取公告或处罚等措施，提高保荐人对股票发行人尽职调查、文件准备、业务和财务规范等情况的关注度，能够在一定程度上起到提高股票发行质量和净化市场的作用。2023 年 2 月 17 日，证监会发布全面实行股票发行注册制相关制度规则。证券交易所、全国股转公司、中国结算、中证金融、证券业协会配套制度规则同步发布实施。此次发布的制度规则共 165 部，其中证监会发布的制度规则 57 部，证券交易所、全国股转公司、中国结算等发布的配套制度规则 108 部。内容涵盖发行条件、注册程序、保荐承销、重大资产重组、监管执法、投资者保护等各个方面。坚持以信息披露为核心，将核准制下的发行条件尽可能转化为信息披露要求。进一步明晰证券交易所和证监会的职责分工，提高审核注册效率和可预期性。证券交易所审核过程中发现重大敏感事项、重大无先例情况、重大舆情、重大违法线索的，应及时向证监会请示报告，证监会同步关注发行人是否符合国家产业政策和板块定位。对新股发行价格、规模等不设任何行政性限制，完善以机构投资者为参与主体的询价、定价、配售等机制。强化首次发行中的保荐人的“看门人”角色，督促保荐人归位尽责，充分发挥中介机构特别是证券公司的资本市场把关作用，促进资本市场健康稳定发展。

股票承销是指发行人委托承销商对其发行的股票进行公开发售的行为。承销是证券的间接发行方式，避免发行人直接面向投资者发行证券的风险，提高了发行效率。对发行人来说，股票发行是公司发展到一定阶段的重要融资行为，并不是经常进行的，发行人没有能力也没有必要专门设置发行部门对公司的证券进行发行销售，法律通常也不鼓励发行人自己进行股票发行和销售，而委托承销商对股票进行发行销售，不仅能降低发行人的各项成本，也能降低发行人股票可能存在的发行失败风险。通常情况下，股票承销程序在发行人股东大会做出公开发行股票的决议后正式启动。发行人一般会选择一个或几个承销商对公开发行的股票进行定价及销售（承销）。

承销商（Underwriter）通常由具备合法资格的证券公司或投资银行担任。我国《证券法》规定，发行人申请公开发行股票、可转换为股票的公司债券，依法采取承销方式的，或者公开发行法律、行政法规规定实行保荐制度的其他证券的，应当聘请证券公司担任保荐人。[①] 发行人通过与承销商签署承销协议的方式，选择并委托最适合本次发行的承销商，协助发行人向投资者销售其所发行的股票并向承销商支付相应报酬。承销商的职责包括对发行人公开发行的股票进行销售、协助发行人决定股票发行价格和发行时机、核查发行文件及履行规定的信息披露和报备程序。[②] 同时，承销商亦需对发行后股票价格的稳定承担相应责任。

理论上，股票的保荐和承销是两个不同的程序，可以由不同的证券公司或投资银行来分别承担相关职责，但是，实践中，由于保荐人和承销商的职责范围存在密切联系，出于成本和效率的考虑，保荐人和承销商通常由同一家证券公司或投资银行来担任。[③] 我国法律对公开发行证券的保荐和承销制度进行了明确规定，并允许同次发行的股票由保荐机构担任主承销商。[④]

本章所介绍的证券发行保荐制度和承销制度能在一定程度上提高首次公开发行股票的质量和效率，在实现发行人利益最大化的同时保护证券投资者的合法权益，是证券发行制度的重要组成部分。香港作为成熟的国际性资本市场，证券监管政策和规则的发展相对稳定，在首次公开发行股票的保荐制度和承销制度方面有非常完善的安排。相较于香港市场，内地证券市场起步较晚，但近年来其在我国经济发展中的地位不断提高，首次公开发行制度的改革步伐不断加快，相应的监管政策也在不断变化。本章将通过对香港和内地关于股票发行上市保荐制度与承销制度的介绍，对 A+H 双重上市公司股票公开发行上市的保荐和承销问题进行阐述与分析，并提出相关建议。

① 《证券法》第 10 条第 1 款。
② 周友苏主编:《新证券法论》，法律出版社 2007 年版，第 166、167 页。
③ 叶林:《证券法》，中国人民大学出版社 2008 年版，第 180 页。
④ 《证券法》第 11 条、《证券发行上市保荐业务管理办法》第 6 条。

4.1 首次公开发行的保荐制度

保荐制度起源于英国证券市场。在伦敦证券交易所（London Stock Exchange，LSE）合并之前，LSE 要求股票上市的新申请人必须提供一名其现有会员担任保荐人（Sponsor），对于新申请人是否适合在伦敦证券交易所上市提供建议。对于需要披露招股说明书的特定类型上市申请，提供保荐人是强制性的。[①] 英国保荐制度的规则化建立是从 1995 年另类投资市场（Alternative Investment Market，AIM）开始的。另类投资市场是伦敦证券交易所的第二板交易市场，是专门为规模较小但具高成长性的公司设立的股份交易市场，上市条件较为宽松，没有最低市值、最少经营记录、最低公众持股份额等要求。为了保证在宽松上市条件下上市公司的品质，降低投资者风险，伦敦证券交易所规定了"指定保荐人"（Nominated Adviser）制度，要求计划在另类投资市场上市的所有申请人，应当至少聘请一名指定保荐人，对申请人的财务、公司治理等规范性提供建议。指定保荐人的职责是终身的，申请人成功在另类投资市场上市后，指定保荐人须继续为上市公司的合规性提供持续建议和服务。

根据伦敦证券交易所制定的规则，作为资本市场最重要的"看门人"（Gatekeeper），保荐人应当是具有良好声誉的中介机构，在帮助其客户（发行人）进入证券市场销售股票的同时，也可以通过对发行人信息披露准确性

① CHAN Yaoming Gordon, "Research on Regulatory Enforcement Issues and Strategies for Mainland Chinese Companies Listed in Hong Kong"（2013）,Thesis of Ph.DinLaw.[陈耀明 · 戈登：《中国内地公司在香港上市的监管——执法问题与策略研究》（2013 年），法学博士论文。]

的审查，阻止不法行为，起到预防及减少证券违法行为的重要作用。[①] 由于在股票发行过程中担任着重要角色，保荐人可以通过尽职调查等手段，了解到有关发行人业务和财务情况的第一手信息，具备投资者和其他市场人士无法比拟的优势。因此，保荐人可以通过纠正发行人不规范行为，或者拒绝为发行人提供保荐服务等方式，及时制止发行人的不当行为。

4.1.1 香港股票上市之保荐人制度

香港联交所在保荐人制度的建立和操作规则方面保持了与伦敦证券交易所基本相同的理念及要求。联交所 1993 年版《上市规则》已对股票上市的保荐人制度进行了原则性规定，要求上市申请人必须聘请证券公司、商业银行或者其他类似机构担任保荐人，该保荐人必须是联交所的会员机构。[②]1999 年香港创业板（The Growth Enterprise Market，GEM）的建立，更是对保荐制度的实施规则进行了进一步细化。

香港作为国际金融中心，吸引了非常多的海外公司到香港上市。由于这些海外公司的注册地和主要经营地都不在香港，香港监管机构很难真正了解其经营情况，也难以进行监管，因而非常倚重保荐人（Sponsor）在上市过程中履行"第一看门人"的职责，通过对保荐人的监管，确保上市申请人所披露的信息真实、准确、完整，从而保障香港市场上市公司的质量。香港的保荐人一般由投资银行担任，在证券发行市场占据了相对较大的份额。同时，由于投资银行在整个证券发行上市的过程中还承担其他功能，如簿记管理人、全球协调人、承销商、承销团总负责人等，因此香港交易所的《上市规

---

① Reinier H. Kraakam, "Gatekeeper: The Anatomy of a Third-Party Enforcement Strategy"（1986）2:1 *Journal of Law, Economics, and Organization*; Assaf Hamdani, "Gatekeeper Liability"（2003）77 *Southern California Law Review*; John C. Coffee, Gatekeeper: "the Role of the Professionals in Corporate"（Oxford University Express 2006）. [莱尼尔·H. 克拉卡姆:《守门人：第三方执法战略剖析》（1986 年），《法律、经济和组织期刊》第 2:1 期；阿萨夫·哈姆达尼:《守门人责任》（2003 年），《南加州法律评论》第 77 期；约翰·C. 科菲，《守门人：专业人士在公司治理中的作用》，《牛津大学快报》2006 年。]

② 《上市规则（1993）》第 3.0.1 条。

则》对保荐人在上市申请过程中承担的角色和法律职责进行了详细的规定。关于保荐人的监管体系，除了银行保荐人（投资银行）受金融管理局监管外，香港市场的其他上市保荐人均受香港证监会的监管，包括发放保荐人执业牌照、资格认证，以及制定相关执业准则及持续规范等，而香港联交所则负责落实和执行《上市规则》中有关对保荐人的工作规范，包括尽职调查应用指引等。

在香港，法律规定尽职调查工作由保荐人承担，承销商负责商业运作，即证券保荐是为了保证证券的品质，证券承销是为了推广、销售证券，以取得最佳的发行效果。但是，A 股法律规定，除保荐人应承担尽职调查义务外，承销商也应对公开发行募集文件进行核查，重复的制度安排没有厘清保荐人与承销商的关系，容易导致角色交叉和混同。因此可借鉴香港厘清保荐人和主承销商的关系的方式，取消承销商文件核查义务，将尽职调查责任统一归保荐人承担。

2003 年，香港金融监管工作将对中介机构的监管列为首要目标。同时，香港政府、证监会和联交所共同推出了《企业管治行动纲领》，真正将主板和创业板保荐制度统一化列入议事日程并开始推进。2003 年 5 月，香港联交所发布了《有关对保荐人及独立财务顾问监管的咨询文件》（以下简称《2003 年咨询文件》)。《2003 年咨询文件》的主要内容是将原来的保荐督导职责一分为三，在《上市规则》中引入保荐人制度，要求发行人必须委聘至少一名保荐人协助其办理首次上市申请，其中至少一名保荐人应当是独立保荐人；同时，《上市规则》中增设了保荐人、合规顾问专章和独立财务顾问专章，要求保荐人、合规顾问和独立财务顾问密切配合。此外，为加强对保荐人的监管，促进上市公司及治理质量的提高，香港联交所在《上市规则》中还专门制定了保荐人尽职调查的应用指引——《第 21 项应用指引》，并设立了“强制保荐期”和“指示保荐期”规则，要求发行人在上市后，必须委聘一名合规顾问协助发行人在其公司上市后的一定期间内进行持续督导等。此次修改的《上市规则》自 2005 年 1 月 1 日起生效。

2005 年 6 月，为顺应我国《公司法》和《证券法》修改后，在香港上市的中国发行人业务运行规则和监管规则的调整，香港证监会发表了《有关监管保荐人及合规顾问的咨询文件》（以下简称《2005 年咨询文件》），对于保荐人推荐中国发行人在香港上市的尽职调查工作进行进一步规范。根据《2005 年咨询文件》的建议，只有符合保荐人《行为指引》（Fit and Proper Guidelines）中特定资格准则的机构，融资顾问才能担任保荐人，该特定资格条件包括：（1）具有担任保荐人工作的足够经验和专业知识；（2）保荐人管理层应对保荐人的工作承担监督及相应责任；（3）保荐项目工作小组及主要人员（至少两名）的委任；（4）保荐人具有完善的内部管理系统及监控制度；（5）保荐人应有足够的财政资源，至少具备最低实缴股本 1000 万港元的注册资本金。此外，《2005 年咨询文件》还建议将保荐人和合规顾问监管制度进行整合，将保荐人《行为指引》列明的资格准则及持续合规要求纳入《证券及期货条例》之下，融合并完善保荐人的发牌制度。该保荐人《行为指引》于 2007 年 1 月 1 日起实施，将对保荐人的监管职责分别交由联交所和证监会承担。联交所通过细化保荐人尽职调查标准，提高保荐人的工作质量，而证监会通过对保荐人获取资格标准和持续合规责任的制定，明确了保荐人需承担的法律责任。[①]

2010 年发生的洪良国际 IPO 造假事件，让担任其保荐人的兆丰资本被香港证监会做出有史以来最重的一次处罚，撤销保荐人牌照及罚款 4200 万港元。这次事件也促使香港证监会再次咨询和检讨香港的保荐人制度。洪良国际是一家台资企业，主要业务是经营休闲服品牌和纺织品生产。2009 年 12 月 24 日，洪良国际以每股 2.15 港元的价格在香港交易所挂牌上市，募集 10.75 亿港元。洪良国际上市不久，香港证监会调查发现，洪良国际的营业额、税前盈利和现金数据均存在虚假情况。洪良国际之后也承认，其 IPO 的招股章程所载有关其截至 2006 年、2007 年及 2008 年年底各年度营业额的数

---

① CHAN, Yiu Ming Gordon, “The Regulation of Mainland Chinese Companies Listing in Hong Kong- An Examination of the Enforcement Problems and Strategies”（2013）, Thesis of Ph.D in Law.

字，以及其税前利润均属虚假，并具有误导性，其截至 2007 年 12 月 31 日、2008 年 12 月 31 日和 2009 年 6 月 30 日各年度的现金及现金等价物的价值，也属虚假。基于前述调查情况，香港证监会于 2010 年 3 月 29 日入禀高等法院，指控洪良国际招股书资料虚假具有误导性、严重夸大财务状况，勒令洪良国际即日停牌，并成功从高等法院取得临时禁令，冻结了洪良国际 8 亿多港元。对于洪良国际的上市保荐人兆丰资本，香港证监会认定其存在重大过失，对其处以 4200 万港元的罚金，相当于其作为洪良国际保荐人所获得的全部收入，并撤销了其保荐牌照。①

为改善香港的保荐人监管制度，香港证监会于 2012 年 5 月发表《咨询文件》，建议保荐人在辅导上市申请过程中及早进行全面的尽职调查，并在申请上市时一并呈交一份比较完备的招股说明书且对其内容承担责任。2012 年 10 月 12 日，香港证监会公布了咨询结果，决定对保荐人制度进行修订，增加了包括保荐人须对虚假招股章程承担刑事责任、对违规保荐人公开披露和上市申报前至少 2 个月委任保荐人等。修订后的《上市规则》于 2013 年 10 月 1 日起实施。此次修订无疑加重了保荐人的责任，特别是强化保荐人对公开招股说明书的责任，因为“保荐人的职能随着首次公开发行本身开始及终结，也只有保荐人须特别获得香港证监会的牌照”，投资者倚靠保荐人担任市场的最主要把关者，注重保荐人的尽职调查工作，所以香港监管者明确要求保荐人对上市申请最重要的文件——招股说明书承担责任。

2021 年 10 月 29 日，香港证监会刊发了《有关（i）就股权资本市场及债务资本市场交易的簿记建档及配售活动而制订的建议操守准则；及（ii）“兼任保荐人”的建议的咨询总结》，并相应修订《证券及期货事务监察委员会持牌人或注册人操守准则》(以下简称新准则)。新准则规定只有持牌人或注册人才能在香港开展受监管的活动，包括为首次公开招股（IPO）担任保荐人，以及在股份或债务发行中进行簿记建档和配售活动。在开展此类业务

① 《洪良国际造假遭港证监会最严惩罚回购股份赔偿股东》，https://finance.cnr.cn/gs/201207/t20120702_510087586.shtml，2024 年 2 月 3 日最后访问。

活动时，他们必须严格遵守新准则，新准则从各个方面强化了保荐人在首次公开招股中的责任。

2022 年 8 月，港交所修改了《上市规则》，规定发行人必须聘请整体协调人，且港交所主板 IPO 项目必须在递交上市申请前不少于两个月委任保荐人兼全球协调人。根据《上市规则》定义，整体协调人主要负责操盘后期的全球发售工作，拥有向发行人作出分配建议和超额配股行使酌情权等权利。

港交所修改规则的初衷是平衡保荐人的风险与收益。此前保荐人平均收费仅为包销定额收费的七分之一，而违规成本往往由保荐人承担，香港证监会认为保荐人收取的费用与其成本及职责不相称。倘若保荐人能同时担任全球协调人的包销商角色，其赚取的总费用就可补偿其出任保荐人时所需的额外资源及职责，因此设立整体协调人。从上市流程看，港股 IPO 包括递表、聆讯、路演、招股、公布配售结果和挂牌等环节。其中，耗时最久的是递表至聆讯阶段，一般要 3—6 个月。这期间，企业除了回复监管部门问询、更新财务数据外，还可能被临时“加作业”。而企业财务数据通常按季度、半年度统计，递表有效期却只有 6 个月，这就容易导致企业因财务审计数据过期而 IPO 搁浅。

由于交易架构以及整体协调人和资本市场中介人的组成必须具有灵活性，证监会在咨询总结后规定：（i）在就首次公开招股交易提交 A1 申请表格后两个星期内须委任整体协调人；及（ii）整体协调人须在上市委员会聆讯前四个完整营业日，向证监会提交所有参与的整体协调人的身份，连同应向每个整体协调人支付的定额费用、总费用和费用摊分比率须公布。证券首次发行过程中进行任何簿记建档及配售活动前，必须委任整体协调人及资本市场中介人，并以书面形式指明他们的角色及责任、有权收取的定额费用及费用支付时间表。

考虑到整体协调人就费用安排向发行人提供意见所产生的潜在利益冲突，新准则要求整体协调人就定额费用与酌情费用的摊分（费用摊分比率）向发行人提供指引。证监会亦要求整体协调人在上市委员会聆讯前四个营业日向证监会报告费用摊分比率。整体协调人须采取一切合理步骤，以删除重复的认购指示，并识别出挂盘册内异常或不寻常的认购指示或错误。相关投资者的身份须予以披露，并应适时向资本市场中介人提供有关发售的重要资料更新。

此外，当认购指示的金额超出投资者客户表明其所期望获得的分配额时，资本市场中介人便有责任向客户厘清他们的实际意愿，并在认购指示与投资者客户的财务状况不相称的情况下，向投资者客户作出查询。证监会将禁止挂盘册中的“X-认购指示”，以确保簿记建档过程的透明度。

资本市场中介人应制定、实施及维持政策和程序，以识别、管理和披露簿记建档与配售过程中有关各方的任何实际及潜在利益冲突。资本市场中介人还应时刻优先满足投资者客户的认购指示，其本身及其集团公司的自营认购指示则次之，而在债券发售中，自营认购指示仅可扮演承价人的角色。资本市场中介人亦应设立及维持职能分隔制度，并制定适当的政策及程序。

就认购指示的性质而言，证监会认为，源自银团成员交易团队的认购指示应被视为自营认购指示，而源自银团成员资产管理公司的认购指示应被视为客户的认购指示，前提是有关认购指示必须符合公平商业原则，而且有关公司已实施有效的职能分隔制度。建议规定附有一项注释，厘清集团公司的自营认购指示应被视为不包括由该集团公司代表其投资者客户或其管理的基金及投资组合输入的认购指示，但包括代表资本市场中介人或其集团公司在当中拥有重大权益的基金及投资组合输入的认购指示。①

联交所于2021年3月31日刊发《海外发行人上市制度的咨询文件》，建议优化海外发行人在香港上市的制度。咨询意见总结已于2021年11月19日刊发，海外发行人上市制度的改革于2022年1月1日生效。为使业界人士能够熟悉将于2022年1月1日生效的新规定并顺利过渡到新海外发行人上市制度，联交所将在新海外发行人上市制度生效日前分阶段刊发经修订的

① 2021年10月29日，香港证监会刊发的《有关（i）就股权资本市场及债务资本市场交易的簿记建档及配售活动而制订的建议操守准则；及（ii）“兼任保荐人”的建议的咨询总结》。

《上市规则》、修订版核对表及表格、新的指引信和经修订的诠释及指引。

为使 2022 年 1 月 1 日或其后的海外上市申请人按新制度接受评估，须证明其如何符合新制度施行后的核心股东保障水平和《上市规则》诠释及指引下的规定。该等海外上市申请人须填写相关经修订的清单、表格和范本并与其上市申请一并呈交，其亦可参考指引信 HKEX–GL56–13 以了解上市文件披露要求。

对于已经呈交新上市申请但预计在 2022 年 1 月 1 日或之后上市的海外上市申请人，无须重新提交文件，但需确认其组织章程文件以及其当地法律、规则及规例是否符合核心股东保障水平要求，或对其组织章程文件进行适当修改以符合核心股东保障水平。

现有上市发行人应评估是否需要（i）修改其组织章程文件以符合核心股东保障水平；及 / 或（ii）根据《上市规则》刊发公司资料报表。

4.1.1.1 保荐人的职责

香港法律体系下将保荐人职责分为保荐人守则和合规顾问守则。关于保荐人和合规顾问的职责规定，分别详列于香港证监会的《证券及期货条例》、《企业融资顾问操守准则》、《操守准则》、《收购守则》、《股份回购守则》和联交所的《上市规则》中。① 关于首次发行股票和上市的保荐人、合规顾问的职责以联交所《上市规则》为主要规范性文件。

对于申请股票在联交所主板上市的新发行人，《上市规则》强制性要求必须聘请保荐人协助首次发行上市相关事宜。新发行人应当至少在正式提交上市申请文件两个月之前，与保荐人签署聘任协议，并确保其董事、股东协助保荐人履行职责。聘任协议一经正式签署，保荐人须向联交所报告。若被聘任的保荐人提前终止聘任协议，应当及时向联交所书面解释其终止聘任的原因。② 若终止聘任的保荐人是唯一上市保荐人，则发行人新聘请保荐人的期限须重新起算。

① 《上市规则》第 3A.28 条。
② 《上市规则》第 3A.02、3A.02A 及 3A.02B 条。

《上市规则》对保荐人的工作范围作了详细的规定，包括：深度参与上市文件的起草和准备、尽职调查、陪同申请人出席与联交所的见面或会议，以及对联交所的问询进行及时核查和回复等。[①]保荐人应当向联交所递交一份关于其独立且公正履行保荐职责的承诺，保证不会存在下列行为：

（1）除包销发行人证券外，保荐人及其集团的任何董事或该董事的紧密联系人，不存在单独或合并持有发行人 5% 以上股份；

（2）保荐人集团直接或间接持有的发行人股份价值，超过保荐人最近一期合并财务报表权益净额的 15%；

（3）保荐人或其集团任何成员、董事是发行人的关联人士或紧密联系人；

（4）发行人募股所得款项之 15% 用于偿还保荐人集团欠款；

（5）保荐人集团为发行人和其附属公司提供的借款及担保总额，超过发行人总资产的 30%；

（6）保荐人集团为发行人及其附属公司、股东或其紧密联系人提供的借款及担保总额，超过保荐人最近一期合并财务报表总资产的 10%；

（7）保荐人或其控股公司的董事，或董事之紧密联系人直接或间接持有发行人股权，且价值超过 500 万港元；

（8）直接参与发行人上市申请的保荐人的雇员、董事持有发行人股份或权益；

（9）保荐人或保荐人集团的成员担任发行人的审计师或申报会计师。[②]

如果联交所注意到保荐人存在上述违反其独立性的行为，则其有权拒绝接受该保荐人关于发行人股票上市的申请文件。

除保荐人外，联交所《上市规则》要求上市发行人必须聘请一名合规顾问，对上市发行人的重大公告、关联交易和募集资金使用、业绩预测变化等

① 《上市规则》第 3A.11、3A.12 及 3A.13 条（2023 年 12 月 31 日删除）。
② 《上市规则》第 3A.07 条。

事项发表意见。[①]上市发行人聘任合规顾问的期限应当自股票上市之日起至首个完整会计年度的财务业绩结算之日止。

合规顾问的主要职责是确保上市发行人遵守《上市规则》及其他与上市公司规范运营有关的法律法规，包括但不限于：参加上市发行人与联交所的会议、评估上市发行人董事会的履职情况，与上市发行人就有关财务信息披露和聘请独立财务顾问等情况进行商讨，以及与联交所讨论所有和上市发行人有关之事项。上市发行人聘任的合规顾问应在接受委托后，向联交所呈交一份承诺书，保证根据《上市规则》及其他规定履行职责。

《证券及期货事务监察委员会持牌人或注册人操守准则》要求，至少一名凭借其尽职审查工作对发行人有充分了解并能够在整个交易过程中向发行人提供优质意见的保荐人，获委任为整体协调人。整体协调人及资本市场中介人须备存所有对挂盘册作出变动的记录。由建立及修改认购指示直至分配为止的妥善审计线索应保存至少两年，而其他重要资料（如与有关各方之间的所有重要通讯及向他们提供的资料、回佣安排详情、向联交所及证监会提交的全部陈述所根据的资料等）须保存不少于七年。[②]

4.1.1.2　保荐人的法律责任

根据《证券及期货条例》规定，香港证监会有权就持牌人（包括保荐人）可能违反有关监管规定的活动进行查询或调查，可施加的制裁措施包括谴责、罚款、暂时吊销及撤销牌照。如在欧亚农业案件[③]中，香港证监会同意工商东亚融资有限公司在不承认其未尽保荐责任的基础上，支付 3000 万港元，就其担任欧亚农业上市保荐人的个案进行全面及最终和解。而在洪良国际 IPO 财务造假案件中，香港证监会向洪良国际的保荐人兆丰资本处以 4200 万港元罚款。

---

① 《上市规则》第 3A.23 条。

② 2021 年 10 月 29 日，香港证监会刊发的《有关（i）就股权资本市场及债务资本市场交易的簿记建档及配售活动而制订的建议操守准则；及（ii）“兼任保荐人”的建议的咨询总结》。

③ 《香港证监会严惩保荐人失责，工商东亚 3000 万和解》，https://finance.sina.com.cn/stock/hkstocknews/20050131/13531335789.shtml?from=wap，2024 年 10 月 21 日最后访问。

在香港上市项目中，保荐人通常会兼任全球协调人、簿记管理人、牵头经办人，但在极个别的情况下可能不兼任。全球协调人、簿记管理人、牵头经办人等角色主要在市场推介和承销方面发挥作用，一般会在递交 A1 之后才介入项目，也会开展一定的尽职调查，但其没有法定的尽调责任。

在核心职能主管制度的背景下，香港证监会设定了保荐人监察制度，并成立了一个跨部门工作小组，不定期对保荐人进行“主题视察”，发现存在的问题主要集中于尽职调查方面，其目标是找出那些旨在操纵股价、种票或欺骗小股东的失当行为的失当操作模式，做好前线及后方把关工作，以维持和改善市场质素。

综上所述，香港非常注重保荐人对信息披露的责任，要求保荐人必须对招股说明书承担法律责任。香港的保荐人由香港证监会和联交所认可的投资银行等机构担任，凡为保荐人履行具体保荐工作的人员，均可代表该保荐人，保荐人应为其工作人员的具体行为承担责任。在保荐机构法律责任方面，此前香港只要求保荐机构必须“紧密参与编制”上市文件，而不是对上市文件“负责”，但在 2012 年的修订中，保荐机构必须对招股说明书承担法律责任，即对于出现不实陈述或存在重大遗漏的招股说明书，保荐机构同发行人 / 上市申请人一样要承担民事、刑事法律责任，将对发行人的责任扩展至保荐机构，形成更为严密的责任体系。刑事责任的构成包括保荐机构的主观过错（明知或重大过失）以及后果（对投资者造成重大负面影响）等条件。除了前述提到的法律强制要求保荐人协助发行人进行充分的信息披露外，还需利用严格的法律责任制度威慑信息披露人，保证信息披露内容的真实、准确和完整，以及信息可被公平获得及利用。

4.1.2　中国内地首次公开发行的保荐制度

内地股票发行上市的保荐制度基本上是借鉴香港的理念和规则，但又有自己的创新。我国公开发行股票的保荐制度是 2003 年年底建立的，中国证监会在吸收和借鉴了香港市场保荐制度相关规定的基础上，制定了《证券发行上市保荐制度暂行办法》(已失效),确立了具有我国证券市场特点的发行上市保荐制度,也确定了证券发行上市的“双保”规则,即保荐机构和保荐代表人同时承担保荐职责的规定。“双保”规则要求证券的发行上市由符合证监会核准条件的保荐机构(证券公司)进行推荐,同时,保荐机构(证券公司)应当具备符合人数的保荐代表人,保荐机构及其保荐代表人对证券的发行上市工作共同履行保荐职责。根据《证券发行上市保荐制度暂行办法》中国证监会制定了保荐代表人资格授予办法,并于 2004 年 5 月通过公告的形式,公布了第一批获得证券发行上市保荐资格的保荐机构和保荐代表人名单,标志着我国证券发行上市的保荐制度正式开始实施。

我国于 2005 年修订的《证券法》在国家法律层面确认了证券发行的保荐制度。《证券法》(2005 年修订)第 11 条第 1 款和第 2 款规定,“发行人申请公开发行股票、可转换为股票的公司债券,依法采取承销方式的,或者公开发行法律、行政法规规定实行保荐制度的其他证券的,应当聘请具有保荐资格的机构担任保荐人。保荐人应当遵守业务规则和行业规范,诚实守信,勤勉尽责,对发行人的申请文件和信息披露资料进行审慎核查,督导发行人规范运作”。保荐机构应当与发行人签署书面保荐协议,并向发行人所在地的证监局备案。我国内地的保荐机构只能由证券公司担任。证券公司取得保荐资格必须符合如下条件:(1)公司所拥有的净资本总额不得少于人民币 5000 万元;(2)公司已制定完善的公司治理制度和内部控制制度,并得以有效执行;(3)在公司注册的保荐代表人不少于 4 名。保荐代表人必须隶属于证券公司方可履行保荐职责。保荐代表人需要具备的条件包括:保荐代表人应当熟练掌握保荐业务相关的法律、会计、财务管理、税务、审计等专业知识,最近 5 年内具备 36 个月以上保荐相关业务经历,最近 12 个月持续从事保荐相关业务,最近 12 个月内未受到证券交易所等自律组织的重大纪律处分或者中国证监会的重大监管措施,最近 36 个月内未受到中国证监会的行政处罚。中国证券业协会制定保荐代表人自律管理规范,组织非准入型的水平评价测试，保障和提高保荐代表人的专业能力水平。[①]

由于我国证券发行监管包括发行和上市两个程序，保荐人的保荐责任也分为发行保荐和上市保荐。发行保荐是指保荐机构在发行申报阶段，通过向中国证监会书面递交关于同意对发行人的股票进行保荐的《发行保荐书》、保荐代表人出具专项授权书的方式，证明其愿意推荐发行人公开发行证券；上市保荐是在发行人取得中国证监会关于公开发行股票的核准后，向证券交易所提出股票上市交易申请，保荐机构也通过向证券交易所呈报上市保荐书的方式，证明其愿意推荐发行人的股票在证券交易所上市交易。保荐机构应当在其向中国证监会呈报的发行保荐书和向证券交易所递交的上市保荐书中，对发行人是否符合证券发行和上市的条件进行明确说明，并对股票发行和上市申请文件的内容真实性与完整性承担责任，确保申请资料不存在虚假记载、误导性陈述或者重大遗漏等情形。[②]我国证券监管机构鼓励证券的发行和上市由同一家保荐机构进行保荐，对于发行的证券规模达到一定数量的，也可以由保荐机构进行联合保荐，但参与联合保荐的机构一般不得超过两家。[③]

2006 年 5 月，中国证监会发布了《保荐人尽职调查工作准则》，对于证券发行的尽职调查工作提出了详细的规范性要求，证券保荐机构必须依照该准则，对所保荐的项目开展尽职调查工作并出具报告。2008 年 10 月，为了进一步规范和落实保荐机构与保荐代表人的职责，中国证监会出台了《证券发行上市保荐业务管理办法》（已失效）。《证券发行上市保荐业务管理办法》进一步强化了保荐机构的内部控制，为证券发行上市项目的筛选奠定了基础，并在平衡和制约保荐机构与保荐代表人之间的权利及责任方面进行了规范。[④]2009 年 4 月，中国证监会根据创业板的特点，在《证券发行上市保荐业

① 《证券发行上市保荐业务管理办法》第 4 条。

② 《证券发行上市保荐业务管理办法》第 25 条。

③ 《证券发行上市保荐业务管理办法》第 7 条。

④ 中国证券监督管理委员会官网，http://www.csrc.gov.cn/csrc/c100028/c1002762/content.shtml，2024 年 10 月 21 日最后访问。

务管理办法》中，特别对承担创业板股票发行上市保荐责任的证券公司增加了额外的工作规范要求。根据前述规定，保荐机构在 IPO 过程中承担着非常重要的职责，不仅需要对发行人的申请文件和信息披露资料进行审慎核查，督导发行人规范运行，也要对其他中介机构出具的专业意见进行核查。同时，保荐人还应对发行人是否具备持续盈利能力、是否符合法定发行条件做出专业判断，确保发行人的申请文件和招股说明书等信息披露资料真实、准确、完整、及时。2023 年 2 月 17 日，在配合《证券法》的最新修订和科创板、创业板试点之后全面实行注册制的背景下，《证券发行上市保荐业务管理办法》也进一步修订，取消主板和科创板、创业板的差异化安排，统一适用注册制要求，将北交所保荐业务一并纳入。具体修订内容包括：明确证券交易所对上市保荐的监管职责，授权证券交易所对上市保荐书内容、持续督导期间等作出规定，要求保荐机构向证券交易所报送材料并配合证券交易所审核工作，删除发行审核委员会相关表述等。

关于保荐机构需要承担的保荐责任期限，《证券发行上市保荐业务管理办法》规定，持续督导的期间由证券交易所规定。持续督导期届满，如有尚未完结的保荐工作，保荐机构应当继续完成。保荐机构在履行保荐职责期间未勤勉尽责的，其责任不因持续督导期届满而免除或者终止。

4.1.2.1 保荐机构和保荐代表人的职责

关于保荐机构和保荐代表人的具体工作范围和工作职责，依照《证券法》、《证券发行上市保荐业务管理办法》的相关规定，主要包括股票发行阶段的推荐责任和上市后的持续督导责任。关于股票发行阶段（上市之前）的推荐责任，包括对发行人进行辅导、尽职调查和配合证监会审核三个主要内容。《证券发行上市保荐业务管理办法》第 18 条规定，保荐机构“在推荐发行人首次公开发行股票并上市和推荐发行人向不特定合格投资者公开发行股票并在北交所上市前，应当对发行人进行辅导。辅导内容包括，对发行人的董事、监事和高级管理人员、持有百分之五以上股份的股东和实际控制人（或者其法定代表人）进行系统的法规知识、证券市场知识培训，使其全面掌握发行上市、规范运作等方面的有关法律法规和规则，知悉信息披露和履行承诺等方面的责任和义务，树立进入证券市场的诚信意识、自律意识和法制意识，以及中国证监会规定的其他事项”。中国证监会有权指定其派出机构，对保荐机构的发行辅导工作进行检查验收。对发行人申请文件、证券发行募集文件中无证券服务机构及其签字人员专业意见支持的内容，保荐机构应当获得充分的尽职调查证据，在对各种证据进行综合分析的基础上对发行人提供的资料和披露的内容进行独立判断，并有充分理由确信所作的判断与发行人申请文件、证券发行募集文件的内容不存在实质性差异。[①] 保荐机构提交发行保荐书、上市保荐书后，应当配合证券交易所、中国证监会的发行上市审核和注册工作，并承担下列工作：组织发行人及证券服务机构对证券交易所、中国证监会的意见进行答复；按照证券交易所、中国证监会的要求对涉及本次证券发行上市的特定事项进行尽职调查或者核查；指定保荐代表人与证券交易所、中国证监会职能部门进行专业沟通，接受上市委员会问询；证券交易所、中国证监会规定的其他工作。[②] 及时组织发行人、会计师事务所、律师事务所等证券服务机构对反馈意见进行答复。如果需要对发行申报文件的特定事项进行核查，则应及时安排核查，并在发行审核委员会会议上接受委员质询。

关于股票上市后的持续督导责任，主要包括对上市公司内部治理规范、各类发行承诺的具体执行情况，以及及时、准确地履行信息披露义务等方面。保荐机构应当建立健全保荐业务制度体系，细化尽职调查、辅导、文件申报、持续督导等各个环节的执业标准和操作流程，提高制度的针对性和可执行性。具体来说，保荐人应当通过培训、持续关注等方式，要求上市公司不断完善内控制度，并通过对上市公司关联交易发表意见、关注募集资金使用和对外担保等对上市公司规范运行进行监督，确保上市公司不会出现关联

---

① 《证券发行上市保荐业务管理办法》第 23 条。
② 《证券发行上市保荐业务管理办法》第 27 条。

方占用上市公司资源的情况。①

《证券法》（2019 年修订）和《刑法修正案（十一）》进一步明确和压实了保荐机构责任。《证券法》（2019 年修订）第 85 条规定，信息披露义务人未按照规定披露信息，或者公告的证券发行文件、定期报告、临时报告及其他信息披露资料存在虚假记载、误导性陈述或者重大遗漏，致使投资者在证券交易中遭受损失的，信息披露义务人应当承担赔偿责任；发行人的控股股东、实际控制人、董事、监事、高级管理人员和其他直接责任人员以及保荐人、承销的证券公司及其直接责任人员，应当与发行人承担连带赔偿责任，但是能够证明自己没有过错的除外。第 182 条规定，保荐人出具有虚假记载、误导性陈述或者重大遗漏的保荐书，或者不履行其他法定职责的，责令改正，给予警告，没收业务收入，并处以业务收入 1 倍以上 10 倍以下的罚款；没有业务收入或者业务收入不足 100 万元的，处以 100 万元以上 1000 万元以下的罚款；情节严重的，并处暂停或者撤销保荐业务许可。对直接负责的主管人员和其他直接责任人员给予警告，并处以 50 万元以上 500 万元以下的罚款。第 219 条兜底性地规定了各义务主体（包括作为中介机构的保荐人）构成犯罪的，依法追究刑事责任。从上述规定看，A 股对保荐人的责任规定是比较严密的。《证券法》（2019 年修订）大幅提高了对保荐人及其对直接负责的主管人员和其他直接责任人员的处罚力度，以提高罚款等经济罚措施，增加保荐机构违法成本，不断督促保荐人尽责履行保荐责任。《刑法修正案（十一）》进一步压实了保荐人等中介机构的“看门人”职责，明确提出保荐人作为提供虚假证明文件罪和出具证明文件重大失实罪的犯罪主体，将追究刑事责任。

4.1.2.2 保荐人的法律责任

我国《证券法》及《证券发行上市保荐业务管理办法》也对保荐人需承

---

① 《证券发行上市保荐业务管理办法》第 31、32 条。

担的法律责任进行了详细规定。《证券发行与承销管理办法》进一步规定，发行人和主承销商在发行过程中，应当按照中国证监会规定的要求编制信息披露文件，履行信息披露义务。发行人和承销商在发行过程中披露的信息，应当真实、准确、完整、及时，不得有虚假记载、误导性陈述或者重大遗漏。保荐人未能勤勉尽责，给投资者造成重大经济损失的，应当承担相应的法律责任，包括民事责任、行政责任和刑事责任等。我国对于保荐人的法律责任规定较侧重于行政责任及刑事责任。根据《证券发行上市保荐业务管理办法》第70条规定，发行人在持续督导期间出现"首次公开发行股票并在主板上市和主板上市公司向不特定对象公开发行证券并上市当年营业利润比上年下滑百分之五十以上"等十三种情形之一或者中国证监会规定的其他情形的，中国证监会可以根据情节轻重，对保荐机构及其相关责任人员采取出具警示函、责令改正、监管谈话、对保荐代表人依法认定为不适当人选、暂停保荐机构的保荐业务等监管措施。

如因欺诈发行而被强制退市的欣泰电气事件，中国证监会对欣泰电气的保荐机构兴业证券给予警告，没收保荐业务收入并处罚款、没收承销股票所得并处罚款的监管措施，对于欣泰电气项目的保荐代表人兰某、伍某给予警告，并分别处以罚款、撤销证券从业资格的处罚。①

根据证监会查明的情况，欣泰电气的保荐人及主承销商兴业证券未对欣泰电气应收账款情况和银行存款情况进行审慎核查，未对欣泰电气公开发行募集文件的真实性和准确性进行审慎核查，出具的保荐书等文件存在虚假记载，属于情节严重的行为，证监会依据《证券法》第191条、第192条和《行政处罚法》（2017年）第27条第1款第1项的规定，决定对兴业证券给予警告，没收保荐业务收入1200万元，并处以2400万元罚款；没收承销股票违法所得2078万元，并处以60万元罚款；对欣泰电气项目保荐代表人兰

① 《中国证监会行政处罚决定书》（〔2016〕91号），载中国证券监督管理委员会官网，http://www.csrc.gov.cn/csrc/c101928/c1042794/content.shtml，2024年10月21日最后访问。

某、伍某给予警告，并分别处以 30 万元罚款、撤销证券从业资格。[①]欣泰电气是我国证券市场第一家因欺诈发行而被启动强制退市程序的上市公司，且在退市后不能重新上市。证监会对欣泰电气的处罚决定，体现了我国证券监管部门对虚假信息披露、欺诈发行的零容忍态度，以及通过加强对保荐人的监管规范证券发行的趋势。

通过前述与香港市场保荐制度的比较，我们可以看到，内地证券市场的保荐制度规定较香港更为严格。2019 年修订的《证券法》与《刑法修正案（十一）》进一步明确和压实了保荐机构责任。《证券法》（2019 年修订）第 85 条规定，信息披露义务人未按照规定披露信息，或者公告的证券发行文件、定期报告、临时报告及其他信息披露资料存在虚假记载、误导性陈述或者重大遗漏，致使投资者在证券交易中遭受损失的，信息披露义务人应当承担赔偿责任；发行人的控股股东、实际控制人、董事、监事、高级管理人员和其他直接责任人员以及保荐人、承销的证券公司及其直接责任人员，应当与发行人承担连带赔偿责任，但是能够证明自己没有过错的除外。该法从法律层面进一步完善了证券公司开展发行业务的行政责任体系，包括需承担的主要义务以及法律责任；2021 年 7 月 15 日，新修订的《行政处罚法》生效，2021 年 7 月 14 日证监会发布了《证券期货违法行为行政处罚办法》，从实体与程序两个方面为进一步提升稽查处罚效能提供了有力的制度支撑。在坚持“建制度、不干预、零容忍”和强化中介机构“看门人”责任的大背景下，证监会严格依法履行监管职责，通过加大行政责任追究力度，加强中介机构责任，不断督促中介机构各尽其责、切实履行核查义务。

证券公司及其从业人员的行为受到《证券法》（2019 年）的严格规制，规定其行政责任的法律条款数量相较于针对其他责任主体的条款更多。就证券公司在证券发行业务中的行政责任而言，结合《证券法》（2019 年）相关法律条款，主要包括行政处罚和证券市场禁入两种类型。《证券法》（2019

① 《中国证监会行政处罚决定书》（〔2016〕91 号），载中国证券监督管理委员会官网，http://www.csrc.gov.cn/csrc/c101928/c1042794/content.shtml，2024 年 10 月 21 日最后访问。

年）与证券发行相关的行政处罚法律条款共14条，其中，第2章“证券发行”规定有1条、第13章“法律责任”规定有13条，涉及6种行政处罚具体形式，财产罚是主要处罚类型。第182条规定，保荐人出具有虚假记载、误导性陈述或者重大遗漏的保荐书，或者不履行其他法定职责的，责令改正，给予警告，没收业务收入，并处以业务收入一倍以上十倍以下的罚款；没有业务收入或者业务收入不足一百万元的，处以一百万元以上一千万元以下的罚款；情节严重的，并处暂停或者撤销保荐业务许可。对直接负责的主管人员和其他直接责任人员给予警告，并处以五十万元以上五百万元以下的罚款。第219条兜底性地规定了各义务主体（包括作为中介机构的保荐人）构成犯罪的，依法追究刑事责任。从上述规定可以看出，A股对保荐人的责任规定是比较严密的。《证券法》大幅加大了对保荐人及其直接负责的主管人员和其他直接责任人员的处罚力度，以提高罚款等经济罚措施，提高保荐机构违法成本，不断督促保荐人尽力履行保荐责任。《刑法修正案（十一）》进一步压实了保荐人等中介机构的“看门人”职责，明确提出保荐人作为提供虚假证明文件罪和出具证明文件重大失实罪的犯罪主体，将追究刑事责任。

《证券法》（2019年）第182条明确规定了个人责任，“对直接负责的主管人员和其他直接责任人员给予警告，并处以五十万元以上五百万元以下的罚款”。《刑法修正案（十一）》将《刑法》第229条修改为，“承担资产评估、验资、验证、会计、审计、法律服务、保荐、安全评价、环境影响评价、环境监测等职责的中介组织的人员故意提供虚假证明文件，情节严重的，处五年以下有期徒刑或者拘役，并处罚金；有下列情形之一的，处五年以上十年以下有期徒刑，并处罚金……”在法律责任方面，2023年修订的《证券发行上市保荐业务管理办法》规定了保荐机构、保荐代表人、保荐业务负责人、内核负责人、保荐业务部门负责人及其他保荐业务相关人员特定的法律责任，不再适用与发行人的连带责任。上述人员未诚实守信、勤勉尽责地履行相关义务的，中国证监会可以对其采取重点关注、责令进行业务学习、出具警示函、责令公开说明、责令改正、责令增加内部合规检查的次数并提交合规检查报告、监管谈话、责令处分有关责任人员并报告结果、依法认定为不适当人选等监管措施；依法应给予行政处罚的，依照有关规定进行处罚；情节严重涉嫌犯罪的，依法移送司法机关，追究其刑事责任。2022年公布的《最高人民法院关于审理证券市场虚假陈述侵权民事赔偿案件的若干规定》也新增了“责任主体”章节，专节规定了虚假陈述行为人及相关责任人员的民事赔偿责任。该法第 17 条通过对免责抗辩事由的规定，对保荐、承销机构尽职调查工作的过错认定标准予以明确，明确了保荐、承销机构勤勉尽责的基本认定依据，并细化区分保荐、承销机构在特别注意义务和一般注意义务项下不同的履职要求。

《证券发行上市保荐业务管理办法》第 65 条还规定，出现下列情形之一的，中国证监会可以视情节轻重，对保荐机构、保荐代表人采取出具警示函、责令改正、监管谈话等监管措施；情节严重的，中国证监会可以采取暂停保荐机构的保荐业务、依法认定保荐代表人为不适当人选三个月到十二个月的监管措施：（一）制作或者出具的文件不齐备或者不符合要求；（二）擅自改动申请文件、信息披露资料或者其他已提交文件；（三）申请文件或者信息披露资料存在相互矛盾或者同一事实表述不一致且有实质性差异；（四）文件披露的内容表述不清，逻辑混乱，严重影响投资者理解；（五）未及时报告或者未及时披露重大事项；（六）指定不符合本办法第 4 条规定要求的人员具体负责保荐工作；（七）未通过内核程序，以公司名义对外提交或披露保荐业务项目文件；（八）采取业务包干等承包方式或其他形式进行过度激励；（九）以显著低于行业定价水平等不正当竞争方式招揽业务，违反公平竞争、破坏市场秩序。

例如，在聚威新材发行上市案[①]中，聚威新材拟登陆科创板的材料于 2022 年 6 月被受理，2023 年 1 月 10 日被暂缓审议，2023 年 4 月 28 日被终

① 《关于对上海聚威新材料股份有限公司予以监管警示的决定》，载上海证券交易所网站，https://listing.sse.com.cn/credibility/supervision/c/5724762.pdf，2024 年 6 月 28 日最后访问。

止上市。在10个月内，公司经历了上市委员会的两轮问询，但显然结果并没有得到认可。通过现场督导发现，一是发行人研发费用相关内部控制存在薄弱环节，包括研发领料与生产领料存在混同、职工薪酬的归集缺乏支持性证据；二是发行人成本核算内部控制不规范。此外，保荐机构项目组对于拟报送的部分申报材料，在经过质控部门核验签章后，又进行了部分实质性修改，但未按规定重新履行内部核验签章程序即向证券交易所报送，保荐业务“三道防线”存在一定的薄弱环节。针对以上违规情形，上交所对发行人、保荐机构及保荐代表人均予以监管警示。

再如，在福贝宠物案[①]中，福贝宠物于2023年3月4日向上交所主办递交申请材料拟上市科创板，保荐机构为广发证券。7月7日，福贝宠物即主动撤回申请，在撤回申请一个月后，监管处罚也随之而至。申报前，公司与相关投资机构签订对赌协议，涉及优先认购、股份回购、优先清算等特殊权利条款。审核问询过程中，该公司回复称已与相关投资机构签订了对赌条款解除协议，明确对赌条款、相关特殊权利条款自始无效，对此，保荐机构核查并发表肯定意见。而经过专项核查后，发现保荐机构广发证券对发行人对赌协议解除情况核查不到位，审核问询回复与实际情况不符。因此，保荐代表人、发行人及时任董事会秘书兼副总经理被予以监管警示。

需指出的是，证券公司作为保荐人、财务顾问的持续督导义务与其在发行、重组阶段的职责存在明显不同。在发行、重组阶段，保荐人、财务顾问对上市公司信息负有核查、验证义务，而在持续督导阶段对上市公司一般的信息披露事项仅负有及时审阅义务，而不负有审慎核查或保证真实、准确、完整的义务。“索菱股份”案[②]、“尔康制药”案[③]判决均明确了认定持续督导

---

① 《关于对上海福贝宠物用品股份有限公司及有关责任人予以监管警示的决定》，载上海证券交易所网站，https://listing.sse.com.cn/credibility/supervision/c/5724780.pdf，2024年6月28日最后访问。

② 中国裁判文书网，https://wenshu.court.gov.cn/website/wenshu/181107ANFZ0BXSK4/index.html?docId=HSIbTIHYRKIG3L7lMu8VVgBDcxd7TmIeNquy0RaFMK26/zr01j2g55/dgBYosE2gLzpdYYq1VFmR8C/LBPAa1fBrTgxRV5+x5U8L841+aytHsJkFsH/TV/Ku1Uic1FE6，2024年10月21日最后访问。

③ 中国裁判文书网，https://wenshu.court.gov.cn/website/wenshu/181107ANFZ0BXSK4/index.html?docId=GkmKHoK+rz8ijJelikufssFNhZX6os/DSHPpatLDHvx5Nznm10mLAZ/dgBYosE2gLzpdYYq1VFmR8C/LBPAa1fBrTgxRV5+x5U8L841+aytHsJkFsH/TV5bnWDiqcOg8，2024年10月21日最后访问。

的职责边界，有效避免了“督导义务审计化”，切实保障了证券公司长远展业的积极性。

2023 年 2 月，中国证监会发布修订后的《证券发行上市保荐业务管理办法》，中国证监会采取了以下措施来强化新股发行的保荐监管工作：加大对保荐机构的现场检查力度；对违纪保荐机构及保荐人强化监管措施，不仅对相关保荐人进行了口头批评提醒、对 IPO 项目推出问审程序，也对多家保荐机构的保荐项目实施了问审程序；推出保荐信用监管系统，为社会各界提供外部查询功能；修改保荐办法、出台配套措施；加强对保荐人的培训，提升其执业水平。

2025 年 3 月 27 日，中国证监会根据新《公司法》作适应性调整，对《证券发行上市保荐业务管理办法》进行了修正。将第 53 条和第 54 条中的“股东大会”修改为“股东会”；第 70 条和第 73 条中的“董事、高级管理人员侵占发行人利益受到行政处罚或者被追究刑事责任”和“发行人及其董事、高级管理人员在持续督导期间故意违法违规，保荐机构和保荐代表人主动予以揭示，已履行勤勉尽责义务”分别增加了“监事”。基本内容保持不变。

4.1.2.3 H 股全流通

2018 年，中国证监会开展了三家 H 股上市公司“全流通”的试点工作，并在此基础上于 2019 年 11 月 14 日发布《H 股公司境内未上市股份申请“全流通”业务指引》，全面推出了 H 股“全流通”政策，亦同步出台 H 股“全流通”申请材料目录及审核关注要点。2019 年 12 月 31 日，中国证券登记结算有限责任公司与深圳证券交易所联合发布了《H 股“全流通”业务实施细则》。为明确相关股份登记存管和清算交收的业务安排及办理流程，中国证券登记结算有限责任公司于 2020 年 2 月 7 日发布了《H 股“全流通”业务指南》，至此，H 股“全流通”相关的配套制度得到了全面完善，以往内资股不能在境外上市流通的问题得到解决。

H 股“全流通”所涉及的主要流程：（1）通过公司内部决策及相关主管部门同意。H 股“全流通”要求“符合相关法律法规以及国有资产管理、外商投资和行业监管等政策要求”，部分行业需事先取得主管部门同意：如金融、类金融行业公司，以及其他对股东资质设置准入要求行业的公司，申请H股“全流通”原则上应当事先取得行业监管部门同意；另外，国有股东所控股公司，以及国有股东所持股份申请“全流通”，还应当符合国有股权监督管理的有关规定。（2）向中国证监会提出申请，即H股公司申请“全流通”的，应当按照“股份有限公司境外公开募集股份及上市（包括增发）审批”行政许可程序向中国证监会提出申请。（3）香港联交所上市委员会批准非上市股份或内资股转换为H股的上市及买卖。（4）办理股份转登记业务。“全流通”申请经中国证监会核准后，境内未上市股份股东应当按照中国证券登记结算有限责任公司有关业务规则，办理股份转登记业务，按照香港市场有关规定办理股份登记、股票挂牌上市等程序，并依法合规进行信息披露。境内未上市股份到香港联交所上市流通后，不得再转回境内。境内未上市股份股东可根据相关业务规则减持和增持本公司在香港联交所流通的股份。（5）H股公司应于申请所涉股份在中国结算完成转登记后15日内向中国证监会报送相关情况报告。

2023年8月10日，中国证监会根据2023年3月31日施行的《境内企业境外发行证券和上市管理试行办法》及其相关配套规则，新修正了《H股公司境内未上市股份申请“全流通”业务指引》，规定在符合国有资产管理、外商投资和行业监管等政策要求的前提下，境内未上市股份股东可以申请港股“全流通”，该等股东可自主协商确定拟申请流通的股份数量和比例，并委托H股公司向中国证监会备案，到香港联交所上市流通。自此，港股“全流通”不再存在公司规模、行业等限制条件，不再设家数限制和完成时限。H股公司股东可在首发时或在申请境外再融资时或者境外上市后任一时点单独或一并提出“全流通”申请。

2024年5月6日，国家外汇管理局《资本项目外汇业务指引（2024年版）》正式施行。根据其规定，部分券商内部调整了H股的全流通业务。此前，股东减持全流通的H股，应先去当地外汇局登记，随后凭外汇局证明到券商营业部登记额度信息以控制卖出额度，防止超额卖出。新规实施后，投资者减持前无须登记；减持后，须在20个工作日内到外汇局登记。

4.2 首次公开发行的股票承销制度

股票承销是发行人委托承销商销售其股票的行为，是首次公开发行非常重要的环节，承销的效果好坏决定着发行人的股票发行能否成功。一个经营业绩优秀且具有良好发展前景的发行人，通常会有若干个机构愿意为其承销股票，发行人则根据承销商的声誉、实力、承销经验和分销能力等选择最适合本次发行的单一承销商或者主承销商。通常来说，承销商对股票的承销从尽职调查开始。承销商根据法律法规规定的业务标准和道德规范，对发行人及其股权架构、经营业绩、财务情况等信息和文件的真实性、准确性与完整性进行核查验证，确保发行人符合股票公开发行的条件和标准。在尽职调查的基础上，承销商协助发行人编制股票发行上市文件，并完成相关证券发行的核准或注册程序。但是，承销商所做的尽职调查和保荐人承担的尽职调查责任并不相同，保荐人负责上市文件信息披露的准确、完整、没有误导成分，而承销商主要负责商业运作、销售证券，甚至在某些情况下，承销商只在上市申请程序的较后阶段才开始获得委聘而加入，因此无法与保荐人一样履行全面的尽职调查责任。股票发行经核准或注册后，承销商利用其广泛的资源及网络，对发行人股票进行销售，包括但不限于组建承销团或签署分销协议等。路演是股票销售非常重要的步骤，承销商根据在路演过程中潜在投资者对发行人股票的报价，确定股票的发行价格及发行方案。①

股票承销制度一般包括承销方式、价格确定及价格稳定等方面。股票承

① 汪沂:《IPO法律制度研究》，中国政法大学出版社2012年版，第125、126页。

销方式，是指承销商利用其广泛的营销网络和客户资源，通过包销或者代销的方式，对发行人发行的股票进行销售。股票包销，是指股票承销商根据与发行人签订的承销协议，在约定的承销期内将发行人公开发行的股票予以全部销售，若承销期限届满仍有余额，则承销商如数买进。根据包销方式的不同，包销又分为余额包销和确定包销。余额包销在英国被称为严格或老式承销（Strict or Old Fashioned Underwriting），在美国被称为等待之承销（Stand-by Underwriting），是指承销商根据承销合同，承诺在承销期限届满后若有股票没有销售出去，则自行负责购买。确定包销（Firm Commitment Underwriting），也称定额包销，是指承销商根据承销合同，先从发行人处买入公开发行的全部股票，然后根据与分销商签署的分销协议，将其中一部分出售给分销商，其余部分则直接销售给投资者。股票之代销，也称为尽力承销（Best-effort Underwriting），指的是承销商在承销协议中约定，其将在承销期限内尽力销售发行人的股票，若承销期满尚有未能销售之股票，则承销商将剩余股票退还给发行人，由发行人承担发行失败的后果。①余额包销是国际上最常用的证券承销方式。

股票承销既可以由一家承销商担任，也可以由两家以上承销商组成承销团的方式进行销售。承销商在美国被称为投资银行，在英国被称为商人银行，德国称之为私人承兑公司，我国香港地区称之为吸储公司，我国内地则称之为证券公司。②承销团（Underwriting Syndicate）是指两家或两家以上承销商自愿组成承销联合体，共同接受发行人的委托，根据承销协议约定的责任，共同销售发行人公开发行的股票。承销团通常由一家主承销商牵头组织，该主承销商对于股票的发行销售承担主要责任，其他承销商协助主承销商组织股票销售程序，并根据承销协议承担一定的销售责任。承销协议是约束发行人和承销商的法定文件，对发行人和承销商之间的权利义务进行规定。原《证券法》规定，向不特定对象发行的证券票面总值超过人民币5000

① 陈界融：《证券发行法论》，高等教育出版社2008年版，第193页。

② 范健、王建文：《证券法》，法律出版社2010年版，第107页。

万元的，应当由承销团承销。新《证券法》取消了这一规定，承销的方式更加灵活，不受承销证券发行规模的约束，由发行人自主决定。《证券法》第30条规定，向不特定对象发行证券聘请承销团承销的，承销团应当由主承销和参与承销的证券公司组成。承销团承销方式可以分散承销的风险。在承销团承销的情形下，承销团须分为主承销商和参与的承销商。《证券发行与承销管理办法》对主承销商和承销商在职责和义务上做了区分。比如，主承销商在发行过程中，应当按照中国证监会规定的要求编制信息披露文件，履行信息披露义务；承销商在发行过程中披露的信息，应当真实、准确、完整、及时，不得有虚假记载、误导性陈述或者重大遗漏。再如，主承销商在推介过程中不得夸大宣传，或以虚假广告等不正当手段诱导、误导投资者，不得披露除招股意向书等公开信息以外的发行人其他信息；承销商应当保留推介、定价、配售等承销过程中的相关资料至少三年并存档备查，包括推介宣传材料、路演现场录音等，如实、全面反映询价、定价和配售过程。可见，主承销商的职责和义务明显更重，而参与的承销商更多是"销售"的职责和义务。但有多个主承销商的情况下，在主承销商之间，职责和义务就不做区分了。《证券发行与承销管理办法》也明确规定，证券发行由两家以上证券公司联合主承销的，所有担任主承销商的证券公司应当共同承担主承销责任，履行相关义务。①

确定价格是股票承销过程中非常重要的环节。价格确定是股票价值发现的过程，由发行人与承销商根据法律规定的条件、股票价值、投资人认购意向和市场状况商议确定股票的发行（出售）价格。股票价值、股票发行价格与股票交易价格是关于股票定价的三个非常容易混淆的概念。股票价值是其所代表的现实资本的价值；股票发行价格是股票在证券发行市场发行时的定价；股票的交易价格是在证券交易市场，对股票这一特殊商品进行交易时形成的市场价格。②

---

① 段涛：《〈证券法〉承销保荐民事法律责任制度的完善》，载《证券法苑》2013 年第九卷。
② 汪沂：《IPO 法律制度研究》，中国政法大学出版社 2012 年版，第 196 页。

股票价值包括票面价值和实际价值。股票的票面价值是股票发行时每一份额的面额，而实际价值是每一股票所对应的资产价值。股票的票面价值与《公司法》中的法定资本制度密切相关，[①] 其最初是指股票的发行价格，保证股东向公司足额出资，后由于溢价发行的普遍出现，股票面值仅成为一个名义上的价值。[②] 我国《公司法》、《证券法》对于股票的面值没有规定，仅原则性要求股票的发行价格不得低于票面金额。[③] 但是，实践中，我国内地证券市场通行的股票面值为 1 元，主要是因为 1994 年国务院《境外上市特别规定》（已失效）和原国务院证券委、国家体改委《必备条款》中对于股票面值进行了明确规定，如《必备条款》第 12 条规定，“公司发行的股票，均为有面值股票，每股面值人民币一元”。由于我国内地证券市场对于股票面值没有其他相对明确的规定，因此前述规定的 1 元面值成为我国内地股票发行通行的股票票面价值，唯一的例外是中国证监会于 2007 年 12 月 26 日审核通过的紫金矿业 H 股回归 A 股 IPO 申请，每股面值为 0.1 元。[④]

股票的发行价格既取决于发行人的净资产额、盈利能力、未来发展潜力以及行业状况和市场整体环境等因素，也受到定价方式和配售方式的影响。定价方式可以根据发行人所处的行业特性、企业的实际情况、市场上通行的做法等因素来决定，具体包括市价折扣法、市盈率定价法、可比公司定价法、贴现现金流定价法和经济增加值定价法等。股票配售的主要方式包括竞价拍卖、询价圈购、公开申购配售和洽商销售等。[⑤] 首次公开发行的股票，在上市后，其价格与发行价格相比，都会有一定的升幅，这种现象被称为首次公开发行股票的溢价。

承销商在 IPO 过程中有着多重身份，其不仅作为发行人的代理人，对

① 公司法下的“资本三原则”制度，即要求公司注册资本符合法定最低限额并须足额缴纳，公司在运营过程中应保持注册资本的稳定，非经法定程序不得随意变更注册资本。

② 张舒：《低面额股票与公司资本制》，载《金融法苑》2009 年第 1 期。

③ 《公司法》第 148 条。

④ 搜狐财经：《0.1 元面值发行原因详解　紫金矿业 A 股本月将发行》，http://business.sohu.com/20080102/n254420435.shtml，2024 年 2 月 28 日最后访问。

⑤ 陈界融：《证券发行法论》，高等教育出版社 2008 年版，第 204 页。

发行人的情况进行尽职调查，还承担收集投资者需求信息、营销发行人股票以及同发行人协商定价等工作；作为中介机构承担发行人与投资者之间“信息生产者”和“认证中介”的职能；作为独立的金融机构，承销商在追求利润、谋求市场份额扩大的同时，也需维护自身声誉。为保护投资者利益，发行人及承销商需要承担股票上市后稳定股票价格的责任。研究表明，承销商在 IPO 定价过程中发挥着核心作用，且有故意降低发行价格的倾向。承销商声誉和超额配售选择权均有降低新股发行价格的作用，且声誉越好的承销商抑价发行的动机越大，市场情绪也可通过承销商声誉间接影响承销商定价行为。由于低定价不仅可以减少承销商销售股票的工作量，还可降低承销商为履行包销合同而购买未售罄股票的可能性，故承销商在定价过程中大多提供较低的建议价格。

发行人及承销商通常会在承销协议及发行上市申请文件中就可能采取的稳定股票价格的措施进行说明，具体包括股份锁定、超额配售选择权等。股份锁定是指发行人主要股东、董事和高级管理人员等承诺，在发行人股票上市后的特定期间内，不得出售其所持发行人股份的情形。超额配售选择权，又称“绿鞋机制”或“绿鞋期权”（Green Shoes Option）[①]，是由发行人授权承销商在发行人股票上市之后的限定时间内，依据发行人股票二级市场的交易价格情况，以该股票的发行价购入发行人特定数量的股票。在超售情况下，如果发行定价过高，新股交易开始后，则市场价格可能出现下跌倾向，此时承销商可通过二级市场空头回补来增加市场需求，以使新股免于破发；如果发行定价偏低，则新股后市价格可能有上涨倾向，导致供不应求，此时承销商可以行使超额配售选择权以增加股票供给，从而调节市场供求。因此，承销商对超额配售选择权的行权行为与其定价决策相互影响，密切相关。[②] 我

---

① 绿鞋机制：由美国波士顿绿鞋制造公司于 1963 年首次公开发行股票（IPO）时率先使用而得名，是超额配售选择权制度的俗称，主要指承销商在发行人股票上市之后的限定时间内，依据发行人股票二级市场的交易价格情况，以股票发行价购入发行人特定数量的股票，目的是防止新股发行上市后股价下跌至发行价或发行价以下，以增强参与一级市场认购的投资者的信心。

② 叶莉、应秀杰、王峥：《承销商声誉、超额配售选择权与 IPO 定价》，载《南方金融》2014 年第 8 期。

国《证券发行与承销管理办法》（2018 年）第 15 条即规定了超额配售选择权，但同时规定，只有在首次公开发行股票的数量达到或者超过 4 亿股时，发行人及其主承销商才被允许在发行方案中实施这一权力。2023 年该法规做了修订，删除了 4 亿股的限制，增加了采用超额配售选择权发行证券的数量不得超过首次公开发行证券数量的 15% 的规定。根据《证券发行与承销管理办法》、《首次公开发行股票注册管理办法》等有关文件，上海证券交易所和深圳证券交易所分别制定了《上海证券交易所首次公开发行证券发行与承销业务实施细则》和《深圳证券交易所首次公开发行证券发行与承销业务实施细则》，在复制推广注册制试点中相对成熟的制度的同时，调整优化定价配售等机制，提升主板发行承销制度的包容性、适应性，兼顾存量、防控风险、保护中小投资者等各个方面，形成统一适用于主板与科创板的首发承销细则。

第一，允许主板、科创板采取直接定价方式，并约束定价上限。第二，明确采用询价方式定价的，应当向证券公司、基金管理公司、期货公司等 8 类专业机构投资者询价；在主板上市的，还应当向其他法人和组织、个人投资者询价。第三，允许参与询价的网下投资者为其管理的配售对象填报不同的拟申购价格不超过 3 个、价差不超过 20%。第四，明确最高报价剔除比例不超过 3%。第五，完善询价定价信息披露，包括剔除最高报价部分后的网下投资者报价中位数、加权平均数，以及公募基金、社保基金、养老金、年金基金、保险资金、合格境外投资者资金报价中位数、加权平均数（以下简称“四个值”）等。第六，定价超出前述“四个值”孰低值、同行业上市公司二级市场平均市盈率或者境外市场价格的，以及发行人尚未盈利的，在申购前发布 1 次投资风险特别公告，无须延迟申购。

超额配售选择权（Green Shoes Option）由美国的证券承销商在 IPO 中创造，因此美国证券市场最先接受这种发行方式，并很快得到广泛推广，被应用到债券、可转换债券以及股票增发等各类证券的发行中。超额配售选择权在美国的发展可以分为两个阶段，第一个阶段是 1983 年 8 月 17 日以前，美国全国证券交易商协会（NASD）规定超额配售的规模不得超过股票发行规模的 10%；第二个阶段是 1983 年 8 月 17 日之后，NASD 将此限制条件放宽至不得超过股票发行规模的 15%。但是，由于超额配售选择权涉及二级市场的操作，因此如何界定它与市场操纵行为在有些国家引起过比较大的争议。例如，澳大利亚资本市场之所以尚未允许在证券发行中设定超额配售选择权，就是因为澳大利亚法律对操纵行为的界定与超额配售选择权在二级市场起的作用相似，可能会在实践中造成混淆。因此，成熟的法律法规、完善的监管体制和大量理性成熟的机构投资者是实施超额配售选择的基石。[①]

2019 年修订前的《证券法》规定，向不特定对象发行的证券票面总值超过人民币 5000 万元的，应当由承销团承销。修订后的《证券法》取消了这一规定，承销的方式更加灵活，不受承销证券发行规模约束，由发行人自主决定。新《证券法》第 30 条规定，向不特定对象发行证券聘请承销团承销的，承销团应当由主承销和参与承销的证券公司组成。下文将通过对香港和内地股票承销制度的介绍，对 A+H 双重上市公司在香港市场和内地 A 股市场公开发行股票的销售、定价和上市后的价格稳定措施等制度进行详细分析和比较。

4.2.1 香港市场股票承销制度

证券发行监管模式直接影响着证券承销制度的核心内容。中国香港地区对证券市场实施自律型监管，香港证监会与香港交易所通过“双重存档”制度确定的监管权限，对证券发行承销的规范性进行监管。香港首次公开发行证券的承销通常采用包销的方式，且一般要求为全额包销。如果香港联交所未能有充分信息确认承销商有履行其包销责任的能力，则可拒绝发行人的上市申请。

关于具体承销方式，联交所《上市规则》针对不同的上市方式规定了不同的股票承销方式。例如，申请发售以供认购（Offer for Subscription）、供股（Rights Issues）和公开招股（Open Offers）方式上市的股票必须采取包销的方

① 凌卓华:《超额配售选择权在国外 IPO 的应用及特点》，载《经济师》2005 年第 6 期。

式进行销售，而申请以发售现有证券（Offer for Sale）和配售（Placing）方式上市的股票，则没有强制性包销的规定。[①] 在香港上市的项目中，通常保荐人会兼任全球协调人 / 簿记管理人 / 牵头经办人，因此，一般保荐项目也需通过承销委员会的批准。承销委员会进行审批的目的是在投资银行正式启动或有效承诺启动任何资本市场承销活动之前，获得包括股权资本市场团队、客户覆盖团队、环球资本市场团队、交易资本市场风险与合规部门在内的所有相关团队的支持，并同时确保包括 KYC[②]、利益冲突核查、尽职调查、充分披露、法律文件审查、定价、合理预期的近期需求等在内的项目执行相关事项符合相关的公司准则。

4.2.1.1 香港股票发行承销制度的发展

世界上股票首次公开发行的发售机制主要有以下三种：累计订单询价机制、固定价格机制以及拍卖机制。累计订单询价机制一开始主要为美国所采用，报价机构最终获配的价格为申报价格，对机构报价能力要求更高，有利于提升机构的定价水平；固定价格机制开始主要被英国及印度、新加坡等国采用，后来也曾被德国、意大利、比利时等欧洲国家采用；采用拍卖机制的国家较少。累计投标询价方式在全球股市的使用范围不断扩大。20 世纪 80 年代以前，累计投标询价方式主要在以美国为代表的少数国家使用，而到 20 世纪 90 年代末期，这一定价方法已经成为全球最流行的 IPO 发行定价，尤其对大型发行项目来说更是如此。此外，这三种发行机制还可以相互混合，也就是在一次 IPO 过程中分别对不同的份额采用不同的发行机制。由于各种定价制度的特点不同，因此许多国家（地区）会根据本地股票市场的环境选择混合定价制度。其中，累计投标询价与固定价格混合机制使用最为广泛。典型代表是香港证券市场。

1993 年，青岛啤酒在香港发行 H 股并上市，不仅带动大量内地企业到香

---

① 《上市规则》第 7.03、7.06、7.09 和 7.19 条等。

② KYC，指的是 Know-Your-Customer，字面意思就是了解你的客户。来源于巴塞尔银行监管委员会在 1998 年 12 月通过的《关于防止犯罪分子利用银行系统洗钱的声明》。该声明明确提出了金融机构在提供服务时应当对用户信息和用户画像进行采集与识别。

港上市，也吸引了越来越多的国际投资者参与香港市场的证券发售。为应对H股上市涉及的股票全球性发售安排，1994年11月4日，香港联合交易所和香港证券及期货事务监察委员会联合制定了《关于招股机制的咨询文件》，针对H股采取的全球性公开招股引入了累计投标股份配售方式，由承销商为发行人在全球范围内选择投资者，从而形成了香港市场的公开认购及国际配售累计投标的混合招股方式。由于首次公开发行的混合招股机制涉及股票在全球不同的证券交易所同时上市，因此，必须满足除香港之外，其他国家或地区证券市场公开发行股票的相关规定。

混合招股方式的股票发行总额包括香港公开认购部分和国际配售部分。其中，在香港公开认购部分的比例是10%（发行人和承销商也可以自行决定提高该10%的比例），投资者最低须认购3000港元；国际投资者配售部分的比例是90%，国际投资者可享有占原总发行股数15%的超额配售权。此外，为了最大限度地均衡配售市场与公开认购市场关于购买股份的需求，香港的混合招股机制中还规定了股份回拨机制，也就是要求发行人及其承销商根据香港市场和国际市场两个阵营的投资者对股份的认购情况，灵活调整不同市场的股份分配比例。如果香港投资者的公开认购市场出现超额认购，且比例达到一定的数值，则会从国际投资者的配售部分拨出一定比例返回香港的公开认购市场，从而最大限度地满足香港投资者在公开认购市场的认购需求；反之，如果香港投资者的公开认购部分的认购数额情况不佳，那么发行人及其承销商可以选择将香港投资者公开认购市场的股份比例，全部或者部分回拨至国际投资者配售市场。

根据《上市规则》的要求，发行人及包销商必须按公平的原则分配公开发售的股份。承销商在享有累计投标制下自主决定股份发售比例和份额的权利时，也应当整体考虑发行人和香港投资者、全球投资者的最佳利益，对股份发售比例做出公平的分配。香港市场公开认购部分的参与主体是散户投资者和机构投资者，如果出现投资者超额认购拟发行股份的问题，则以抽签的方式来决定最终具体认购的比例和数额。国际配售部分的股份发售方式与比例由承销商根据股票发行的具体情况进行判断和决定，可以不参照认购比例进行分配。

2023 年 11 月 21 日，香港联合交易所刊发经修订的指引信 HKEX-GL85-16，进一步放松了对新上市申请人的现有股东和基石投资人在上市申请人首次公开招股中进一步认购或购买股份的限制。

因在上市申请人中的“独特”地位，现有股东（包括首次公开招股前的投资人）和基石投资人会在首次公开招股的股份分配过程中获得特别优待。他们不得于首次公开招股中进一步认购或购买股份（即“双重参与”），但若满足若干条件或可获得豁免。例如，持股比例低于 5%，无委任董事的权力等。

现在，联交所进一步放松了该限制——若首次公开招股满足新的规模豁免条件，则双重参与将被允许（即现有股东及/或其紧密联系人可作为承配人或基石投资人参与首次公开招股；基石投资人可作为承配人进一步认购或购买股份）。新的规模豁免条件：证券发售总额至少为 10 亿港元；按此项豁免所允许的所有现有股东及其紧密联系人的配股不超过所发行证券总数的 30%；及上市申请人的每名董事、行政总裁、控股股东及监事（仅适用于中国发行人）必须确认，他们或其紧密联系人未有根据本项豁免获分配上市申请人的发售证券。

与发售规模挂钩的新豁免安排将便利更多独立投资者参与首次公开招股，促进首次公开招股的定价流程，为独立投资者提供更大的灵活性。上市发行人在首次公开招股时获得更多独立投资者参与，将有助于促进整个首次公开招股的定价流程，令发行价更贴近市场价格。[①]

关于股份认购申请的有效性，香港采取的是“无限量申购和按比例配售”相结合的方式予以确认。股份认购有效性的具体确认方式是，股票承销商根据联交所规定的格式，制作股票认购申请表，在招股章程附属文件中披

① 《联交所实施首次公开招股「双重参与」改革》，香港交易所网站，https://sc.hkex.com.hk/TuniS/www.hkex.com.hk/News/Regulatory-Announcements/2023/2311212news?sc_lang=zh-HK，2024 年 10 月 21 日最后访问。

露，并在招股期间向潜在投资者派送。投资者通过填写股票认购申请表确定对所发行股份的认购意向。股票认购申请表的主要内容包括认股数额、认股价款、认购人的名称和住所、认股价款的支付方式、最低比例认购限额。投资者完整填写股票认购申请表后，在招股章程规定的期限内回寄给发行人的承销商，并由此承担购买股份和支付价款的责任。股票发行认购期限结束后，发行人及其承销商根据计划公开发行的股份数量总额与投资者确认的股份认购数量总额的具体比例，核定每一股份认购者的有效认股数额，也就是所谓的按照认购比例配售股份。如果公开发行的股份出现超额认购的情形，那么每一股份的认购者，将根据超额认购倍数下的配售率，获得该认购者所认购总额中相应比例的有效认购股数。在全部有效认购股数得到确认后，发行人及其承销商将根据配售规则，向所有认购股份的投资者按比例派发其购买的股份。同时，发行人还应当制作新的股东名册并呈送公司登记注册机构进行备案，根据《公司条例》规定的程序对股份认购者的股份和权益进行登记。

根据香港承销协议的约定，在香港公开发行的香港承销商同意在认购不足的情况下向上市申请人购买香港公开发行过程中发行的股份，各香港承销商的义务通常是“分别责任”（与连带责任相对），这意味着每位承销商都同意购买固定比例的股份。各香港承销商之间还订立协议，规定了承销商在公开发行中各自的权利与义务。惯例条款如下：各香港承销商之间承销佣金的分配；授权全球协调人代表承销团成员行事；香港承销商违反其承销义务时的机制。

根据国际承销协议的约定，如果国际承销商无法找到足够的投资者来购买发行的股份，则国际承销商同意向发行人购买在国际发行中发行的股份。国际发售通常按照 144A 规则与 S 条例豁免遵循美国证券法项下的注册要求。因此，除类似香港承销协议中包含陈述、保证与承诺契据之外，国际承销协议还包含美国发行特有的、关于适用豁免的陈述、保证与承诺契据。在发行中，国际承销商惯例上通常要求发行人做出以下陈述：发行人、售股股东或其任何附属公司或代表他们行事的任何人未以“直接销售努力”的方式发售股份。国际承销协议可包含允许 IPO 中的国际承销商以发行价“卖空”股份的“绿鞋（或‘超额配售’）期权”，向投资者出售的股份数量超过国际承销协议中最初与发行人（和售股股东）约定的股份数量。“绿鞋期权”不是必须项，但该期权可成为一个有利的工具，通过扩大 IPO 的整体规模，以及在香港公开发行结束后的 30 日内提升股份上市后交易价格的稳定性，使发行人、售股股东和国际承销商受益。最高达到 15% 的“绿鞋期权”水平已成为 IPO 项目的标准做法。

承销商通常希望上市申请人、任何重要股东和董事签署“锁定（禁售）”协议，以消除对潜在的股份供大于求以及由此产生的 IPO 后交易价格立即下跌的担忧。就上市申请人而言，“禁售”限制了上市申请人发行任何新证券（除了可能与股权激励计划相关）的能力。就股东及董事而言，“禁售”限制了其在 IPO 后某一约定期限内出售其持有的上市申请人股票的能力。香港 IPO 项目的禁售期通常是 180 日，也可以是 IPO 后的 90 日至 365 日。是否有必要对上市申请人或特定股东设置禁售期及禁售期的持续时间最终都是出于商业上的考量，需要与承销商谈判确定，同时还要考虑经济因素，包括上市申请人的预期未来融资需求以及总体市场状况。在某些情况下，禁售协议可能包含“瀑布条款”，即在一定时期内逐步解除对有限数量股票的禁售限制。主承销商通常也可豁免关于禁售的限制。①

2022 年香港上市承销费比率均值约为 3.42%，其中承销费比率排名前三的公司分别为：澳亚集团（13.0%）、双财庄（10.0%）及 360 数科－S 和润迈德－B（7.0%）；排名后三的公司则分别为：中创新航（1.20%）、中国中免（1.15%）及万物云（0.75%）。②

---

① 《香港首次公开募股发行人指南》，https://www.mayerbrown.com/-/media/files/perspectives-events/publications/brochures/asia/hong-kong-initial-public-offerings-an-issuers-guide-sc.pdf%3Frev=-1，2024 年 10 月 21 日最后访问。

② 《2022 年香港 IPO 上市费用解析》，载东方财富网，https://caifuhao.eastmoney.com/news/20220720095520575930410，2024 年 10 月 21 日最后访问。

4.2.1.2 香港首次公开发行股票的定价方式

首次公开发行股票的主承销商的职责是通过详尽的尽职调查发现发行人的股票价值，利用自身的广泛网络和投资者资源，对发行人的股票进行推荐。主承销商通过对发行人股票的尽职调查、市场调研，确定合理的发行价格区间，经过路演、询价等过程，最后确定发行价格及发行数额。发行价格的确定是一个非常复杂的过程，除了要考虑发行人本身股份的价值，还会受到行业前景和市场景气程度的影响。同一行业内同类型股票的发行价格可能由于发行时机的不同而存在巨大差异。

发行人股份本身的价值可以依据不同的定价技术进行确定。香港证券市场采用的定价技术较为成熟且多样，除了普遍适用的市盈率定价，还针对不同类型的上市公司采取净现值贴现法、现金流量贴现法等更为合理的定价技术。市盈率法（Price-to-Earning Ratio，P/E 或 PER），又称为本益比，是“根据注册会计师审核后的盈利预测计算出发行人的每股收益，然后再根据二级市场的平均市盈率、发行人的行业景气度，特别是同类行业公司股票的市盈率、发行人的经营状况及其成长性等拟定发行市盈率，最后依发行市盈率与每股收益的乘积决定发行价”。[①] 但是，并不是所有的股票发行人都适用市盈率定价法，对于经营业绩亏损或没有利润的公司，或者流通市盈率低于正常市盈率的公司，适用市盈率定价法可能并不能够体现发行人股票的真正价值。

净现值贴现法（Net Present Value，NPV）也被称为资产净值法，“是指通过资产评估和相关会计手段，计算出发行人拟募股资产的每股净资产值，再根据证券市场状况，将每股净资产值乘以一定的倍率，即可确定股票的发行价格”。[②] 净现值贴现法通常为房地产公司上市所采用。现金流量贴现法（Discount of Cash Flow，DCF）也被称为现金流量测算法，是先通过合理的会计方法，计算出在未来一定期间内发行人所经营的特定项目每年的净现金流量，再通过市场可接受的折现率，计算出该项目未来净现金流的净现值，最

---

① 陈界融:《证券发行法论》，高等教育出版社 2008 年版，第 201 页。

② 陈界融:《证券发行法论》，高等教育出版社 2008 年版，第 201 页。

后除以发行人的总股份数来确定每股的发行价格。现金流量贴现法主要适用于公路、桥梁、港口、矿山等类型的公司上市的股票定价。

但是，根据不同定价技术确定的股份价值并不当然就是股票的发行价格。股票的最终发行价格是在定价技术确定的股份价值基础上，结合市场调研和路演、询价等情况确定的。在香港市场，确定首次公开发行的股票价格主要取决于主承销的研究分析结果及向投资者的路演推介结果。主承销商对拟发行股票的研究分析包括对发行人的尽职调查、对业务前景及行业发展的分析、搭建估值模型并形成书面研究报告等。对投资者的路演推荐是股票承销的关键环节，通常包括预路演和正式路演两个阶段。

预路演是主承销商与潜在投资者的初步联系和沟通过程。通过预路演，承销商的分析师可以将其已经制作完成的交易前研究报告，向投资者进行介绍和解答，尤其是发行人的基本业绩情况和投资主题等内容。预路演可以让有投资意向的合格投资者和机构投资者，在正式与发行人管理层见面沟通之前，对公司的基本情况有一个充分的了解。同时，主承销商可以获知全球投资者对发行人的估值方法、发行人基本面及认股意愿等重要情况的看法，从而确定核心投资者、发行价格区间和发行规模，帮助发行人管理层在正式路演时有更加良好的沟通与表现。正式路演，是主承销商协助发行人印制并在全球发行招股书，组织发行人及其管理层直接面向全球投资者介绍其公司业绩及股票发行情况，进一步确定及分析投资者的投资需求和股份认购价格等。面向全球投资者发行股份的路演通常为两周左右，承销商需偕同发行人管理层奔赴不同的国家与主要投资者见面。主承销商及发行人根据机构投资者在路演期间提出的各自认购价格和数量，对比公司的市场价格，以及市场环境和公司未来业绩表现，确定发行人股票的最终发行价。①

归结起来，港股发行定价的整个过程，就是一个价格区间由宽到窄，多个市场化主体，即发行人、承销商和投资者之间多重博弈的结果。国际配售

① 李怡芳、李丹等：《沪港两地发行制度比较》，载上海证券交易所网站，http://www.sse.com.cn/aboutus/research/report/c/10056782/files/b5f4666e761e4628baab903ce1743e2d.pdf，2024 年 6 月 28 日最后访问。

部分的定价流程：与基石投资者沟通，确定初步估值范围；分析师拟定财务模型，初步确定定价区间；结合预路演反馈修正价格区间；路演、簿记后再修正，得到最终发行价格；超额配售选择权为主的后市价格稳定。历经内部分析财务模型、公开发售前研究报告、预路演、路演、簿记到最终定价等阶段后，价格也逐渐收窄，最终形成市场化博弈。

港交所于 2023 年 6 月 19 日在香港证券市场正式推出“港币—人民币双柜台模式”及双柜台做市商机制，恒生银行有限公司、新鸿基地产发展有限公司等 24 只首批双柜台证券及 9 家做市商名单出炉。其中，中信里昂、国泰君安国际、中金香港以及中银国际等 4 家在港的中资券商位列做市商名单之中。我们相信，在双柜台模式下，做市商将为上述证券的人民币计价股票提供买卖双边报价，从而为人民币柜台提供流动性，并收窄双柜台之间的价格差异。①

4.2.1.3 香港首次公开发行股票的超额配售权

根据香港证监会和联交所的联合声明，为了避免混合招股模式下可能出现的股票发行比例调整和上市后股票价格发生较大波动的情形，香港规定了证券承销商承担所承销股票上市后的价格稳定责任，同时给予承销商超额配售选择权。绿鞋机制（Green Shoe Option），由美国波士顿绿鞋制造公司首次公开发行新股时率先使用而得名。其主要在市场气氛不佳、发行结果不乐观时使用，目的是防止新股挂牌后失守发行价。香港新股的绿鞋机制会在正式招股书中披露。发行人授予承销商“绿鞋”，一般相当于发行量的 15%，让承销商可于定价日后 30 日内，以发行价向发行人买入额外股份，达到稳定新股股价的目的。在实际操作中，超额发行的股份数量由发行人与主承销商协商确定，一般为 5% 至 15%，并且该期权可以部分行使。主承销商可以择机按同一发行价格比预定规模多发 15%（一般不超过 15%）的股份。如果发行人股票上市后的价格低于发行价，那么主承销商会用事先超额发售股票获得的资金（事先认购超额发售投资者的资金），按不高于发行价的价格从二级市场买入，然后

① 香港证券交易所网站，https://sc.hkex.com.hk/TuniS/www.hkexgroup.com/Media-Centre/Insight/Insight/2023/HKEX-Insight/HKD-RMB-Dual-Counter-Model-Explained?sc_lang=zh-CN，2024 年 6 月 28 日最后访问。

分配给提出超额认购申请的投资者。如果发行人股票上市后的价格高于发行价，那么主承销商就会要求发行人增发 15% 的股票，分配给事先提出认购申请的投资者，增发新股资金归发行人所有，增发部分计入本次发行股数量。

联交所《上市规则》要求发行人在其上市申请文件中，对于有关超额配发权的合规性、实施理由、具体比例和期限等进行详细说明。[①] 对于承销商承担股价稳定责任而实施超额配售选择权，是否可能触发《证券条例》第 135 条规定的蓄意造成虚假市场，香港证监会和联交所认为，在承销商获得发行人授予的超额配发选择权利的情况下，"假如开市后股价跌低于发行价，包销商可以低于发行价的价格在第二市场买入股份进行平仓及从中获利，但假如情况恰恰相反，包销商仍可以发行价形式超额配发选择权，达到不盈不亏"，因而，承销商持空仓的行为不构成蓄意造成虚假市场。[②]

如 2012 年海通证券申请在香港联交所发行 H 股时，就曾授予主承销商超额配售权。海通证券 H 股的发行价为每股 10.6 港元，在全球共计发售 12.294 亿股 H 股，并授予主承销商不超过上述发行的 H 股股数 15% 的超额配售权。若超额配售权得以全部行使，则海通证券发行 H 股募集资金总规模将达 150 亿港元，约合人民币 122 亿元（约 19.3 亿美元）。海通证券 H 股发行方式为香港公开发行及国际配售，其中 5% 为香港公开发售，95% 为国际配售。公开发售部分共获得约 19 亿港元的认购申请，相当于超额认购约 1.8 倍；国际配售部分获得约 4 倍的超额认购。从投资者结构来看，国际配售部分共引进 11 位基础投资者认购 5.77 亿美元（约 45 亿港元），此外，还获得中国人寿、中国平安、新加坡政府投资公司（GIC）、富达基金等重量级投资机构以主要投资者身份认购。[③]

除了承销商需要承担股票上市后的稳定股价责任外，发行人的控股股东

---

① 《上市规则》第 10.07 条。

② 《关于招股机制的咨询文件》，http://sc.sfc.hk/gb/www.sfc.hk/edistributionWeb/gateway/TC/consultation/doc?refNo=97CP4，2024 年 2 月 28 日最后访问。

③ 《海通证券 H 股：若超额配售全行使将募 150 亿港元》，http://finance.sina.com.cn/stock/hkstock/ggIPO/20120424/042811901965.shtml，2024 年 3 月 4 日最后访问。

和实际控制人等主体也需要履行稳定股价的义务，在股票上市后的一定期限内限制出售股份。联交所《上市规则》规定，发行人的控股股东在股票上市后 6 个月内，不得出售其所持有的公司股份，[①] 从而保证新上市交易的股票的价格不会因控股股东出售其股份而发生重大变化。总体来说，在香港上市的海外公司非常多，这些公司在香港资本市场的表现吸引了大量国际投资机构到香港投资，但是，并不是所有在香港公开发行的股票都可以发售成功。在股票的定价与承销方面，香港采取了灵活多样的定价技术，并在首次公开发行股票的承销方面分为针对本地投资者的公开认购和针对全球投资者的国际配售。香港证监会和联交所在制定股票发行承销政策时，规定在全球发售的股票中至少 10% 由香港本地市场公开认购，以确保本地投资者能得到公平的对待，除此之外，香港证监会和联交所还给予承销商较大的自主决定空间，由承销商自行决定国际配售部分的投资者和配售比例。

4.2.2 中国内地股票发行承销制度

我国内地证券市场发展起步较晚，在发展过程中受到渐进式市场化体制改革的重大影响。我国内地证券市场建立的最初目的是帮助国有企业在银行之外开辟新的融资渠道，解决国有企业融资难的问题，具体到证券监管政策方面，就是对证券的发行实施严格的审批，通过对上市公司的总量控制，保证证券产品的供求平衡。随着经济体制改革的发展及深化，我国内地证券市场监管的市场化程度不断提高，行政强制性管制逐步放松，逐渐拉近了与国际市场的距离。

我国内地股票的承销由中国证监会监督管理，证券交易所、结算机构和中国证券业协会作为自律组织，对股票的承销行为进行规范管理。在《证券法》颁布之前，我国内地的股票发行是由政府通过行政安排来完成的。国务院证券管理部门根据国家不同发展阶段的需要，对证券的发行实施“额度管

① 《上市规则》第 10.07 条。

理”和“指标管理”。所谓“额度管理”，是指国务院证券管理部门先确定每年股票发行的融资总额度，再根据各个省份或行业在国民经济发展中的地位和需求，对发行总额度进行分配；而“指标管理”是国务院证券管理部门先确定年度可发行股票的公司总数，再根据各个省份或行业的情况，对上市公司家数进行分配。1999 年 7 月 1 日《证券法》的实施，标志着我国内地证券承销制度的正式建立，而 2001 年开始实行的“通道制”,[①] 让承销商真正获得了推荐股票发行的权利，并承担起了股票发行的风险。

2003 年 12 月 28 日，中国证监会公布了《证券发行上市保荐制度暂行办法》(已失效)，建立了我国内地证券发行的保荐人制度，保荐人与承销商紧密配合，共同对首次公开发行证券的质量和效果负责。由于保荐人与承销商在证券发行过程中的作用和职责难以割裂，我国内地法律允许首次公开发行股票的发行人聘请同一证券公司同时担任保荐人和承销商，《证券发行上市保荐业务管理办法》第 7 条第 3 款规定，证券发行的主承销商可以由该保荐机构担任，也可以由其他具有保荐业务资格的证券公司与该保荐机构共同担任。

随着 A 股注册制改革的实施，科创板及创业板已经实施了以信息披露为核心的注册制。A 股注册制借鉴境外的有关做法及其理念，对证监会与交易所在实施股票发行注册中的有关职责做了明确划分。其中，交易所负责股票发行上市审核，审核判断企业是否符合发行条件、上市条件和信息披露要求。而证监会则主要承担股票发行注册、监督交易所审核工作、实施事前事中事后全过程监管等职能。其中，证监会注册工作不是重新审核、双重审核，证监会重点关注的是交易所发行审核内容有无遗漏、审核程序是否符合规定，以及发行人在发行条件和信息披露要求的重大方面是否符合规定，侧重于对交易所审核工作的质量控制，使其更符合注册制改革的相关要求，其主要目的是督促发行人进一步完善信息披露内容，并不是回到行政审批的老路上去。

① 所谓“通道制”，是国务院证券监督管理机构向综合类证券公司下达可以推荐的拟公开发行股票的企业家数。只要具有主承销商资格，就可获得 2 个至 9 个通道，主承销商的通道数就是可申报拟公开发行股票的企业家数。

股票发行的价格确定是股票承销制度中最为重要的组成部分，因为发行价格的高低直接影响发行人的股票可以在市场上获得的融资金额。我国实行的保荐制度在一定程度上提高了发行人的质量，但保荐机构与承销机构身份重合的制度安排又在一定程度上削弱了证券公司作为发行保荐人的独立性。我国内地首次公开发行股票的定价机制是询价制，即发行人和主承销商对机构投资者进行询价，初步确定新股的发行价格范围，随后采取累计投标询价的方式最终确定股票的发行价格。如果发行人股票的公开发行数量未达到2000万股，并且没有关于老股转让的安排规划，则必须通过直接定价的方式来决定股票发行价格。

我国目前实行的股票承销制度充分汲取了国际先进经验，在承销方式上确立了包销和代销制度，并规定了路演、询价和超额配售选择权等确定股价与稳定股价的机制，形成了我国新股发行的流程：（1）发行人和主承销商的路演推介阶段，通过路演推介向潜在投资者介绍公司发展前景及投资价值；（2）询价发行阶段，通过询价确定发行价格，并完成网上、网下配售工作；（3）上市挂牌阶段，在交易所挂牌交易。但是，受制于首次公开发行股票监管制度的行政管制特色，我国内地企业的股票发行长期处于供不应求的状态，市场持续出现超额认购的情形，造成承销协议、路演及定价技术等仅具有形式上的意义。

注册制全面改革推进过程中，中国证监会发布并实施了《证券发行上市保荐业务管理办法》、《保荐人尽职调查工作准则》、《关于注册制下督促证券公司从事投行业务归位尽责的指导意见》等一系列法规，除保留和提炼过往法规中的核心内容外，不仅对证券公司开展承销及保荐业务作出了系统的总结，还对证券公司保荐业务的工作范畴和法律责任进一步予以明确。

原《证券法》规定，向不特定对象发行的证券票面总值超过人民币五千万元的，应当由承销团承销。新《证券法》取消了这一规定，承销的方式更加灵活，不受承销证券发行规模约束，由发行人自主决定。新《证券法》第30条规定，向不特定对象发行证券聘请承销团承销的，承销团应当由主承销和参与承销的证券公司组成。承销团可以分散承销的风险，但是对保荐人来说，同时担任承销人是更经济的选择。在承销团承销的情形下，承销团分为主承销商和参与的承销商。二者在职责和作用上有所区别，《证券发行与承销管理办法》对主承销商和参与的承销商在职责与义务上做了区分。比如，主承销商在发行过程中，应当按照中国证监会规定的要求编制信息披露文件，履行信息披露义务；承销商在发行过程中披露的信息，应当真实、准确、完整、及时，不得有虚假记载、误导性陈述或者重大遗漏。①再如，主承销商在推介过程中不得进行夸大宣传，或以虚假广告等不正当手段诱导、误导投资者，不得披露除招股意向书等公开信息以外的发行人其他信息；承销商应当保留推介、定价、配售等承销过程中的相关资料至少三年并存档备查，包括推介宣传材料、路演现场录音等，如实、全面反映询价、定价和配售过程。②可见二者是有区别的，主承销商的职责和义务更重，而参与的承销商更多是“销售”的职责和义务。但有多个主承销商的情况下，在主承销商之间，职责和义务就不做区分了。《证券发行与承销管理办法》也明确规定，证券发行由两家以上证券公司联合主承销的，所有担任主承销商的证券公司应当共同承担主承销责任、履行相关义务。

4.2.2.1　中国内地首次公开发行股票的定价机制

我国内地首次公开发行股票的定价机制经历了长期的发展，目前与国际股票发行的定价方式仍有一定差距。20 世纪 90 年代初期，我国内地证券市场刚刚成立，企业上市由政府主导，拟上市公司公开发行股票的具体数量、价格以及市盈率等，也完全由监管机构决定，基本是以固定市盈率方式定价发行。2001 年 5 月 17 日，中国证监会公布了《新股发行上网竞价方式指导意见》，规定首次公开发行股票的定价方式应采取累计投标定价。但在实际操作中，证监会通过限定发行市盈率上限的方式，对首次公开发行的股票定价进行控制，不管发行人所处的行业和经营情况如何，股票承销商和发行人

① 《证券发行与承销管理办法》第 41 条。
② 《证券发行与承销管理办法》第 44 条。

只能在证监会规定的市盈率上限范围内，结合累计投标询价的方式来确定股票的最终发行价。这一阶段的定价方式造成股票发行价格与市场需求脱节，股票一级市场的价格发现功能和资源配置功能得不到有效发挥。①

2004 年 8 月 28 日《证券法》修正，专门对股票发行的相关规定进行了修改，删除了首次公开发行股票的定价由监管机构核准的规定，授权发行人和承销机构对溢价发行的股票协商确定价格。② 2004 年 12 月 7 日，证监会依据《证券法》的修改相应推出了《关于首次公开发行股票试行询价制度若干问题的通知》（已失效）及相关配套文件，对首次公开发行股票的定价方式进行市场化改革，同时为 A+H 公司的同步上市创造条件。根据该通知的规定，新股发行询价制度的核心，是通过向机构投资者进行询价的方式确定股票公开发行的价格。询价制度规定的询价程序包括初步询价和累计投标两个环节：初步询价是发行人及其承销商向机构投资者发出询价邀请，在得到机构投资者关于初步询价的反馈后，确定一个相对明确的股票发行价格区间，而累计投标是在初步询价确定的发行价格区间内，邀请机构投资者再次进行累计投标，之后根据累计投标询价的结果确定股票发行的最终定价。③ 同时，为防止股票定价过高，中国证监会对首次公开发行股票的定价实施窗口指导。

我国内地股票发行的询价方式吸收了荷兰式招标（Dutch Bidding）的特点，由参与报价的投资机构依照所报价格自高向低的顺序中标，直至满足预定发行额为止，中标的投资机构则以相同的价格（所有中标价格中的最低价格）来认购发行的股票。举例来说，如果有 10 个投资者竞标某公司的股票，10 个人的出价分别是 20 元、18 元、18 元、17 元、16 元、15 元、14 元、13 元、10 元、9 元，则出价最高的 4 个人得到购买股票的机会，而他们的买入价都是 4 人当中出价最低的 17 元。从理论角度来看，荷兰式拍卖定价法允许个

① 中国证券监督管理委员会官网，http://www.csrc.gov.cn/csrc/c100022/zzjg.shtml，2024 年 10 月 21 日最后访问。

② 《证券法》第 34 条。

③ 赵智文、马晓军:《投资银行学》，科学出版社 2008 年版，第 203 页。

人投资者进行拍卖确定股价，拍卖的目的是确立更加精确反映市场需求的价格，有效避免股票在首次交易时暴涨暴跌，是一种比较符合逻辑而且更加公平的公开发售方式。但在实际运用中，该方法并没有有力地增加需求，反而在一定程度上推高了新股发行的价格。在预期新股申购收益率较高的时候，单个机构更关注最终获配的新股数量，而不是新股最终的发行价格。因此报价时，数量优先投资者均会按照合理价格上浮一定比例（如20%—50%）来报价，以保证最终能够获配足够数量的新股，这样，在目前的新股发行定价机制下，价格优先投资者按照合理价格报价后基本失去了参与网下配售的机会。连续多次都不能获配的情况下，价格优先投资者参与报价的积极性无疑会下降，之后要么选择不报价，要么选择成为新的数量优先投资者。因此荷兰式投标很容易在牛市行情下推高新股发行定价。①

由于询价制度存在询价机构范围过窄、询价机构为获得网下配售份额而故意报高发行价和配售比例不均衡等问题，因此中国证监会于2009年、2010年和2012年发布了一系列关于新股发行体制改革的指导意见，对询价制度进行进一步规范和完善。中国证监会于2009年6月10日发布的《关于进一步改革和完善新股发行体制的指导意见》（已失效）不再鼓励窗口指导，使股票发行价格更能体现市场真实需求，同时调整配售股份依据资金量确定的规定，提高中小投资者参与新股发售的意愿；在2010年10月11日发布的《关于深化新股发行体制改革的指导意见》（已失效）中，中国证监会对发行人和承销商的定价责任进行了明确，扩大了参与询价的机构投资者范围；而在2012年4月28日发布的《关于进一步深化新股发行体制改革的指导意见》（已失效）中，中国证监会提出了建立以信息披露为核心的新股发行制度，规定发行人和承销商可以在协商的基础上确定股票发行价，但是，根据询价结果确定的发行价格市盈率高于同行业上市公司平均市盈率25%的（25%规则），发行人必须召开董事会，对发行定价的合理性因素和风险性因

① 钱康宁、蒋健蓉：《股票发行制度的国际比较和对我国的借鉴》，载《上海金融》2012年第2期。

素进行分析，并进行补充信息披露。[①] “25% 规则”给我国内地首次公开发行的股票定价设定了“隐形天花板”，自该指导意见发布后至 2016 年 12 月底，我国内地首次公开发行股票的市盈率基本没有突破 25% 的上限。

确定发行价格是证券承销的核心环节。目前主板定价采取直接定价和询价（有市盈率的限制）两种方式。科创板取消了直接定价方式，全面采用市场化的询价定价方式，发挥机构投资者的投研定价功能，询价对象限定在证券公司、基金管理公司、信托公司、财务公司、保险公司、合格境外投资者和私募基金管理人等七类专业机构投资者，并允许这些机构为其管理的不同配售对象填报不超过 3 档的拟申购价格。2019 年 6 月 25 日，科创板第一股华兴源创确定了发行价格——24.26 元 / 股。根据发行人的公告，这一价格是经过有效报价的 213 家机构 1746 个配售对象报价，剔除高价和低价未入围的配售对象后，由发行人和保荐机构协商确定的。[②]

深圳证券交易所于 2021 年 9 月 18 日发布《创业板首次公开发行证券发行与承销特别规定》（已失效），上海证券交易所于 2021 年 9 月 18 日发布修订的《上海证券交易所科创板股票发行与承销实施办法》（已失效）和《上海证券交易所科创板发行与承销规则适用指引第 1 号——首次公开发行股票》（已失效），规定参与询价的网下投资者可以为其管理的不同配售对象分别报价，同一网下投资者的不同报价不得超过三个，且最高报价不得高于最低报价的 120%，进一步对报价规则进行细化，规定：一是最高报价剔除比例由“不低于 10%”调整为“不超过 3%”；二是明确初步询价结束后，如确定的发行价格超过网下投资者报价平均水平，则仅需在申购前发布一次投资风险特别公告，无须采取延迟申购安排；三是对于定价不在投价报告估值区间范围内的，取消发行人和主承销商应当出具说明的要求；四是加强报价行为监管，进一步明确网下投资者参与新股报价要求，并将可能出现的违规

① 《关于进一步深化新股发行体制改革的指导意见》（已失效）第 3 条。

② 见微数据，https://www.jianweidata.com/FilingDetail?sector=1&key%3DFpGA0w9OE7%2B9aMGNyUKPzNin3Ydu4pyrroCk9Br9lLM%3D%26sector%3D1%26nm%3D0%26cm%3D%26cs%3D，2024 年 6 月 28 日最后访问。

情形纳入自律监管范围。在发行承销业务或者询价报价过程中涉嫌违法违规的，上交所将相关线索上报中国证监会查处；涉嫌构成犯罪的，由司法机关依法追究刑事责任。[①]

首次公开发行股票的定价实质上是对发行人公司价值的发现过程，不同行业、不同业务模式的发行人其股份价值发现方式是不一样的，这也是国际上针对不同业务背景的发行人设定不同定价技术的原因。根据我国内地股票发行的相关规定，我国首次公开发行股票的定价通常采用市盈率定价法，但是，该定价法与国际成熟证券市场通用的市盈率定价方式存在根本区别。其他国家采取的市盈率定价方式，是指股票发行人应当预测其股票发行当年可能产生的净利润，经过会计师审核，先计算出发行人每股可预测净利润，再乘以发行市盈率，从而确定发行人发行当年经审核的盈利预测。但是，我国证券市场并不鼓励盈利预测方式，而是以发行人上一年度经审计的净利润为股票定价依据。

4.2.2.2　中国内地首次公开发行股票的配售机制

前文提到的中国证监会于 2004 年至 2012 年发布的一系列关于新股发行体制改革的指导意见，体现了我国证券市场逐渐向市场化方向发展的目标，是指导证券市场规范化发展的政策性文件。根据这一系列文件，中国证监会相应制定和修改了《证券发行与承销管理办法》等对证券发行实务具有指导意义的规则，而中国证券业协会也制定了《首次公开发行股票承销业务规范》（已失效），从行业自律的角度对承销商承销股票的行为进行规范。

我国内地首次公开发行股票的配售方式和配售比例取决于股票的定价方式。虽然《证券发行与承销管理办法》赋予发行人和主承销商协商确定参与网下询价投资者的条件、有效报价条件、配售原则和配售方式的自主权，但《证券发行与承销管理办法》第 6 条规定，如果股票的首次公开发行定价方式以直接定价为依据，则公开发行的股票“全部向网上投资者发行，不进行网下询

① 《上海证券交易所首次公开发行证券发行与承销业务实施细则》第 72 条。

价和配售”。如果股票的首次公开发行定价方式采取了询价方式，则“公开发行后总股本在四亿股（份）以下的，网下初始发行比例不低于本次公开发行证券数量的百分之六十；公开发行后总股本超过四亿股（份）或者发行人尚未盈利的，网下初始发行比例不低于本次公开发行证券数量的百分之七十”，同时，发行人须在网下发行的部分，优先向公募基金、社保基金、企业年金基金和保险资金安排配售，该优先配售的数量不低于网下发行股票数量的 40%。

首次公开发行股票的承销商应确保其承销的股票在网上和网下同时进行发行，而投资者只能选择网上或网下一种方式对股票进行申购。投资者通过网上申购的股票数量，超过发行人和承销商确定的股票发行数量，且超出部分达到 50 倍但低于 100 倍（含）的，发行人和承销商应将网下申购部分的数量向网上申购回拨，具体的回拨数量应相当于发行人公开发行股份总数的 20%；如果超出部分超过 100 倍，那么发行人和承销商应从网下申购部分向网上申购的回拨数量为发行人公开发行股票数量的 40%；如果超出部分超过 150 倍，那么发行人和承销商应继续从网下申购部分向网上回拨，但应当保证网下申购部分的数量不低于发行人本次公开发行股份总数的 10%。同样，如果投资者通过网上申购的股票数量未能达到发行人和承销商确定的网上发行数量，那么该网上申购剩余部分可以回拨给网下申购的投资者。但是，如果投资者通过网下申购的股票数量未能达到发行人和承销商确定的网下发行数量，那么发行人和承销商应当中止发行人的股票发行。①

对于首次公开发行的股票数量四亿股以上的大型 IPO 项目，我国法律法规规定了相对灵活的配售规则。根据《证券发行与承销管理办法》的规定，首次公开发行的股份总数达到或者超过 4 亿股的，发行人获得准许向战略投资者配售股票，并自主决定选择战略投资者的标准和配售的股份比例。该战略投资者无须参加首次公开发行股票的网下询价，但应承诺自发行人股票上市之日起 12 个月内不转让其所获得配售的股票。此外，发行人首次公开发

① 《证券发行与承销管理办法》第 10 条。

行的股份总数达到或超过 4 亿股的，发行人及其主承销商可以获得准许，在发行方案中对超额配售选择权进行规定和具体实施。①

但是，我国内地股票发行的询价期限过长，新股发行价偏离市场需求具有可能性。我国 A 股发行人在取得发行审核批准后，从发布招股公告及初步询价公告开始计算，需要经过 14 日至 21 日才能最终确定发行价，包括询价 3 日至 5 日、询价结果公布 2 日至 3 日、网上路演 3 日至 4 日、网上网下申购验资 3 日左右、发布上市公告 5 日左右和实际上市 3 日左右。由于我国新股价格目前绝大部分以询价上限发行，也就是说，新股发行价格在上市之前的 20 多日，就已经为大众所知晓了。而境外成熟资本市场股票的发行价格一般在股票正式发售前的最后一刻才最终确定。因此，我国也应尽量缩短从询价到定价的流程时滞，使发行定价更贴近市场。②

我国 A 股市场虽然于 2001 年发布了《超额配售选择权试点意见》（已失效），建立了股票发行的超额配售选择权制度，但是由于我国发行制度和其他条件的限制，一直以来超额配售选择权在 A 股市场很少被采用，更谈不上广泛应用，仅有工商银行、中国农业银行等金融机构的大型 IPO 发行运用了超额配售机制。其中，2006 年 10 月 27 日工商银行在上海证券交易所和香港联交所的 A 股与 H 股同步上市，不仅开创了我国公司 A+H 双重上市的新模式，更让人关注的是在 A 股市场首次运用了超额配售机制。工商银行 A 股招股说明书称："工商银行发行联席保荐人（主承销商）于 2006 年 10 月 24 日按本次发行价格向投资者超额配售 19.5 亿股股票，占本次初始发行规模的 15%，超额配售后总配售规模为 149.5 亿股。超额配售的股票通过向本次发行的部分战略投资者延期交付的方式获得，全部面向网上资金申购发行。"③

2010 年 8 月 15 日，中国农业银行在上海证券交易所网站发布《中国农

---

① 《证券发行与承销管理办法》第 15 条。

② 钱康宁、蒋健蓉:《股票发行制度的国际比较和对我国的借鉴》，载《上海金融》2012 年第 2 期。

③ 见微数据，https://www.jianweidata.com/FilingDetail?sector=1&key%3Dgma4Xu1llIza9IJOcT8wGoR1FejpXgBu2XNoAtpttLk%3D%26sector%3D1%26nm%3D0%26cm%3D%26cs%3D，2024 年 6 月 28 日最后访问。

业银行股份有限公司首次公开发行 A 股超额配售选择权实施公告》，公告称："本次发行联席主承销商于 7 月 9 日（T+3 日，T 为网上发行日）按本次发行价格向投资者超额配售 3335294000 股股票，占本次初始发行规模的 15%，超额配售后总配售规模为 25570588000 股。超额配售的股票通过向本次发行的部分战略投资者延期交付的方式获得，全部面向网上资金申购发行投资者配售。自本次发行的股票上市交易日（即 7 月 15 日）至 8 月 13 日期间，中金公司作为本次发行具体实施'绿鞋'操作的主承销商，未利用本次发行超额配售所获得的资金从集中交易市场买入本次发行的股票。2010 年 8 月 13 日后，中金公司不再利用本次发行超额配售所获得的资金从集中交易市场买入本次发行的股票。联席主承销商于 8 月 13 日全额行使超额配售选择权，发行人按照本次发行价格 2.68 元，在初始发行 22235294000 股 A 股的基础上，超额发行 3335294000 股 A 股，占本次初始发行规模的 15%。发行人因此增加的募集资金总额约为 89.39 亿元，连同初始发行 22235294000 股 A 股对应的募集资金总额约 595.91 亿元，本次发行最终募集资金总额约为 685.29 亿元，扣除发行费用后的募集资金净额约为 675.58 亿元。"[①] 由于在 A 股实施超额配售前，农行 H 股联席簿记管理人（代表国际发售承销商）已于同年 7 月 29 日全额行使了超额配售选择权，所以此次农行 A 股的超额配售使募集资金总额增加至 685.3 亿元人民币，与 H 股募集资金合计总额约 221 亿美元，超越工商银行（01398）成为全球历史上最大金额的 IPO 发行。

虽然超额配售选择权方式在 A 股市场鲜有使用，但超额配售制度的建立和实施，对 A 股市场的积极意义是不言而喻的，它标志着我国证券发行制度的改革进一步加速，以及我国证券市场的市场化进程进一步加快。

总体来说，相较于香港证券市场，A 股市场相对封闭，具有明显的行政管控特点。在定价技术方面，A 股市场以发行人上一年度经审计的净利润为股票定价依据，忽略了发行人所处行业和发展阶段不同而产生的净利润差

---

① 卓尚进:《农行 A 股成功行使"绿鞋"机制》，载《金融时报》2010 年 8 月 16 日，第 1 版。

异。由于我国内地监管机构对首次公开发行股票的管控，因此市场对于新股发行长期处于饥渴状态，首次公开发行的股票供不应求，股票承销制度在整个发行过程中的作用并不突出，承销商所起的作用也不明显。

香港的首次公开发行制度中，保荐制度和承销制度处于均衡状态，对股票的首次公开发行起着同等重要的作用；我国内地股票发行制度存在“重保荐、轻承销”的情形，主要是新股发行长期供不应求的情况造成的。此外，我国内地法律规定保荐人与承销商可以由同一个证券公司担任，这不仅在一定程度上对保荐人的独立性产生了负面影响，也造成了股票发行价格的居高不下。本书建议内地可以参考香港对保荐人的监管规则，在立法层面加强保荐人在发行信息披露方面的责任，除了对发行人的信息披露质量进行严格审查之外，对于重要信息应主动进行调查及披露，否则，应承担相应的法律责任。同时，对保荐人和承销商的独立性提出更严格的要求，如规定承销商的股票承销尽职调查不得以保荐人的尽职调查为基础，并对保荐人收取的保荐费和承销商收取的承销费进行单独规定，基于保荐人实际承担巨大的担保风险和审核发行体制下融资发行权是实质性资源的事实，保荐人应当获得最高的劳动报酬，包括发行保荐报酬与上市保荐报酬，以及持续督导报酬等，保荐人的保荐报酬应当是重点，保荐人可以与聘请者的发行人商定费用数额，而券商的承销费用可以按照与发行人所订立的承销协议中的费用标准来确定。此外，在首次公开发行的股票承销中，应给予承销商更多的自主权，鼓励其扩大询价对象的范围，除了公募基金、社保基金、企业年金基金和保险资金之外，允许具有资格的海外机构投资者和私募基金等参与询价。

2023 年 2 月 17 日，上海证券交易所和深圳证券交易所分别发布了适用自身的上市公司证券发行与承销业务实施细则，规定：上市公司向原股东配售股份，应当向股权登记日登记在册的原股东配售，且配售比例应当相同。上市公司配股的，配股价格应当由上市公司和主承销商根据公司股票在二级市场的价格、市盈率及市净率、募集资金投资项目的资金需求量等因素协商确定，配股价格不得低于 1 元 / 股。

上市公司向不特定对象募集股份（以下简称增发），向股权登记日登记在册的原股东优先配售的，应当在发行公告中披露配售比例。网下机构投资者、参与优先配售的原股东以及其他投资者，可以参与优先配售后的余额申购。增发的发行价格可以由上市公司与主承销商协商确定，发行价格应当不低于公告招股意向书前二十个交易日或者前一个交易日的公司股票均价。

全面实行注册制后，与改革前相比，主板首发发行承销机制主要有以下三个方面的差异。一是完善定价机制。明确新股发行价格、规模主要通过市场化方式决定；保留直接定价方式，新增定价参考上限；调整最高报价剔除比例上限，优化网下投资者填报价格、报价信息披露、定价参考值、发布投资风险特别公告等机制；新增期货公司为询价对象，保留个人投资者参与网下询价、明确配售对象参与网下发行的市值要求。二是优化配售限售机制。优化回拨机制，当网上申购倍数较高时，适当调整网下向网上回拨比例；根据发行数量差异，明确战略配售规模与参与投资者家数安排；新增对一定比例的网下发行实施限售，明确大盘股差异化的网下限售比例要求。三是强化风险防控机制。完善超额配售选择权实施机制，适当增加操作灵活性；新增市场重大变化情况下引入网下投资者交纳保证金、二次配售等应对机制。

网下发行应当和网上发行同日进行，上市公司和主承销商可以在发行公告中明确，参与网上发行的投资者和参与优先配售的原股东在申购时全额交纳申购资金，参与网下发行的机构投资者在申购时交纳不超过拟申购金额20% 的保证金，明确网下机构投资者在申购后未足额交付资金时的保证金处理方式。主承销商对网下机构投资者分类配售的，可以根据投资者或者其管理的配售对象类别设定不同的保证金比例。

Chapter 5

第5章

A+H双重上市之信息披露制度

信息披露（Information Disclosure System，IDS）也称为信息公开，是证券发行人根据相关法律法规或规则的要求，对于其自身的股东背景、管理架构、资产状况、业务经营和财务数据等信息，向证券监管机构和潜在市场投资者进行公开，以证明其业务和管理等各方面情况符合首次公开发行证券的标准。经济学家认为，信息披露制度能解决证券市场信息不对称的问题，是资本市场的核心和基石，其主要功能是保护投资者，防止证券发行人及其控制人、董事和管理层的不法行为，促进证券市场高效、有序发展。“信息不对称”理论源于美国经济学家乔治·阿克罗夫于1970年提出的非对称信息理论。根据该理论，证券市场的信息不对称主要表现在三个层面，即发行者与公众投资者之间的信息不对称、个人与机构投资者之间的信息不对称以及公司内部大小股东之间的信息不对称。

信息披露制度起源于英国，18世纪初期南海公司事件的发生，[①] 促使英国国会通过了《1720年肥皂泡沫法案》（Bubble Act，1720）。该法案对公开发行股份的公众公司应当公开其财务会计信息的制度进行了规定，是证券市场建立信息披露制度的开端。1844年，英国制定了《股份公司登记条例》（The Joint Stock Companies Act，1844），要求公开募集股份的公司必须撰写招股说明书（Prospectus）并注册，招股说明书应当包含财务数据资料或其他足以影响投资者决策的重要信息，开创了以招股说明书进行信息披露的模式。[②] 其后英国的1867年《公司法》和1900年《公司法》对于招股说明书的内容和要求更加规范、完善，进一步确立了公开募股的信息披露制度。

---

① 1711年，为迎合当时的英国人急切地追求投资机会的渴望，一群商人和贵族成立了南海公司，并获得了南美贸易经营权。南海公司以欺骗手段制造虚假繁荣，诱使投资者疯狂抢购该公司发行的股票，股价扶摇直上，公司的董事趁机在高位将股票脱手。至1720年8月，南海公司的欺骗行为被大众识破，股价暴跌，大量投资者损失惨重，股市几乎崩盘，引发了一场英国资本市场的全面信任危机。

② 谭立:《证券信息披露法理论研究》，中国检察出版社2009年版，第6页。

美国是真正将信息披露制度体系化和市场化的国家。美国证券监管机构认为“阳光是最好的消毒剂（the best of disinfectants），灯光是最有效的警察（the most efficient policeman）”，信息披露的加强（enhanced disclosure）能够预防证券发行人的欺诈行为和可能存在的操纵股票交易行为，让证券市场更加规范和完善。在美国《1933年证券法》（Securities Act，1933）出台前，没有一部联邦证券监管法律，公司和证券发行的管辖权主要由各州行使，无法对防止证券欺诈行为起到作用。因此，《1933年证券法》规定，公司在发行证券时，必须将与该证券发行有关的事实和相关信息通过招股说明书进行详细披露，让潜在的市场投资者充分了解该证券的真实情况，从而做出合理的购买决定，实现保护证券投资者利益的核心目标。美国证券市场上的持续信息披露包括定期报告、临时报告及预测性信息披露。定期报告包括各类年报和季报，临时报告是指在出现重大事项时向投资者和媒体披露的报告。预测性信息披露是指公司管理层对未来盈利的财务性事项的预测和对未来目标的描述。

安然公司事件之后，[①] 美国对《1934年证券交易法》进行了修订，不仅确立了美国证券与交易委员会（Securities and Exchange Commission，SEC）的法定地位，也进一步完善了证券交易中的信息披露制度，要求上市公司在证券交易中以提交定期报告和临时报告的方式履行信息披露义务。此外，为应对安然公司破产引发的资本市场信任危机，美国国会于2002年通过并颁布了《萨班斯—奥克斯利法案》（Sarbanes-Oxley Act of 2002），进一步提高了信息披露的强制性，并规定上市公司的首席执行官（Chief Executive Officer，CEO）和首席财务官（Chief Financial Officer，CFO）在向SEC提交定期报告的同时，

① 安然公司曾是一家位于美国得克萨斯州休斯敦市的能源类公司。在2001年宣告破产之前，安然公司拥有约21000名雇员，是电力、天然气以及电讯公司，2000年披露的营业额达1010亿美元。公司连续六年被《财富》杂志评选为“美国最具创新精神公司”，然而真正使安然公司在全世界声名大噪的，却是使这个拥有上千亿资产的公司在几周内破产的财务造假丑闻。2001年12月2日，安然公司正式向破产法院申请破产保护，破产清单中所列资产价值高达498亿美元，成为当时美国历史上最大的破产企业。

必须签署个人书面保证，对定期报告中财务报表的真实性和准确性进行担保。违反或提供不当担保的 CEO 或 CFO，可能会被处以高达 500 万美元的罚款和最高 20 年的监禁。

除上述书面保证要求外，《萨班斯—奥克斯利法案》在信息披露方面还有许多其他具体规定。法案责成 SEC 在其生效之日起 180 日之内制定规则，要求上市公司披露“所有重大的表外交易”以及“上市公司与任何没有合并财务报告的实体或个人之间可能对上市公司的财务状况产生现实或潜在的重大影响的关系”。法案不仅要求所有向 SEC 提交的财务报告必须反映由独立审计师所发觉的“重大的纠正性改动”，而且要求 SEC 开展关于表外交易以及为特别交易目的而设立的经济实体（SPV）研究，并在一年之内向总统和国会提交报告建议。另外，法案还大大提高了信息披露速度方面的要求。

证券监管法律制度的构建基本上是围绕信息披露展开的，其基本目标是提供平等的信息给所有投资者，以便他们权衡和证券投资相关的风险及收益。根据强制公开的阶段不同，信息披露分为证券发行过程中的信息披露和证券交易过程中的信息披露：前者是发行人在首次公开发行证券时公开公司及与证券发行有关的所有信息，也被称为发行披露或初次披露；后者是证券上市后，上市公司根据证券交易所的相关规则要求，通过定期报告或不定期的临时报告，向市场公开与上市公司本身或其上市交易的证券有关的重大信息。①

信息披露制度是现代证券法律制度的核心和基石，为世界各国和地区的证券监管机构所认可及采纳，在保护证券市场投资者合法权益、防止证券发行人和上市公司不法行为、促进证券市场健康有序发展方面起到重要作用。信息披露制度具有强制性，违反信息披露的行为，将根据情节严重程度承担

---

① 刘丰收：《A+H 股公司境内外会计准则差异分析》，载《国际商务财会》2016 年第 4 期。

相应的民事、行政和刑事责任。时至今日，信息披露已成为全球主要证券市场普遍认可的基本法律制度，在投资者保护和证券市场良好运行方面起着至关重要的作用。

强制性信息披露的发展过程中一直伴随着法律界和经济界的各种讨论与争议。支持强制信息披露制度的学者认为，信息不对称导致资本市场资源配置效率低下，强制的信息披露是矫治市场失灵的有效手段，信息披露制度对投资者的保护非常重要，有利于促进市场公平；反对强制信息披露制度的观点则强调效率价值，认为效率价值是配置社会价值的首要价值标准，政府干预形成的信息披露制度只会降低市场效率。①

在证券市场上需要被强制公开的信息，通常是指那些可能对上市公司的证券价值有重大影响的事件或信息，如公司的实际运营状况和财务信息、未来的业务规划调整和可能产生的盈利状况预测，以及对公司特定的交易或资产的价值估计和看法等，这些信息可能会对投资者是否购买或出售相关证券有决定性影响，是投资决策的重要依据。②对跨境证券发行来说尤为如此，由于境外证券发行人在国外注册，因此境内投资者主要通过该境外发行人披露的各类报告来了解其实际经营状况、发展计划等财务管理信息，但不同法律法规对公司报告的形式和实质要求不同，不同地域的投资者很难同时获得这种跨境发行的外国公司的信息披露内容。

本章将通过对内地和香港证券发行上市信息披露制度的介绍，对A+H双重上市公司在首次公开发行股票及上市过程中需要公开的重大信息和法律责任等进行阐述与分析。

---

① 陈岱松:《证券上市监管法律制度国际比较研究》，法律出版社2009年版，第210、215页。

② 周友苏主编:《新证券法论》，法律出版社2007年版，第358、360页。

5.1 股票发行及上市的信息披露

信息披露的质量决定着信息披露制度是否可以真正起到保护投资者和促进市场公平的作用，因而法定监管机构通常会设定信息披露的标准，包括实质性标准和形式性标准，并要求信息披露义务人依照披露标准承担信息披露责任。信息披露的实质性标准就是对公开信息的质量要求，也就是信息披露的有效性。根据各国证券市场的具体规则，信息披露的有效性就是要求信息披露真实、准确、完整和及时。对于在不同国家或地区上市的公司，信息披露的完整性和及时性原则要求公司应将其在某一地上市的信息全部、及时（合理交易时间内）地在其他上市地披露，以确保不同证券市场的投资者能在第一时间得到该公司的全部信息。信息的持续披露应该公正地提交，没有误导、欺骗和遗漏重要信息；而信息披露的公平性原则要求上市公司应该保证所有证券持有人在重要信息获取方面享有公平待遇，在向投资大众公开披露之前，不应该将信息披露给选定的投资者或关联方。上市公司应当承担持续披露的责任，在一些司法管辖区域内，公司以外的某些特定义务人也应该对信息披露负有责任。

信息披露制度的基本特征是真实性。信息披露的真实性要求证券发行人公开的所有信息客观存在且能反映证券发行人的真实状态，不能有虚假和夸大的内容。证券发行人公开的信息，是证券市场投资者制定投资策略和做出投资决定的依据，应当真实可信，否则投资者将可能做出错误的判断，遭受经济损失的风险。信息披露的准确性要求发行人在披露信息之前，应当对所要披露的信息进行确认，信息的表达应当明确，词语使用通俗易懂、不存在歧义，不得在信息披露过程中使用误导性语言误导投资者。信息披露的完整性要求发行人向公众披露所有与该证券有关的信息，不得有故意隐瞒和重大遗漏，以使投资者能够合理判断是否投资该证券。证券发行人未能对需要披露的信息进行完整披露，其法律后果与未能真实披露相关信息是一样的。信息披露的及时性则要求证券发行人注意信息公开的时效性。当影响证券发行的情形发生时，证券发行人应在合理期限内予以公开披露，使投资者能够在合理时间内获知与该证券有关的最新信息，从而做出适当的投资决策。

关于信息披露的主要内容，根据国际证监会组织（International Organization of Securities Commissions，IOSCO）1998年9月发布的《外国发行人跨境发行与首次上市的国际披露标准》的规定，主要包括以下十个方面的具体内容：（1）董事、高级管理人员、顾问和审计人员的身份；（2）发行统计和预期的时间表；（3）核心信息，包括摘录的财务数据、股本和负债、发行目的和资金的使用及风险因素；（4）公司的信息，包括公司历史概况、业务介绍、组织结构、财产、工厂和设备；（5）公司经营财务回顾与前景，包括经营业绩、流通性和资金来源、研究开发、专利许可、发展趋势；（6）董事、高层管理部门和雇员，包括董事和高层管理部门、报酬、董事会议事规则、职员和分享权；（7）大股东和关联交易，包括大股东、关联交易、专家和顾问的利益；（8）财务信息，包括合并报表和其他财务信息及其重大变更；（9）发行和上市情况，包括发行和上市细节、销售计划、发行和上市的市场、销售股东的情况、分红派息的稀释状况、发行费用；（10）附加信息，包括股本情况、公司章程和备忘录、重大合同、外汇管制、税收、分红派息代理机构、专家声明和文件的陈列等。近年来，全球主要证券市场都已逐渐接受IOSCO规定的信息披露内容，体现了证券市场国际化进程中各国法律规则不断趋同的现象。但是，IOSCO制定的规则对于成员国并不具有强制约束力，前述披露规则只是为上市公司提供最低持续披露标准，为各司法管辖区域就审查和/或制定上市公司的持续披露规则提供建议性指导。

信息披露包括初次披露和上市后的持续披露。初次披露是指公司在上市前进行的信息披露，主要指初次发行披露，其主要特点如下：一是以招股说明书为主要形式。二是上市公司初次信息披露在具体做法上存在着细微的差别，如多数市场要求上市公司在上市前发布上市公告，部分市场无这一要求；有的市场要求上市公司在正式招股前发布初步招股说明书，而多数市场只需发布正式招股说明书即可。三是不同层次的市场对上市公司招股说明书的要求并不完全相同，总的来说，创业板市场对招股说明书的要求更为严格，不仅表现在需要披露的内容多，而且在部分内容上如对公司业务发展目标的详细描述、公司董事及主要管理人员的情况、风险因素分析、风险警告说明等的要求较主板市场更为严格。持续披露是指公司上市后根据法律法规和证券交易所的上市规则，对公司的经营和财务信息等进行定期披露或临时披露。

信息披露制度通常由三个部分组成：需要公开披露的信息内容、具体采用的信息披露方式，以及违反信息披露应当承担的法律责任等。以下将根据内地和香港就信息披露制度的不同规定，对两地相关制度体系进行比较研究，从而对 A+H 双重上市公司在首次公开发行股票及上市阶段需要履行的信息披露职责进行阐述和分析。

5.2 香港股票上市之信息披露制度

香港市场关于信息披露的制度体系非常完善，如《公司条例》、《证券及期货条例》、《公司（清盘及杂项条文）条例》、《保障投资者条例》、《公司收购及合并守则》和《股份购回守则》等；在自律性监管方面，包括具有合同性质的《香港联合交易所有限公司证券上市规则》，以及关于财务信息披露的《香港会计准则》等。其中，《公司条例》、《证券及期货条例》主要规定了内幕信息、上市公司股份持有、淡仓（减持）等方面的信息披露，以及违反前述信息披露规定需要承担的法律责任。关于与股票首次公开发行上市有关的信息披露（初次公开）的具体规则和要求，则主要规定在《公司（清盘及杂项条文）条例》和《上市规则》等文件中。

香港的信息披露制度分为发行披露和持续披露。对于注册地在香港之外的海外公司，香港联交所的《上市规则》第19章专门对信息披露进行了规定，海外公司除了要提交与本地公司相同的资料，还要提交包括其注册或成立司法管辖区的有关管制条文及其他交易所认为需要提交的附加材料。为了使信息披露制度得到有效执行，联交所也强调了发行管理人的责任，规定发行申请人必须提交由董事会签署的责任声明。如海外发行人无董事会，则该声明由发行人同等的决策机关内的全体人员做出。无论是发行披露还是持续披露，香港对于海外公司采取的都是补充规定的方式，即海外公司要在满足与香港公司同样的要求下，补充遵守为其特制的其他规定。

香港上市公司信息披露的文件类型包括公告、通告、通函、财务报表、环境社会及管治资料、月报表和权益变动情况等。

常见的公布内容包括业绩公告、周年股东大会及特别股东大会的详情、业务性质的转变、董事人选的改变、股份截止过户日期、须予披露的交易、关联交易、建议进行的供股安排、拟进行的收购活动或私有化，以及就不寻常股价或交投量的波动做出解释等。

关于定期报告，与A股不同，联交所主板公司的季报属于自愿披露内容，部分公司基于公司策略及商业机密的考虑而不披露季度报告。如2021年修订的《上市规则》，要求发行人必须在相关上市文件（或交易所认为适当的其他公告或通函）中全面披露获授的任何豁免或修改（包括相关条件）详情。如果发行人所提供的资料或相关情况出现任何重大变化，那么香港交易所有权撤销或修改已授予的任何豁免或修改。比如，香港交易所积极分阶段推行实施披露材料的无纸化制度，投资者可灵活选择以实物股票或无纸化形式持有证券。持有无纸化证券的新选择，使投资者可以自己的名义持有证券并成为登记持有人，方便日后进行直通式交易处理程序，提高市场运行效率，而以纸张形式持有证券的做法最终将会被取缔。

5.2.1 香港《公司条例》和《证券及期货条例》的相关规定

《公司条例》（香港法例第 622 章）关于公开发行股份信息披露的规定主要体现在第 D 章《公司（董事报告）规例》、第 E 章《公司（财务摘要报告）规例》、第 F 章《公司（修改财务报表及报告）规例》和第 G 章《公司（披露董事利益资料）规例》中。其中第 D 章《公司（董事报告）规例》要求公司董事对公司发行股份及债券的情况进行详细说明，第 E 章《公司（财务摘要报告）规例》要求公司对财政年度的一切资料及详情进行说明，包括但不限于财务状况表、全面收益表等。[①] 此外，《公司条例》还规定，公司公开发行股份应当向注册署提交公司股份、董事等相关信息的所有文件，包括资质证书和招股说明书等。

《证券及期货条例》（香港法例第 571 章）中关于信息披露的规定主要体现在第 XIVA 部分有关内幕信息的披露和第 XV 部分有关权益信息的披露中。关于上市公司内幕信息披露的具体要求，《证券及期货条例》第 307B 条至第 307G 条予以了规定，包括被认定为属于内幕信息的具体情形、关于公开披露信息的具体方式、上市公司相关管理人员应当承担的信息公开责任，以及可被豁免信息披露的情形等。相关人员违反上述规定情节严重的，可能会承担刑事责任。

《证券及期货条例》规定的权益披露，主要针对上市公司股东、董事及其他相关利益人持有的上市公司权益及其淡仓（减持）行为。其中，第 310 条至第 316 条主要规定了上市公司股东需要披露的增加或减少持有股份比例的条件，或者股东亲属或关联企业持有上市公司股份及其变化情况；第 341 条至第 355 条主要规定了上市公司董事和主要管理人员需要披露的增加或减少持有股份比例的条件。

此外，《证券及期货条例》第 XIVA 部分还规定了违反信息披露规定将会

---

① 香港律政司双语法例资料系统，https://www.elegislation.gov.hk/，2024 年 2 月 15 日最后访问。

受到的行政处罚和民事赔偿责任。[①] 而对于上市公司信息披露的监管，《证券及期货条例》规定香港证监会为上市公司信息披露的法定监管机构，香港上市审核实施双重存档制度。该条例规定所有公司信息披露及上市申请材料均需提交联交所，以及通过联交所提交香港证监会存档。香港证监会可对发表虚假或具误导性的企业信息的人士行使执法权。

5.2.2　香港《公司（清盘及杂项条文）条例》关于招股章程的规定

招股说明书是首次公开发行股票及上市最重要的法律文件，其既代表发行人向社会公众公开发售股票的书面意思表示，也是发行人向证券监管机构申请发行股票的最主要法律文件。根据《公司（清盘及杂项条文）条例》第2条的释义，招股说明书（Prospectus）在香港被定义为招股章程，指以公告、启事、通知、册子等文件形式，向公众做出提供某公司的股份或债权证，供公众以现金或其他代价认购或购买的要约。

招股章程（Prospectus）须进行登记，除非得到监察委员会的豁免，招股章程（Prospectus）应至少包括以下主要内容：（1）证券发行人公开发行股份的预计时间表；（2）发行人本次股份售发的详细情况；（3）发行人的详细情况、主要业务和所属行业的情况；（4）发行人的历史、重组过程和股权架构；（5）主要股东的情况；（6）董事和管理层的详细情况；（7）发行人财务的详细情况；（8）未来计划所得款项的用途；（9）承销方式和股份发售的架构及条件等。招股章程（Prospectus）应有附录文件，包括由独立注册会计师出具的经审计的财务报告、未经审核的备考财务资料、公司章程及发行人注册地国家或地区的法律介绍等。招股章程（Prospectus）必须是中英文双语，并包括证券发行人关于本次招股的提示性说明。[②]

---

① 香港律政司双语法例资料系统，https://www.elegislation.gov.hk/，2024年2月15日最后访问。
② 《公司（清盘及杂项条文）条例》第38—44条及其附属条文。

5.2.3 香港交易所《上市规则》关于信息公开的要求

凡申请发行股票并在主板上市的发行人，均须遵守香港交易所《上市规则》的相关规定，向联交所递交 A1 表格、申请版本（Application Proof）、招股章程（Prospectus）及董事会、股东会关于申请上市的授权决议书等申请文件，并获得联交所的核准。作为在主板上市的主要申请文件之一，招股章程（Prospectus）除须符合《公司（清盘及杂项条文）条例》的相关规定外，亦须满足《上市规则》的相关要求。①

根据《上市规则》关于信息披露的要求，申请股票上市的新发行人须依照联交所规定的方式，将 A1 表格、申请版本、招股章程及董事会、股东会关于申请上市的授权决议书等申请文件向社会公众进行公开。上市申请文件应包括发行人基本信息、上市顾问及上市申请文件清单、拟发行股票的条件和发行方式、发行人的资金和业务状况、发行人财务信息和管理层以及主要资产情况等。发行人应根据《上市规则》的要求在联交所指定的地点以指定的方式公开其上市申请文件，但该申请文件的公开只能在联交所审核后确认无须再做任何修正的情况下公开。②

2006 年，在首个 A+H 同步发行上市案例“工商银行 A+H 双重上市”中，香港证监会与香港联交所创新性地建立了网上资料集方式，对 A+H 同步发行时 H 股信息披露晚于 A 股发行的预先披露的情况完善了相关规定，并于 2007 年 11 月 5 日联合发布《试验计划——首次公开招股章程刊发前在香港交易所网站登载网上预览资料集》的政策声明，要求自 2008 年 1 月 1 日起，上市申请人须于向机构投资者发出有关上市信息及资料前，提交网上预览资料集给香港联交所，以供香港联交所在其网站上公布。2013 年 7 月 23 日，香港交易所对在网上公布信息披露资料的方式进行了调整，规定从 2013 年 10 月 1 日起，发行人在向香港联交所呈交上市申请时，应在香港交易及结算

① 《上市规则》第 9.11 条。
② 《上市规则》第 12.01—12.11 条。

所有限公司“披露易”网站登载大致完备的上市文件申请版本。[①]

对于上市后的持续性信息披露，《上市规则》规定，上市公司须向投资者及公众人士提供可能影响其利益的重要信息和资料。上市公司须依据法令规定的方式公开披露相关资料，不得由于不当信息披露行为而导致相关人士在证券的交易或买卖中处于比普通投资者更具优势的地位。信息的公开应当及时，必须给予市场投资者足够的时间去了解和消化上市公司的最新信息及资料，使市场及投资者做出的判断和决定能够反映出上市公司的实际运营情况，从而在股票价格上得以体现。[②]如香港联交所在2018年1月22日作出《上市委员会谴责宏霸数码集团（控股）有限公司（现称中国钱包支付集团有限公司）（股份代号：802）及数名现行及前任董事违反〈上市规则〉及/或〈董事承诺〉》，载明宏霸数码集团（控股）有限公司（现称中国钱包支付集团有限公司）未能确保于2015年8月28日刊发的公告所载的咨询在各重要方面准确完整、没有误导，违反了《香港联合交易所有限公司证券上市规则》的规定，对其处以公开谴责的处罚。[③]

根据《上市规则》关于公司治理规则和公司治理报告的要求，股票发行人须在其年度报告中披露如下信息（强制性信息披露）：

A. 公司治理行为；

B. 董事所持公司股票的交易情况；

C. 董事会；

D. 董事长及首席执行官；

E. 非执行董事；

F. 董事会专门委员会；

G. 审计师薪酬；

H. 公司秘书；

---

① 李伟斌律师行：《A+H公司法律实务研析》，中国政法大学出版社2013年版，第273页。

② 《证券法》第11条、《证券发行上市保荐业务管理办法》第6条。

③ 参见香港交易所网站，https://www.hkex.com.hk/News/Regulatory-Announcements/2018/180122news?sc_lang=zh-HK，2024年10月21日最后访问。

I. 股东权利；

J. 投资者关系；

K. 风险管理和内部控制。

此外，联交所鼓励上市公司在公司治理报告中对主要管理人员所持公司股份的情况和管理架构运行情况进行披露。①

2022 年 7 月 29 日，香港交易所就有关上市发行人股份计划的《上市规则》条文的咨询文件刊发咨询总结，扩大了《上市规则》第 17 章的适用范围，使之涵盖所有涉及发行人授出股份奖励及授出可认购其新股的股份期权的股份计划。界定股份计划的合资格参与者，包括雇员参与者、关联实体参与者及服务提供者，规定向关联实体参与者及服务提供者授予股份必须经薪酬委员会批准。对发行人所有股份计划加设计划授权限额，以不多于发行人已发行股份的 10% 为限。此授权可每三年经股东批准更新一次。若在三年期内更新计划限额，则须经独立股东批准，发行人须在计划授权限额内另设服务提供者分项限额，并于致股东通函中披露其厘定此分项限额的基准，删除现行《上市规则》中有关未行使股份期权数目不得超过当时已发行股份 30% 的规定。

关于向个别参与者授予大量股份的限制，规定向个别参与者授予股份超过 1% 个人限额须经股东批准，向所有关联人士授予股份须经薪酬委员会（而非独立非执行董事）批准就向关联人士授出股份奖励提供最低豁免门槛：若获授人为发行人的董事（独立非执行董事除外）或最高行政人员，而授出的股份奖励会使任何 12 个月期内向其授出的股份奖励超过发行人已发行股份的 0.1%，则须经独立股东批准；若获授人为发行人的独立非执行董事或主要股东，而授予股份（包括股份奖励及股份期权）会使任何 12 个月期内向其授予的股份超过发行人已发行股份的 0.1%，则须经独立股东批准。同时，移除有关向发行人的独立非执行董事或主要股东授出股份期权的 500 万港元

① 《上市规则》附录 14。

最低豁免门槛。

《上市规则》第 17 章于 2023 年 1 月 1 日再次作出修订，在须予公布的交易中，要求发行人披露代价的基准及交易的条款。规定若目标公司的估值是达成须予公布的交易代价或其他重要条款的基础之主要因素时，则须于相关公告及通函内披露该等估值。此外，按照该等披露的一般标准，发行人必须确保其文件所载资料在所有重大方面均为准确及完整，且并无误导或欺诈成分。

香港交易所在审阅发行人的交易公告时，特别关注交易条款（包括代价）对发行人及其股东整体是否公平合理。在有关估值的披露资料不足以让投资者了解相关估值的方法及假设、采纳该等方法的基准以及如何得出估值金额时，要求发行人说明其所选估值模型，并解释选用的原因，特别是为何该估值模型适用于有关交易或目标公司。例如：在应用贴现现金流量（DCF）法对初创目标公司进行估值时，发行人应解释在缺乏历史业务记录支持预测的情况下，为何采用 DCF 方法属适当做法。在应用市场法对从事新型或创新行业的目标公司进行估值时，发行人应解释在缺乏类似或可资比较的公司的情况下，为何使用市场法属适当做法。倘使用超过一种估值方法，则发行人应披露分析不同估值方法得出的价值之过程以及如何构成最终估值。

在估值假设及输入参数方面，要求发行人应详细且具体解释其估值的假设以及所采纳的估值输入参数。倘有关的估值假设及 / 或输入参数与目标公司 / 行业的历史资料或可资比较公司的参数存在重大差异，则发行人应进一步证明为何其使用该等假设及 / 或输入参数是公平合理的做法。例如，在贴现现金流量估值中，倘目标公司的预测收益较过往趋势有大幅增长及 / 或预测利润率远高于同业，则发行人应披露其预测基准的详情，并解释为何有关预测对被评估的交易或目标公司而言属公平合理。在市场法估值中，发行人应披露选择可资比较公司的标准及程序，并解释在有关情况下选定该等市场可资比较公司属适当的原因。倘可资比较公司的倍数范围广泛，则发行人应进一步解释包括或排除任何潜在异常值的理据，以及得出估值倍数的基准

[而非（举例而言）仅使用可比性存疑（可资比较公司）的广泛分散倍数的平均值]。

中国证监会于 2023 年 2 月 17 日宣布实施有关境外上市的监管新规，并废除《境外上市特别规定》及《关于执行〈到境外上市公司章程必备条款〉的通知》，中国发行人应当参照中国证监会发布的《上市公司章程指引》而不是《必备条款》制定公司章程。因为内资股和 H 股（均为普通股）的持有人不再被视为不同类别的股东，目前适用于内资股和 H 股股东的类别股东会议规定已无存在的必要。香港交易所于 2023 年 2 月 24 日刊发咨询文件，建议应内地监管规则更新而修订《上市规则》，同时建议《上市规则》作出若干有关中国发行人的修订。2023 年 7 月 21 日，根据内地监管新规修订《上市规则》以及其他有关中国发行人的条文修订，删除反映《必备条款》规定的条文，（i）与中国发行人发行和回购股份有关的类别股东会议规定及其他相关规定；（ii）牵涉 H 股股东的争议须以仲裁方式解决的规定；及（iii）要求中国发行人的公司章程须包含《必备条款》及其他附带规定的规定。此外，修订有关新上市申请提交文件的规定，以反映适用于内地公司境外上市的备案新规。

联交所亦对《上市规则》作出其他修订，以使分别适用于中国发行人的规定及其他发行人的相关规定保持一致。容许中国发行人发行新股的一般性授权限额和股份计划的授权限额，可参照其已发行股份的总数（而不是分别参照内资股和 H 股）计算；删除中国发行人董事、高级管理人员和监事须向发行人及其股东承诺遵守中国《公司法》和公司章程的规定；使《上市规则》第 19A 章（适用于中国发行人）有关合规顾问的若干规定与第 3A 章（适用于所有发行人）的相关规定一致；删除《上市规则》第 19A 章中有关（i）网上展示文件或展示实体版本以供查阅及（ii）在新申请人的上市文件中披露相关资料的规定。联交所亦对《上市规则》作出若干处轻微修订，删除内容重复的条文、更新已过时的提述、修正文书错误或处理不一致的地方。

中国发行人仍须遵守其现有的组织章程细则有关类别股东大会的规定及

其他原根据《必备条款》制定的规定，除非其修订组织章程细则已删除该等规定。一般而言，倘中国发行人自发建议修订其组织章程细则以删除类别股东大会的规定，则应根据其现有组织章程细则于各自召开的类别股东大会上取得内资股股东及 H 股股东的批准。

2023 年 11 月 29 日，香港联交所刊发新上市申请人指南，整合并优化了所有现行有效的有关新上市申请的指引信及上市决策。现有的新上市指引并未作出重大变动。未来，联交所将通过更新指南提供新指引，不再另行刊发指引信和上市决策。

5.2.4　不当信息披露的法律责任

根据联交所《上市规则》的要求，上市申请人公开的招股章程（Prospectus）等文件应当是准确及完整的。招股章程中的任何陈述，均应当是清晰且准确的，如果就其文意而言，具有误导性，或者存在关键性遗漏，则被认为是不真实陈述（Untrue Statement），应当承担相应责任。①

如果认购人基于对招股章程的信任而购买了发行人的股票，且由于该不真实陈述（Untrue Statement）而造成了损失，则发行人的股东（发起人）、董事及所有批准发出该招股章程的人，应对认购人蒙受的损失或损害承担赔偿责任。除民事赔偿责任外，发行人的股东（发起人）、董事及所有批准发出该招股章程（Prospectus）的人，还面临被监禁及罚款的刑事法律责任。②

根据《证券及期货条例》的要求，第Ⅷ部分规定了对上市公司及相关中介的监管及调查，第Ⅸ部分规定了由证监会、金融管理专员采取的纪律行动，第XIV部分规定了关于证券及期货合约交易等罪行，第 XIVA 部分则规定了披露内幕消息、关于披露的市场失当行为审裁处研讯程序及违反披露规定的民事法律责任。

需要注意的是，香港证监会对于信息披露的监管并非仅针对上市公司，

① 《公司（清盘及杂项条文）条例》第 41A 条。

② 《公司（清盘及杂项条文）条例》第 40A 条。

上市公司相关中介机构违反《证券及期货条例》的也会受到香港证监会的监管。根据《证券及期货条例》第 180 条的规定，获授权人［香港证监会可为施行《证券及期货条例》第 179 条“(香港证监会)要求交出关于上市法团等的记录及文件的权力”而授权任何人为获授权人］可为确定任何中介人或任何中介人的联系实体是否正遵从、已遵从或相当可能有能力遵从该条第 2 款[①]指明的规定，而于任何合理时间:(a) 进入该实体的处所;(b) 查阅和复印任何关于下属事宜的记录或文件，或以其他方式记录该等记录或文件中的细节:(i) 该中介人或该实体经营的业务;(ii) 由该中介人或该实体的有联系法团履行的交易;(iii) 在该中介人或该实体经营的业务过程中所做的交易或活动，或可能影响该中介人或该实体经营的业务的交易或活动; 及 (c) 就上述 (b) 段提述的记录或文件，或就在该中介人或该实体经营的业务过程中所作的交易或活动，或就可能影响该中介人或该实体经营的业务的交易或活动，而 (i) 查讯该中介人或该实体;(ii) 查讯该中介人或该实体的有联系法团;(iii) 查讯获授权人有合理因由相信是管有 (b) 段提述的记录或文件或掌握关于该等记录或文件的资料的其他人，不论该人是否与该中介人或该实体有关联。

以香港证监会告安永(The Securities and Futures Commission v Ernst & Young)一案为例，法院判决安永会计师事务所(以下简称安永)必须向香港证监会交出与其担任标准水务有限公司(以下简称标准水务)申报会计师及核数师的工作相关的指明会计记录。[②]该案中，标准水务根据其于 2009 年 8 月 28 日与安永订立的委聘书，就其向联交所提出的主板上市申请，委聘安永为其申报会计师及独立核数师。安永曾接受安永华明会计师事务所(以下

① 《证券及期货条例》第 180 条第 2 款规定，“为施行第 (1) 款而指明的规定是不得违反以下各项的规定——(a) 本条例任何条文;(ba)《打击洗钱及恐怖分子资金筹集(金融机构)条例》(第 615 章)第 2 部分的任何条文(第六条除外);(b) 根据或依据任何有关条文给予或作出的任何通知、规定或要求;(c) 根据本条例批给的任何拍照或注册的任何条款或条件;(d) 根据或依据本条例任何条文施加的任何其他条件”。

② 参阅中华人民共和国香港特别行政区司法机构官网: www.judiciary.gov.hk，判案书(HCMP1818/2012)。

简称华明）的服务，在中国内地（以下简称内地）就该公司及其中一间营运附属公司进行实地审计。华明是向中国注册会计师协会注册及受其与中国证监会监管的另一独立法律实体。

2010 年 3 月 16 日，安永向标准水务发出辞职信，以“文件前后矛盾”为理由，即时辞去申报会计师及独立核数师之职。2010 年 3 月 24 日，标准水务亦撤回上市申请。香港证监会于 2010 年 4 月 9 日发出指示，调查该事件是否涉及任何市场不当行为或罪行。2010 年 4 月 12 日至 2011 年 10 月 28 日，香港证监会调查员根据《证券及期货条例》第 183 条的规定向安永发出 9 份通知，要求安永交出审计底稿，却被其以国家机密为由拒绝，未依照该等通知的要求提供审计底稿及其他相关往来通信。因此，香港证监会根据《证券及期货条例》第 185 条的规定就安永未能遵守上述规定提出申请法院查讯有关个案，并要求法院若裁断安永是在没有合理辩解的情况下不交出文件，则颁令强制安永遵从该等通知的要求。

香港证监会指出，任何申请在港上市的私人公司，其会计及审计工作底稿必须直接交与证监会，或根据常设合作安排经内地相关部门交出，这样的安排尤其适用于证监会就怀疑失当行为进行调查。安永身为前申报会计师，而安永华明作为其前代理人，没有应证监会要求向内地相关部门交出该记录，事态极为严重。安永曾经表示，有关底稿由内地合营伙伴安永华明保管，可能涉及国家机密，标准水务最终并未在港上市，且事件并没有导致任何损失，因此其质疑为何要交出文件。

法院经审理认为，根据安永与华明之间的安排，华明（及其员工）是在内地法律下根据委托合同，以安永的受托人身份进行实地审计的，安永和华明把华明职员制作的审计底稿，视为由华明职员以安永受托人及雇员身份制作的，并应由安永“拥有、管理及控制”。因此，华明有责任向安永交出其所有的关于实地审计的文件，即使该等文件是由华明或其职员制作亦然。安永作为委托人，在内地法律下享有可予即时强制执行的合法权利，即使在委托关系终止后，仍可持续查阅、要求交出及复制关于华明代安永作出的行为的记录，包括审计底稿。在此情况下，审计底稿是在安永的“权力”范围内，因此亦在其“管有”范围内。同时，法院在判词中指出，安永未能提交证据，证明审计底稿及其他相关文件的内容载有国家机密或商业秘密，因此《保守国家秘密法》、《反不正当竞争法》及《注册会计师法》并不适用。法院不接纳安永就《关于加强在境外发行证券与上市相关保密和档案管理工作的规定》（公告〔2009〕29 号）（第 29 号文件，已失效）提出的论点，而接纳香港证监会提交的专家证据，即将所有审计底稿存放在内地是正常做法，而涉及国家机密、国家安全及重大公众利益的审计底稿是必须经事先批准方可传送到境外的。安永未提交证据证明该等审计底稿属上述性质。此外，法院不相信并采纳安永一旦被法庭命令向香港证监会交出审计底稿及该等通知索取的其他资料，会有真实的刑事、行政或民事责任风险。且内地法例并未禁止安永向香港证监会交出文件。

2014 年 5 月 23 日，香港高等法院做出裁决，要求安永在裁决之日起 28 日或安永与香港证监会书面议定的其他期限内遵从香港证监会的要求，交出标准水务的审计文件底稿。①

5.2.5 关于 H 股发行人的信息披露要求

对在香港上市的发行人而言，其信息披露义务来源于《上市规则》、《证券及期货条例》及《失实陈述条例》等相关法律法规，大股东，即持有上市公司 5% 或以上任何带有投票权的股份类别的权益的个人及公司，必须披露其在该上市公司带有投票权的股份的权益及淡仓；上市公司的董事及最高行政人员必须披露其对某上市公司（或其任何联系实体）的任何股份的权益及淡仓，以及他们对该上市公司（或其任何联系实体）的任何债权证的权益。董事负有披露义务的信息主要包括其在上市公司及其相联法团的股份及债权证中的权益、内幕消息、风控制度有效性等。尽管董事并非上市公司全部须

---

① 《打国家机密牌失效，港证监会追讨安永审计底稿》，载《证券时报》2014 年 5 月 26 日，第 A004 版。

予公告的交易或信息的直接披露义务人，但根据《上市规则》第 13.52（2）条及附录五的规定，董事负有遵守《公司条例》、《上市规则》、《证券及期货条例》及尽力促使上市公司遵守的义务，因此，若公司为披露义务人时遗漏披露必须公布的交易或在公告中存在不实或误导性陈述，则在实务中，上市公司董事也通常会因为未能促使上市公司履行相关披露义务而受到联交所的处罚。此外，依据《公司（清盘及杂项条文）条例》相关规定，董事对任何在信赖招股章程不实陈述的基础上购股或债券证而遭受损失的人负有民事赔偿责任；若招股章程内载有任何不真实陈述，批准发出该招股章程的人无法证明陈述不具关键性等例外情况，则其将面临刑事责任及罚金。

鉴于 2023 年开始，新的上市发行备案制度（备案新规）开始实施，香港联交所也相应修订了《上市规则》，从其第 19A 章中删除与中国发行人发行新股和回购现有股份有关的类别股东会议规定及其他相关规定；删除牵涉 H 股股东的争议须以仲裁方式解决的规定；废除《上市规则》附录 13D 部分，此附录要求中国发行人的公司章程须包含《必备条款》及其他附带规定；修订《上市规则》第 9 章和第 19A 章中有关新上市申请提交文件的规定；删除有关保荐人及合规顾问的职责及其终止委任及替任的其他规定；删除有关（i）网上展示文件或展示实体版本以供查阅及（ii）在作为中国发行人的新申请人的上市文件中披露内地与香港的法律及法规之间的重大差异的规定。

就备案新规，香港联交所删除提交批文副本的规定，同时规定新上市申请人须就其于香港联交所申请上市向中国证监会备案，新上市申请人（不论是在中国还是在其他司法权区注册成立）须在预期的聆讯审批日期至少满 4 个营业日之前提交由中国证监会发出的确认新上市申请人完成备案程序的通知书。

香港联交所认为，海外发行人有义务让香港市场的投资人了解其业务经营情况和相关财务数据，因此证券发行人的财务报告是证券发行过程中需要披露的重点内容，是投资者决定是否投资的重要依据。财务报表能否真正地反映公司的业绩而为投资者投资决策提供服务，取决于制作财务报表时的会计制度，主要体现为会计审计制度和会计准则制度。关于 H 股发行人的财务信息披露，联交所要求发行人提交的年度会计报表应当至少符合香港会计报表标准（Hong Kong Financial Reporting Standards，HKFRS）、国际会计报表标准（International Financial Reporting Standards，IFRS）、中国新会计报表标准（Chinese Accounting Standard for Business Enterprise，CASBE）其中之一的要求。同时，发行人应当对依据不同标准所做出的会计报表之间的差异做特别说明，且其适用会计准则时需要遵守持续性原则，不得改变。由此可见，香港对财务准则的适用采取的是选择模式，具有较大的灵活性，同时对准则之间出现重大差异的情况作了特殊规定，体现了交易所的监管性特征，保护了投资者的利益。

根据香港《公司条例》、《上市规则》的相关规定，招股说明书中应该披露的财务信息主要包括会计师报告、未经审核备考的财务资料、溢价估计和物业估值等。独立会计师出具的会计报表中必须对发行人及其子公司过往三年的财务情况进行陈述和说明，包括每个会计年度单独及合并报表的情况、现金流情况及股份变化情况等，[①] 尤其是发行人董事和首席执行官（CEO）持有公司权益的详细情况。联交所允许发行人自主决定是否将未来的盈利预测包括在上市申请文件中，[②] 如果发行人决定披露盈利预测，则该预测应该是明确且清晰的，基于发行人正常的商业运行，并且与发行人的财务政策相吻合，发行人披露的盈利预测必须得到财务顾问或保荐人的确认。

公司的财务信息也是持续信息披露的重要内容，根据《上市规则》第 13 章“持续信息披露”的相关规定，发行人除了需要在定期报告和临时报告中披露一般财务信息外，还需披露一些特殊的财务信息，如发行人对于某实体的借款超过公司资产的 8%，或者对控股股东的质押股权行为、附有特殊义务的借贷行为等。H 股发行人应当聘请符合联交所《上市规则》要求且具备

① 《上市规则》第 4.01—4.04 条。
② 《上市规则》第 11.16—11.19 条。

联交所认可标准的独立会计师机构，对其年度财务情况进行审计，并为其出具年度会计报表。①

关于发行人招股说明书中的非财务信息披露，依据香港证券市场有关法律条例和其他规定，其主要包括风险因素、公司沿革、行业概览、控股股东的关系、董事及高管人员、关联交易、公司章程、呈递公司注册处的查备文件等。对海外发行人而言，根据《上市规则》第 19.10 条的规定，上市文件中还必须包括海外发行人注册或成立司法地区有关管制条文的概要及其他交易所认为需要提交的附加材料。但同时，《上市规则》第 19.09 条赋予联交所对海外发行人上市所披露文件进行豁免的权利。当然，信息披露不仅包括对内向香港交易所披露，也包括对外向发行人所在地的相关机构进行披露。根据《上市规则》第 11A 章的规定，发行人需根据香港《公司条例》的有关规定，向公司注册处提交招股章程及有关辅助性文件。

关于公司章程的披露是联交所专门针对中国发行人的特殊要求，主要是基于内地与香港之间的法律差异。根据联交所《上市规则》的要求，H 股发行人的公司章程中，必须包括关于国内股东及其股份和股东权益、境外股东及其股份和股东权益的差异说明，以及争议解决办法。根据《上市规则》第 19A.45 条的规定，所有与 H 股股票持有人、发行人章程，或者根据公司法或任何法律涉及中国发行人的任何争议，均须由香港或内地的仲裁机构解决。联交所关于 H 股发行人章程的规定是强制性的，中国发行人不得对其公司章程的前述条款进行任何修改。

关于 H 股发行人的日常管理，《上市规则》第 19A.15 条要求 H 股发行人在香港保持足够的管理层人员，确保至少有两名执行董事经常居住于香港。同时，H 股发行人应当在其股票上市期间，委派一名香港联络人接收或递交与联交所的往来文件。

关于 H 股发行人的股东和董事，《上市规则》第 19A.14 条规定，H 股

① 《上市规则》第 19.14、19A.08 条。

发行人应当披露其控股股东或董事是否存在除发行人之外，直接或间接持有其他与发行人有竞争性业务或潜在竞争性业务的权益，即除外业务（同业竞争），[①] 包括担任该除外业务（同业竞争）公司的主要股东、董事（独立非执行董事除外）、合伙企业合伙人，或者独资业务的所有人等。本书将在特殊事项的信息披露要求中，对除外业务问题进行专门讨论。

ESG 投资与发展已悄然成为当下全球资本市场的发展主题之一，作为国际化金融中心，香港对上市企业的 ESG 信息披露越发重视、对 ESG 治理的要求越发严格。港交所上市规则第 13.91、13.92 条和附录 C2《环境、社会及管制报告指引》明确要求年度 ESG 报告与年报同时披露，环境和社会层面具体 36 个指标均要求"不披露就解释"，公司治理层面由附录 C1《企业管制守则》规定，多为财务报告的常见内容。

2021 年 11 月，香港联交所刊发了气候信息披露指引，意在协助发行人按照气候相关财务信息披露工作小组（TCFD）的建议作出汇报；刊发有关首次公开招股申请人的企业管治和环境、社会及管治（ESG）常规情况的报告；计划推出 ESG 中央教育平台。自此，联交所将 TCFD 的多个主要建议纳入了 ESG 汇报规定。

2023 年 4 月 14 日，香港联交所就有关优化环境、社会及管治框架下的气候信息披露发布了咨询文件，并建议将《环境、社会及管治报告指引》更名为《环境、社会及管治报告守则》，ESG 报告编制与披露要求将具备法律层面的强制效力。规定披露已经及可能会对发行人产生影响的重大气候相关事宜。修订"环境"的关键绩效指标，须披露相关目标，并将所有"社会"关键绩效指标的披露责任提升至"不遵守就解释"；将刊发 ESG 报告的期限缩短至财政年度结束后五个月内。其中，就 ESG 报告而言，发行人须在董事会声明内加入以下元素，以披露其 ESG 方面的管治情况：董事会对 ESG 事宜的监督；董事会对 ESG 的管理方针及策略，包括评估、优次排序及管理重

① 对于中国发行人，控股股东是指任何股东、个人或集体单独或合计持有 30% 或以上股份，或者在董事会占主要席位或取得主要投票权。但是，中国政府部门不被联交所认为是控股股东。

要的 ESG 相关事宜（包括对发行人业务的风险）的过程；董事会如何按 ESG 相关目标检讨进度，并解释它们如何与发行人业务有关联。

ESG 信息披露不仅仅是出于合法、合规的要求，更是适应全球共同发展的重要抓手。对企业而言，公开 ESG 信息并非纯粹经济导向所需，ESG 报告的编制与披露可以充分展现企业本身积极履行社会责任，同时有助于更全面地展示企业的价值。香港联交所于 2023 年 4 月 14 日发布的《优化环境、社会及管治框架下的气候信息披露咨询文件》，计划于 2025 年正式实施，同时将附录 C2 升级为“守则”，根据 ISSB 气候准则对气候相关信披要求进行丰富，并由“不披露就解释”升级为强制披露。2024 年 6 月 14 日港交所发布《〈企业管制守则〉及相关〈上市规则〉条文检讨》，对独董任职年限、董事会人员构成进行强制性规定，与内地独董制度呈现出一致的指向。

5.3　中国内地股票发行及上市之信息披露制度

如前所述，信息披露的核心是对投资者权益的保护。我国自 1999 年 7 月 1 日正式实施《证券法》以来，逐渐建立起由国家法律、行政法规和部门规章以及自律性规则等四个层次的信息披露制度体系。在国家法律层面，如《公司法》、《证券法》和《证券投资基金法》，对资本市场上有关证券及其衍生产品投资的信息披露进行了规范，《刑法》等法律中也有相关规定；在行政法规方面，主要包括国务院发布的《股票发行与交易管理暂行条例》、《股份有限公司境内上市外资股的规定》等；在部门规章方面，中国证监会作为我国法定的资本市场监管机构，制定了《上市公司信息披露管理办法》、《上市公司收购管理办法》、《证券发行与承销管理办法》等具有实际操作意义的制度性规范；在交易所自律层面，上海证券交易所、深圳证券交易所制定的《上市规则》等对证券上市和交易环节的信息披露进行了更加细致的指引，从而使我国资本市场多层次、全方位的信息披露制度监督体系得以建立及完善。目前，我国对于证券发行上市的信息披露承担监管职责的部门主要是证监会、上海证券交易所和深圳证券交易所。其中，证监会享有最为广泛的权力，也是最权威的监管者，主要负责监管证券发行的初次信息披露；而上海证券交易所和深圳证券交易所处于一线监管的地位，主要负责对上市公司持续性信息披露的监管，相较于证监会享有较为有限的权力。

2012 年 4 月 28 日，中国证监会发布了《关于进一步深化新股发行体制改革的指导意见》(以下简称《指导意见》，已失效)，进一步明确了建立以信息披露为核心的新股发行制度，提出了改进股票发行条件、加强信息披露规范要求、确立股票发行人承担信息公开披露第一责任人职责等具体要求。同时，《指导意见》对于我国上市公司规范治理提出了更高要求，并提出了新股发行申请文件的预先披露时间进一步提前等意见。我国监管机构充分学习和吸纳了国际先进资本市场通行的规则与规范，并创新性地建立了首次公开发行证券的预披露制度，将保护投资者利益作为信息披露制度的核心，从原则性规范到具体操作指引，在极大程度上保护了投资者的权益。

全面注册制改革后，股票发行的审核主体从证监会变成证券交易所，强调以信息披露为核心，使发行上市全过程更加规范、透明、可预期，审核部门不再对企业的投资价值作出价值判断，而是切实坚持以信息披露为核心，将核准制下的发行条件尽可能转化为信息披露要求，把好信息披露质量关。但这并不意味着放松质量要求，交易所的监管工作主要通过问询进行，综合运用多要素校验、现场督导、现场检查、投诉举报核查、监管执法等方式，压实发行人的信息披露第一责任、中介机构的“看门人”责任。

注册制的重要内容之一，是减少证券发行的法定约束条件、过于烦琐细致的盈利水平要求，以满足更多企业的融资需求，并将类似的约束条件纳入强制信息披露之列，从而重构了发行人与投资者之间的关系。这种新型关系的实质是，发行人未必是盈利企业，但必须确保信息公开透明；发行人可以直接融资，但必须披露真实状况。这种体系对发行人更为友好，满足了企业直接融资需求、约束了部分企业的造假动力。这种体系对投资者同样友好，它向投资者提供了差异化的投资产品，投资者获得了更多选择机会，并助推风险自负原则的落地。[①]

5.3.1 《公司法》及《证券法》对信息披露的规定

我国《公司法》对证券发行信息披露的要求较为原则和概要，仅在第57条规定了股东知情权、第100条规定了向社会公开募集股份时须公告的招股说明书应当包括的主要内容等，没有其他更为详细的规定。但是，《公司法》关于董事、监事和高级管理人员应向公司负有的勤勉义务和忠实义务的规定，在一定程度上借鉴了境外资本市场对于公司董事、管理层的职责要求，为我国公司治理规范增添了新的内容。

我国《证券法》对于证券发行及上市的信息公开制度规定得非常系统及具体。根据《证券法》第78条的规定，我国证券市场的信息公开基本原则，无论是对首次公开发行，还是对上市公司的持续性信息披露，均要求信息披露义务人披露的信息应当真实、准确、完整、简明清晰、通俗易懂，不得有虚假记载、误导性陈述或者重大遗漏。信息公开的披露文件，如招股说明书、上市公司报告等，不能存在虚假内容、可能对市场形成误导的语言或故意遗漏重要信息等情形。信息披露的义务人，包括但不限于发行人、上市公司及其主要的股东、实际控制人和董事、监事、高级管理人员等，应当依法对发行人或上市公司公开披露的信息或资料的真实性、准确性和完整性承担法律责任。此外，为发行人、上市公司提供保荐、承销、财务和法律等服务的证券服务机构，对于发行人或上市公司所披露信息的真实性、准确性和完整性也须承担相应保证责任。

全面注册制改革背景下，沪深交易所在原主板股票上市规则的基础上，吸收了科创板、创业板有关契约型基金、信托计划、资产管理计划（三类股

① 叶林:《以信息披露为核心构建股票发行注册制》，载《中国金融》2023年第10期。

东）权益变动披露、高管参与设立的专项资产管理计划（高管资管计划）减持其参与战略配售获配股份（战配股份）、股票异常波动时的信息披露等规定，进一步完善了主板的信息披露制度。深圳证券交易所于 2023 年 2 月 10 日发布修订后的《深圳证券交易所上市公司自律监管指引第 4 号——创业板行业信息披露》。关于持续信息披露，全面注册制实施后，上海证券交易所科创板和北京证券交易所相关规则未发生变化。

2023 年 8 月 4 日，沪深交易所分别发布《上海证券交易所上市公司自律监管指引第 9 号——信息披露工作评价（2023 年 8 月修订）》（已失效）、《深圳证券交易所上市公司自律监管指引第 11 号——信息披露工作评价（2023 年修订）》（已失效）；2025 年 3 月 14 日，沪深交易所同步发布了修订后的《上海证券交易所上市公司自律监管指引第 9 号——信息披露工作评价（2025 年 3 月修订）》、《深圳证券交易所上市公司自律监管指引第 11 号——信息披露工作评价（2025 年修订）》。2024 年 12 月 20 日，北京证券交易所发布《北京证券交易所上市公司持续监管指引第 12 号——信息披露工作评价》。三个文件均自发布之日起施行，聚焦加强信息披露监管、严惩财务造假、强化现金分红监管、推动上市公司提升投资价值等工作部署，对上市公司信息披露质量提出更高要求。

预先披露是指发行人根据《证券法》第 20 条的规定，在向证券发行审核机构（中国证监会）报送首次公开发行股票的全套申请文件的同时，依照中国证监会的要求，将招股说明书等发行申请文件，通过指定的公开披露渠道，向社会公众进行披露的程序。预先披露是我国立法技术的一次创新，国外主要证券市场普遍未对预先披露制度进行明确的规定。① 根据《关于首次公开发行股票预先披露等问题的通知》的规定②，发行人及其保荐机构应当在向中国证监会递交首次公开发行股票的申请文件的同时，也递交一份用于预先披露的资料，包括招股说明书（申报稿）、关于公司设立以来股本演变情况

① 周有苏主编:《新证券法论》，法律出版社 2007 年版，第 391 页。

② 该法规已失效，现行规定为 2023 年 2 月 17 日发布的《监管规则适用指引——发行类第 3 号》。

的说明及其董事、监事、高级管理人员的确认意见（仅限创业板），以及承诺函（具体格式要求见附件）等。如果首次公开发行股票的申请文件有任何修改或更新，则预先披露资料亦应进行相应调整或更新。

公开承诺披露是对自愿披露的限制，一旦公开承诺，该承诺内容便成为特殊的强制披露内容，不再属于自愿披露内容。由此《证券法》（2019 年）第 84 条第 2 款和《上市公司信息披露管理办法》（2021 年修订）（已失效）新增了公开承诺披露制度。承诺人不履行承诺给投资者造成损失的，依法承担赔偿责任。《上海证券交易所股票上市规则》（2025 年 4 月修订）第 7.7.5 条规定，上市公司和相关信息披露义务人应当严格遵守承诺事项。公司应当及时将公司承诺事项和相关信息披露义务人承诺事项单独摘出报送上交所备案，同时在上交所网站上披露，并在定期报告中专项披露上述承诺事项的履行情况。[《深圳证券交易所股票上市规则》（2025 年 4 月修订）第 7.7.6 条也有类似规定。]

审核后的公开披露是指发行人在中国证监会对所有发行文件审核完毕做出核准发行的决定后，再次对审核后的文件进行披露。审核后披露是国际证券市场通常采用的发行信息披露方式。在股票上市阶段，证券发行申请经注册后，发行人应当依照法律、行政法规的规定，在证券公开发行前公告公开发行募集文件，并将该文件置备于指定场所供公众查阅，履行上市公开披露义务。但发行证券的信息依法公开前，任何知情人均不得公开或者泄露该信息。发行人不得在公告公开发行募集文件前发行证券。[①]

持续性信息披露主要是指股票已经在证券交易所上市交易的公司，应当根据《证券法》的相关规定向中国证监会和证券交易所报送中期报告和年度报告，并进行公告。中期报告应当在每一会计年度的上半年结束之日起二个月内报送，年度报告应当在每一会计年度结束之日起四个月内报送。此外，在发生可能对上市公司股票交易价格产生较大影响的重大事件时，上市公司

① 《证券法》第 23 条。

还应当及时报送临时报告并公告。[①]

新《公司法》增加了董事会催缴出资责任及股东失权制度，完善了有限公司股东出资不实的处理规则。其还增加规定，有限公司成立后，董事会对股东的出资情况负有核查义务，发现股东未按期足额缴纳出资的，应由公司向股东发出书面催缴书，催缴出资。未履行上述义务给公司造成损失的，负有责任的董事应承担赔偿责任。股东未按公司书面催缴书载明的期限履行出资义务的，公司经董事会决议可向股东发出失权通知，自通知发出之日起，该股东即丧失其未缴纳出资的股权。该等丧失的股权应依法转让，或相应减少注册资本并注销，六个月内未转让或注销的，由公司其他股东按照其出资比例足额缴纳相应出资。

上述新增规定，一方面明确了董事会的资本充实责任，对导致董事会未履行对股东出资核查及催缴义务的董事，科以赔偿公司损失的责任，消除了集体责任制的弊端；另一方面对股东出资不实的行为进行了有效制约，有助于督促股东及时缴纳出资，保护公司和债权人的利益，并为失权股东提供权利救济途径，避免因股东失权制度的滥用而损害股东权益。

这些规定实质上是对董监高忠实、勤勉义务的细化，明确其应当采取措施避免自身利益与公司利益冲突，不得利用职权牟取不正当利益，尽职履行忠实义务；同时，执行职务应当为公司的最大利益尽到管理者通常应有的合理注意，切实履行勤勉义务。

新《公司法》进一步完善了限制董监高关联交易及同业竞争的规定。其一，就关联交易，新法增加监事作为与公司进行关联交易的限制对象，规定了董监高应对关联交易进行报告等信息披露义务，并在现行公司法对关联关系定义的基础上，通过列举加兜底的方式规定关联方包括董监高或其近亲属直接或间接控制的企业，以及与董监高有其他关联关系的关联人。其二，就禁止谋取公司商业机会，新《公司法》规定董监高不得利用职务便利为自己

① 《证券法》第 79—81 条。

或他人谋取属于公司的商业机会，将监事增列入禁止的对象范围，同时规定两项禁止谋取商业机会的除外情形，包括已向董事会或股东会报告，并经董事会或股东会决议通过的，以及根据法律、行政法规或公司章程的规定，公司不能利用该商业机会的。其三，就禁止同业竞争，新《公司法》规定董监高未向董事会或股东会报告，并按公司章程规定经董事会或股东会决议，不得自营或为他人经营与其任职公司同类的业务，新增监事作为同业竞争的义务主体，并增加董事会作为豁免同业竞争的机关。其四，新《公司法》增加了在关联交易、谋取公司商业机会和同业竞争情形下关联董事需回避表决、出席董事会的无关联关系人数不足三人的应将该事项提交股东会审议的规定。

新《公司法》对于董监高义务的强化还体现在：（1）增加违反规定提供财务资助给公司造成损失的，负有责任的董监高应承担赔偿责任；（2）增加董事、高管职务行为致他人受损的责任规定，即原则上应由公司承担赔偿责任，董事、高管存在故意或重大过失的，也应承担赔偿责任；（3）将股东代表诉讼的被告范围扩大至公司的全资子公司的董监高，构建双重股东代表诉讼制度等。

5.3.2 《首次公开发行股票注册管理办法》

《首次公开发行股票注册管理办法》是中国证监会制定的、规范首次公开发行股票并上市的最重要的法律文件。其对发行人信息披露要求与《证券法》保持一致，也要求申请文件必须真实、准确、完整，不能存在虚假内容、可能对市场形成误导的语言或故意遗漏重要信息等情形。[①] 关于信息披露的具体方式，《首次公开发行股票注册管理办法》在《证券法》规定的基础上制定了更具可操作性的规定，其第 47 条规定，交易所受理注册申请文件后，发行人应当按规定，将招股说明书、发行保荐书、上市保荐书、审计报告和法律意见书等文件在交易所网站预先披露。第 48 条规定，预先披露的

① 《首次公开发行股票注册管理办法》第 6 条。

招股说明书及其他注册申请文件不能含有价格信息，发行人不得据此发行股票。发行人应当在预先披露的招股说明书显要位置作如下声明："本公司的发行申请尚需经交易所和中国证监会履行相应程序。本招股说明书不具有据以发行股票的法律效力，仅供预先披露之用。投资者应当以正式公告的招股说明书作为投资决定的依据。"

招股说明书是申请首次公开发行股票的核心文件，发行人应当按照中国证监会公布的《公开发行证券的公司信息披露内容与格式准则第 58 号——首次公开发行股票并上市申请文件》和《公开发行证券的公司信息披露内容与格式准则第 57 号——招股说明书》(以下简称《招股说明书编报规则》)的相关要求编制和披露招股说明书。《招股说明书编报规则》是信息披露的最低要求，发行人申请首次公开发行股票并上市，应当按照中国证监会制定的信息披露规则，编制并披露招股说明书，保证相关信息真实、准确、完整。信息披露内容应当简明清晰、通俗易懂，不得有虚假记载、误导性陈述或者重大遗漏。[①] 招股说明书一般由 17 个部分组成，包括封面和扉页、发行概况、发行人基本情况、财务与会计、业务及技术、董事监事及高级管理人员和公司治理等主要内容。发行人应当在招股说明书扉页披露其所发行股票的类型、股数、每股面值及价格、预计发行日期、拟上市的证券交易所及保荐人、主承销商等内容。同时，招股说明书概览内容应遵循重要性和相关性原则，根据实际情况作"重大事项提示"，简明扼要披露重大风险和其他应提醒投资者特别关注的重要事项，并索引至相关章节内容。[②]

关于发行人基本情况的披露，《招股说明书编报规则》要求应公开自设立以来股本的形成及其变化、重大资产重组情况、重要子公司及对发行人有重大影响的参股公司情况、发起人和持股 5% 以上股东、实际控制人等详细情况，以及主营业务、主要产品及其变化情况。在公司治理方面，A 股发行人应对董事、监事和高级管理人员的变动情况（包括原因及影响）以及对外投

① 《首次公开发行股票注册管理办法》第 34 条。
② 《公开发行证券的公司信息披露内容与格式准则第 57 号——招股说明书》第 22 条。

资情况（包括投资金额、持股比例、有关承诺和协议、利益冲突解决情况）进行详细说明，并对股东会、董事会、监事会、独立董事、董事会秘书等制度的运行情况，董事、监事、高级管理人员及其他核心人员的薪酬组成、确定依据和股权或期权激励及相关安排等进行详细阐述和说明。①

财务会计信息是招股说明书的重点内容。申请在证券交易所主板上市的，发行人应披露报告期的资产负债表、利润表和现金流量表，以及会计师事务所的审计意见类型和关键审计事项；编制合并财务报表的，原则上只披露合并财务报表，同时说明其编制基础、合并范围及变化情况；存在协议控制架构或类似特殊安排的，应披露其是否纳入合并范围及依据；存在多个业务或地区分部的，应披露分部信息。② 根据《招股说明书编报规则》第 5 条的规定，发行人在招股说明书中披露的财务会计信息应有充分依据，引用的财务报表、盈利预测报告（如有）应由符合《证券法》规定的会计师事务所审计、审阅或审核。

同业竞争和关联交易是影响发行人独立性的重点问题，《招股说明书编报规则》第八节对此提出了明确的披露要求。本书将在下文中进行专门分析。

5.3.3　证券交易所《股票上市规则》关于信息披露的规定

关于股票上市环节的信息披露，主要依据是 2025 年 4 月同期发布的上海、深圳和北京证券交易所的《股票上市规则》。根据上海证券交易所《股票上市规则》的要求，A 股发行人首次公开发行股票应当经本所审核并由中国证监会作出予以注册决定。发行人首次公开发行股票或者存托凭证在本所上市的，应当在上市前与本所签订上市协议，明确双方的权利、义务和其他事项。③ 上市公司及相关信息披露义务人应当按照法律法规及本所的相关规定编制公告并披露、提供相关材料供本所查验。公司及相关信息披露义务人不

---

① 《公开发行证券的公司信息披露内容与格式准则第 57 号——招股说明书》第 41 条。
② 《公开发行证券的公司信息披露内容与格式准则第 57 号——招股说明书》第 52 条。
③ 《上海证券交易所股票上市规则》第 1.3 条。

得以定期报告的形式代替应当披露的临时报告。上市公司及相关信息披露义务人的公告应当在本所网站和符合中国证监会规定条件的媒体（以下统称符合条件的媒体）上披露。公司及相关信息披露义务人应当保证披露的信息内容与向本所提交的公告材料内容一致。上市公司在规定时间内无法按规定披露重大事项的详细情况的，可以先披露提示性公告说明该重大事项的基本情况，解释未能按要求披露的原因，并承诺在 2 个交易日内披露符合要求的公告。此外，上市公司及相关信息披露义务人不得通过股东大会、投资者说明会、分析师会议、路演、接受投资者调研、接受媒体采访等形式，向任何单位和个人提供公司尚未披露的重大信息。上市公司控股子公司及控制的其他主体发生本规则规定的相关重大事项的，视同上市公司发生的重大事项。上市公司的参股公司发生本规则规定的相关重大事项，可能对公司股票及其衍生品种交易价格产生较大影响的，应当参照本规则相关规定，履行信息披露义务。①

股票上市阶段的信息披露文件主要是《证券上市公告书》。根据上海证券交易所发布的《上海证券交易所证券发行与承销规则适用指引第 1 号——证券上市公告书内容与格式》的规定，与上海证券交易所签署上市协议的 A 股发行人，应当在上市公告书中详细披露发行人的基本情况、控股股东和实际控制人等的相关信息，并保证在交易过程中实时披露股票发行与交易情况。与上海证券交易所签署上市协议的 A 股发行人，应当根据上海证券交易所关于《上海证券交易所证券发行与承销规则适用指引第 1 号——证券上市公告书内容与格式》的具体要求编制上市公告书，并详细披露相关信息。发行人在中华人民共和国境内首次公开发行存托凭证并申请在本所上市的，应当按照本指引编制和披露上市公告书。发行人及其全体董事、监事和高级管理人员应当保证上市公告书所披露信息真实、准确、完整，承诺不存在虚假记载、误导性陈述或者重大遗漏，并依法承担法律责任。发行人同时有证券在境外交易所上市的，发行人及相关信息披露义务人应当保证境外证券交易

---

① 《上海证券交易所股票上市规则》第 2.2.4 —2.2.10 条。

所要求披露的信息，同时在本所网站及符合中国证监会规定条件的媒体上按照本指引和本所其他相关规定的要求披露。①

5.3.4　违反信息披露的法律责任

近年来，我国因违反信息披露而接受处罚的案例比比皆是，经《证券日报》记者梳理，仅自2023年伊始至2023年5月7日止，39家上市公司披露了公司、大股东或董监高被证监会立案调查，同比增长50%。其中，涉嫌信息披露违法违规的数量最多，有26家，占比超过六成，同比增长52.94%。②

我国《证券法》第181、182、188条，对于发行人、上市公司、证券服务机构等违反信息披露责任所应承担的行政法律责任进行了明确规定。关于违反信息披露的民事责任，我国法律法规设定了范围非常广泛的赔偿义务人。如中国证监会颁布的《首次公开发行股票注册管理办法》(2023年)第36条对招股说明书内容的真实性、准确性和完整性进行了规定，并明确要求发行人的控股股东、实际控制人违反本办法规定，致使发行人所报送的注册申请文件和披露的信息存在虚假记载、误导性陈述或者重大遗漏，或者组织、指使发行人进行财务造假、利润操纵或者在证券发行文件中隐瞒重要事实或编造重大虚假内容的，中国证监会可以对有关责任人员采取证券市场禁入的措施。发行人的董事、监事和高级管理人员及其他信息披露义务人违反该办法的规定，致使发行人所报送的注册申请文件和披露的信息存在虚假记载、误导性陈述或者重大遗漏的，中国证监会视情节轻重，可以对有关责任人员采取责令改正、监管谈话、出具警示函等监管措施；情节严重的，可以采取证券市场禁入的措施。保荐人及其保荐代表人等相关人员违反该办法的规定，未勤勉尽责的，中国证监会视情节轻重，按照《证券发行上市保荐业务管理办法》的规定采取措施。证券服务机构未勤勉尽责，致使发行人信息披

① 《上海证券交易所证券发行与承销规则适用指引第1号——证券上市公告书内容与格式》第2—4条。

② 吴晓璐：《年内26家上市公司涉嫌信披违法违规被立案调查 同比增长逾五成》，http://www.zqrb.cn/stock/gupiaoyaowen/2023-05-07/A1683470186926.html，2023年10月18日最后访问。

露资料中与其职责有关的内容及其所出具的文件存在虚假记载、误导性陈述或者重大遗漏的，中国证监会可以采取责令改正、监管谈话、出具警示函等监管措施；情节严重的，可以对有关责任人员采取证券市场禁入的措施。①

虽然监管部门出台高压的监管政策，将解决上市公司关联资金占用和违规担保问题再度提上日程，② 但从法律规范和执法实践观察，解决上市公司利用关联交易违规担保和资金占用问题，仍是由沪深交易所通过纪律处分加督促的方式，倒逼上市公司形成解决问题的整改方案，其大多采用以资抵债、以股抵债的方式。虽然监管部门执法人员水平不断提高，但法律授予的公共执法权仅限于违规担保、资金占用与财务造假交织导致的上市公司信息披露违规的行政处罚，很难直击不公允关联交易的问题核心。虽然信息披露违规的行政处罚上限已经调整至 1000 万元，但相较于关联交易利益输送金额巨大的上市公司，仍旧杯水车薪，更多是对一些小型上市公司除控股股东、实际控制人外的内部责任主体的处罚具有较大威慑性。③

全面注册制的稳步推进，离不开系列配套制度的完善。除全面注册制推出伊始十余项规定同步出台以外，包括信息披露、IPO、债券发行、资产重组、现金分红、股份回购等在内的一系列注册制相关制度陆续修订发布，为全面注册制走深走实保驾护航。更为市场化的注册制呼唤更加及时、准确的信息披露，修订信披制度也成为全面注册制下制度完善的重要一环。

其中有专门针对信息披露的重磅文件，比如，2023 年 6 月沪深交易所面向社会公开征求意见的信息披露工作评价指引。其明确上市公司如若因信息披露而导致重大负面事项，将会被处以最高 5 分的减分，获评 A 类的上市公司将获得更多支持，而评价结果为 D 类的上市公司则会受到更大力度的监

---

① 《首次公开发行股票注册管理办法》第 58—62 条。

② 《证监会召开上市公司监管工作会议》，http://www.csrc.gov.cn/csrc/c100028/c216836369f6a4f77bf2dcb5c4ad42e31/content.shtml，2023 年 10 月 10 日最后访问。

③ 2021 年 3 月，广东裕泰（600589）因信息披露违规受到行政处罚，其中，财务总监被罚款 160 万元，公告税前薪酬仅为 16.5 万元，一名监事被罚款 80 万元，税前薪酬仅为 10 万元，全体独立董事被处罚 50 万元，税前薪酬仅为 6 万元。参见 https://static.cninfo.com.cn/finalpage/2021-03-13/1209378113.PDF，2024 年 6 月 28 日最后访问。

管。再如，证监会于2023年12月22日发布的《公开发行证券的公司信息披露编报规则第15号——财务报告的一般规定》。相较于旧版本，新版规定对企业信披内容进行了简化和升级。一方面，删繁就简，简化公司基本情况等披露要求，减少冗余信息披露；另一方面，对重要报表项目附注等作出更为详细的信披规定。

与此同时，在诸多针对中介机构、债券发行等的各类型新发规定中，信息披露都成为关键之笔。典型的如2023年6月20日发布的《关于深化债券注册制改革的指导意见》，其中明确信息披露以偿债能力为重点，要求信息披露真实、准确、完整，突出重要性、强化针对性，重点披露可能影响发行人偿债能力和对投资者作出投资决策有重大影响的信息；同时规定信息披露需要简明易懂，不得出现表述不清、逻辑混乱、相互矛盾、严重影响投资者理解等情形。

资本市场从严监管信号越发明显。据证券时报・数据宝统计，2024年1—5月，已有48家上市公司被立案调查，创下同期历史新高。此外，收到监管层函件的上市公司数量也呈现稳步增长态势，尤其是收到警示函和监管函的公司数量，同样达到历史最高水平。

近年来，监管层对资本市场乱象的整治力度持续加大。2023年，A股被立案调查的上市公司共计94家，创下历年以来新高，比2022年的51家增长84.3%。从2024年前5个月的立案调查情况来看，全年被立案调查的公司数量预计将续创历史新高。①

信息披露是上市公司与投资者之间沟通的重要桥梁，在维护市场秩序、保护投资者权益、促进资源优化配置等方面具有不可替代的作用。全面注册制背景下，监管部门对信息披露违法违规行为持续保持高压态势，对信息披露的规定更加细致，对信息披露的质量要求也更为严格。2024年4月，国务院印发新“国九条”后，资本市场持续正本清源，绩优股获得资金青睐，绩

① 《监管层雷霆出击！前五月已有48家上市公司被立案调查，创下同期历史新高》，新浪财经网，https://finance.sina.com.cn/jjxw/2024-06-12/doc-inaymsch8254687.shtml，2024年10月21日最后访问。

差股则相继被 ST 或退市，A 股市场加速出清。根据证监会上市公司监管司数据，2024 年以来，已有 33 家上市公司达到退市标准，其中面值退市 22 家，市场的优胜劣汰机制正在逐步形成。沪深两市新增 99 家公司股票被实施 ST 或 *ST，同比增长 22.22%；2021 年、2022 年、2023 年同期新增此类公司 117 家、78 家、81 家。①

5.3.5 关于 A+H 双重上市的信息披露要求

已经在香港证券市场上市的中国公司（H 股公司），在境内发行 A 股股票并上市时，须依据我国关于首次公开发行股票并上市的法律法规的规定进行申请，这与其他申请首次公开发行 A 股股票并上市的境内企业并无任何不同。但是，向中国证监会提交备案材料时，根据 H 股公司的实际情况，要求 H 股公司按照从严原则编制 A 股发行的招股说明书，并保证境内和境外上市文件披露内容的一致性。例如，H 股公司应当在招股说明书列表载明本次发行后总股本，发行境外上市外资股的还应披露境内上市流通的股份数量和境外上市流通的股份数量。②

注册制下保荐人的最重要义务为协助信息披露。由于 A 股引进保荐制度时证券发行仍采用核准制，所以在法律规定上，A 股保荐制度较之香港更为严格。A 股的保荐人责任分为两大方面——发行上市阶段的保荐和上市后阶段的持续督导，而内地 A 股保荐人的持续督导期间比香港更长。从香港现行保荐人制度历次修订的核心内容来看，香港非常注重保荐人对信息披露的责任。随着注册制改革的实施和新《证券法》的推行，A 股股票公开发行实质由此前的发行审核和销售两大环节，演变为目前注册制下以上市文件信息披露的真实性和准确性为主要导向。这也意味着保荐制度的核心将侧重完成尽

① 《监管层雷霆出击！前五月已有 48 家上市公司被立案调查，创下同期历史新高》，https://www.thepaper.cn/newsDetail_forward_27703929，2024 年 6 月 28 日最后访问；《长牙带刺”“严监严管”证监会持续加大证券期货违法行为打击力度——中国证监会 2023 年执法情况综述》，载微信公众号“深交所”，2024 年 5 月 15 日。

② 《公开发行证券的公司信息披露内容与格式准则第 57 号——招股说明书》第 17 条。

职调查，确保发行人信息披露完整、真实、有效，而不是要求发行人保证盈利性等上市条件和标准。注册制之下，政府无须担保股票的品质，上市申请人的股票能否卖得出去、能否卖出高价，主要是市场机制发挥作用，因此保荐人的功能是确保发行人完善信息披露，向投资者提供充分信息作为购买股票的参考。

2023年修订的深市及沪市信披评价指引加大了对评价结果为A的上市公司在再融资及并购重组审核方面的支持力度，从实现更大的经济及社会价值以及树立上市公司优秀企业形象角度来看，上市公司需提高信披“含金量”，争做信息披露“优等生”，在年度报告中主动分析公司具体业务、商业模式、行业特征；主动结合宏观及微观情况对报告期内主要财务数据变化的原因进行深入分析；主动提示可能面临的风险并提出应对措施；践行上市公司社会责任，主动披露社会责任报告，主动披露ESG履行情况；主动披露公司积极参与符合国家重大战略方针等事项的信息；主动召开投资者说明会，向投资者介绍公司业绩及重大事项；以明确的警示文字，具体列明相关的风险因素，提示可能出现的不确定性和风险。

2025年修订的沪市及深市信披评价指引在原有信披评价的维度上，新增“回报投资者情况”这一重要维度。具体而言，对上市公司提升自身投资价值、增强投资者回报情况进行评价，重点关注以下方面：（1）是否积极响应“提质增效重回报”行动倡议，制订执行切实可行的行动方案，提升自身经营质量和盈利能力；（2）是否积极实施现金分红，增强分红稳定性、持续性和可预期性，积极采取措施提高股息率；（3）是否积极开展股份回购，回购股份是否用于注销；（4）是否积极引导大股东、实际控制人、董事、高级管理人员增持股份，合理控制减持规模和节奏，降低市场影响；（5）是否认真履行市值管理的主体责任，支持维护资本市场平稳运行。在履行社会责任的披露上，新增上市公司是否“促进新质生产力发展”要求。此外，明确如果上市公司“存在业务操作安全隐患、具备分红能力但长期不分红、财务真实性存在重大疑点、募集资金使用管理不规范、信息披露文件编辑错误频发等损害中小投资者合法权益的情形”，将成为信息披露工作评价的扣分情形。

除前述规定外，A+H 双重上市公司在信息披露方面还需要关注的问题包括信息披露周期和披露内容等。关于信息披露的周期，A 股市场对上市公司的信息披露时间与香港并不一致，如 H 股没有季报的要求，且其中期报告披露时间比 A 股要求的时间要长一个月；在信息披露内容方面，H 股和 A 股对于信息披露的必要内容也有不同规定，如 H 股对公司年报的业务和资料的要求比较具体，对物业等公司资产、公司经营的具体情况，以及与对公司经营具有重要意义的管理层讨论与分析等都作了明确的披露要求，而 A 股年报披露则没有此类要求。

5.4 首次公开发行上市的特殊事项披露

信息披露制度的核心是通过信息的强制公开要求，使外部投资者能够尽可能获得与发行人内部人员（股东、董事和管理层等）同样的信息，了解发行人真实的经营情况，从而对发行人的证券价值和未来可能获得的收益做出合理的判断。发行人的内部人员由于股权关系或任职，对发行人的业务发展、管理模式和财务数据等有重大影响，因而在信息披露方面有更严格的要求。同业竞争及关联交易既是基于内部人员与发行人之间的关系而产生的特殊信息披露事项，也是评判发行人是否具有独立性的重要问题，受到首次公开发行上市监管机构的重点关注。在 H 股发行上市中，香港联交所《上市规则》规定：如果申请上市的公司，其股东在其他公司也拥有一定的股份，而这两个公司有可能发生竞争或者已经处于竞争的位置，则申请人须在上市申请文件中公开披露该竞争业务的情况、不能注入申请人的理由，以及可行的解决措施。申请人上市后与除外业务之间的任何关联交易，均应符合上市规则有关关联交易的规定。

根据2023年2月17日中国证监会公布的《首次公开发行股票注册管理办法》第12条关于发行人独立性的规定，发行人业务完整，具有直接面向市场独立持续经营的能力，应保持资产完整，业务及人员、财务、机构独立，与控股股东、实际控制人及其控制的其他企业间不存在对发行人构成重大不利影响的同业竞争，不存在严重影响独立性或者显失公平的关联交易。同业竞争和关联交易是中国证监会对发行人是否具备独立性需要审核的问题。

同业竞争和关联交易是信息披露制度中的特殊事项。一般来讲，相较于关联交易，同业竞争往往不容易被发现，持续的时间更长、对发行人经营管理的影响也更大。因此，境内外证券监管机关通常会倾向于要求发行人在上市前对同业竞争的情况进行清理。企业在经营过程中很难做到完全避免关联交易，如能遵守法律法规及规范性文件的有关规定，不损害债权人和中小股东权益，则一定程度上的关联交易是可以存在的。因此，对首次公开发行股票的发行人来说，首先要尽量减少关联交易的发生，其次在计划发生关联交易，或者关联交易发生后，根据法律法规和规范性文件的规定履行关联交易的批准与公告义务。下文将对A+H双重上市公司在首次公开发行股票及上市过程中，可能涉及的同业竞争和关联交易问题进行阐述及分析。

5.4.1　同业竞争的信息披露

同业竞争所表达的竞争关系，指一个经营者在两家或两家以上的企业存在股份或其他权益，而这两家企业的业务范围有重叠，可能存在一定的竞争情形。所谓同业竞争关系，包括竞争方和竞争业务两个方面。关于竞争方，除了控股股东外，同业竞争有时也可能是公司和管理者之间的竞争，也就是说在公司承担主要管理职责的人员，主要是公司的董事和高级行政人员，若存在与公司有竞争业务的其他企业拥有股份或其他权益，则会引发董事和高级管理人员的任职义务问题。在竞争业务方面，竞争可能是直接存在的，或者潜在的，可能是竞争资源，也可能是竞争业务机会。本书所关注的同业竞争将专指控股股东与上市公司之间的竞争关系。

同业竞争产生的原因非常复杂。对国有企业比例较高的 A+H 双重上市公司来说，同业竞争产生的原因通常是该国有企业将其集团内业务较好的公司独立出来，作为由集团控股的上市公司，而集团本身或集团体系内，仍有其他子公司从事与上市公司相同或相类似的业务，从而产生同业竞争。同业竞争问题是决定发行人是否适合上市的重要标准之一，通常需要详细披露，并在申请上市之前进行解决。如中国石油（601857.SH）就曾通过对其子公司中国（香港）石油有限公司（以下简称中油香港）股权的间接收购而解决同业竞争问题。根据中国石油与控股股东中国石油集团及中油香港于 2008 年 8 月 27 日订立的《股权转让协议》，中国石油通过境外附属公司向中国石油集团收购其间接持有的太阳世界有限公司 100% 的股权，以实现对中油香港 51.89% 股权的间接收购。收购完成后，中国石油将成为中油香港的控股股东，有助于进一步消减与其控股股东中国石油集团之间潜在的同业竞争。①

5.4.1.1 香港联交所关于同业竞争的信息披露要求

同业竞争在香港被称为“除外业务”。根据香港联交所《上市规则》第 8.10 条关于“除外业务”的规定，如果股票上市申请人的控股股东，在发行人之外，直接或间接持有其他与发行人有竞争性业务或潜在竞争性业务的权益（除外业务），那么发行人应当对该“除外业务”不被包括在发行人主营业务的原因、如何与发行人形成业务竞争、“除外业务”的具体情况及其管理层等进行详细说明。《上市规则》第 8.10 条规定的“权益”，主要指上市申请人的控股股东，在从事“除外业务”的公司担任主要股东、董事（独立非执行董事除外）、合伙人或该“除外业务”的所有权人。

发行人关于“除外业务”的描述应当在上市文件的显眼位置予以披露。此外，上市申请人必须向联交所提交相关文件，证明申请人能独立于“除外业务”，以及控股股东解决该“除外业务”的方案，即控股股东是否将“除外业务”注入发行人，以及相关时间表。如发行人的任何董事，在发行人

① 任亮：《降低与集团同业竞争，中石油完成收购中油香港》，载《第一财经日报》2008 年 12 月 19 日，第 B04 版。

之外，直接或间接持有“除外业务”，则须参照控股股东的标准和方式对该“除外业务”进行披露。

GL100-19 指引信对于香港《上市规则》第 8.10 条涉及的竞争问题进行了充分的阐释，从函件本身理解，香港联交所对于类似的竞争问题考虑的主要是，发行人控股股东及董事“管理有关利益冲突的措施并不奏效，或会令人质疑新申请人能否独立作出符合股东整体利益的商业决策，从而影响新申请人根据《上市规则》第 8.04 条规定的上市适合性”。通常理解为或有可能在答复该类问题时，不能获香港联交所满意的情况下，发行人有可能被考虑为“不适合上市”的性质。①

除业务中的利益冲突有效管理外，香港联交所在指引信中还为新申请上市的发行人提供了过往案例中与控股股东业务隔离情形的一些参考，可以总结为：（1）业务模式实质存在差异和客户对象不重合或为不同群体；（2）同一行业但不可替代；（3）业务营运所属地理位置上的差异。在这些情形下，发行人经过充分论证分析后将可能获香港联交所认可为发行人与控股股东带有竞争业务是有效隔离的。

此外，关于通常由控股股东出具的承诺文件，指引信亦阐明了三类由控股股东出具的承诺，包括不竞争承诺、机会优先选择承诺及收购竞争业务期权的承诺，在实践过程中为打消香港联交所的顾虑，由控股股东出具不竞争承诺甚至竞争业务在合理期限终止的承诺亦比较多见。

作为 H 股发行人，如果公司绝大多数股份的持有者是中国政府机构，或者 H 股发行人的管理由中国相关政府机构实施控制，而该中国政府机构除了持有 H 股发行人主要的股份外，也在其他与 H 股发行人有竞争性业务的企业持有权益，则 H 股发行人必须向联交所如实披露其控股股东的权益情况，以及提交证明该权益的所有文件，申请联交所予以豁免，并保证不会因该利益冲突而损害其他股东的利益。②

---

① 香港交易所指引信 HKEX-GL100-19（2019 年 3 月）。

② 胡继之主编：《海外主要证券市场发行制度》，中国金融出版社 2001 年版，第 262 页。

5.4.1.2 中国证监会关于同业竞争的信息披露要求

相较于香港联交所，内地监管机构对于同业竞争的信息披露要求相对概要，《保荐人尽职调查工作准则》第 69 条规定，“ 同业竞争情况 取得发行人改制方案，分析发行人、控股股东或实际控制人及其控制的企业的历史沿革、资产、人员、财务报告及主营业务构成等相关情况，必要时取得上述单位相关生产、库存、销售等资料，并通过询问发行人及其控股股东或实际控制人、实地走访生产或销售部门等方法，调查发行人控股股东或实际控制人及其控制的企业实际业务范围、销售区域、业务性质、客户对象、供应商、核心技术、商标商号、与发行人产品的可替代性、竞争性等情况，按照实质重于形式的原则判断是否构成同业竞争，分析和判断同业竞争情况对发行人的影响，并核查发行人控股股东或实际控制人是否对避免同业竞争做出承诺以及承诺的履行情况”。2019 年《首发业务若干问题解答》（已失效）中“竞争方”的核查范围明确中介机构应当针对“发行人控股股东（或实际控制人）及其近亲属全资或控股的企业”进行核查。实践中，董监高，以及其他主要股东、实际控制人的直系亲属和关系密切的旁系亲属控制的企业从事与发行人相同、相似或者上下游业务的，一般也要纳入核查范围（但财务投资者控制的公司通常不构成同业竞争）。

根据《上海证券交易所上市公司证券发行上市审核规则》及《深圳证券交易所股票发行上市审核业务指南第 3 号——首次公开发行审核关注要点（2024 年修订）》的规定，如认定发行人与控股股东、实际控制人及其控制的其他企业存在同业竞争构成重大不利影响，则发行人应披露：（1）相关业务情况并论证是否对发行人构成重大不利影响，披露发行人防范利益输送、利益冲突及保持独立性的具体安排等。竞争方的同类收入或者毛利占发行人主营业务收入或者毛利的比例达 30% 以上的，如无充分相反证据，原则上应当认定为构成重大不利影响的同业竞争。（2）与发行人存在同业竞争的企业的基本情况，包括主营业务、与发行人业务关系、最近一年及一期末总资产和净资产、最近一年及一期营业收入和净利润，并标明是否经审计及审计机构名称。(3)发行人应当结合目前自身业务和关联方业务的经营情况、未来发展战略等,在招股说明书中披露未来对相关资产、业务的安排,以及避免上市后出现重大不利影响的同业竞争的措施。(4)发行人控股股东、实际控制人的其他亲属及其控制的企业与发行人存在竞争关系的,应当充分披露前述相关企业在历史沿革、资产、人员、业务、技术、财务等方面对发行人独立性的影响,报告期内交易或者资金往来,销售渠道、主要客户及供应商重叠等情况,以及发行人未来有无收购安排。

2025 年 4 月 25 日，北京证券交易所发布《北京证券交易所股票上市规则》，该文件第 2.1.4 条第 6 项明确规定，发行人不得存在对发行人经营稳定性、直接面向市场独立持续经营的能力具有重大不利影响，或者发行人利益受到损害等其他情形。发行人应满足以下要求：(1)发行人应当保持主营业务、控制权、管理团队的稳定，最近 24 个月内主营业务及董事、高级管理人员未发生重大不利变化；最近 24 个月内实际控制人未发生变更；最近 12 个月内实施重大资产重组的，在重大资产重组实施前发行人应当符合《上市规则》第 2.1.3 条规定的四套标准之一(市值除外)。发行人控股股东和受控股股东、实际控制人支配的股东所持有的发行人股份不存在重大权属纠纷。(2)发行人资产完整，业务、人员、财务、机构独立，与控股股东、实际控制人及其控制的其他企业间不存在对发行人构成重大不利影响的同业竞争，不存在严重影响发行人独立性或者显失公平的关联交易。对发行人主要业务有重大影响的土地使用权、房屋所有权、生产设备、专利、商标和著作权等不存在对发行人持续经营能力构成重大不利影响的权属纠纷。(3)发行人或其控股股东、实际控制人、对发行人主营业务收入或净利润占比超过 10% 的子公司在申报受理后至上市前不存在被列入失信被执行人名单且尚未消除的情形。(4)不存在其他对发行人持续经营能力构成重大不利影响的情形。

2024 年 8 月 30 日，北京证券交易所发布公开发行股票并上市三件审核业务指引，分别为《北京证券交易所向不特定合格投资者公开发行股票并上市业务规则适用指引第 1 号》(以下简称《北交所公发指引第 1 号》)、《北京证券交易所向不特定合格投资者公开发行股票并上市业务规则适用指引第2号》(以下简称《北交所公发指引第2号》)、《北京证券交易所向不特定合格投资者公开发行股票并上市业务规则适用指引第3号》(以下简称《北交所公发指引第3号》)。《北交所公发指引第1号》规范法律类问题，主要增加了发行人股东信息披露及核查要求、申报前引入新股东与增资扩股、募集资金用途、承诺上市后业绩大幅下滑延长限售等规定，细化了上市公司子公司申报北交所的披露与核查要求；重点增加了发行人实际控制人认定、估值调整协议、环保、土地、社保公积金缴纳等规定，结合实践完善了信息披露豁免等规定。《北交所公发指引第2号》规范财务类问题，主要增加了资金流水核查、客户供应商穿透核查等防范财务造假相关核查要求，上市前突击“清仓式”分红的负面情形、财务内控不规范的整改运行期要求，细化了未盈利企业相关披露与核查要求；重点增加了信息系统专项核查、投资收益占比、应收款项减值、股份支付等规定，结合实践完善审计截止日后的审阅报告相关披露要求、变更上市标准时点要求等。

就在北京证券交易所申请上市而言，北京证券交易所对同业竞争的监管要求与上海证券交易所和深圳证券交易所监管要求的内容基本一致，主要区别在于北京证券交易所在《北交所公发指引第1号》中并未明确以“竞争方的同类收入或者毛利占发行人主营业务收入或者毛利的比例达百分之三十以上”作为认定“重大不利影响”的标准，只是进一步提出“应结合竞争方与发行人的经营地域、产品或服务的定位，同业竞争是否会导致发行人与竞争方之间的非公平竞争、是否会导致发行人与竞争方之间存在利益输送、是否会导致发行人与竞争方之间相互或者单方让渡商业机会情形，对未来发展的潜在影响等方面”来综合判断同业竞争是否对发行人构成重大不利影响。

北交所在突击入股、对赌协议、同业竞争、关联交易等诸多方面与沪深交易所的要求存在一定差异。同时，北交所亦有沪深交易所未作规定的特色要求，主要是股权集中企业的公司治理有效性、内控规范性与独立性、与公司上市后监管规定的衔接。新股东间以及新股东的直接或间接控制主体间存在一致行动关系的，应当充分披露一致行动关系类型、持续期间及稳定性等内容。新股东属于战略投资者的，应予注明并说明具体战略关系。新股东如为法人，应披露其股权结构及实际控制人（如有）；如为自然人，应披露其基本信息；如为合伙企业，应概括披露合伙企业的普通合伙人及其实际控制人（如有）、有限合伙人的基本信息。最近一年末资产负债表日后增资扩股引入新股东的，申报前须增加一期审计。

关于同业竞争问题的核心点：第一，存在同业业务是否对发行人的独立性构成不利或重大不利影响；第二，是否对发行人业务运营以及合法权益存在重大影响；第三，是否形成或容易形成实际控制人或关联方容易侵犯未来上市公司合法权益或损害未来上市公司公众股东的合法权利的情形。总之，最终无论是尊重客观情况，还是权衡利弊后进行选择，抑或从谨慎角度处理，都应当先从实质影响和问题的核心角度进行定性及判断，进而对相关的问题进行准确的分析和处理。

解决同业竞争的方式很多，但较为常见的包括控股股东承诺、委托管理、整体上市、股权转让和注销竞争业务等。股东承诺是经常使用的方法，中国证监会也要求A股发行人的控股股东、实际控制人作出避免同业竞争的承诺。委托管理是指发行人的控股股东或者实际控制人，将其拥有股权的、与上市公司存在同业竞争关系的业务主体托管或租赁给上市公司。对大型国企来说，将存在业务竞争的母子公司进行整合而整体上市，是非常有效的解决同业竞争的方式。对于无法通过前述方式进行解决的同业竞争，则只能选择股权转让或注销同业竞争企业等方式。此外，以签署市场分割协议的方式解决同业竞争也具有一定的参考性，但此方式下的市场分割必须具有充分的依据，说明业务区域、产品种类、等级的差异，以及业务分割方面的合理有效安排。[①] 依据青岛海泰新光科技股份有限公司的审核问询函的回复，实际控制人控制的其他企业如上海飞锐、美国飞锐等与公司第一大客户史赛克业务

① 蒋孟彬、尉京红：《我国拟上市企业同业竞争解决方法及思路探讨》，载《商业会计》2012年第10期。

往来的具体情况：美国飞锐曾与史赛克存在业务往来，后续为公司承接美国飞锐，曾与史赛克之间存在业务往来，主要为美国飞锐向史赛克提供内窥镜维修业务。2019 年公司收购并承接了美国飞锐的内窥镜维修业务后，美国飞锐不再从事该类业务。请保荐机构、发行人律师说明是否简单依据经营范围对同业竞争做出判断，是否仅以经营区域、细分产品、细分市场的不同来认定不构成同业竞争。相应的中介机构在其文件中通过核查经营范围，核查财务报表确认收入类型，对关联方高级管理人员访谈，对关联方经营的商场属性、商户、消费者、商标商号等方面进行对比和分析等方式论证发行人与控股股东、实际控制人及其控制的其他企业不存在同业竞争。①

5.4.2 关联交易的信息披露

关联交易产生的前提是股票发行人与交易对方存在关联关系而互为关联方。我国《公司法》第 265 条对于关联关系的定义，“是指公司控股股东、实际控制人、董事、监事、高级管理人员与其直接或者间接控制的企业之间的关系，以及可能导致公司利益转移的其他关系”。对已经上市的公司来说，关联交易的定义和类型相对复杂，根据关联人身份的不同，可以将关联交易区分为：与关联法人的关联交易和与关联自然人的关联交易。此外，我国《公司法》也通过列举的方式对关联交易类型进行了规定，例如，根据关联交易的性质，将关联交易分为资本性的关联交易和收益性的关联交易；而根据关联交易的频率，又分为临时性（偶发性）的关联交易和长期性或持续性的关联交易。香港市场对于关联交易的定义与内地基本类似，也是指上市申请人与关联人士之间进行的交易，以及与第三方进行的、可以为关联人士带来利益的指定类别交易。②关联交易在香港被称为“关连交易”，为便于理解，本书统称为“关联交易”。

---

① 《青岛海泰新光科技股份有限公司问询回复》，载中国证券监督管理委员会官网，http://www.csrc.gov.cn/csrc/c105905/c1519901/content.shtml，2024 年 6 月 28 日最后访问。

② 《上市规则》第 14A.23 条。

5.4.2.1　香港联交所关于关联交易的信息披露要求

关联交易与关联人士密不可分，所谓关联交易不仅指发行人与它的关联人士之间所达成的交易，也指发行人与非关联人士所达成的交易牵涉到关联人士。香港联交所《上市规则》第 14 章专门对关联交易进行了详细规定，要求关联交易必须进行披露，以确保上市发行人进行关联交易时，能顾及股东的整体利益。除符合法定豁免条件之关联交易外，发行人或上市公司的股东大会必须对关联交易进行审议和批准，与该关联交易有重大利益关系的人士不能在股东大会上进行投票。此外，发行人或上市公司的独立非执行董事和审计师应对持续性关联交易事项进行审核。[①]

A. 关联人士

关联交易由关联人士及关联交易两部分内容组成。香港《上市规则》首先对关联人士进行了较为宽泛的定义，除了上市公司的现任董事、监事、管理人员、联系人、控股股东外，还包括一段时期之前的公司董事。《上市规则》第 14A.07 条规定，关联人士是指：（1）上市发行人或其任何附属公司的董事、最高行政人员或主要股东；（2）过去 12 个月曾任上市发行人或其任何附属公司董事的人士；（3）中国发行人或其任何附属公司的监事；（4）任何上述人士的联系人；（5）关联附属公司；或（6）被本交易所视为有关联的人士。

关于与关联人士[②]有关的联系人的认定，根据《上市规则》第 14A.12 条的规定，若该关联人士是自然人，则其联系人有：（1）配偶、其本人（或其配偶）未满 18 岁的子女（各称“直系家属”）；（2）以其本人或其直系家属为受益人的任何信托；（3）其本人、直系家属及／或受托人直接或间接持有的 30% 受控公司，或该公司旗下任何附属公司；（4）与其同居俨如配偶的人士，或其子女、继子女、父母、继父母、兄弟、继兄弟、姊妹或继姊妹（各称“家属”）以本人或直系家属为受益人（或如属全权信托，以所知是全权

① 《上市规则》第 14A.01—14A.03 条。

② 本书中，为保持法律术语的一致性，将在香港通常称谓的“关连人士”统一表述为“关联人士”。

托管的对象）的任何信托中具有受托人身份的受托人（特定条件下）。若关联人士为公司，则其联系人有：（1）其附属公司或控股公司，或该控股公司的同系附属公司；（2）以该公司为受益人的任何信托中，具有受托人身份的受托人，或该公司、附属公司及／或受托人直接或间接持有的 30% 受控公司，或该 30% 受控公司旗下任何附属公司。①

《上市规则》第 19A 章专门针对中国发行人（H 股发行人）确立了“紧密联系人”的概念。如果该“紧密联系人”是自然人，则包括家庭利益，即配偶、未满 18 岁的子女（包括继子女、养子女），其信托人，其或其家庭成员直接或间接持股 30% 以上或通过其他方式实施控制的公司，其或其家庭成员直接或间接持股 30% 以上或通过其他方式实施控制的中外合作或中外合营企业，等等。如果该中国发行人的“紧密联系人”是公司，则包括其子公司、母公司或其子公司的其他母公司，其信托人，其或其子公司、母公司直接或间接持股 30% 以上或通过其他方式实施控制的公司，其或其子公司、母公司直接或间接持股 30% 以上或通过其他方式实施控制的中外合作或中外合营企业。

联交所一般不会把中国政府机关列为 H 股发行人的关联人士，但联交所可能会要求 H 股发行人解释其与某个中国政府机关之间的关系，并说明不应将该中国政府机关视为关联人士的理由。②

B. 关联交易

上市发行人体系内（包括母公司 / 子公司等）与关联人士之间的任何交易均属于关联交易，包括资本性交易和收益性交易。具体来说，上市发行人集团与关联人士之间的如下交易属于关联交易：（1）购入或出售资产；（2）做出与该购入或出售资产有关的授权、转让或终止决定；（3）签订或终止租赁；（4）做出赔偿保证或提供、接受财务资助；（5）关于订立合作的协议；

① 《上市规则》第 14A.13 条。
② 《上市规则》第 14A.10 条。

（6）发行新证券;（7）公用服务;（8）提供或购入原材料或半成品等。[1]如果前述关联交易经常发生，并在一定时间内持续发生，则属于持续性关联交易。

联交所《上市规则》要求所有关联交易必须以书面形式订立协议，且发行上市人必须在与关联交易书面协议有关的主要条款议定后尽快予以公告。除非获得联交所豁免，否则所有的关联交易必须在具体实施之前，取得股东大会的批准。股东召开会议审议关联交易事项时，与关联交易有重大利益的股东，必须放弃表决权。同时，上市发行人必须成立专门的独立董事委员会，并委任独立财务顾问，对于需要股东大会审议通过后方可实施的关联交易，发行人的独立董事委员会和独立财务顾问须发表独立意见。上市发行人在披露年度报告时，必须对财务年度内发生的所有关联交易事项进行详细披露。[2]

根据香港《上市规则》的要求，公司需要对报告期内的所有关联交易进行整理，并对持续关联交易根据交易性质向联交所申请豁免，设定其未来三年的交易金额上限。香港联交所及香港证监会认为上市申请人须有独立经营的能力，包括管理独立性、运营独立性及财务独立性。对于财务独立性，香港联交所关注是否需要依赖控股股东的贷款、担保或其他融资而持续经营等。例如，香港联交所对非金融机构的企业间借贷，特别是关联方之间资金往来比较关注，一般要求中国律师就该事项出具明确的法律意见，并要求上市申请人至少于上市前提前清偿相关非贸易性质款项，且须将该等款项的情况在招股书中进行适当披露。《上市规则》第9.09（b）条规定，发行人的任何核心关联人士自在聆讯日期前的4个营业日直至批准上市前不得交易拟上市公司的证券。

当然，并非所有的关联交易和持续关联交易都需要进行披露，在满足《上市规则》第14章相关规定的条件下，联交所有充分的自主权决定是否对上市发行人涉及的关联交易进行豁免。联交所可以给予的豁免权限包括全面

① 《上市规则》第14A.24条。
② 《上市规则》第14A.25—14A.49条。

豁免和部分豁免。全面豁免，即联交所豁免上市发行人在实施关联交易时，无须通过股东大会批准、独立董事委员会和独立财务的年度审阅，以及无须进行披露等；而部分豁免则指联交所仅豁免上市发行人在实施关联交易时，无须通过股东大会决议批准，但仍须履行年度审阅和公告的义务。此外，对于首次公司发行股票上市的新申请人，联交所可以特别豁免该新申请人或其附属公司所订立的持续关联交易遵守有关公告、通函及股东批准的规定，但该新申请人的保荐人应当对关联交易“是否属于上市发行人集团在日常业务中按照一般商务条款或更佳条款进行的交易，以及是否公平合理，并符合股东整体利益”发表意见。保荐人的意见应当在发行人的上市文件中进行披露。[①]

5.4.2.2 中国证监会关于关联交易的信息披露要求

我国相关法律法规对于关联交易的认定原则与国际上其他成熟资本市场基本相同，即关联关系的认定是关联交易的基础。根据中国证监会 2007 年发布的《上市公司信息披露管理办法》（已失效）的规定，[②]我国关联关系主体的概念包含关联法人和关联自然人两类。关联法人的范围非常广泛，包括但不限于：（1）直接或者间接控制上市公司的法人（或者其他组织）；（2）由前项所述法人（或者其他组织）直接或者间接控制的除上市公司及其控股子公司以外的法人（或者其他组织）；（3）关联自然人直接或者间接控制的，或者担任董事、高级管理人员的，除上市公司及其控股子公司以外的法人（或者其他组织）；（4）持有上市公司 5% 以上股份的法人（或者其他组织）及其一致行动人；（5）在过去 12 个月内或者根据相关协议安排在未来 12 个月内，存在上述情形之一的；（6）中国证监会、证券交易所或者上市公司根据实质重于形式的原则认定的其他与上市公司有特殊关系，可能或者已经造成上市公司对其利益倾斜的法人（或者其他组织）。[③]如在钜泉光电科技（上海）股份有限公司首次公开发行股票未通过案例中，中国证监会第十七届发

---

① 《上市规则》第 14A.105 条。

② 《上市公司信息披露管理办法》第 63 条沿用了关联法人（或者其他组织）和关联自然人的分类。

③ 《上市公司信息披露管理办法》第 63 条。

行审核委员会2017年第24次发审委会议中提出发行人对其参股子公司前景无忧最终销售占比不断增加，2017年上半年已成为第一大最终客户，不认定为关联方和关联交易的依据不足。[①] 再如2021年证监会对北京蓝山科技股份有限公司出具行政处罚。[②] 根据设立意图、人员关系、财务管理、员工工资及福利发放、资料保管等方面的证据，北京天越五洲科技有限公司、北京康居网络科技有限公司、北京博雅君立科技有限公司、成都可勤达尔科技有限公司、北京拓普星际科技有限公司等公司均由公司实际控制人控制。根据《企业会计准则第36号——关联方披露》第4条第10项和《非上市公众公司信息披露管理办法》（2019年）第65条第4款的规定，上述公司为公司关联方。公司在2017年至2019年年报和2020年4月29日《向不特定合格投资者公开发行股票说明书（申报稿）》中对其与中创昊天的关联关系未披露或披露不准确，未披露其与其他9家公司的关联关系。公司通过上述未如实披露的关联方以及外部客户、供应商虚构无实际生产、无实物流转的采购销售循环业务，在采购、生产、销售、库管、物流运输、财务记账等各个环节实施全链条造假。上述案例均表明了审核机构对关联方的认定更多地偏向实质重于形式的标准。

我国法律规定的关联自然人主要可以分为以下六种：（1）直接或间接持有挂牌公司5%以上股份的自然人；（2）挂牌公司董事、监事及高级管理人员；（3）直接或者间接地控制挂牌公司的法人的董事、监事及高级管理人员；（4）上述第1、2项所述人士的关系密切的家庭成员，包括配偶、父母、年满18周岁的子女及其配偶、兄弟姐妹及其配偶，配偶的父母、兄弟姐妹，子女配偶的父母；（5）在过去12个月内或者根据相关协议安排在未来12个月内，存在上述情形之一的；（6）中国证监会、全国股转公司或者挂牌公司根据实质重于形式的原则认定的其他与挂牌公司有特殊关系，可能或者已经

① 《第十七届发审委2017年第24次会议审核结果公告》，载中国证券监督管理委员会官网，http://www.csrc.gov.cn/csrc/c105899/c1010504/content.shtml，2024年10月21日最后访问。

② 参见中国证券监督管理委员会官网，http://www.csrc.gov.cn/csrc/c101928/c1659089/content.shtml，2024年10月21日最后访问。

造成挂牌公司对其利益倾斜的自然人。[①]

所谓关联交易，具体是指上市公司或其控股子公司与具有关联关系的法人主体、自然人之间发生的任何交易，而此类交易可能会造成关联主体之间的资源、义务或者责任发生转移，导致投资者的利益受到损害。

2023 年新出台的《公开发行证券的公司信息披露内容与格式准则第 57 号——招股说明书》第 76 条要求，发行人应披露报告期内关联交易总体情况，并根据交易性质和频率，按照经常性和偶发性分类披露关联交易及关联交易对发行人财务状况及经营成果的影响。发行人应区分重大关联交易和一般关联交易，并披露重大关联交易的判断标准及依据。重大经常性关联交易，应分别披露报告期内的关联方名称、交易内容、交易价格确定方法及公允性、交易金额及占当期营业收入或营业成本的比例、占当期同类型交易比例以及关联交易变化趋势，与交易相关应收应付款项余额及变化原因，以及上述关联交易是否将持续发生。重大偶发性关联交易，应披露报告期内的关联方名称、交易时间、交易内容、交易价格确定方法及公允性、交易金额、资金结算情况、交易产生的利润及对发行人当期经营成果、主营业务的影响。

发行人应列表汇总简要披露报告期内发生的全部一般关联交易。该法还第一次提出关联方变为非关联方的应如何处理，要求发行人应披露报告期内关联方的变化情况，比照关联交易的要求持续披露与原关联方的后续交易情况，以及原关联方相关资产、人员的去向等。[②]

上市公司发生“提供担保”交易事项，除应当经全体董事的过半数审议通过外，还应当经出席董事会会议的三分之二以上董事审议通过，并及时披露。担保事项属于下列情形之一的，还应当在董事会审议通过后提交股东大会审议：（1）单笔担保额超过上市公司最近一期经审计净资产 10% 的担保；

① 《上市公司信息披露管理办法》第 63 条。

② 《上海证券交易所股票上市规则》（2019 年）第 6.1.10 条，该规则已于 2025 年 4 月修订，但核心要求未发生实质性变化，发行人需确保关联交易披露的合规性。

（2）上市公司及其控股子公司对外提供的担保总额，超过上市公司最近一期经审计净资产50%以后提供的任何担保；（3）上市公司及其控股子公司对外提供的担保总额，超过上市公司最近一期经审计总资产30%以后提供的任何担保；（4）按照担保金额连续12个月内累计计算原则，超过上市公司最近一期经审计总资产30%的担保；（5）为资产负债率超过70%的担保对象提供的担保；（6）对股东、实际控制人及其关联人提供的担保；（7）上交所或者公司章程规定的其他担保。上市公司股东大会审议前述第4项担保时，应当经出席会议的股东所持表决权的三分之二以上通过。①

上市公司签署日常交易相关合同，达到下列标准之一的，应当及时披露：（1）涉及购买原材料、燃料和动力和接受劳务事项的，合同金额占上市公司最近一期经审计总资产50%以上，且绝对金额超过5亿元；（2）涉及出售产品、商品、提供劳务和工程承包事项的，合同金额占上市公司最近一个会计年度经审计主营业务收入50%以上，且绝对金额超过5亿元；（3）公司或者上交所认为可能对上市公司财务状况、经营成果产生重大影响的其他合同。

2023年1月13日，上海证券交易所、深圳证券交易所发布的《上海证券交易所上市公司自律监管指引第5号——交易与关联交易（2023年1月修订）》（以下简称《上交所监管指引5号》）、《深圳证券交易所上市公司自律监管指引第7号——交易与关联交易（2023年修订）》（以下简称《深交所监管指引7号》），分别在第35条和第40条规定，上市公司与专业投资机构共同投资，无论参与金额大小均应当及时披露，并以其承担的最大损失金额，参照上市公司对外投资相关规定履行相应的审议程序，构成关联交易的还应当履行关联交易审议程序。

《首次公开发行股票注册管理办法》第12条明确规定，发行人业务完整，具有直接面向市场独立持续经营的能力，要资产完整，业务及人员、财

① 《上海证券交易所股票上市规则》第6.1.10条。

务、机构独立，与控股股东、实际控制人及其控制的其他企业间不存在对发行人构成重大不利影响的同业竞争，不存在严重影响独立性或者显失公平的关联交易。“发行人应完整披露关联方关系，并按重要性原则恰当披露关联交易。关联交易价格公允，不存在通过关联交易操纵利润的情形。”

关联方和关联交易的核查最核心的问题在于是否存在隐藏或者遗漏的关联方或者关联交易。在解释关联交易合理性和必要性时，需要重点解释和论证：发行人向关联方销售、采购的比重情况；发行人关联交易是否履行了公司章程规定的决策程序；是否存在对关联方的重大依赖，是否构成重大不利影响；是否具有完整的业务体系和直接面向市场独立经营的能力；是否构成发行上市的实质性障碍；剔除关联交易后发行人的业绩能否满足上市条件；等等。

若存在关联方或较频繁的关联交易，且关联交易业务不属于拟上市公司的主要业务，甚至拖累拟上市主体的利润水平，或者交易标的可替代性比较强，则可以考虑将该企业业务剥离，停止关联交易，或者将该份业务转让给第三方。

2024 年 3 月 15 日，《关于加强上市公司监管的意见（试行）》强调进一步加强信息披露监管，构建财务造假综合惩防体系。强化对公司治理的监督管理，严肃惩处大股东侵占上市公司利益、第三方配合造假行为。健全常态化线索发现处理机制，加强上市公司年报监管和现场检查，对高风险可疑类公司循环筛查。严肃整治造假多发领域，严厉打击长期系统性造假和第三方配合造假，坚决破除造假“生态圈”；严肃惩治欺诈发行股票债券行为。压实上市公司和中介机构责任。对审计评估机构坚决“一案双查”、并联立案，对串通舞弊等违法案件从重处罚，对重大违法违规的中介机构，坚决执行暂停或禁止从事证券服务业务、吊销执业许可、从业人员禁入等制度。强化全方位立体式追责，对财务造假、侵占上市公司利益等恶性案件启动情报导侦和联合挂牌督办。推动出台背信损害上市公司利益罪司法解释，强化对控股股东、实际控制人组织实施财务造假、背信损害上市公司利益的刑事追责，深挖董事、高管挪用资金、职务侵占线索，加强行政执法和刑事司法衔接。加大证券代表人诉讼适用力度，综合运用先行赔付、支持诉讼、行政执法当事人承诺等投资者赔偿救济制度，大幅提高违法成本。

新“国九条”配套制度中关于信息披露方面的要求是对上述监管意见的确认和细化，更多体现在责任追究和进一步严格强制退市的标准，突出打击财务造假行为。它扩大了重大违法强制退市的适用范围，加大了严重造假的出清力度，进一步降低了“造假金额＋造假比例”的退市标准，新增三种规范类退市情形，收紧财务类退市指标和完善市值标准等交易类退市指标。涉及的配套制度包括证监会《关于严格执行退市制度的意见》及上海、深圳、北京证券交易所《股票上市规则》等，具体情况如下：

（1）降低财务造假重大违法退市标准。国内各板块重大违法退市标准见表5-1：

表5-1　国内各板块重大违法退市标准

板块	原标准	现标准
主板/科创板/创业板	连续两年虚假记载金额合计达到5亿元以上，且超过该两年披露合计金额的50%。	将“造假金额＋造假比例”的标准修改为一年、两年、三年及三年以上三个层次。具体来说：①一年虚假记载金额达到2亿元以上，且占比超过30%。②连续两年虚假记载金额达到3亿元以上，且占比超过20%。③连续三年及以上年度存在虚假记载。 虚假记载主要财务指标包括营业收入、利润总额、净利润、资产负债表的资产或负债科目。
北交所	—	新增，与上述标准基本相同。

（2）新增三类规范类退市情形。

①对于控股股东资金占用退市情形，公司被控股股东及其关联人非经营性占用资金余额达2亿元以上或者占公司最近一期经审计净资产绝对值的30%以上，明确限期整改及“2+2”退市要求（即未在限期改正期限内完成整改，且股票停牌2个月内仍未完成整改的实施退市风险警示，此后2个月

内仍未按要求完成整改的将被退市）。

②对于内控非标审计意见退市情形，明确三年的退市要求，即公司连续两个会计年度财务报告内部控制被出具无法表示意见或否定意见的审计报告，或未按照规定披露财务报告内部控制审计报告的将被实施退市风险警示，第三个会计年度财务报告内部控制被出具无法表示意见或否定意见的审计报告，或未按照规定披露财务报告内部控制审计报告的将被退市。

③对于控制权无序争夺退市情形，明确限期整改及“2+2”退市要求（同上）。

（3）完善组合类财务退市指标。国内各板块组合类财务退市标准见表 5-2：

表 5-2　国内各板块组合类财务退市标准

板块	组合类财务标准
主板	最近一个会计年度经审计的利润总额、净利润、扣除非经常性损益后的净利润三者孰低为负值，且扣除后的营业收入低于 3 亿元（原为 1 亿元）。
科创板 / 创业板	最近一个会计年度经审计的利润总额（新增指标）、净利润、扣除非经常性损益后的净利润三者孰低为负值，且扣除后的营业收入低于 1 亿元。
北交所	最近一个会计年度经审计的利润总额、净利润或者扣除非经常性损益后的净利润（过去仅包括净利润）三者孰低为负值，且营业收入低于 5000 万元。 新增： （1）摘星条件增加内部控制审计报告为标准无保留意见要求； （2）计算上述业务收入指标时，要求扣除与主营业务无关的营业收入。

（4）完善市值标准等交易性退市指标。

①主板提升交易类退市指标（为市值指标，B 股、科创板、创业板维持不变，北交所无市值退市指标）

修改为“连续 20 个交易日在本所的每日股票收盘总市值均低于 5 亿元

（原为3亿元）”，发行存托凭证红筹企业的市值退市指标同步调整。

②北交所新增成交量指标

规定通过交易系统连续120个交易日实现的累计股票成交量低于100万股的，将予以退市。

退市标准调整以及新“国九条”及配套制度还增加了适用于财务造假的ST指标，沪深交易所拟在《股票上市规则》修订中，增加适用于财务造假的ST指标。在实施ST方面，将根据中国证监会行政处罚事先告知书载明的事实，上市公司披露的年度报告财务指标（包括营业收入、利润总额、净利润、资产负债表中的资产或者负债科目）存在虚假记载，尚未达到退市标准的实施ST。此外，自收到行政处罚事先告知书之时即实施ST，以及时揭示上市公司存在财务造假的风险。

同时，新“国九条”及配套制度强化了股份减持的信息披露监管要求。上交所表示，严格落实减持预披露要求，进一步强化通过大宗交易减持股份需要提前15个交易日预披露的规定。将减持计划的时间区间由最长6个月调整为3个月，以更好地明确市场预期。优化减持信息披露进展安排，删除减持时间过半、数量过半等信息披露要求，减少频繁披露减持信息对市场的不当扰动。深交所表示，明确董监高、大股东通过二级市场减持的，应提前15个交易日披露减持计划，减持计划时间区间由最长6个月缩减为3个月。

通过前述对香港证券市场和内地证券市场信息披露制度的分析，我们可以得出以下结论：信息披露制度不仅是证券市场注册制的核心，而且是证券市场监管体系的最重要组成部分。信息披露制度的强制性，能有效预防和打击证券欺诈等违法行为，保障投资者利益、增强投资者对证券市场的信心。强制性信息公开，有利于证券发行人和上市公司的规范经营，对提高公司治理水平有非常大的促进作用。香港实行强制性信息披露制度，联交所经香港证监会授权，通过对发行人递交的股票上市申请文件合规性进行审查，避免出现遗漏、误导性信息和虚假信息的情形。对于不符合《上市规则》的披露信息，联交所将会提出修改意见，要求发行人进行相应的修改，直至满足联交所的要求。香港没有预先披露制度，发行人必须在其上市申请文件通过联交所审核后，方可以在联交所指定的地点以指定的方式披露全部上市申请文件。

我国证券市场信息披露的制度设计也是以保护投资者为核心的强制性披露。基于我国股票发行核准制的特点，我国证券市场监管机构对信息披露的监管非常严格，对于首次公开发行的文件及相关信息进行实质性审查，实施事前、事中和事后的全方位监管。与国外证券发行经核准后才向社会公众公开相关文件不同，我国《证券法》创新性地建立了证券发行预披露制度，要求证券发行人在向中国证监会递交申请文件后即进行披露。

判断关联交易行为是否合规，需要重点考量以下五方面因素：①关联交易是否违反法律规定的程序要件，即关联交易的披露和批准制度履行情况；②关联交易行为是否违反法律、行政法规、公司章程的规定；③交易目的是否正当，是否存在诸如操纵市场、转移利润或财产、虚假报表、逃避税收等恶意交易动机；④交易价格是否符合市场公允价格，是否给公司带来现实的或明显可能发生的损失；⑤关联交易本身是否违反常规，即商业交易习惯。因此，为确保公司关联交易合规，公司应做好如下相关工作：①制定和完善公司关联交易管理制度，确保公司关联交易执行有据可依。对经常性关联交易和偶发性关联交易分类管理，分别授予股东会和董事会相应的关联交易审批权限。②公司应遵循独立交易原则，执行关联交易公允定价，并根据关联交易协议进行结算和开具发票，避免公司关联交易被认定为损害公司利益以及避免可能的涉税风险等。③将公司部分重要岗位的员工确定为公司高级管理人员，并在公司章程中予以记载，以便后续追究相关员工的法律责任。对拟上市公司而言，另外需要注意如下问题：①关联交易金额及占公司采购或销售比例情况；②关联交易真实性及必要性；③关联交易决策程序及定价机制；④对关联方的采购、销售和研发等是否存在重大依赖；⑤实质判断是否存在关联交易非关联化问题；等等。

与发达资本市场相比，中国目前的信息披露在及时性上还存在改进空间。对比美国区分不同规模的公司安排不同期限报送年报的做法，中国内地目前不分公司大小统一要求在年度结束后 4 个月内报送年报。因此可以考虑区分公司规模进行差异化调整，尤其是可以分别对大型、小型或创业板公司的年报披露时间进行差异化安排。从上市公司的年报披露模式来看，目前中国内地市场与美国、英国存在以下差别：在披露时间方面，美国的披露时间最短、时效性最强，按大小报告公司区分为会计年度结束后的 60 日或 90 日；英国要求会计年度结束后 6 个月内；中国内地要求会计年度结束起 4 个月内，由此看出中国内地在信息披露及时性上还存在差异化改进空间。在披露渠道方面，美国、英国的年报信息披露主要以网络和电子申报，时效性较强；中国内地的年报披露渠道网络和报刊兼有，披露成本有待降低，在电子化披露上也有差距。

从立法角度来看，中国内地现有的、客观存在的差异化信息披露制度体现在板块之间、行业之间，受不同板块、行业自身特点的影响，信息披露规则自然会有所差异，差异化信息披露制度呈现碎片化特点，还需进一步将其体系化。目前中国内地的信息披露主要是以行政规章的方式对外发布，不同时间段发布的信息披露规则将导致规则相对复杂、信息冗余。建议尝试梳理、整合上市规则和信息披露相关资源，通过部门规章的形式对相关差异化信息披露的法律进行详细的解释和规则细化。沪深交易所的自律性规则修订要有灵活性，两大交易所制定的规范性文件也应当结合注册制改革的背景，考虑到差异化信息披露制度构建的需要，与时俱进地进行相应的制度修订安排。

从监管角度来看，注册制试点改革是对中国内地监管与市场间关系的一次重大调整，监管履职需要进一步完善信息披露动态监管体系。注册制下需要重点强化事中、事后监管，将传统的一次性信息披露监管模式转变为连续性的、动态性的信息披露，提高上市公司经营的透明度。事中监管主要体现为持续性信息披露的原则、交易行为的合法化、交易规则运行状态的规制和完善；事后监管则为加大执法力度。上市公司信息披露包括初次信息披露和持续性信息披露。上市公司持续性信息披露是投资者掌握公司经营状况和股票价值的唯一渠道，唯有上市公司依法及时地履行信息披露义务，才能保证投资者理性地作出投资判断和客观地选择投资。[①]

① 巴曙松：《差异化信息披露是未来注册制的改革目标》，载 https://www.dahecube.com/article.html?artid=60990?recid=1?qtype=0，2024 年 12 月 1 日最后访问。

Chapter 6

第6章

A+H股票发行上市之法律冲突探析

6.1 法律冲突与跨境证券发行

一般而言，法律冲突是两个或两个以上的不同法律同时调整一个相同的法律关系，而在这些法律之间产生矛盾的社会现象。只要各国法律对同一问题作了不同规定，而当某种事实又将这些不同的法律规定联系在一起时，法律冲突便会发生。[①]在这个意义上，广义的法律冲突既可能发生于不同法域的不同立法之间，也可能发生于同一法域内不同部门、不同位阶的立法之间。而作为一个约定俗成的特定法律概念，也即狭义的“法律冲突”，是指在国际民商事交往中，不同国家[②]对同一问题的规定不同，产生有关国家的法律对同一民商法律的规定相互冲突。为解决前述冲突，国际社会形成了一套有效的行为规则，即“冲突法”或“国际私法”。[③]

企业上市属于资本市场法的范畴。从国际私法的角度看，跨境上市至少涉及两个国家或地区的法律，分别是发行人属人法（发行人本国法）和公司上市地法（目标市场法）。发行人本国法对发行人是否为合格公司法人主体等事项进行规制，而目标市场法则对上市条件和股份交易等问题进行规制。发行人本国法和目标市场法的具体适用涉及法律冲突，需要运用冲突法规则划定两法各自的适用范围，从而识别和调适其所影响的实体法问题。

① 参见赵震江主编:《法律社会学》，北京大学出版社 1998 年版，第 366 页。

② 本书所述国家，应作广义理解，即“法域”，仅为方便表达及阅读之目的，统称为“国家”，下文“跨国”亦同。

③ 蔡定剑:《法律冲突及其解决的途径》，载《中国法学》1999 年第 3 期。

6.1.1　资本市场法的公法规范和私法规范

资本市场法为金融产品的流转提供了必要的法律和组织框架，其调整对象包括首次公开发行证券、证券交易所的监管、证券的登记和信息披露以及要约收购等。随着越来越多的企业到全球其他国家或地区的主要证券市场发行证券，资本市场法的跨境协调功能也变得更加重要。

资本市场法的主要功能包括提高市场作为一个组织整体的运作效率和充分保护投资者利益两个方面。前者旨在构建资本市场的体系性、保障资本市场的运行效率，包括建立一整套公平、合理的监管规则，规范市场准入、信息传递、价格形成以及交易结算等活动，优化经济活动中的资源配置；后者旨在建立一个整体的法律框架，为投资者因参与资本市场活动而承担的风险提供合理的保护。为实现资本市场的功能并最大限度地降低其内在风险，有必要对资本市场及其有关活动进行规范、控制和监管。资本市场法因而成为一个综合的法律部门，既包含公法规范（如资本市场秩序法），也包含私法规范（如资本市场交易法）。[①]

资本市场的公法规范主要涉及组织安排，调整市场的设立和运作活动，包括关于市场准入条件和交易方式等方面的规定。这些规定的实施通常受到监管部门或政府授权机构的控制或监管，违反规定还会受到相应的公共制裁（刑事责任或者行政责任）。资本市场的私法规范主要是与交易的达成和履行或者市场侵权行为有关的规定。这些规定是适用于资本市场交易活动的一般民商事法律制度（即普通公司法、普通合同法或者普通侵权法）的补充或者例外。资本市场的公法规范和私法规范并非泾渭分明，同一行为可能要分别适用行政法、刑法、民法或公司法等相关规定。

前述资本市场法律框架的双重属性，意味着解决有关法律冲突问题也需要采用不同的方法。私法层面的资本市场法是保护个人利益的法律规范，能

① ［西班牙］戈西马丁·阿尔弗雷泽：《跨境上市：国际资本市场的法律问题》，刘轶、卢青译，法律出版社 2010 年版。

够与传统的国际私法方法相适应，但需要关注的问题是，应继续适用调整合同和侵权行为的一般冲突法规则，还是有必要针对资本市场中的合同和侵权行为制定特别的冲突规则？如果制定特别冲突规则，则是采用双边方法，还是采用单边方法也是需要考虑的问题。不同的是，公法层面的资本市场法，即旨在保护公共利益或者公众利益并规定刑事责任或者行政责任的法律规范，则应当适用的基础原则是地域性原则（Principle of Territoriality）。这两类不同性质的法律规范相互影响，产生所谓的“在私法中体现公法”（reflect of public-law rules on private law）现象，凸显了资本市场法律冲突问题的复杂性。

针对资本市场公法规范和私法规范所引发的法律冲突，其解决方法也有所不同。关于公法规范引发的法律冲突：每个国家单方面地确定其公共机构控制和/或监管权力的范围，遵循“适用本国法”原则，均依据本国公法行使权力，只有在例外的情况下才适用外国公法。私法规范的分析离不开准据法。准据法是根据法院地法规定的连结点来确定适用法院地法的监管规范。其基本原则是，如果存在专门针对资本市场相关行为或合同的特别冲突法规则，则根据该特别冲突法规范确定法律关系的准据法；反之则应适用关于合同义务和侵权责任的一般冲突法规范。在此种情况下，常见的准据法公式包括：属人法（lex personalis），即以当事人的国籍、住所或习惯居所作为连结对象；行为地法（lex situs），即以当事人的行为地作为连结对象；物之所在地法（lex rei sitae），即以作为法律关系的客体物或标的物所在地作为连结对象；法院地法（lex fori），即以审理案件的法院所在地作为连结对象；当事人自主选择的法律（lex voluntatis），即当事人按其意愿自主协议选择的法律，以及与案件和当事人有最重要联系的法律等。

6.1.2　资本市场法的域外管辖

资本市场法[①]的域外效力是导致外国公司跨境上市后可能面临多个法律冲突的根源。这种法律域外效力的形成既有其国际法上的法理支撑，也通过各国司法实践而进一步得到强化。在国际法上，国家主权是国家最为核心的权利，这种权利体现为独立权、平等权、自卫权和管辖权。在各国都有权制定其国内经济活动的法律制度时，一国基于国内法律的权利又体现为各国对在本国国内的人、物和行为等事务进行处理时享有的排他性的权利。同时，国际法也认可一国的内国法的域外效力，只是要求一国法律的域外效力必须满足“决定国家可以采取各种形式的管辖权的可允许的限度”。因此，国际法为资本市场法的域外效力提供了法理上的依据。另外，在全球市场联系和国际化如此紧密的今天，资本市场的一些不法行为会形成“蝴蝶效应”而牵连数个国家或市场，为了避免受到不法证券行为的影响，各国都会逐渐扩大其主权效力范围，而将法律适用于本国之外发生的行为。因此，法律的属地性和域外性均源于国家主权原则，这是国家主权原则的两个方面。如果站在东道国的角度，常常使用的就是属地性的国家主权原则；如果站在母国的角度，常常使用的就是域外性的国家主权原则。

资本市场法的域外适用理论只是为资本市场法的域外适用提供了可能性，真正将资本市场法适用于域外还是通过立法和法院的司法实践而实现的。如果将证券行为放到国际经济活动中加以考察，则证券行为可以分为内国主体在国内活动、外国主体在国内活动、内国主体在国外活动以及外国主体在国外活动四种情形。其中前两种情形涉及证券法的传统属地性，其强调的标准是行为地标准。即不管是内国商主体还是外国商主体，只要其行为发生在内国，该内国就有权管辖。但由于证券行为通常是由多个行为构成，包括要约行为、承购行为、购买行为、交易行为、结算行为等，因此，当这些行为并非统一发生在一个国家境内时，也就有基于某个行为而主张其证券法

① 本书中资本市场法探讨的主要是证券法，下文未指明时，资本市场法亦限定为证券法。

的域外管辖权的做法。而后两种情形则不同，证券行为并没有发生在内国，因此管辖不可能基于行为，只能基于主体的属人标准而为之。这样，司法实践导致关于资本市场法域外效力的做法演变为三种方式：属人主义原则方式、效果主义原则方式、行为主义原则方式。

属人主义原则是指对于本国领域之外的具有该国国籍的人，包括自然人和法人，都要受到本国法律的管辖。效果主义原则是针对在国外的证券行为对本国国内产生实质影响而予以确定本国证券法域外效力的做法。行为主义原则源于属地原则，而属地原则本身是限制外国法律的域外适用，但后来却被用来主张本国法律的域外适用，其包括主观属地原则（the Subjective Territorial Principle）和客观属地原则（the Objective Territorial Principle）两种形式。主观属地原则是指一国的法律可以适用于在内国开始但不在内国完成的行为，而客观属地原则是指一国法律可以适用于在外国开始但在内国完成的行为。正是上述三种赋予证券法域外效力原则的适用，导致了各国基于属人管辖和属地管辖之间的证券法律冲突。

不同于传统国际私法采用概括性和双边方法来确定冲突法，资本市场法通常采用单边方法来确定冲突法规则。单边方法意味着，每个国家的立法机构都应当保护本国资本市场，因而本国资本市场法的适用范围也应当由本国立法机构决定。从跨境金融交易和资本流通的角度来看，每个国家都需要界定本国资本市场法的外延，即确定哪些行为和交易应当受本国法律规范的调整，并防止不遵守本国法律规范的主体参与资本市场活动并从中获利。发行人和投资者选择了市场，也就默示接受以该市场的法律和规则作为调整他们之间关系的法律框架，即“自愿原则”，其必须通过具体的连结点才能够实施。

在确定资本市场相关法律规范的适用时，通常以与市场的联系作为出发点，这是确定资本市场相关冲突规则的基础。在这种情况下，相关连结点应当既与某种行为或者交易相联系，又与特定资本市场相联系。认定上述联系并不困难，即使交易是通过交易所的电子化交易系统相互连结，因交易系统通常受某国法律的管辖，这意味着通过该平台进行交易的各方均明示或者默示接受该法律的管辖。

资本市场法具有维护"政治秩序"的功能，这使得立法机构在充分保护本国资本市场方面具有重大利益。一方面，每个国家的立法机构均单边地确定本国资本市场法的范围（即单边方法）；另一方面，资本市场法中的冲突规则所采用的连结点体现了实体法的价值取向。因此，立法机构会以实体规则为出发点，根据其中蕴含的实体价值取向，在空间或者国际层面上确定其适用范围。采用上述方法的效果之一就是能够避免在跨境证券活动中因适用传统的冲突法规则而侵蚀实体法的价值取向。但是，上述原则并不妨碍在有关国家的监管机构之间建立跨境监管合作机制（如签署谅解备忘录），也不影响在适用本国公法的前提下，适用或者考虑适用外国法，虽然这种做法是例外。

从政治角度看，将本国实体法延伸适用于跨境证券活动时，域外效力（extraterritoriality）问题是最棘手的问题之一。这是因为资本市场法的核心目标要求其适用范围也包括对本国市场产生影响的外国参与者和/或跨境交易活动。其理论基础在于，每个国家的立法机关均可主张行使立法管辖权，针对本国资本市场上的证券发行或者交易活动制定法律规范，不必考虑发行人的国籍或者惯常居所等其他因素。此种情形下，立法管辖权和私法管辖权涉及的主体位于境外或者有关行为发生在境外，而执法管辖权亦具有地域性，因而导致立法管辖权和私法管辖权具有域外效力。这种域外效力对于确保资本市场的有效监管是不可或缺的，却可能将外国发行人拒之门外，从而产生消极影响，并可能与其他国家的利益相冲突。

单边方法也会引发另一问题，即同一行为可能要同时受到两个或者多个国家法律的调整，即法律的累加适用（cumulative application）。按照传统的国际私法规则，特定私法关系被定位于某个法律体系后，就不可能被定位于其他法律体系中。然而，资本市场法的单边方法并不具有这种消除法律冲突的作用，反而可能会导致多个国家的有关规定累加适用于同一行为或者交易。

如面向多个国家的投资者进行首次公开发行，发行人要同时遵守不同国家的法律，并可能会根据国家法律的要求调整其行为或者交易活动。发行人不但要考虑其行为涉及的私法问题，还要考虑其行为涉及的公法问题。

为解决可能存在的规制过度问题，监管协调变得非常重要。监管协调可以通过自我约束机制，实现单边的解决方式。也就是说，一个国家的立法机构可以实质性地豁免外国发行人或者境外交易适用本国规定。这种方式有两个特点：在冲突法层面上，本国法应适用于外国发行人或境外交易；在实体法层面上，外国发行人或者境外交易应适用特别规定，与适用于本国发行人或者境内交易的规定相比，此类特别规定通常不那么严格。此外，监管协调也可以通过最低限度协调和相互承认机制实现市场一体化，采用双边或者多边的方式解决。在这方面，欧盟的做法最具代表性。国际组织也可以在一定程度上起到监管协调的作用，如国际证监会组织（International Organization of Securities Commissions，IOSCO）在推动各国监管标准协调方面发挥了至关重要的作用。国际证监会组织已经公布了一系列最佳实践准则（Best Practice Standards），以推动跨境证券发行只需适用一套披露标准。这些国际组织还有助于在各国监管机构之间建立监管合作机制。此外，为了促进不同国家的监管机构相互提供协助和交换监管信息，国际证监会组织还通过了若干关于监管合作的决议。例如，2023 年 7 月 25 日，国际证监会组织官方发文宣布认可首批两份 ISSB 准则。IOSCO 认为，首批两份 ISSB 准则满足了投资者对气候相关信息披露的需求，并适合作为更广泛的可持续相关财务信息披露框架。IOSCO 进而呼吁各成员在其司法管辖区内考虑采用、应用或以其他方式借鉴 ISSB 准则，以促进为投资者提供气候或其他可持续相关的一致和可比信息披露。这种认可使得 ISSB 准则有望成为全球统一的可持续信息披露准则。

6.2 跨境发行法律规范的准据法确定

6.2.1 发行人本国法的确认和适用范围

6.2.1.1 发行人本国法的确认

确认发行人本国法，首先需要界定法律关系的连结点，也就是准据法问题。对跨境发行股票的公司来说，其法律关系涉及不同国籍的股东（投资人）、董事和员工、债权人等，因此，以公司注册地（设立地）或实际经营地为连结点确定准据法，是国际私法领域探讨的重点问题。

以公司的注册地（设立地）作为法律关系连结点，在国际私法上称为设立地模式，也就是说，公司应当受其注册地或设立地的国家或地区的法律管辖（准据法），不受主要业务、股东住所和管理中心等因素的影响。设立地模式的核心是当事人意思自治，即公司的发起人可以选择最符合其利益的国家或地区的法律为公司准据法，无论公司是否在设立地有实体机构或将实体机构转移至另一个国家或地区，公司的本国法（准据法）均不会发生变化。[①] 在设立地模式下，确认公司设立地准据法，不仅是对公司设立形式的认可，同时也是对公司组织形式相关法律的承认或认可。因而公司设立地模式更受国际性公司的欢迎，公司的发起人可以选择对其商业行为更有益的国家或地区的法律，且不会因设立地和实际经营地的不同而产生额外的成本。设立地模式的法律适用的可预见性也使得公司更容易理解和判断自身运行的法律风险。

实际经营地模式也称为真实本座模式，其通常将公司的管理中心（即公

① ［西班牙］戈西马丁·阿尔弗雷泽：《跨境上市：国际资本市场的法律问题》，刘轶、卢青译，法律出版社2010年版。

司的主要业务经营地和控制机构所在地）作为连结点。此种模式要求公司的设立地和实际经营地一致，当两者不一致时应以实际经营地法律为准据法。也就是说，如果一家公司依据设立地法律设立，但其实际经营地或管理中心所在地法律与设立地法律不一致时，其法律地位可能不被承认。

真实本座模式的核心在于防止欺诈。该观点认为，公司的本国法通常由发起人（控股股东）或对公司决策有重大影响的人员（包括管理层）决定，但并不会考虑债权人、员工和其他第三方的利益，若出现公司或管理层损害债权人、员工和其他第三方权益的情况时，适用主要经营地法律可能对此等人员的保护更为充分，从而避免公司发起人为规避可能承担的法律责任而选择法律保护较为宽松的国家或地区设立公司，导致出现各国“竞相降低标准”（race to bottom）的情况。①

除了设立地模式和实际经营地（真实本座）模式外，也有主张提出了将此两种模式相结合的混合模式。但是，实践中对发行人本国法的承认最终会受制于争议所涉之法院地国法律冲突规则所指向的准据法。

跨境证券发行的法律适用原则应根据证券的不同内容分别适用不同的法律。从立法所规定的关系来看，可以分为两大方面：一是证券的发行及其股权，二是证券的交易关系。对于证券的发行，国际上通行的做法是依据发行人属人法（发行人本国法），或者选择适用发行国法（目标市场法）。而对于公司的股权，欧盟法律将其定性为社员权利，涉及公司内部组织和制度，主张适用法人属人法。英国的司法实践也区分了股份所在地与实际证书所在地，两者分别适用不同的冲突规则。例如，在 Colonial Bank v.Cady（殖民银行诉卡迪）一案中，一位已经死亡的英国人拥有纽约中央及哈德逊河铁路公司的股份，他的执行人想要在股东名册上将自己登记为所有权人，于是就将股份证书寄给了其在伦敦的经纪人，由该经纪人转交给纽约公司。执行人应经纪人的要求空白签署了该股权证书，但该经纪人为担保债务而将该股份证

① ［西班牙］戈西马丁·阿尔弗雷泽：《跨境上市：国际资本市场的法律问题》，刘轶、卢青译，法律出版社 2010 年版，第 38 页。

书存于 Colonial Bank（殖民银行），后来经纪人破产，为此双方对该股份的权利引发了争议。受理上诉案件的英国法院认为：该存托行为是否赋予银行法律上的所有权取决于该交易行为是由英国法还是纽约法支配。依据英国法，所有权没有转移，但依据纽约法，股权证书的交付便赋予了银行股份法律上的所有权以及衡平法上的所有权。但由于存托行为发生在英国，因此应依据英国法来确定其所有权。[①] 对于证券的交易，各国都主张依据交易地法，因为按照场所支配行为的国际私法原则，证券交易通常是在交易所进行，证券交易者有义务遵守交易地的交易规则。[②]

6.2.1.2　发行人本国法的适用范围

公司法人主体的法律关系涉及对内和对外两个不同的群体。对内的法律关系包括公司的股东、董事等内部人员，而对外是公司作为法人需要具备的行为能力和责任。发行人本国法的适用应能包含前述两类法律关系，即前述法律关系的准据法应当是统一的，应避免分割前述两类法律关系而适用不同的准据法。

通常来说，发行人本国法的适用应涵盖如下内容：

（1）公司的名称、设立、重组和清算；

（2）公司的法律性质、权利能力和行为能力；

（3）内部机构的代表权；

（4）内部运作、组织和财务体系；

（5）会计账目、审计和信息披露；

（6）股东身份、股东的权利和义务，以及权利义务的取得和放弃；

（7）公司的责任，以及管理层和股东对公司的责任等。[③]

除上述针对一般公司的内容外，对于公开发行股票的公众公司，发行人

---

① 萧凯著：《跨国证券交易的国际私法问题》，武汉大学出版社 2008 年版，第 54 页。

② 邱润根：《外国公司跨境上市法律制度研究——欧美比较及启示》，华东政法大学 2011 年博士学位论文。

③ ［西班牙］戈西马丁·阿尔弗雷泽：《跨境上市：国际资本市场的法律问题》，刘轶、卢青译，法律出版社 2010 年版，第 57 页。

本国法的适用范围还应当包括如下内容：

（1）公司法关于发行股份和其他证券的规定，特别是关于决策机构和决策程序的规定；

（2）认购股份时是否应缴足应付款项；

（3）公司股份的表现形式，包括无记名或记名股票、是否标明面值等；

（4）针对发行人取得或者放弃股东身份；

（5）针对发行人的公司权利，特别是表决权、检查公司账目的权利和取得红利的权利等；

（6）股东之间的协议对公司的效力；

（7）优先认购权及其限制；

（8）公司已发行股份的购买和赎回，以及是否可予以财务支持；

（9）股份分割及库藏股份数量的法定限制；

（10）对外国投资者购买股份的限制等。

6.2.2 目标市场法的确认和适用范围

6.2.2.1 目标市场法的确认

从比较法的角度来看，多数国家采用了以发行行为的目标资本市场为连结点（目标市场标准）的方法。也就是说，每个国家均有合理理由要求面向本国市场的公开发行遵守本国法，但没有理由对面向外国市场的公开发行实施监管。在确定关于证券公开发行的法律规范的适用范围时，通常采用单边方法，即每个国家都有理由保护本国资本市场，并可据此确定何种类型的公开发行应适用本国的监管规定，受本国的监管。

目标市场标准由两个要素构成，一个是实体要素（material element），另一个是地域要素（geographical element）。实体要素是指证券公开募集行为的概念，地域要素是指证券公开募集行为的地点。各国采用不同的标准来确定证券公开募集行为的地点，如果该公开发行是面向多个市场进行的，应就面向各目标市场的发行分别遵守有关目标市场的法律。也就是说，在多个国家同时进行的首次公开发行应遵守各有关国家的法律，因而须备置两份或者多份证券募集说明书。

为了减轻跨境首次公开发行证券的合规负担，多数国家的法律都针对外国发行人规定了一些实质性的例外。这些例外可能基于下列原因：一是本国与发行人所属国采用了相同的监管标准，因而没有必要为外国发行人进入本国资本市场设置重复的条件；二是外国发行人的跨境首次公开发行对本国市场的影响较小；三是体现吸引外国发行人进入本国市场的政策取向。

此外，为了促进跨境证券首次公开发行活动，各国进一步开展合作的方式是采用相互承认原则。按照这一原则，在两个或者多个国家进行的证券发行活动只需受到一个国家的监管。美国跨境证券信息披露制度（Multijurisdictional Disclosure System，MJDS）就采用了这一原则。据此，根据加拿大—美国跨境证券信息披露制度，加拿大发行人在美国进行公开发行时，可以适用其本国的信息披露文件；反之亦然。[①]

6.2.2.2 目标市场法的适用范围

确定目标市场法的适用范围是一个法律识别问题。按照单边识别方法，具体来说，每个国家的资本市场法都会确定其实体规则的适用范围，因而就会确定应对哪些事项加以规定，将这些规定作为外国公司进入本国证券市场的条件。目标市场法通常规定的事项包括：信息的范围以及提供或者传递这些信息的方式、关于证券及其发行人的监管要求、更正或者更新信息的责任。此外，目标市场法也调整证券投资分析和媒体等相关事项。证券清算和结算系统为证券交易提供了必要的基础条件，使证券能够最终由卖方交付买方（通常是货银对付），履行了合同项下的交付义务。证券清算和结算系统的运行是以合同为基础的，因而其准据法应当是当事人选择的法律，并以此确定合同的履行地点和履行时间。通常情况下，证券清算和结算系统根据有关证券交易所的法律设立，位于同一国家，因而证券交易的两个步骤，即订

① ［西班牙］戈西马丁·阿尔弗雷泽：《跨境上市：国际资本市场的法律问题》，刘轶、卢青译，法律出版社 2010 年版，第 57 页。

立合同和履行合同均适用同一国家的法律。但是，也会出现在一个证券交易所订立合同而在境外进行清算的情况，这时则需要分别确定准据法。

6.2.3 发行人本国法与目标市场法的重叠和调适

跨境上市行为将同时涉及两个或两个以上国家和地区的法律，即发行人本国法和目标市场法，这就要求划定各国法律的适用范围，即明确哪些事项应适用发行人本国法、哪些事项应适用目标市场法。在实践中，发行人本国法和目标市场法之间的重叠是无法避免的，这就引发了棘手的调适问题。

分析和解决发行人本国法与目标市场法之间因发生重叠而引发的问题，可以采取循序渐进的分析方法：

首先，应确定发行人本国法的适用范围，即法律识别问题。也就是说，在调整公司的法律体系（即发行人本国法）中，那些关于规范本国“上市公司”的规定，是仅适用于在本国证券市场上市的本国公司，还是同时适用于在外国证券交易所上市的本国公司？本国立法机关应当对这一问题做出明确的解释。随着经济全球化和区域经济一体化的推进与发展，欧洲大陆实体公司法开始出现由法律竞争而引发的与英美公司法趋同发展的趋势。欧洲法院作出的若干裁决限制了各成员国公司法中保护性规范的适用（不管是实体法还是冲突法），间接作用就是在欧盟内开启了一场各成员国在公司设立方面的公司法律竞争。在这场竞争中，英国公司法因在公司设立等方面更为自由和简便，而更具有制度优势，成为各国公司法相继仿效的对象。不同的成员国之间在公司法的部分领域会产生对公司法规则统一或是相似的理解，对于公司的性质和目的在认识上越来越趋向一致，各国公司治理和公司法正越来越趋向于单一的自由主义模式。

由于公司治理模式的趋同，全球正在广泛接受一种公司治理和公司法的模式，这会对降低保护性冲突规范的政策正当性产生直接影响，将减少制定保护性冲突规范的政策理由。相应地，如果未来的公司法改革会带来实体公司法的进一步融合和趋同的论点正确，那么在选择公司法的过程中，自由和竞争很可能成为最重要的政策动机。①

其次，应确定目标市场法的适用范围。这同样是一个识别问题。然而，按照单边分析方法，每个国家的资本市场法都会确定其实体规则的适用范围，因而就会确定应对哪些事项加以规定，将这些规定作为外国公司进入本国证券市场的条件。2014 年、2016 年沪港通、深港通相继启动，2018 年存托凭证试点推出，两地资本市场之间的联系日益紧密，发行人、投资者、金融产品及服务等金融要素的跨境流动愈加频繁。与此同时，跨区域违法违规行为也呈现日渐增多的趋势，如通过沪港通实施跨境操纵和内幕交易、中介机构违规提供跨境中介服务等。由于相关违法主体、行为和结果等要件分处两地，中国证监会与香港证监会基于各自证券法律规则，可能均有权对该特定违法行为启动行政调查并作出后续处罚，即同时享有执法管辖权。随着新修订的《证券法》正式施行，内地证券监管域外管辖权得以明确，上述执法管辖竞合的情况将愈加普遍。两地证券监管机构之间有必要形成有效的证券执法管辖协调机制，在防止竞争性执法和执法真空问题的同时，最大限度地发挥各自执法优势，共同打击跨境违法违规行为。

再次，在分析上述两个问题的基础上，可以得出的结论是：在某些情况下，目标市场法会覆盖发行人本国法。如前所述，在公司治理方面，在发行人本国法已有规定的基础上，目标市场法可以作出一些额外的规定。这就产生了“双重识别”（double characterization）问题，即特定事项可能要同时适用发行人本国法和目标市场法。目标市场法对发行人本国法的覆盖程度主要由目标市场法决定，也就是说，应由有关资本市场的立法机构来设定进入市场的条件，由此便确定了这些条件对发行人本国法的覆盖程度，产生资本市场法对其他部门法的干涉。

最后，在明确可能会存在重叠的领域后，应进一步明确发行人本国法和目标市场法是否以及在何种条件下“能够共存”。在某些情形下，答案很简

① 邢钢：《公司属人法的确定：真实本座主义的未来》，载《法学研究》2018 年第 1 期。

单：如果符合较为严格的法律制度的要求，自然也就符合另一法律制度的要求。在其他情形下，立法机关会直接对上述两种法律制度进行调适，针对外国发行人作出豁免或者例外规定；或者可能需要通过对有关实体法进行说明和解释，从而使之和谐共存（即实体法的调适）。但是我们也应该注意到，即使存在前述调适的情形，实体法之间也可能存在无法调适的冲突。

由于 A+H 双重上市的股票发行涉及不同的法律体系和规定，其证券发行行为的定性可能会存在不同的归类，从而对法律适用的准据法造成影响。一般来说，涉及跨境的证券发行法律适用较为通用的连结点是证券发行人属人法和证券发行地法。适用证券发行人属人法的好处是所有投资者，不管是本国投资者还是海外投资者，都能得到同等的法律对待；而适用证券发行地法，则使得发行人在法律适用方面保持统一，即发行人发行股票时适用的法律和承担民事责任时适用的法律是一致的，符合发行人和投资者的合理预期，也避免适用不同法律产生的争议结果的不确定性。[①] 下文将进一步对资本市场法有关实体法的冲突和调适进行探析。

6.3 A+H 双重上市的法律冲突与调适

法律关系由主体、客体及内容（权利义务）三要素构成，任意一要素“涉外”，即构成涉外法律关系。《最高人民法院关于适用〈中华人民共和国涉外民事关系法律适用法〉若干问题的解释（一）》第 1 条亦规定：“民事关系具有下列情形之一的，人民法院可以认定为涉外民事关系：（一）当事人一方或双方是外国公民、外国法人或者其他组织、无国籍人；（二）当事人一方或双方的经常居所地在中华人民共和国领域外；（三）标的物在中华人

① 颜林：《跨国证券发行与交易中的法律适用问题研究》，复旦大学 2010 年博士学位论文。

民共和国领域外；（四）产生、变更或者消灭民事关系的法律事实发生在中华人民共和国领域外；（五）可以认定为涉外民事关系的其他情形。”

中国现代国际私法的发展始于1978年改革开放，随着涉外民商事往来的增多，在《继承法》（已失效）、《海商法》、《民用航空法》、《合同法》（已失效）等法律文件中，都规定了冲突法规则，[①]并在1986年4月12日公布的《民法通则》（已失效）第8章以专章规定了涉外民事关系的法律适用，内容覆盖涉外民事行为能力、不动产所有权、涉外合同、侵权行为、涉外婚姻关系、涉外扶养关系以及涉外继承关系。

2002年民法典编纂工作开始时，涉外民事关系法律适用法作为民法草案的一编，是被纳入起草计划的。国际私法学者希望把我国多年来行之有效的规定和做法吸收到草案中，同时体现国际上的通行做法和新的发展成果，进一步完善我国涉外民事关系法律适用制度。当时草案明确规定：“涉外民事关系适用的法律，应当与该涉外民事关系有最密切联系。本法或者其他法律对涉外民事关系的法律适用没有规定的，适用与该涉外民事关系有最密切联系的法律。”（草案二次审议稿第3条）同时，草案考虑到当事人对民事权利享有处分权，并适应国际上当事人自行选择适用法律的范围不断扩大的趋势，明确规定了当事人可以选择适用法律。同时也对当事人选择适用法律的范围作出了限制，规定：“中华人民共和国法律对涉外民事关系有强制性规定的，应当直接适用。”（草案二次审议稿第5条）

2010年10月28日，《涉外民事关系法律适用法》公布，这是我国关于涉外民事关系法律适用的第一部单行法律，该法的出台对我国涉外民事审判工作产生了重大而深远的影响。其既总结了改革开放以来的涉外民事审判经验，也顺应了当代国际私法的发展潮流，完成了我国冲突法规则的系统化和现代化。[②]最高人民法院出台了相应的司法解释《最高人民法院关于适用〈中华人民共和国涉外民事关系法律适用法〉若干问题的解释（一）》。该司法解

① 汪金兰：《从拿来主义到本土化——中国国际私法发展之路》，载《法制与社会发展》2002年第4期。
② 陈卫佐：《涉外民事法律适用法的立法思考》，载《清华法学》2010年第3期。

释于 2012 年 12 月 10 日通过，并自 2013 年 1 月 7 日起实施。《涉外民事关系法律适用法》第 4 条明确规定，我国强制性法律应予直接适用，从而排除了冲突规范在相关领域的适用。而该司法解释第 10 条对哪些规范构成我国法律的强制性规定作出了如下规定："有下列情形之一，涉及中华人民共和国社会公共利益、当事人不能通过约定排除适用、无需通过冲突规范指引而直接适用于涉外民事关系的法律、行政法规的规定，人民法院应当认定为涉外民事关系法律适用法第 4 条规定的强制性规定：（一）涉及劳动者权益保护的；（二）涉及食品或公共卫生安全的；（三）涉及环境安全的；（四）涉及外汇管制等金融安全的；（五）涉及反垄断、反倾销的；（六）应当认定为强制性规定的其他情形。"即通过抽象描述和不完全列举附兜底条款的方式，解决可操作性问题，其中列举排序是根据与民生的相关程度做出的。

2020 年《民法典》颁布后，《民法通则》被废止，《最高人民法院关于适用〈中华人民共和国涉外民事关系法律适用法〉若干问题的解释（一）》做了相应修订，删除了适用国家条约和国际惯例的原第 4 条和第 5 条规定。但《民法典》未就国际惯例的适用进行专门规定，而是采取一种留白的处理方式，仅在第 10 条进行了原则性规定，"处理民事纠纷，应当依照法律；法律没有规定的，可以适用习惯，但是不得违背公序良俗"。[①] 对此，车丕照教授指出，全国人大常委会可在批准民商事条约时明确该条约在我国法院的适用，或由最高人民法院指示各级法院直接适用民商事条约。

2019 年新修订的《证券法》第 2 条突破性地增设了域外管辖条款，该条第 4 款规定，在中华人民共和国境外的证券发行和交易活动，扰乱中华人民共和国境内市场秩序，损害境内投资者合法权益的，依照本法有关规定处理并追究法律责任。自此，我国《证券法》具有了域外管辖效力。但由于该条规定较为原则、宽泛，我国法院在行使证券虚假陈述纠纷的域外管辖权时，究竟应符合什么条件，还需进一步探讨。[②] 与之相配套，《最高人民法院关于

① 车丕照：《〈民法典〉颁行后国际条约与惯例在我国的适用》，载《中国应用法学》2020 年第 6 期。
② 郭金良：《我国证券法域外适用规则的解释论》，载《现代法学》2021 年第 5 期。

上海金融法院案件管辖的规定》第 2 条以及《最高人民法院关于北京金融法院案件管辖的规定》第 2 条规定，在中华人民共和国境外发生的证券发行和交易活动，损害境内投资者利益的，投资者可以自行选择向上海金融法院或北京金融法院提起诉讼。

虽然《涉外民事关系法律适用编》并未最终列入《民法典（草案）》（征求意见稿）中，且《民法总则》及各分编剔除了涉外民事关系法律适用的相关条款，但无论是将涉外民事关系法律适用规则列为《民法典》的分编，还是保留现行《涉外民事关系法律适用法》单行法的地位，均需要对现行有关涉外民事关系法律适用的各种立法资源进行系统的清理、整合，这两种立法模式殊途同归，均是对现行涉外民事关系适用规范进行“法典化”的改造，渐进式地推动中国国际私法法典化的进程。①

双重上市是典型的跨境证券发行与交易行为，涉及不同的法律体系及监管制度，如发行人注册地法律、证券发行地法律或证券交易所所在地法律等，容易产生法律冲突。我国 A+H 双重上市也因此作为“跨境证券发行”②，而具备了发生法律冲突的基础法律关系。但只要国际体系“横向”的平行式权力格局未发生根本性变化，国家就始终是国际法的基本主体，国家主权平等原则就始终是国际秩序的核心原则。因此，属地主义仍是当代政府的组织原则，各国政府在其特定的地域管辖范围内行使其权力，享有立法权、执法权与司法权，这构成国际秩序得以维系的基本原则。③

国外学者对于跨境证券发行法律冲突问题的研究始于 1996 年 Hans van Houtte（汉斯·范·豪特）教授发表的“The Law Applicable to Securities Transactions: Choice of Law Issues”（《证券交易的适用法律：法律选择问题》），之后也有其他相关论著对此进行深入研究。④我国证券市场法律体系

---

① 丁伟:《民法典的编纂与中国国际私法的法典化发展》，载《政法论坛》2018 年第 1 期。

② 本书将跨国或跨地区证券发行统称为“跨境证券发行”。

③ Kal Raustiala, Does the Constitution Follow the Flag ? The Evolution of Territoriality in American Law, Oxford University Press, 2009, pp.5, 224.（卡尔·劳斯提亚拉:《宪法跟随国旗吗？美国法律中领土制度的演变》，牛津大学出版社 2009 年版，第 5、224 页。）

④ 颜林:《跨国证券发行与交易中的法律适用问题研究》，复旦大学 2010 年博士学位论文。

的建设还不成熟，在外汇管制政策方面实行严格的资本项下外汇兑换审查制度，尚不接受境外公司到我国证券市场发行上市，因此，我国理论界和实务界所研究的跨境证券发行与交易法律冲突，主要指我国企业到境外资本市场发行股票及上市，且主要集中于对跨境证券发行监管制度的研究，对于跨境证券发行法律冲突的研究才刚刚开始。

A+H 双重上市公司是在我国注册的股份有限公司在我国 A 股市场及香港证券市场（H 股）公开发行股票，因此就需要接受内地及境外股票上市地（香港）的双重法律监管，如发行主体要求、发行条件、信息披露、审核方式及程序等相关规制，涉及不同法律规则之间的冲突。充分了解 A+H 双重上市股票发行的法律冲突，并利用冲突规则合理解决法律争端，对我国证券市场发展具有理论及实践意义。由于本书的研究重点是 A+H 双重上市公司的股票发行制度，从香港 H 股市场和内地 A 股市场关于首次公开发行股票的规则差异角度，对 A+H 公司双重上市的股票发行法律冲突进行分析，因而对于跨境证券交易的法律冲突和法律适用，本书并不涉及。

需要特别指出的是，跨境证券发行不同于一般的国际民商事行为，企业的跨境股票融资行为由于涉及企业的治理结构和股东权益的性质与范围问题，除引发各国间证券法上的法律冲突之外，还会因该行为的特殊性而引发各国公司法或企业法上的法律冲突。也正是因为其特殊性和复杂性，解决跨境证券发行的法律冲突，通常通过一国单方面“豁免”或两个以上国家之间的协商合作达成，跨境证券发行中的法律冲突也因此在一定程度上不仅仅局限于传统国际私法上立足于法律选择问题的法律冲突理论。[①] 因此，本书除关注 A+H 双重上市中法律适用和法律选择的传统冲突法问题外，还着眼于两个法域间具体规则的差异与冲突的解决路径。同时，A+H 双重上市的股票发行涉及两个或两个以上证券市场的不同监管体制，以及不同证券监管机构所制定的监管制度，又属于“公法规制”的范畴。公法规制的证券监管相关

① 参见蒋辉宇：《境外企业境内股票发行与上市监管法律制度研究》，华东政法大学 2010 年博士学位论文。

制度，如股票的发行核准或注册程序、上市条件和程序，以及信息披露要求等，属于“直接适用之法律”，一般不存在选择适用或传统的法律冲突，即使发生“冲突”，也多以单方面“豁免”的形式进行解决。[①] 如根据英国金融行为监管局（FCA）的上市规则，注册地非英国的境外上市公司即可豁免包括在年报中无须遵守部分信息披露规则在内的一些要求。[②]

6.4　A+H 双重上市的法律适用与法律关系

在经典国际私法理论中，指定适用哪一国法律作为判定当事人之间权利义务根据的规则叫作“冲突规范”（Conflict Rules）。完整的冲突规范结构包括两部分，即为了解决什么问题而指定以某国法作为准据法的“原因”或“连结对象”，以及针对“范围”的特殊性，对“范围”中所列需要判定的法律关系而规定应予适用的法律，即“准据法”。[③]

如前文所述，跨境证券发行具有较强的复杂性及特殊性，其涉及多重法律关系，仅就民事法律关系而言，一般包括：第一，上市公司与证券承销商之间的代理或买卖关系；第二，承销商与投资者之间的买卖关系；第三，上市公司与投资者之间的买卖或侵权关系；第四，投资者之间的买卖关系；第五，投资者与中介机构根据中介机构性质和服务不同而产生的买卖、经纪、信托等关系；第六，上市公司与中介机构之间的服务合同关系。[④] 可以看出，

① 孙南申：《跨国证券投资法律适用规则与发展》，载《社会科学》2011 年第 12 期。

② 参见《在英国上市：海外公司的选择——英国实用法律实践指南》，载汤姆森路透实用法律网，https://uk.practicallaw.thomsonreuters.com/Document/Id249cb841c9611e38578f7ccc38dcbee/View/FullText.html?originationContext=assetPage&transitionType=KnowHowItem&navId=362C46471C2A557FDC7A4A66A727AB7E&comp=pluk&contextData=(sc.Default)，2024 年 6 月 25 日最后访问。

③ 李双元：《国际私法（冲突法篇）》，武汉大学出版社 2016 年版，第 121—140 页。

④ 邱润根：《外国公司跨境上市法律制度研究——欧美比较及启示》，华东政法大学 2011 年博士学位论文。

民事法律关系中最主要的物权关系、合同关系、侵权关系在跨境证券发行中皆会涉及。自 20 世纪以来，由于人、物及行为的跨国流动愈加频繁，国家，尤其是强国，不断将其国内法的效力范围向其领土外扩张，国内法因而逐渐具有了域外效力。进而言之，一国国家机关基于具有域外效力的国内法对发生在本国领土外的行为进行规制，就产生了国内法的域外适用问题。可见，国内法的域外效力是其域外适用的前提和基础，而国内法域外适用则是其域外效力的实际展示。[①] 实践表明，一国行政机关对是否实际执行此类法律以及执法的宽严程度拥有较大的裁量权。

根据 A+H 双重上市股票发行阶段所涉及的主体与法律关系及特点，下文将其涉及的法律冲突问题重点归纳为三个方面，即香港证券市场对海外公司主体资格的认许、H 股和 A 股的具体发行行为规范所产生的法律适用冲突及其解决。

6.5 A+H 股票发行上市的主体认许

跨境证券发行本质上是法人的跨国性经济交往，因此法人的国籍与法人的法律地位便是其中的一个基础性法律问题。通常情况下，法人的成立及其权利能力、行为能力是一国主权范围内的事，由该国国内法规定，由于各国的法律没有域外效力，作为法人在非国籍国以外的其他国家进行法律活动，则须取得该国对其法人资格的认可，即“外国法人的认许”。[②] 外国法人认许是外国法人进入内国从事经济活动的前提，亦可保护内国企业的利益及稳定内国的经济秩序。外国法人的认许通常有以下四种方式：第一，特别认

① 霍政欣：《我国法域外适用体系之构建——以统筹推进国内法治和涉外法治为视域》，载《中国法律评论》2022 年第 1 期。

② 李双元：《国际私法（冲突法篇）》，武汉大学出版社 2016 年版，第 301—321 页。

许程序，即内国对外国法人通过特别登记或批准程序进行认许；第二，相互认许程序，即有关国家根据其缔结的双边或多边条约，分别在各自领域内认许对方国家法人的民商事主体资格，如1956年6月海牙国际私法会议通过的《承认外国公司、社团和财团法律人格的公约》，以及1968年的《关于相互承认公司和法人团队的公约》和1979年的《美洲国家间关于贸易公司法律冲突的公约》等；第三，一般认许程序，即内国对于依外国法已有效成立的法人，无须特别认许或互惠条件，只需根据内国相关法律的规定办理必要的注册手续，即可获得认许；第四，分别认许程序，即对于外国法人依其种类不同，应该采取不同的方式，分别适用特别认许程序、相互认许程序或一般认许程序。[①]我国现行法律尚未对外国法人的认许作出明确规定，对于临时进入我国进行经济活动的外国法人，我国法律自动承认该法人的主体资格，即采取一般认许的程序；对于需要在我国进行持续经营活动的外国法人，以该外国法人的名义在我国设立分支机构，则采取特别认许的方式，《公司法》第244条规定，“外国公司在中华人民共和国境内设立分支机构，应当向中国主管机关提出申请，并提交其公司章程、所属国的公司登记证书等有关文件，经批准后，向公司登记机关依法办理登记，领取营业执照”。《外商投资企业授权登记管理办法》（2022年）第2条规定：“外商投资企业及其分支机构登记管理授权和规范，适用本办法。外国公司分支机构以及其他依照国家规定应当执行外资产业政策的企业、香港特别行政区和澳门特别行政区投资者在内地、台湾地区投资者在大陆投资设立的企业及其分支机构登记管理授权和规范，参照本办法执行。”根据2020年1月1日起施行的《外商投资信息报告办法》第2条的规定，外国投资者直接或者间接在中国境内进行投资活动，应由外国投资者或者外商投资企业根据本办法向商务主管部门报送投资信息。

《外商投资法》自2020年1月1日起施行，原外资三法同日废止，依照原外资三法设立的外商投资企业，五年内可以继续保留原企业组织形式，但

① 张涵：《外国法人认许问题研究》，外交学院2010年硕士学位论文。

五年后及新设立的外商投资企业，其企业形式采用公司制的，应符合公司法的相关规定。对众多外国投资者尤其是来自英美法系的投资者而言，对设置监事会等要求深感不便。本次修改允许公司选择单层制治理模式（即只设董事会，不设监事会），为外国投资者来华投资提供了便利，有助于提升对外资的吸引力。

在国际私法上，外国法人的认许原则上是适用法人的属人法。属人法规范是以法律关系当事人的国籍、住所或习惯居所作为法律适用的连结点，决定当事人具体适用的法律规定的方法。《涉外民事关系法律适用法》第 14 条亦规定："法人及其分支机构的民事权利能力、民事行为能力、组织机构、股东权利义务等事项，适用登记地法律。法人的主营业地与登记地不一致的，可以适用主营业地法律。法人的经常居所地，为其主营业地。"《最高人民法院关于适用〈中华人民共和国涉外民事关系法律适用法〉若干问题的解释（一）》第 14 条进一步明确："人民法院应当将法人的设立登记地认定为涉外民事关系法律适用法规定的法人的登记地。"但该解释第 4 条、第 6 条、第 7 条和第 8 条又分别规定："中华人民共和国法律没有明确规定当事人可以选择涉外民事关系适用的法律，当事人选择适用法律的，人民法院应认定该选择无效。""当事人在一审法庭辩论终结前协议选择或者变更选择适用的法律的，人民法院应予准许。各方当事人援引相同国家的法律且未提出法律适用异议的，人民法院可以认定当事人已经就涉外民事关系适用的法律做出了选择。""当事人在合同中援引尚未对中华人民共和国生效的国际条约的，人民法院可以根据该国际条约的内容确定当事人之间的权利义务，但违反中华人民共和国社会公共利益或中华人民共和国法律、行政法规强制性规定的除外。""有下列情形之一，涉及中华人民共和国社会公共利益、当事人不能通过约定排除适用、无需通过冲突规范指引而直接适用于涉外民事关系的法律、行政法规的规定，人民法院应当认定为涉外民事关系法律适用法第四条规定的强制性规定：（一）涉及劳动者权益保护的；（二）涉及食品或公共卫生安全的；（三）涉及环境安全的；（四）涉及外汇管制等金融安全的；

（五）涉及反垄断、反倾销的；（六）应当认定为强制性规定的其他情形。”据此规定，对跨国证券发行而言，由于实施资本项下的外汇管制制度，我国仍无法接纳外国公司到我国 A 股市场公开发行。

关于 A+H 股票发行上市所涉及的主体认许，是股票发行和上市地对于发行人的公司法人人格和组织形式等方面的认可，涉及股票发行人的权利能力和行为能力，通常亦根据发行人属人法进行确定。基于跨国或跨地区证券发行的特殊性，只有相对发达和成熟的资本市场，才会接受外国公司到本国发行证券。对于申请发行证券的外国公司主体资格，本国证券监管机构通常都会有一定的认可规则，主要针对外国公司的法人资格和组织形式等，如“英格兰冲突法规则第 136 条规定，按照外国法适当成立或解散的公司，其成立及解散在英格兰有效”。[①] 香港没有对新申请公开发行股票的公司主体资格进行明确规定，适用发行人属人法，只要符合香港《公司条例》规定的公众公司，包括本地公司和海外公司，均可以申请在香港发行股票并上市交易。但是，香港联交所也对属人法的适用进行了限定，要求申请发行股票的海外公司注册地或设立地相关法律对于公司股东的保障应至少相当于香港的水平，或者申请股票发行的海外公司通过修改组织文件而达到香港对股东保护的水平。[②]

内地与香港的法律体系不同，两地在证券市场结构、监管理念和法律规则等诸多方面存在差异。对于在两地双重上市的 A+H 公司，在香港发行 H 股是面向外国投资者和中国港澳台投资者，而在内地发行 A 股则是面向内地投资者，这导致 H 股公司虽已上市，但其境内未上市股份却无法在港交所公开转让，公司股份的整体流动性受到限制，H 股公司的内资股股东（通常包括大股东）的股票不能在二级市场上流通，内资股股东减持、股权质押以及通过股价获益困难；H 股只有局限的融资功能，没有套现功能，因而，H 股的估值也普遍偏低。

① 孔玉飞:《跨国证券发行与交易中的法律冲突》，知识产权出版社 2009 年版，第 86 页。
② 《上市规则》第 19.05 条及附注。

为解决 H 股上市公司存量股份境外上市流通问题，内地证券主管部门和香港联交所积极促进并推动 H 股“全流通”。2017 年，中国证监会开始进行 H 股“全流通”试点。2018 年 4 月，《H 股“全流通”试点业务实施细则（试行）》发布，2018 年 4 月至 7 月，联想控股（03396.HK）、中航科工（02357.HK）、威高股份（01066.HK）三家 H 股“全流通”试点公司 27 名股东持有的存量股份获准转为 H 股，并在香港联交所上市流通。[①]2019 年 6 月，中国证监会表示 H 股“全流通”已经具备全面推行的条件。2019 年 12 月 31 日，经中国证监会批准，中国证券登记结算有限责任公司和深圳证券交易所联合发布《H 股“全流通”业务实施细则》，标志着 H 股“全流通”全面推行工作正式开启。

H 股“全流通”实行后，H 股公司的内资股价值更加市场化，增强了其流通性和市场价值，也促进了各类股东的利益一致和公司治理完善，提升了 H 股公司在市场的权重，激发了 H 股整个板块的活力。

《上市规则》第 19A.01 条（2023 年 8 月 1 日删除）规定，H 股发行人必须是在内地合法注册的股份有限公司，H 股发行人的公司章程必须列明内资股和 H 股的不同性质及股东的不同权利，任何有关 H 股发行人的争议均须通过在香港或内地仲裁解决，是对属人法规范的特别适用。以 2022 年 7 月 13 日通过 H 股发行审核的 A 股上市公司天齐锂业股份有限公司［以下简称天齐锂业，H 股（09696）］为例：

【天齐锂业 H 股上市历程】

天齐锂业已于 2022 年 1 月 28 日向香港联交所递交了发行上市的申请，并于同日在香港联交所网站刊登了本次发行上市的申请版本资料集。2022 年 6 月 2 日，公司收到中国证监会出具的《关于核准天齐锂业股份有限公司发行境外上市外资股的批复》（证监许可〔2022〕1114 号）。根据该批复，中国证监会核准公司新发行不超过 424666071 股境外上市外资股，每股面值人民

① 毕秀丽、王贺：《境外上市研究系列：H 股“全流通”小结》，载德恒律师事务所网站，https://www.dehenglaw.com/CN/tansuocontent/0008/017895/7.aspx?MID=0902&AID=，2024 年 6 月 28 日最后访问。

币 1 元，全部为普通股。完成本次发行后，公司可到香港联交所主板上市。

香港联交所上市委员会已于 2022 年 6 月 16 日举行上市聆讯，审议了公司本次发行上市的申请，经香港联交所批准，公司本次发行的 164122200 股境外上市外资股（H 股）（行使超额配股权之前）于 2022 年 7 月 13 日在香港联交所主板挂牌并上市交易。

本次发行上市完成后及行使超额配股权之前，公司的股份变动情况见表 6–1：

表 6–1　天齐锂业 H 股上市前后股份变动情况

股份类别	本次 H 股发行上市前		本次 H 股发行上市后	
	数量（股）	比例（%）	数量（股）	比例（%）
境内上市内资股（A 股）	1477099383	100	1477099383	90
境外上市外资股（H 股）	—		164122200	10
股份总数	1477099383	100	1641221583	100

天齐锂业于 2022 年 7 月 13 日发行 H 股并在香港联交所主板挂牌上市。公开发售及国际配售合计发行 H 股 164122200 股（行使超额配股权之前），每股发行价格 82 港元。

2022 年 8 月 30 日第五届董事会第二十八次会议召开，同年 10 月 17 日 2022 年第一次临时股东大会召开，通过了《关于修订〈公司章程〉的议案》、《关于〈公司 2022 年度员工持股计划〉的议案》等议案。根据《上市公司股东大会规则（2022 年修订）》的要求，本次会议审议对中小投资者利益有影响的议案时将单独计票并及时披露（中小投资者是指除上市公司董事、监事、高级管理人员及单独或合计持有上市公司 5% 以上股份的股东以外的其他股东）。

【天齐锂业章程核心条款】（H 股发行后使用版本）

天齐锂业 H 股发行后的章程对《上市规则》所要求的重点问题规定见表 6–2：

表 6–2　公司章程主要内容及条款

主要内容	章程条款	依据
公司性质	第二条　公司系依照《公司法》、《特别规定》和其他有关规定成立的股份有限公司。 公司于 2007 年 12 月 25 日以发起设立方式设立，在遂宁市工商行政管理局注册登记，取得营业执照，统一社会信用代码 91510900206360802D。	《必备条款》[①]第 1 条
股票形式	第十四条　公司的股份采取股票的形式。公司在任何时候均设置普通股，公司发行的普通股包括内资股和外资股股份；公司根据需要，经国务院授权的公司审批部门批准，可以根据有关法律和行政法规的规定设置优先股等其他种类的股份。在适当的情况下，将确保优先股股东获得足够的投票权利。	《必备条款》第 11 条、《香港上市规则》附录 3 第 6（1）条
发行情况	第二十一条　经国务院授权的审批部门批准，本公司可以发行的普通股总数为 1641221583 股。其中境内上市内资股 1477099383 股，占公司发行的普通股总数的 90%；H 股 164122200 股，占公司发行的普通股总数的 10%。	《必备条款》第 15、16 条
内资股与 H 股的不同性质	第二十二条　经国务院证券监督管理机构核准的公司发行境外上市外资股和内资股的计划，公司董事会可以作出分别发行的实施安排。 公司依照前款规定分别发行境外上市外资股和内资股的计划，可以自国务院证券监督管理机构核准之日起 15 个月内或于适用的相关规定所规定的期限内分别实施。 第二十三条　公司在发行计划确定的股份总数内，分别发行境外上市外资股和内资股的，应当分别一次募足；有特殊情况不能一次募足的，经国务院证券监督管理机构核准，也可以分次发行。	《必备条款》第 17、18 条

① 《国务院关于股份有限公司境外募集股份及上市的特别规定》（表中简称《特别规定》，已失效）、《到境外上市公司章程必备条款》（表中简称《必备条款》）、《上市公司章程指引》（表中简称《章程指引》）、《关于到香港上市公司对公司章程作补充修改的意见的函》（表中简称《修改意见函》）、《香港联合交易所有限公司证券上市规则》（表中简称《香港上市规则》）。

续表

主要内容	章程条款	依据
内资股与H股股东的权利	第四十二条　公司股票采用记名式。 公司股票应当载明的事项，除《公司法》规定的外，还应当包括公司股票上市的证券交易所要求载明的其他事项。 公司发行的境外上市外资股，可以按照公司股票上市地法律和证券登记存管的惯例，采取境外存股证形式或者股票的其他派生形式。	
内资股与H股股东的权利	如公司的股本包括无投票权的股份，则该等股份的名称须加上“无投票权”的字样。如股本包括附有不同投票权的股份，则每一类别股份（附有最优惠投票权的股份除外）的名称均须加上“受限制投票权”或“受局限投票权”的字样。 在H股于香港联交所上市期间，公司必须确保其所有在香港联交所上市的证券的一切上市文件及所有权文件（包括H股股票）包含以下声明，并须指示及促使其股票过户登记处，拒绝以任何个别持有人的姓名登记其股份的认购、购买或转让，除非及直至该个别持有人向该股票过户登记处提交有关该等股份的签署表格，而表格须包括下列声明： （一）股份购买人与公司及其每名股东，均协议遵守及符合《公司法》、《特别规定》其他有关法律、行政法规、公司章程的规定。 （二）股份购买人与公司、公司的每名股东、董事、监事、总裁（总经理）及高级管理人员同意，而代表公司本身及每名董事、监事、总裁（总经理）及高级管理人员行事的公司亦与每名股东同意，就公司章程或《公司法》或其他有关法律或行政法规所规定的权利或义务发生的、与公司事务有关的争议或权利主张，须根据公司章程的规定提交仲裁解决，及任何提交的仲裁均须视为授权仲裁庭进行公开聆讯及公布其裁决。该仲裁是终局裁决。 （三）股份购买人与公司及其每名股东同意，公司的股份可由其持有人自由转让。 （四）股份购买人授权公司代其与每名董事及高级管理人员订立合约，由该等董事及高级管理人员承诺遵守及履行公司章程规定的其对股东应尽之责任。	《必备条款》第32条、《特别规定》第3条、《香港上市规则》附录3第10（1）、（2）条、第19A章第52条

续表

主要内容	章程条款	依据
争议解决	第二百七十二条　公司遵从下述争议解决规则： （一）凡境外上市外资股股东与公司之间，境外上市外资股股东与公司董事、监事或者高级管理人员之间，境外上市外资股股东与内资股股东之间，基于本章程、根据本章程而订立的合约、《公司法》及其他有关法律、行政法规所规定的权利义务发生的与公司事务有关的争议或者权利主张，有关当事人应当将此类争议或者权利主张提交仲裁解决。 前述争议或者权利主张提交仲裁时，应当是全部权利主张或者争议整体；所有由于同一事由有诉因的人或者该争议或权利主张的解决需要其参与的人，如果其身份为公司或公司股东、董事、监事或者高级管理人员，应当服从仲裁。 有关股东界定、股东名册的争议，可以不用仲裁方式解决。 （二）申请仲裁者可以选择中国国际经济贸易仲裁委员会按其仲裁规则进行仲裁，也可以选择香港国际仲裁中心按其证券仲裁规则进行仲裁。 申请仲裁者将争议或者权利主张提交仲裁后，对方必须在申请者选择的仲裁机构进行仲裁。 如申请仲裁者选择香港国际仲裁中心进行仲裁，则任何一方均可以按香港国际仲裁中心证券仲裁规则的规定请求该仲裁在深圳进行。 （三）以仲裁方式解决因第（一）项所述争议或者权利主张，适用中华人民共和国的法律；但法律、行政法规另有规定的除外。 （四）仲裁机构作出的裁决是终局裁决，对各方均具有约束力。 （五）对于董事或高级管理人员与公司达成的任何包含本条争议解决规则的协议，公司既代表其本身亦代表每名股东。 （六）任何提交的仲裁均须视为授权仲裁庭进行公开聆讯及公布其裁决（法律法规及本章程有特殊规定的从其规定）。	《修改意见函》十一、《必备条款》第 163 条、《香港上市规则》第 19A 章第 54（3）条

6.6　A+H 股票发行上市法律冲突

法律冲突的适用规范通常是由法律冲突的内容决定的。根据跨境证券发行的特性，法律冲突的内容主要包括发行人对证券发行地的《公司法》、《证券法》和发行上市规则等规范的适用，通常由行为地法原则确定。证券发行适用行为地法规范来源于“场所支配行为”这一传统的司法理念与惯例，是世界上大多数国家采用的法律适用原则。与外国公司认许适用的“属人法”相对，“场所支配行为原则”所代表的则是冲突法规则中的“属地法”。属地法要求领地内的人、物、行为均适用领地内的法律，行为只要在领地内发生，就适用领地法。“场所支配行为原则”的确立可以追溯至 13 世纪至 18 世纪国际私法意大利学派的法则区别说学者，并被后继者不断细化，成为解决合同法律冲突的主要原则。[①] 就国内法域外适用而言，国内法院的作用不容忽视。首先，国内法院在审判过程中适用具有域外效力的本国法，这是国内法域外适用的重要实现方式。其次，由于大部分法律并未明确阐明其是否具有域外效力，这部分“地域模糊性”法律是否具有域外效力及其在什么条件下域外适用，往往系由法院逐渐厘定。最后，在国际司法协助中，国内法院通常负有审核责任，因而对国际司法协助的开展拥有较大的话语权。[②]

我国《证券法》第 2 条规定，“股票、公司债券、存托凭证和国务院依法认定的其他证券的发行和交易，适用本法”，而香港联交所《上市规则》也规定，申请在香港主板或创业板上市的，须遵守主板或创业板上市规则。A+H 双重上市涉及在 H 股市场和 A 股市场同时发行股票，因而产生需要同

① 谢宝朝:《合同冲突法的当代发展及我国的立法完善》，华东政法大学 2012 年博士学位论文。

② 霍政欣:《我国法域外适用体系之构建——以统筹推进国内法治和涉外法治为视域》，载《中国法律评论》2022 年第 1 期。

时适用两地法律规范的冲突。下文将通过对股票发行及上市的条件、程序等相关规定，对 A+H 双重上市公司在首次公开发行股票过程中需要适用的香港和内地法律规范进行比较说明。

6.6.1 A+H 股票发行上市条件的法律冲突

证券交易所监管标准的核心内容是准入规则，通过规则规定参与证券交易的主体资格和上市交易的证券范围。发行人通常通过“上市协议”（listing agreement）来约束和证券交易所之间的关系，该协议生效的前提是发行人及其发行的证券满足进入市场进行上市的特定要求，即“上市条件”（listing standards）。只有达到某些最低条件（即上市条件）的发行人和证券才能够在相关证券市场上进行交易。从这一意义上讲，证券交易所扮演着“守门人”的角色，通过设定相关上市条件，证券交易所发挥了审核作用，只允许一部分证券在证券交易所进行交易。各证券交易所规定的上市条件不尽相同，即使在同一证券交易所内部也可能出现类似的情形：证券交易所可能针对不同的板块制定不同的准入和 / 或交易规则。有关主管机构作出的许可或者不予许可证券在证券交易所上市的决定属于行政法行为（administrative-law act）。证券市场涉及的私法问题（即交易法问题）应适用一般冲突法规则。

通常来说，上市条件主要包括如下重点内容：

（1）上市规则主要通过要求上市股份至少有一部分应当由公众投资者持有的方式，促进证券市场公开、有效地运行。因此，证券交易所会对上市公司最低股东数量、公开交易股份最低数量和最低市值等事项作出规定，以保障市场的流动性。2024 年 4 月 12 日，国务院发布新“国九条”。2024 年 4 月 30 日，证监会正式发布《关于修改〈科创属性评价指引（试行）〉的决定》、《关于修改〈中国证监会随机抽查事项清单〉的决定》，上海、深圳和北京三大证券交易所正式发布《股票上市规则》、《股票发行上市审核规则》和《上市公司重大资产重组审核规则》等若干规则，全面提高了首次公开发行的门槛，具体情况见表 6-3：

表 6-3　国内各板块上市标准 / 科创属性评价指标总结

板块	上市标准 / 科创属性评价指标
科创板（同时符合）	财务指标未修订，科创属性评价指标提高： （1）最近三年研发投入占营业收入比例 5% 以上，或最近三年研发投入金额累计在 8000 万元（原为 6000 万元）以上； （2）研发人员占当年员工总数的比例不低于 10%； （3）应用于公司主营业务并能够产业化的发明专利 7 项（原为 5 项）以上； （4）最近三年营业收入复合增长率达到 25%（原为 20%），或最近一年营业收入金额达到 3 亿元。
主板（符合其一）	（1）最近 3 年净利润均为正，累计净利润不低于 2 亿元（原为 1.5 亿元），最近一年净利润不低于 1 亿元（原为 6000 万元），最近 3 年经营活动产生的现金流量净额累计不低于 2 亿元（原为 1 亿元）或营业收入累计不低于 15 亿元（原为 10 亿元）； （2）预计市值不低于 50 亿元，最近一年净利润为正且营业收入不低于 6 亿元，最近 3 年经营活动产生的现金流量净额累计不低于 2.5 亿元（原为 1.5 亿元）； （3）预计市值不低于 100 亿元（原为 80 亿元），最近一年净利润为正且营业收入不低于 10 亿元（原为 8 亿元）。
创业板（符合其一）	（1）最近两年净利润均为正，累计净利润不低于 1 亿元（原为 5000 万元），且最近一年净利润不低于 6000 万元（新增指标）； （2）预计市值不低于 15 亿元（原为 10 亿元），最近一年净利润为正且营业收入不低于 4 亿元（原为 1 亿元）； （3）预计市值不低于 50亿元，且最近一年营业收入不低于 3 亿元。
北交所	不变

港股方面，《上市规则》第 8.08 条规定，发行人已发行股份数目总额必须至少有 25% 由公众人士持有（存在若干豁免条款，如上市时市值超过 100 亿港元，则最低比例可减至 15%；全面要约时的临时豁免；等等）；公众持股量中最高的三名公众股东持股不得超过 50%；公众持股市值不低于 1.25 亿港元，并于上市后每份年报中连续确认其公众持股量符合规定。通常情况下，若公众持股量降至 15% 以下（或 10% 以下），则联交所将令其停牌，直至恢复公众合理持股量。通行做法是上市公司的董事会应在公众持股量低于最低规定水平后立即制定及公布恢复最低公众持股量的具体及可行的行动计

划（如由控股或主要股东配售现有股份，或由发行人配售新股份）。行动计划应清楚列明计划中每个阶段工作的时间表，证明及确保可在合理时间内恢复所需最低公众持股量并复牌。

需要指出的是，“最低公众持股量”和“股权高度集中”是两个概念。股权高度集中是香港证监会定期发布的名单，主要起到警示作用（不会停牌，但将无法纳入港股通）；股权高度集中不一定没有满足联交所的最低公众持股量要求。

（2）在证券交易所上市应达到特定的公司治理标准，主要涉及表决权、股东的知情权、独立董事、审计委员会、管理层薪酬、年度股东大会、收购防御、股东大会或者董事会的最低出席比例、对某些公司交易的表决等。例如，在内地，有限责任公司股权的转让一般通过股权转让协议进行。股权转让自合同成立时生效，对股权转让双方发生效力。但根据内地现行《公司法》的规定，只有记载于股东名册的股东才可以主张行使股东权利。当事人之间转让有限责任公司股权，受让人以其姓名或者名称已记载于股东名册为由主张其已经取得股权的，人民法院依法予以支持，但法律、行政法规规定应当办理批准手续生效的股权转让除外。未向公司登记机关办理股权变更登记的，不得对抗善意相对人。在现行香港公司法框架下，除了按公司成员既有的持股比例向他们配发股份（rights offering / bonus issue）外，公司配发新股份还必须经公司成员大会（general meeting）的决议通过。此外，如要转让香港私人公司的股份，则需要通过转让文书（Instrument of Transfer）以及成交单据（Bought and Sold Notes）。其中，转让文书转移股份的法定权益（legal interest），而成交单据转移股份的实益权益（beneficial interest）。在两份文件签署完毕并缴纳印花税之后，即可提交公司批准，以向买方出具股票证书（Share Certificate），并将其登记于成员登记册（Register of Members）中。

根据香港特别行政区判例法及衡平法，董事与公司之间存在受信关系（fiduciary relationship）。董事对公司负有的责任和义务包括：（1）从公司利益出发真诚行事；（2）为正当理由行使权力；（3）避免利益冲突；（4）不获取不公开利润；（5）不挪用公司资产。同时，《公司条例》（第622章）第465条还规定，“公司的董事须以合理水平的谨慎、技巧及努力行事”。如董事违反其受信责任（fiduciary duty），或以合理水平的谨慎、技巧及努力行事的义务，则公司可起诉并要求其赔偿损失等。内地2023年新修订的《公司法》第180条规定了董事、监事、高级管理人员的忠实义务和勤勉义务。与香港特别行政区对董事义务的规定类似，《公司法》第181条对忠实义务细化阐述为不得“侵占公司财产、挪用公司资金；将公司资金以其个人名义或者以其他个人名义开立账户存储；利用职权贿赂或者收受其他非法收入；接受他人与公司交易的佣金归为己有；擅自披露公司秘密”，对勤勉义务细化阐述为“执行职务应当为公司的最大利益尽到管理者通常应有的合理注意”，新《公司法》将忠实义务和勤勉义务的适用对象从董事、监事、高级管理人员拓展至不担任公司董事但实际执行公司事务的公司控股股东和实际控制人。这与香港特别行政区法律下代理董事（de facto director），即未经实际及合法委任但实际上行使董事职权的人士同样属于董事，并对公司负有责任和义务的原则相类似。新《公司法》第183、184条亦分别规定董事、监事、高级管理人员不得利用职务便利为自己或者他人谋取属于公司的商业机会（特定情况除外），董事、监事、高级管理人员不得未经董事会或股东会决议允许自营或者为他人经营与其任职公司同类的业务。上述修改内容进一步明确了公司董监高的义务，与香港特别行政区对于董事受信责任的规定呈接轨趋势，也进一步保护了股东（尤其是中小股东）的权益。香港公司回购异议股东股权的机制主要由法律、公司章程细则以及股东协议调节。根据法律规定，公司有权回购其本身的股权，无须经过公司章程细则明确授权。因此，为了避免公司运行陷入僵局，实践中，股东一般还会在股东协议中商定，如有一方有意出售所持股权退出公司，则其他股东享有同等条件优先购买权，如果其他股东均放弃购买，则由公司对股权进行回购。《公司法》新增了异议股东回购请求权的情形：控股股东滥用股东权利，严重损害公司或者其他股东利益的，其他股东有权请求公司按照合理的价格收购其股权。此项修改进一步保护了中小股东的权利，同时也为处理公司僵局提供了新方案。

（3）证券完成上市后，发行人需要继续履行信息披露义务，以确保投资者依据充分的信息作出决策。这些信息披露的规定主要涉及定期公布影响证券价格的年度财务会计报表、年度报告和其他内部信息等。

当然，多数国家并未机械地执行其监管规定，而是在上市准入和持续责任方面，针对外国发行人，特别是到本国再次上市（secondary listing）的外国公司，作了一些例外规定。采取上述做法的理由是，这些公司已经受到了其首次上市的证券交易所的监管。毫无疑问，这些例外规定为外国发行人在多个国家同时上市提供了便利。我们也必须注意到，证券交易所之间会通过规定不同上市条件的方式展开竞争，由此产生的问题是：为了吸引发行人而展开的竞争是否会导致监管标准的下滑（即是否会“竞相降低标准”）？或者说，是否会像约束理论所指出的那样，发行人受到外部约束的愿望会促使证券交易所提高监管标准（即是否会“竞相提高标准”）？

对于 A+H 双重上市的股票发行，香港 H 股监管机构及内地 A 股监管机构都要对相关条件进行实质性审核，包括营业记录、盈利能力和股本等内容。在营业记录方面，H 股一般要求有 3 个会计年度的营业记录，但是在发行人满足市值要求、董事及管理层稳定等特殊情况下，联交所可以接受少于 3 年的营业记录；A 股市场要求发行人的存续满足至少 3 个完整的会计年度，且实际控制人 3 年内没有发生变化。

关于盈利能力，香港 H 股主板通过净利润 / 市值、市值 / 收入 / 现金或市值 / 收入三种模式对发行人的财务标准进行测算，只要符合其中一种即可满足上市标准。此外，香港 H 股主板对于矿业类公司在营业记录、财务指标方面可提供额外豁免；2018 年 4 月 30 日，港交所引入第 18A 章，未盈利的生物科技公司只要满足主体适格（研发为主，至少一只核心产品已通过概念阶段）、预期市值（不少于 15 亿港元）、业绩记录（大致相同的管理层经营现有业务至少 2 个会计年度）和运营资金（可涵盖未来至少 12 个月开支的 125%）的要求，也可以实现在香港主板上市。A 股主板要求发行人最近 3 年净利润均为正，累计净利润不低于 1.5 亿元，最近一年净利润不低于 6000 万元，最近 3 年经营活动产生的现金流量净额累计不低于 1 亿元或营业收入累计不低于 10 亿元。

关于股本和股东，香港 H 股主板没有股本总额要求，但规定上市时的最低市值为 2 亿港元。如果发行人属于 A+H 双重上市，且 H 股预计市值在 5000 万港元以上，则发行人在香港发行 H 股的比例降低至不少于 15%。A 股主板要求发行前总股本为 3000 万元以上，发行后则需要维持在 5000 万元以上；此外，A 股主板要求发行人公开发行的股份不低于公司股份总数的 25%，股本总额超过人民币 4 亿元时，公开发行的股份应占总股份的 10% 以上。《上市规则》第 8.08 条在 2023 年 8 月 1 日予以修订，在第（1）（b）分段加入以下内容：对于除了正申请上市的 H 股外也拥有其他股份的中国发行人，其上市时由公众人士持有［在所有受监管市场（包括本交易所）上市］的证券总数，必须占发行人已发行股份数目总额至少 25%。而正申请上市的 H 股则必须占发行人已发行股份数目总额至少 15%，其上市时的预期市值也不得少于 1.25 亿港元。

6.6.2　A+H 双重上市的募集说明书的差异及冲突

募集说明书（Prospectus）是证券发行最重要的文件，涵盖拟发行证券的所有重要信息，能使投资者了解该证券的优势和风险，有助于投资者作出有效的投资决策。全球主要证券市场都对募集说明书的内容和发布等进行了规定，该等规定具有强制性的法律效力，发行人须依照规定的内容和程序发布证券发行的募集说明书，监管机构也会对募集说明书的发布等实施监管或控制，如进行登记和公开披露等制度。事实上，大部分国家均遵循了“未经登记不得公开发行证券”（no public offering of securities without registration）原则，即必须在获得批准后才可公布证券募集说明书。并且，发行人和其他担保人要对证券募集说明书记载的内容承担责任，这是信息披露原则的必然要求。投资者只有在信赖发行人提供的信息的情况下，才能够做出理性的投资决策。

募集说明书亦兼具公法和私法属性，其法律责任的认定，如虚假记载、误导性陈述和重大遗漏等，可遵循一般民事责任的冲突法方法。在适用冲突法规则时，如果存在特别冲突规则，则可依此确定证券募集说明书责任的准据法（本国法或者外国法），以体现“有利于被侵权人原则，允许被侵权人选择两者之一来作为其提出赔偿请求的依据”；① 如果不存在特别冲突规则，则通常以监管规则涉及的法院地法确认相关行为的民事责任。在证券募集说明书的法律责任定性为侵权责任时，应适用侵权行为地法，通常是证券发行的交易所所在地国家或地区的法律，符合目标市场法原则。当发行人的证券在多个市场公开发行时，违反募集说明书的法律责任可能会导致同时适用多个国家的民事侵权相关法律。

6.6.3　A+H 双重上市的公司治理规范法律冲突

公司治理是管理和控制公司的各种程序，包括对公司事务进行决策的一系列规则和程序，以及在公司治理框架下，设定和落实公司的战略目标而采取的促进或监督措施。公司治理主要是公司法的概念，应适用发行人本国法，但绝大多数公司治理的规则主要适用于上市公司，在跨境上市的情况下，则会产生公司治理应适用发行人本国法或目标市场法的问题。

发行人本国法和目标市场法均可以实现充分信息披露与良好公司治理水平的目标，因而在某种程度上可以相互替代，适用何种法律，取决于各国的立法模式。在强调股东利益至上的国家通常会采用证券法（资本市场法）模式，强调保护员工、债权人等利益相关人的国家通常选择公司法模式，因为后者的利益并未在资本市场中得到体现。

相比于发行人本国法，目标市场法在跨境上市中居于主导地位，对发行人本国法有一定程度的“干涉”，因为外国发行人只有遵守目标市场法规定的公司治理标准才能够获准上市。目标市场的公司治理标准可能会包括保护少数

① ［西班牙］戈西马丁·阿尔弗雷泽：《跨境上市：国际资本市场的法律问题》，刘轶、卢青译，法律出版社 2010 年版，第 57 页。

股东的规定。如果目标市场法对外国发行人的要求较为宽松，仅要求发行人披露或解释而不是遵从目标市场的公司治理标准，不干涉外国发行人的公司治理结构，则法律冲突调适问题就不那么重要了。相反，如果目标市场法关于公司治理的规定非常严格，发行人必须遵从，则法律调适问题就显得至关重要了。

除了经营业绩和盈利能力方面的规定外，发行人的内部治理水平也是香港和内地监管机构关注的主要问题。为保障香港的投资者能得到公平的对待，香港联交所要求股票发行申请人母国与香港在公司股东保护的法律规定方面保持相当的水平。对于内地的 H 股发行人，香港联交所要求其必须修改公司章程以满足香港对股东保护的规定。因此，对于通过“先 H 后 A”在香港和内地双重上市的中国发行人，在分别适用香港联交所和内地关于公司治理方面的规定而产生法律冲突，具体包括：

6.6.3.1　公司章程

香港联交所对于在主板上市的 H 股发行人公司章程的规定主要集中在《上市规则》第 19A 章、附录 3 及附录 13D 部分，要求 H 股发行人的公司章程细则或同等文件应包括一般性条款，如：（1）有关转让及登记；（2）有关确认证券证书；（3）有关股息；（4）有关董事；（5）有关账目；（6）有关权利；（7）有关通知；（8）有关可赎回股份；（9）有关股本结构；（10）有关无投票权或限制投票权的股份；（11）有关委任代表；（12）有关权益披露；（13）有关未能联络到的股东；（14）有关投票。[①] 同时还要求 H 股发行人根据内地监管机构制定的《上市公司章程指引》增加相应内容，包括外资股股东名册应当存放于香港，外资股持有人委托的收款代理人应为香港注册信托公司，监事表决程序的安排，核数师（即审计师）的更换、解聘和辞职的程序等。[②] 天齐锂业股份有限公司于其在香港上市新修订的《章程》中提到，“本公司章程自生效之日起，即成为规范公司的组织与行为、公司与股东、股东与股东之间权利义务关系的，具有法律约束力的文件，对公司、股东、董

① 《上市规则》第 19A 章、附录 3。
② 《上市规则》附录 13D 部分。

事、监事、总裁（总经理）和其他高级管理人员具有法律约束力的文件。前述人员均可以依据本章程提出与公司事宜有关的权利主张。如违反本章程规定，权利人有权依法起诉违反本章程的责任人员。依据本章程，股东可以起诉股东，股东可以起诉公司董事、监事、总裁（总经理）和其他高级管理人员，股东可以起诉公司，公司可以起诉股东、董事、监事、总裁（总经理）和其他高级管理人员。前款所称起诉，包括向法院提起诉讼或者向仲裁机构申请仲裁。公司董事、监事和高级管理人员应当切实维护公司的资产、资金安全，任何董事、监事和高级管理人员协助、纵容控股股东、实际控制人及其关联方侵占公司资产或资金时，公司董事会将视情节轻重对直接责任人给予处分，对负有严重责任的董事，董事会将提议股东大会予以罢免”。[①] 这是境内企业到香港上市通过修改公司章程以满足香港联交所要求的实践范例。此外，由于在申请发行 A 股时，H 股已经在香港主板发行上市，属于香港法律下的股东类别特殊安排，需要 H 股股东以特别决议方式同意 A 股的发行。但境外上市新规颁布后有所改变。新规修订生效前，对于根据特别授权发行新股，须经股东大会、内资股类别股东会和 H 股类别股东会以特别决议案批准：就一般性授权而言，须由股东大会以特别决议案授权董事会。新规修订生效，并对公司章程做出相应修改后，中国发行人未来发行新股仅需股东大会批准即可。但是，中国发行人若撤回上市地位，则仍要取得 H 股类别股东的批准（《上市规则》第 19A.12 条）。

内地相关证券监管机构为支持中国公司到香港上市，参考香港联交所《上市规则》对申请到香港发行 H 股的中国股份有限公司的章程内容进行规范，并制定了相应指引。香港联交所亦根据内地发行新规的变化不断更新修订《上市规则》。

2023 年 2 月 14 日，国务院发布《国务院关于废止部分行政法规和文件的决定》，废除其于 1994 年 8 月 4 日发布的《境外上市特别规定》。2023 年

① 《天齐锂业章程》，载巨潮资讯网，https://static.cninfo.com.cn/finalpage/2021-12-14/1211896064.PDF，2024 年 6 月 28 日最后访问。

2月17日，中国证券监督管理委员会发布《境内企业境外发行证券和上市管理试行办法》及相关指引，其中废除了《关于执行〈到境外上市公司章程必备条款〉的通知》。《境外上市特别规定》及《境内企业境外发行证券和上市管理试行办法》（统称境外上市新规）自2023年3月31日起生效。自境外上市新规生效之日起，中国发行人须根据《上市公司章程指引》（而非《必备条款》）制定新的公司章程。鉴于上述境外上市新规的出台，2023年2月24日，联交所亦发布了一份咨询文件"建议根据中国内地监管新规修订《上市规则》以及其他有关中国发行人的条文修订"（咨询文件），其中规定了对上市规则的相应修订。2023年7月21日，联交所发布了咨询文件的总结，并作出对上市规则的相应修订，该总结已自2023年8月1日起生效。因此，天齐锂业董事会对现有公司章程进行修订以遵守上市规则及中国境外上市新规的规定，具体情况见表6-4：

表6-4　天齐锂业就上市新规对《公司章程》的修订情况汇总

内容	原《公司章程》内容	修订后的《公司章程》内容
总则	第一条　为维护天齐锂业股份有限公司（以下简称"公司"或"本公司"）、股东和债权人的合法权益，规范公司的组织和行为，根据《中华人民共和国公司法》（以下简称《公司法》）、《中华人民共和国证券法》（以下简称《证券法》）、《国务院关于股份有限公司境外募集股份及上市的特别规定》（以下简称《特别规定》）、《到境外上市公司章程必备条款》（以下简称《必备条款》）、《上市公司章程指引》（以下简称《章程指引》）、《关于到香港上市公司对公司章程作补充修改的意见的函》（以下简称《修改意见函》）、《香港联合交易所有限公司证券上市规则》（以下简称《香港上市规则》）和国家其他有关规定，制订本章程。	第一条　为维护天齐锂业股份有限公司（以下简称"公司"或"本公司"）、股东和债权人的合法权益，规范公司的组织和行为，根据《中华人民共和国公司法》（以下简称《公司法》）、《中华人民共和国证券法》（以下简称《证券法》）、《境内企业境外发行证券和上市管理试行办法》、《上市公司章程指引》（以下简称《章程指引》）、《香港联合交易所有限公司证券上市规则》（以下简称《香港上市规则》）和国家其他有关规定，制订本章程。

续表

内容	原《公司章程》内容	修订后的《公司章程》内容
股票发行	第十四条　公司的股份采取股票的形式。公司在任何时候均设置普通股，公司发行的普通股包括内资股和外资股股份；公司根据需要，经国务院授权的公司审批部门批准，可以根据有关法律和行政法规的规定设置优先股等其他种类的股份。在适当的情况下，将确保优先股股东获得足够的投票权利。	第十五条　公司的股份采取股票的形式。
	第十五条　经国务院证券监督管理机构批准，公司可以向境内投资人和境外投资人发行股票。前款所称境外投资人是指认购公司发行股份的外国和香港、澳门、台湾地区的投资人；境内投资人是指认购公司发行股份的，除前述地区以外的中华人民共和国境内的投资人。	（已删除）
	第十六条　公司向境内投资人发行的以人民币认购的股份，称为内资股。公司向境外投资人发行的以外币认购的股份，称为外资股。外资股在境外上市的，称为境外上市外资股。	（已删除）
	第十九条　公司发行的境内上市内资股，在中国证券登记结算有限责任公司深圳分公司集中存管。公司发行的境外上市外资股主要在香港中央结算有限公司属下的受托贷款公司存管。公司境外发行股份并上市后，经国务院或国务院证券监督管理机构批准，公司内资股股东可将其持有的公司的股份转让给境外投资人，且公司内资股股东可将其持有的公司的股份转为境外上市股份。上述股份在境外证券交易所上市交易，还应当遵守境外证券市场的监管程序、规定和要求。上述股份在境外证券交易所上市交易的情形，无须召开类别股东会表决。公司股东持有的内资股经批准在境外上市交易的，其股份类别转为境外上市股份。 持有公司普通股的内资股股东和外资股股东在以股利或其他形式所作的任何分派中享有同等权利。	第十八条　公司发行的境内上市股份，在中国证券登记结算有限责任公司深圳分公司集中存管。公司发行的境外上市股份主要在香港中央结算有限公司属下的受托代管公司存管。

续表

内容	原《公司章程》内容	修订后的《公司章程》内容
股票发行	第二十二条　经国务院证券监督管理机构核准的公司发行境外上市外资股和内资股的计划，公司董事会可以作出分别发行的实施安排。公司依照前款规定分别发行境外上市外资股和内资股的计划，可以自国务院证券监督管理机构核准之日起 15 个月内或于适用的相关规定所规定的期限内分别实施。	（已删除）
	第二十三条　公司在发行计划确定的股份总数内，分别发行境外上市外资股和内资股的，应当分别一次募足；有特殊情况不能一次募足的，经国务院证券监督管理机构核准，也可以分次发行。	（已删除）
股份的转让	第三十三条　除法律、行政法规、公司股票上市地上市规则另有规定外，公司缴足股款的股份可以自由依法转让，并不附带任何留置权。在香港上市的境外上市外资股（H 股）的转让，需到公司委托的香港当地的股票登记机构办理登记。转让后公司股东人数应当符合法律法规的相关要求。 如公司股票被深交所终止上市后，公司股票进入代办股份转让系统继续交易。 公司不得修改公司章程中的前款规定。	第二十七条　公司的股份可以依法转让。 在香港上市的境外上市股份的转让，需到公司委托的香港当地的股票登记机构办理登记。转让后公司股东人数应当符合法律法规的相关要求。 如公司股票被深交所终止上市后，公司股票进入代办股份转让系统继续交易。公司不得修改公司章程中的前款规定。 公司股票上市地相关法律法规对股东大会召开或者公司决定分配股利的基准日前，暂停办理股份过户登记手续期间有规定的，从其规定。
	第三十四条　所有股本已缴清的 H 股皆可根据本章程自由转让；但是除非符合下列条件，否则董事会可拒绝承认任何转让文据，并无须申述任何理由：	（已删除）

续表

内容	原《公司章程》内容	修订后的《公司章程》内容
股份的转让	（一）与任何股份所有权有关的或会影响股份所有权的转让文据及其他文据，均须登记，并须按照《香港上市规则》规定的费用标准向公司支付费用，但该等费用不应超过香港联交所在《香港上市规则》中不时规定的最高费用； （二）转让文据只涉及香港上市的 H 股； （三）转让文据已付应缴的印花税； （四）有关的股票及其他董事会合理要求的转让人有权转让股份的证据已经提交； （五）如股份拟转让予联名持有人，则联名登记的股东人数不得超过四位； （六）有关股份并无附带任何公司的留置权。 第三十五条　所有在香港上市的境外上市外资股的转让皆应采用一般或普通格式或任何其他为董事会所接受的格式的书面转让文据（包括香港联交所不时规定的标准转让格式或过户表格）；可以只用人手签署转让文据，或（如出让方或受让方为公司）盖上公司的印章。如出让方或受让方为依照香港法律不时生效的有关条例所定义的认可结算所（简称“认可结算所”）或其代理人，转让表格可用人手签署或机印形式签署。 所有转让文据均应备置于公司法定地址、股份过户处之地址或董事会不时指定的地址。	
股份转让的限制	第三十七条　发起人持有的本公司股份，自公司成立之日起 1 年内不得转让。公司首次公开发行 A 股股份前已发行的股份，自公司 A 股股票在证券交易所上市交易之日起 1 年内不得转让。公司董事、监事、高级管理人员和本公司股东买卖公司股份应当遵守《公司法》、《证券法》、中国证监会和公司股票上市地证券交易所相关规定以及本章程、公司相关管理制度的规定。 公司董事、监事、高级管理人员在任职期间每年转让的股份不得超过其所持有本公司股份总数的 25%；自公司股票上市交易之日起 1 年内和离职后半年内不得转让其所持有的本公司股份。	第二十九条　发起人持有的本公司股份，自公司成立之日起 1 年内不得转让。公司首次公开发行 A 股股份前已发行的股份，自公司 A 股股票在证券交易所上市交易之日起 1 年内不得转让。 公司董事、监事、高级管理人员和本公司股东买卖公司股份应当遵守《公司法》、《证券法》、中国证监会和公司股票上市地证券交易所相关

续表

内容	原《公司章程》内容	修订后的《公司章程》内容
股份转让的限制		规定以及本章程、公司相关管理制度的规定。 公司董事、监事、高级管理人员应当向公司申报所持有的本公司的股份（含优先股股份）及其变动情况，在任职期间每年转让的股份不得超过其所持有本公司同一种类股份总数的25%；自公司股票上市交易之日起1年内和离职后半年内不得转让其所持有的本公司股份。
	第三十八条　公司董事、监事、高级管理人员、持有本公司股份5%以上的股东，将其持有的本公司股票或者其他具有股权性质的证券在买入后6个月内卖出，或者在卖出后6个月内又买入，由此所得收益归本公司所有，本公司董事会将收回其所得收益。但是，证券公司因包销购入售后剩余股票而持有5%以上股份，以及有国务院证券监督管理机构规定的其他情形的除外。 前款所称董事、监事、高级管理人员、自然人股东持有的股票或者其他具有股权性质的证券，包括其配偶、父母、子女持有的及利用他人账户持有的股票或者其他具有股权性质的证券。 公司董事会不按照前款规定执行的，股东有权要求董事会在30日内执行。公司董事会未在上述期限内执行的，股东有权为了公司的利益以自己的名义直接向人民法院提起诉讼。公司董事会不按照第一款的规定执行的，负有责任的董事依法承担连带责任。	第三十条　公司董事、监事、高级管理人员、持有本公司股份5%以上的股东，将其持有的本公司股票或者其他具有股权性质的证券在买入后6个月内卖出，或者在卖出后6个月内又买入，由此所得收益归本公司所有，本公司董事会将收回其所得收益。但是，证券公司因购入包销售后剩余股票而持有5%以上股份的，以及有国务院证券监督管理机构规定的其他情形的除外。 前款所称董事、监事、高级管理人员、自然人股东持有的股票或者其他具有股权性质的证券，包括其配偶、父母、子女持有的及利用他人账户持有的股票或者其他具有股权性质的证券。

续表

内容	原《公司章程》内容	修订后的《公司章程》内容
股份转让的限制		公司董事会不按照本条第一款规定执行的，股东有权要求董事会在 30 日内执行。公司董事会未在上述期限内执行的，股东有权为了公司的利益以自己的名义直接向人民法院提起诉讼。 公司董事会不按照本条第一款的规定执行的，负有责任的董事依法承担连带责任。
股份的权利	第五十五条　公司普通股股东享有下列权利： （一）依照其所持有的股份份额获得股利和其他形式的利益分配。 （二）依法请求、召集、主持、参加或者委派股东代理人参加股东大会，并行使相应的表决权。 （三）对公司的经营进行监督，提出建议或者质询。 （四）依照法律、行政法规、部门规章、规范性文件、公司股票上市地上市规则及本章程的规定转让、赠与或质押其所持有的股份。 （五）依照本章程的规定获得有关信息，包括： 1. 在缴付成本费用后得到本章程副本； 2. 有权查阅和在缴付合理费用后复印： （1）所有股东的名册副本； （2）公司董事、监事、总裁（总经理）和其他高级管理人员的个人资料，包括：（a）现在及以前的姓名、别名；（b）主要地址（住所）；（c）国籍；（d）专职及其他全部兼职的职业、职务；（e）身份证明文件及其号码； （3）公司已发行股本状况的报告； （4）自上一会计年度以来公司购回自己每一类别股份的票面总值、数量、购回股份支付的最高价和最低价，以及公司为此支付的全部费用的报告（按内资股及 H 股进行细分）； （5）公司债券存根；	第三十三条 公司普通股股东享有下列权利： （一）依照其所持有的股份份额获得股利和其他形式的利益分配； （二）依法请求、召集、主持、参加或者委派股东代理人参加股东大会，行使相应的表决权，并在股东大会上发言； （三）对公司的经营进行监督，提出建议或者质询； （四）依照法律、行政法规、部门规章、规范性文件、公司股票上市地上市规则及本章程的规定转让、赠与或质押其所持有的股份； （五）查阅本章程、股东名册、公司债券存根、股东大会会议记录、董事会会议决议、监事会会议决议、财务会计报告； （六）公司终止或者清算时，按其所持有的股份份额参加公司剩余财产的分配；

续表

内容	原《公司章程》内容	修订后的《公司章程》内容
股份的权利	（6）股东大会的会议记录（仅供股东查阅）及公司的特别决议副本、董事会及监事会会议决议副本； （7）公司最近一期经审计的财务报表、董事会、会计师事务所及监事会报告； （8）已呈交中国工商行政管理部门或其他主管机关备案的最近一期的年度报告副本。 公司须将以上除第（2）项以外的第（1）至（8）项的文件及任何其他适用文件按《香港上市规则》的要求备置于公司的香港地址，以供公众人士及股东免费查阅（除了股东大会的会议记录只可供股东查阅外）。本公司股东也可以查阅本公司董事会会议决议、监事会会议决议。 （六）公司终止或者清算时，按其所持有的股份份额参加公司剩余财产的分配。 （七）对股东大会作出的公司合并、分立决议持异议的股东，要求公司收购其股份。 （八）对于不具备独立董事资格或能力、未能独立履行职责或未能维护公司和中小股东合法权益的独立董事，单独或者合计持有公司1%以上股份的股东可以向公司董事会提出对独立董事的质疑或罢免提议。 （九）法律、行政法规、部门规章、规范性文件、公司股票上市地上市规则或本章程规定的其他权利。 公司章程、股东大会决议或者董事会决议等应当依法合规，不得剥夺或者限制股东的法定权利。公司应当依法保障股东权利，注重保护中小股东合法权益。	（七）对股东大会作出的公司合并、分立决议持异议的股东，要求公司收购其股份； （八）对于不具备独立董事资格或能力、未能独立履行职责或未能维护公司和中小股东合法权益的独立董事，单独或者合计持有公司1%以上股份的股东可以向公司董事会提出对独立董事的质疑或罢免提议； （九）法律、行政法规、部门规章、规范性文件、公司股票上市地上市规则或本章程规定的其他权利。 公司章程、股东大会决议或者董事会决议等应当依法合规，不得剥夺或者限制股东的法定权利。公司应当依法保障股东权利，注重保护中小股东合法权益。
股东的义务	第六十条　公司普通股股东承担下列义务： （一）遵守法律、行政法规和本章程； （二）依其所认购的股份和入股方式缴纳股金； （三）除法律、法规规定的情形外，不得退股； （四）不得滥用股东权利损害公司或者其他股东的利益；不得滥用公司法人独立地位和股东有限责任损害公司债权人的利益；	第三十八条 公司普通股股东承担下列义务： （一）遵守法律、行政法规和本章程； （二）依其所认购的股份和入股方式缴纳股金； （三）除法律、法规规定的情形外，不得退股；

续表

内容	原《公司章程》内容	修订后的《公司章程》内容
	（五）法律、行政法规、部门规章、规范性文件、公司股票上市地上市规则或本章程规定的其他义务。 公司股东可以向其他股东公开征集其合法享有的股东大会召集权、提案权、提名权、表决权等股东权利，但不得采取有偿或变相有偿方式进行征集。 公司股东滥用股东权利给公司或者其他股东造成损失的，应当依法承担赔偿责任。 公司股东滥用公司法人独立地位和股东有限责任，逃避债务，严重损害公司债权人利益的，应当对公司债务承担连带责任。 股东除了股份的认购人在认购时所同意的条件外，不承担其后追加任何股本的责任。	（四）不得滥用股东权利损害公司或者其他股东的利益；不得滥用公司法人独立地位和股东有限责任损害公司债权人的利益； （五）法律、行政法规、部门规章、规范性文件、公司股票上市地上市规则或本章程规定的其他义务。 公司股东可以向其他股东公开征集其合法享有的股东大会召集权、提案权、提名权、表决权等股东权利，但不得采取有偿或变相有偿方式进行征集。 公司股东滥用股东权利给公司或者其他股东造成损失的，应当依法承担赔偿责任。 公司股东滥用公司法人独立地位和股东有限责任，逃避债务，严重损害公司债权人利益的，应当对公司债务承担连带责任。
类别股东表决的特别程序	（第一百二十八条至第一百三十五条）	（已删除）
争议的解决	（第二百七十二条）	（已删除）

6.6.3.2　公司股东

发行人的控股股东对发行人业务经营有重大影响，因而是证券监管机构的关注对象。香港关于 H 股发行人控股股东的定义是在《上市规则》第 19A.14 条，具体是指持有的上市公司股份达到或超过 30%（或根据适用的中国法律规定并不时调整的其他比例，这一比例可能触发强制性的公开要约，或者可以据此判断对业务主体在法律或实质运营方面的控制），并可以在股东大会上行使同比例的表决权；前述 30% 的股份也有可能通过间接的方式持有，且拥有股份权益的股东有可能是一名人士或者两名以上的持股组合。中国内地《公司法》将控股股东分为两大类，即绝对控股股东和相对控股股东。上市公司的绝对控股股东，是通过单独持股方式，或与他人共同持股方式而合计持有发行人股份，其所持有的股份比例达到或超过公司股本总额的 50%，而相对控股股东的股份比例则低于 50%，但在股东会重大事项的表决中起控制作用或产生重要影响。

独立股东是香港公司法的概念，根据香港《上市规则》第 13.39 条的规定，独立股东是指发行人控股股东及其联系人以外的任何股东。如果发行人没有控股股东，则指发行人董事（不包括独立非执行董事）和高级管理人员及其关联人士之外的任何股东。虽然我国《公司法》及其他规范性文件并没有关于“独立股东”的具体规定，但在股东大会对关联交易等事项的表决中建立了关联股东回避制度，能够起到与香港“独立股东”制度相类似的结果。

6.6.3.3　公司股东的跨境表决问题

直接持有外国公司普通股的投资者，不论其住所或者购入股份的地点，都与公司的其他股东具有同等的法律地位，享有同等的表决权以及取得红利和其他经济利益的权利。虽然在跨境证券交易中，电子化的证券买卖通过交易系统的证券账户进行，涉及多个“中间人”如资金监管机构、交易登记结算机构等，但该交易系统的中间人只是连接发行人和投资者的纽带，并不对该交易的证券产生任何所有权。

关于股东资格和身份的确认，属于公司法的范畴，适用发行人本国法。原则上，认定股东资格的方法取决于股份的表现形式，如无记名股票的权利凭证实际持有人具有该股票的股东资格，而记名股票的股东名录所记载的姓名或名称是具有股东资格的主体，对记账股票而言，证券存管机构的初始股东名册所记载的主体则具有正式的股东资格。

然而，上市公司的股票可以自由流通和交易，股东身份的确定须有一定的期限要求，尤其是涉及召开股东会及表决权等事项时，如何确定股东身份需要根据特定日期（股权登记日）持有股票的投资者名册决定，并以此作为计算表决权的依据。在跨境上市的情况下，主要资本市场关于股东身份认定和股权登记日的规定并不相同，在某些市场，股权登记日可能是股东大会召开前 50 日，而其他市场规定的股权登记日是召开股东大会的当日。解决这一法律冲突的原则是适用发行人本国法。同时，与股东身份有关的经济权利，即因持有股票而获取股利和其他收益权利，也应适用发行人本国法来确定。

6.6.3.4 公司董事会和监事会

香港《上市规则》对于股票发行人董事的任职资格条件没有进行具体的规定，但是要求发行人的董事具备及履行香港法律规定的受托责任、专业能力和勤勉尽责标准。董事若未能履职尽责，则可能会受到联交所的约束措施，并可能会承担民事或刑事责任。在董事会组成方面，香港联交所《上市规则》规定发行人董事会至少有 3 名独立非执行董事，且不低于董事会总人数的三分之一。董事会还应当设立审计委员会和薪酬委员会。审计委员会全部由独立非执行董事组成，薪酬委员会中独立非执行董事须占三分之二以上。[①] 对于 H 股发行人，联交所特别要求其保荐人对于 H 股发行人的董事了解《上市规则》及其所承担的法律责任等进行明确说明。

我国《公司法》规定了董事的任职条件，并要求董事向公司承担忠实义

① 《上市规则》第 3.10、3.21 和 3.25 条。

务和勤勉尽责义务。[①] 根据中国证监会发布的《上市公司治理准则》和《上市公司独立董事管理办法》的规定，申请发行 A 股股票的发行人，应当参照上市公司的治理规范准则，相应建立独立董事制度。独立董事应保持足够的独立性，与发行人的控股股东之间不存在任何关联关系。独立董事对发行人涉及的关联交易等重大事项发表独立意见。[②] 上市公司独立董事占董事会成员的比例不得低于三分之一，且至少包括一名会计专业人士。上市公司应当在董事会中设置审计委员会。审计委员会成员应当为不在上市公司担任高级管理人员的董事，其中独立董事应当过半数，并由独立董事中会计专业人士担任召集人。上市公司可以根据需要在董事会中设置提名、薪酬与考核、战略等专门委员会。提名委员会、薪酬与考核委员会中独立董事应当过半数并担任召集人。独立董事原则上最多在三家境内上市公司担任独立董事，并应当确保有足够的时间和精力有效地履行独立董事的职责。

监事会是我国内地公司治理特有的制度，作为在中国设立的股份有限公司，A+H 双重上市公司应根据《公司法》、《证券法》和《关于进一步促进境外上市公司规范运作和深化改革的意见》的相关规定建立监事制度。香港《公司条例》虽然没有关于监事的任何规定，但为了使香港证券市场投资者获得公平对待，联交所在其《上市规则》中也针对 H 股发行人的情况，专门对监事的责任和信息披露进行了规定。[③]

6.6.4 A+H 股票发行上市的程序法律冲突

不同国家或地区对证券上市有不同的制度安排，甚至一国内部不同的证券交易所也会对在本所上市的证券有不同要求和规定，因此也会产生法律冲突。香港证券市场不存在单独的股票发行审核程序，发行人直接向联交所提出上市申请，只要符合《上市规则》的各项规定，联交所即可允许发行人公

① 《公司法》第 146、147 条。
② 《上市公司独立董事管理办法》第 5 条。
③ 《上市规则》第 19A 章。

开发行股票并上市交易。我国内地严格区分股票发行程序和上市程序，经中国证监会"就公开发行股票备案"后，发行人还须向上海证券交易所（主板）提出股票上市交易。上海证券交易所在收到全部上市申请文件后5个交易日内，决定是否同意发行人的股票在交易所上市。[①]

保荐和承销在股票发行上市过程中起着至关重要的作用。香港市场对于保荐人的要求非常严格，保荐人由香港证监会和联交所认可的投资银行等机构担任。如果发生发行人信息披露不实或者有重大遗漏，给投资者造成损失的情况，保荐人需要承担相应的民事赔偿责任，甚至刑事责任。对于H股发行人，联交所要求应在上市后继续聘任保荐人或合规顾问。中国内地实行"双保荐制度"，即保荐人分为保荐机构（证券公司）和保荐代表人。保荐人在发行人上市后继续承担不少于3年的持续督导责任。国内全面实行上市发行注册制后，在提升业务水平和执业质量方面都对中介机构提出了更高的要求。在前端要求压实中介机构在各个环节、各个层面的责任，要承担好以信息披露为核心的审核责任，在日常工作中时刻扮演好"看门人"的角色；在后端要求保持"零容忍"的执法高压，严肃追究违法违规的中介机构及相关人员责任。《刑法》及《证券法》修订实施后，针对证券虚假陈述的惩罚力度也进一步加大，违法成本进一步提高。就民事责任来看，新《证券法》大幅提高证券服务机构违法成本，罚款标准从之前的"一倍以上五倍以下"提高至"一倍以上十倍以下"。就刑事责任来看，2020年《刑法修正案（十一）》大幅提高了欺诈发行证券罪和违规披露、不披露重要信息罪的量刑与罚金，涉及与证券市场直接相关的"欺诈发行证券罪"、"违规披露、不披露重要信息罪"、"操纵证券、期货市场罪"以及"提供虚假证明文件罪"，其中"提供虚假证明文件罪"更是直接对保荐人等中介机构"看门人"职责的强调和压实。

在我国资本市场上，不同中介机构的责任性质有所不同。根据《证券

① 《上海证券交易所股票上市规则》第3.1.11条。

法》的规定，中介机构可分为保荐人（含承销机构）和证券服务机构。保荐人和承销机构通常均由证券公司担任，证券服务机构主要包括会计师事务所、律师事务所、资信评级机构等。证券服务机构的“特别注意义务”仅限于其“工作范围和专业领域”，保荐人在信息披露中的核查、验证义务要求比证券服务机构更高。当发行人存在虚假陈述时，保荐人通常承担主要法律责任，会计师事务所、律师事务所等证券服务机构通常根据其职责范围、业务所得等承担相应的法律责任，这一点在《证券法》对保荐承销机构和证券服务机构违法行为的处罚力度上也有不同体现。

不同过错程度下的责任大小不同。不同主体在“主观过错”归责原则方面有所区别，发行人或上市公司虚假陈述的归责原则是无过错责任，而证券中介机构的归责原则是过错推定责任。《最高人民法院关于审理证券市场虚假陈述侵权民事赔偿案件的若干规定》第 18 条第 1 款明确了证券服务机构的过错认定依据，即证券服务机构制作、出具的文件存在虚假陈述的，人民法院应当“按照法律、行政法规、监管部门制定的规章和规范性文件，参考行业执业规范规定的工作范围和程序要求等内容，结合其核查、验证工作底稿等相关证据，认定其是否存在过错”。在“五洋债案”①、“康美药业案”②等虚假陈述案件中，法院均采取“比例连带责任”的裁判思路，即根据过错程度判决各中介机构在具体比例范围内承担连带赔偿责任。

---

① 《证监会开出首张债券欺诈发行罚单对五洋建设等作出行政处罚和市场禁入》，载中国证券监督管理委员会官网，http://www.csrc.gov.cn/csrc/c100028/c1001237/content.shtml#:~:text=%E4%BA%94%E6%B4%8B%E5%BB%BA%E8%AE%BE%E9%80%9A%E8%BF%87%E7%B2%89%E9%A5%B0,%E5%85%91%E4%BB%98%E7%9A%84%E4%B8%A5%E9%87%8D%E5%90%8E%E6%9E%9C%E3%80%82，http://www.csrc.gov.cn/csrc/c100028/c1556048/content.shtml#:~:text=%E6%AD%A4%E6%AC%A1%E5%BA%B7%E7%BE%8E%E8%8D%AF%E4%B8%9A%E7%89%B9%E5%88%AB,%E8%80%85%E7%9A%84%E6%83%A9%E7%BD%9A%E5%92%8C%E9%9C%87%E6%85%91%E3%80%82，2024 年 6 月 28 日最后访问。

② 《全国首例证券虚假陈述责任纠纷集体诉讼案一审宣判》，载广州审判网，https://www.gzcourt.gov.cn/xwzx/about/2021/11/12160421701.html，2024 年 10 月 21 日最后访问。

6.7 A+H 股票发行上市信息披露的法律冲突

信息披露是发行人发行证券须履行的最重要的法律义务。在法律适用方面遵循的原则是：披露与股东有关的公司信息适用发行人本国法，包括旨在保护股东作为公司所有者的各种披露要求，如股东大会召开前的信息披露要求，这是关于“公司内部”（intra-corporate）运作的规则；披露与社会公众有关的信息适用目标市场法，这些规定旨在保护投资者的利益，保障市场运行的公平和效率。

虽然在信息披露方面存在发行人本国法和目标市场法相叠加的情况下，发行人同时符合两个规则的要求并不是特别困难，无非加重了信息披露的义务，但可能出现的情形是，目标市场法可能会针对外国发行人作出例外规定，豁免对某些信息的披露要求，从而减轻其信息披露负担。

香港证券市场对于股票上市实行强制性信息披露，联交所要求发行人在其上市申请文件通过审核后，在联交所指定的地点以指定的方式披露招股章程等全部上市申请文件。香港没有预先披露制度，但在 2006 年工商银行 A+H 同步发行上市中，香港联交所创新性地以网上资料集的方式，在工商银行 H 股发行中协调了 A 股发行的预先披露要求。2007 年 11 月 5 日，香港证监会与香港联交所联合发布了《试验计划——首次公开招股章程刊发前在香港交易所网站登载网上预览资料集》的政策声明，要求自 2008 年 1 月 1 日起，上市申请人须于向机构投资者发出有关上市信息及资料前，提交网上预览资料集给香港联交所，以供香港联交所在其网站上公布。2011 年 12 月 15 日，新华保险登陆香港联交所，2011 年 12 月 16 日登陆上海证券交易所沿用了工商银行的做法。2013 年 7 月 23 日，香港交易所发布公告，要求自 2013 年 10 月 1 日起，发行人在向香港联交所呈交上市申请时，应在香港交易及结算所有限公司“披露易”网站登载大致完备的申请版本，由刊载聆讯后资料集取代了原来登载网上预览资料集的规定。①

信息披露制度是2019年《证券法》修订重点之一，此次修订明确了发行人和中介机构在信息披露过程中的职责。全面注册制改革贯彻以信息披露为核心的监管理念。简单来说，发行人要“讲清楚”，承担第一位主体责任，要对信息披露的真实、准确、完整负责；中介机构要“核清楚”，对信息披露的真实、准确、完整进行核查验证，承担好把关责任。中介机构在信息披露中负有的是核查和验证义务。因此，中介机构应当按照法律、行政法规、部门规章、行业执业规范和职业道德等规定，在各自的工作范围和专业领域内勤勉尽责，以专业、审慎的原则从事核查、验证工作，完善内部风险控制机制，强化外部风险防范措施，切实履行资本市场“看门人”的职责。

而香港上市公司监管的核心也在于落实持续披露责任，须披露的事项主要为三类：一是按照法规要求及时公布须披露之内幕消息；二是避免出现虚假市场须披露的消息；三是响应交易所查询有关上市公司证券交易（股价/成交量）的异常波动。其他须披露的一般事项包括但不限于以下各项：财务业绩/报告（中期/年度），修订公司组织章程大纲或章程细则，董事会或监事会的人事变动，更换审计师、更改财政年度，更换公司秘书、股票过户登记处、注册住址，股本变更，股东会议通知。

《证券法》对首次公开发行股票的预披露制度和后续披露责任进行了规定。预先披露制度是将发行人申请首次公开发行股票的主要文件公布于众，如发现信息披露文件有不实、不完整或其他有碍发行的事项，均可向中国证监会举报。首次公开发行股票信息披露的主要文件是招股说明书，但招股说明书的内容是信息披露的最低要求，发行人应当对可能影响投资者合理判断的重大信息主动予以披露。我国内地A股发行的预先披露资料是《招股说明书（申报稿）》，其递交时间与发行人的保荐机构向中国证监会提交首次公开

① 李伟斌律师行：《A+H公司法律实务研析》，中国政法大学出版社2013年版，第273页。

发行股票的申请文件相同。预先披露的招股说明书不是发行人发行股票的正式文件，不能含有股票发行价格信息，发行人不得据此发行股票。但预披露的文件，也要遵守信息披露真实、准确、完整等要求，存在虚假记载、误导性陈述或者重大遗漏的，发行人也要承担相应法律责任。①

同业竞争和关联交易是 A+H 双重上市信息披露的特殊事项。关于同业竞争，根据香港联交所《上市规则》的规定，如果申请上市的公司，其股东在其他公司也拥有一定的股份，而这两个公司有可能发生竞争或者已经处于竞争的位置，则申请人须在上市申请文件中公开披露该竞争业务的情况、不能注入申请人的理由，以及可行的解决措施。但是如果 H 股发行人的控股股东是中国政府机构，而该控股股东除 H 股发行人外，在其他与 H 股发行人有竞争性业务的企业持有权益，则 H 股发行人可以向联交所申请豁免，并保证不会因该同业竞争行为而损害其他股东的利益。中国证监会对于同业竞争的接受程度较低，如果 A 股发行人与其控股股东、实际控制人及其控制的企业之间已经存在同业竞争，那么发行人必须在正式向中国证监会呈报发行申请文件之前，对同业竞争问题予以解决，否则中国证监会有可能不予核准发行人的股票发行。

关于关联交易，香港及内地监管规则均通过对发行人的股东、实际控制人及董事等关联人士的认定来确定关联自然人范围。关于发行人股东的关联人，香港《上市规则》定义为持有上市公司 10% 以上股份的自然人及其家庭成员，而内地 A 股则将持股 5% 以上的自然人及其关系密切的家庭成员确定为关联人。关于发行人管理层的关联人，香港《上市规则》和内地 A 股上市规则都将上市公司的董事、监事视为关联自然人，但香港仅将发行人的总经理列入关联自然人，而内地除了总经理外，还将公司副经理、财务负责人也列入关联自然人范围。此外，香港 H 股将上市公司实际控制人附属公司的董事和高级管理人员也认定为关联自然人，但实际控制人的董事和高级管理人

① 《监管规则适用指引——发行类第 3 号》。

员却不是关联人，而内地 A 股市场则恰恰相反。此外，联交所一般不会把中国政府机关列为 H 股发行人的关联人，但会要求 H 股发行人解释其与该中国政府机关之间的关系，并说明不应将该中国政府机关视为关联人士的理由。[①]

关于关联交易认定，香港联交所《上市规则》将上市公司与关联子公司之间的交易认定为关联交易，但内地 A 股则没有这样的规定。在关联交易的金额标准方面，香港 H 股和内地 A 股均需要根据交易金额和交易金额占比相结合的方式来确定关联交易的审议方式及程序。关于交易金额占比的具体标准，内地 A 股更倾向于选择以关联交易金额与上市公司净资产的比例来判断，而香港 H 股则可以选择适用资产比测试、代价比测试、收入比测试和股本比测试等四种方式。

在审议程序方面，香港 H 股与内地 A 股最大的区别是 H 股并没有关联交易需要董事会进行审议的相关规定，即除了依照香港联交所《上市规则》可以被豁免的关联交易外，其他所有关联交易都必须通过股东大会审议，且需要聘请独立财务顾问对关联交易的合规性出具专业意见。而根据我国内地 A 股上市规则的相关规定，关联交易通常先由董事会审议，并在审议通过后及时进行披露。对于超出董事会权限范围的关联交易还需提交股东大会审议批准。此外，我国内地 A 股市场将关联交易分为经常性关联交易和偶发性关联交易，要求 A 股发行人对关联交易及其对发行人财务状况和经营成果的影响进行专项分析与说明，并披露计划采取的避免或减少关联交易的具体措施。[②]

① 《上市规则》第 14A.10 条。

② 《招股说明书编报规则》第 55 条。

6.8 A+H 股票发行上市法律冲突的解决

6.8.1 A+H 股票发行上市相关法律渊源

跨境证券发行上市法律冲突主要表现在私法层面上，因为在公法层面上，如监管、行政责任追究和刑事责任追究等，任何国家都不允许其他国家公法领域的规则与自己国家公法领域的规则具有平等性，因而在一国之内只适用自己国家的公法规则。而对于外国公司跨境上市带来的私法层面的法律冲突，各国都通过寻求国际私法规则予以解决。其解决方式既有单边立法做法，也有国际协调（含签署国际条约）做法。

目前我国企业双重上市的国内法渊源，主要包括我国立法机关制定的与首次公开发行股票有关的法律法规和其他规定，如《公司法》、《证券法》、中国证监会制定的《首次公开发行股票注册管理办法》和上海证券交易所、深圳证券交易所的《股票上市规则》等。对于在香港证券市场发行 H 股的中国公司，法律渊源还包括 2023 年 2 月 17 日中国证监会新发布的《境内企业境外发行证券和上市管理试行办法》及配套的《监管规则适用指引——境外发行上市类第 2 号：备案材料内容和格式指引》、《监管规则适用指引——境外发行上市类第 3 号：报告内容指引》、《监管规则适用指引——境外发行上市类第 4 号：备案沟通指引》及《监管规则适用指引——境外发行上市类第 5 号：境外证券公司备案指引》等。

在国际协调方面，主要包括有关跨境证券发行的国际立法、参加的国际条约和签署的双边或多边条约等，包括国际证监会组织（IOSCO）制定的《多边备忘录》、中国证监会与境外国家或地区的证券监管机构签署的《证券期货监管合作谅解备忘录》等。[①] 除前述国际条约外，对 A+H 双重上市公司来说，还包括：1993 年 6 月中国证监会、香港证监会、香港联交所及上海和深圳证券交易所联合签署的《监管合作备忘录》，2007 年 3 月中国证监会与香港证监会签署的《监管合作备忘录》附函，以及 2013 年 8 月内地与香港签署的《〈内地与香港关于建立更紧密经贸合作关系的安排〉补充协议十》（CEPA10）等。中国证监会已同 67 个重要国家和地区的证券监管机构签署了双边监管合作谅解备忘录，在我国跨境证券监管中发挥了重要作用。如开曼群岛，作为全球第五大金融中心与第四大离岸金融中心，是众多国内大型企业出于境外上市等目的而注册离岸公司的首选地，与其签署《证券期货监管合作谅解备忘录》，将对此类企业利用全球资本进行融资、上市的行为加强监管。

6.8.2　A+H 股票发行上市法律争议的管辖

通常来说，由于跨境证券发行的复杂性，其所产生的不同法律关系需适用不同的准据法。以美国冲突法立法为例，因其各州都保留有相对独立的立法权，各有自己的私法制度，其冲突法主要针对的也是这种国家内部的洲际法律冲突。根据《美国第二次冲突法重述》的规定，跨境证券法律关系的适用规则主要包括证券（证券中间人）所在地法、合同自体法（当事人自由约定）、行为地法、公司设立地法等[②]，不同法律关系类型法律适用规则见表 6-5：

---

① 《中国证监会与境外证券（期货）监管机构签署的备忘录一览表（截至 2022 年 12 月）》，中国证券监督管理委员会官网，http://www.csrc.gov.cn/csrc/c100214/c7073540/content.shtml，2024 年 6 月 28 日最后访问。

② 邱润根：《外国公司跨境上市法律制度研究——欧美比较及启示》，华东政法大学 2011 年博士学位论文。

表 6-5　不同法律关系类型法律适用规则总结

法律关系类型	法律适用规则
证券性质 （证券确权）	**证券所在地法：** 第二百四十八条　1. 证券是否体现动产所有权，依证券签发时动产所在州的本地法。2. 在非转让双方当事人之间：（1）体现动产所有权的证券已有效转移时，该动产权益的转让效力，依转让时动产所在州法院将予适用的法律。（2）证券体现动产所有权时，该证券权益的转让效力，依转让时动产所在州法院将予适用的法律。法院通常适用其本地法决定此类问题。 第二百四十九条　1. 一证券是否体现某项权利，依支配该权利的法律。2. 在非转让双方当事人之间:（1）证券所体现的权利，其转让效力，取决于证券转让的效力。（2）体现某种权利的证券，其利益的转让效力，依转让时证券所在地法院将予适用的法律。法院通常适用其本地法决定此类问题。
证券交易	**合同自体法（当事人自主选择）:** 第一百八十六条　合同中的问题，依当事人根据第一百八十七条规则所选择的法律，或在当事人未作选择时，依照第一百八十八条规则所选择的法律。 第一百八十七条　1. 如果特定问题是当事人通过其合同对该问题的明示规定可以解决的，则依当事人选择用以支配其合同权利义务的州的法律。2. 即使特定问题是当事人通过其合同对该问题的明示规定所不能解决的，仍依当事人选择用以支配其合同权利义务的州的法律。 但下列情况除外：（1）被选择州与当事人或交易无重要联系，而且当事人的选择也无其他合理依据，或（2）适用被选择州的法律将违反某个在决定该特定问题上较被选择州有明显的更大利益的州的根本政策，而且根据第一百八十八条规则，该州将是当事人未作有效选择时应适用其法律的那个州。（3）无相反意思表示时，所选择的法律为该州的本地法。 第一百八十八条　当事人未作有效选择时的准据法：1. 当事人与合同的某个问题有关的权利义务，依在该问题上，按照第六条规定的原则，与该交易及当事人有重要联系的那个州的本地法。2. 当事人未对法律作有效选择时（见第一百八十七条），适用第六条的原则以确定准据法时应考虑的联系包括：（1）合同缔结地；（2）合同谈判地；（3）合同履行地；（4）合同标的物所在地，以及（5）当事人的住所、居所、国籍、公司成立地以及营业地。对这些联系将按照其对该特定问题的重要程度加以衡量。3. 除第一百八十九条、第一百九十条和第二百零三条另有规定外，如果合同谈判地与履行地在同一州时，通常依该州的本地法。

续表

法律关系类型	法律适用规则
证券服务合同	**合同自体法（当事人自主选择）；当事人未作有效的法律选择时，依合同要求在该处提供服务或服务之大部分的州的本地法：** 第一百九十六条　提供服务合同的有效性及由该合同产生的权利，在当事人未作有效的法律选择时，依合同要求在该处提供服务或服务之大部分的州的本地法。但在该特定问题上，按照第六条规定的原则，某另一州与该交易及当事人有更重要联系时除外。在后一种情况下，依该另一州的本地法。
代理关系	**最重要联系地法：** 第二百九十一条　被代理人与代理人相互间的权利和义务，可适用据第六条原则所确定的当事人及交易与其有最重要联系的州的本地法对该特定问题的规定。该法律可依第一百八十七条和第一百八十八条规定加以选择。
上市主体对投资者的虚假信息披露或欺诈	**侵权行为地法；最重要联系地法：** 第一百四十八条　1. 当原告因信赖被告的虚假陈述而遭受金钱损失，而且原告是在该虚假陈述作出及收到地州根据这种陈述采取行动时，当事人的权利义务依该州的本地法。但在该特定问题上，按照第六条规定的原则，某另一州与该事件及当事人有更重要联系时除外，在后一种情况下，依该另一州的本地法。2. 当原告根据这种陈述在该虚假陈述地州以外的一州中采取全部或部分行动时，法院为决定在该特定问题上与该事件及当事人有最重要联系的州，将至少考虑下述可能发生的联系：（1）原告根据被告的陈述而采取行动的地方；（2）原告收到该陈述的地方；（3）被告作出该陈述的地方；（4）当事人的住所、居所、国籍、公司成立地和营业地；（5）作为当事人间交易标的的有形物当时的所在地；（6）根据受被告引诱而签订的合同，原告将履行合同的地方。
公司主体资格、内部治理	**公司设立地法；最重要联系地法：** 第三百零一条　可同样由个人所为的法人行为，从中产生的公司对第三人的权利和义务，其法律选择的原则与适用于非法人间的法律原则相同。 第三百零二条　1. 第三百零一条规定以外的涉及公司权利和义务的问题，可适用据第六条原则所确定的与事件及当事人有最重要联系的州的本地法。2. 公司设立地州的本地法，决定此类问

续表

法律关系类型	法律适用规则
公司主体资格、内部治理	题。但在非常情况下，就该特定问题，另一州与事件及当事人有更重要的联系时除外。在此情况下，依该另一州的本地法。 第三百零三条　公司设立地州的法律决定公司的股东。但在非常情况下，就该特定问题，据第六条规定的原则，另一州与有关之人及公司有更重要的联系时除外。在此情况下，依该另一州的本地法。 第三百零四条　公司设立地州的本地法决定股东对公司事务管理的参与权、利益分配权、公司解散后资产的分割权以及发行新股的权利。但在非常情况下，就该特定问题，按照第六条规定的原则，另一州与该股东及该公司有更为重要的联系时除外。在此情况下，依该另一州的本地法。 第三百零五条　公司设立地州的本地法决定受托人能否就委托表决的股份行使表决权。但在非常情况下，就该特定问题，按照第六条规定的原则，另一州与该股东及该公司有更重要的联系时除外。在此情况下，依该另一州的本地法。 第三百零六条　股份占多数的股东人对公司及股份占少数的股东人所承担的义务，依公司设立地州的本地法。但在非常情况下，就该特定问题，按照第六条规定的原则，另一州与当事人及公司有更重要联系时除外。在此情况下，依该另一州的本地法。 第三百零七条　公司设立地州的本地法决定股东在对公司应缴份额、资产分担，以及对公司债权人所负债务方面应承担的义务及范围。 第三百零八条　公司设立地州对股东在应缴份额或资产分担，以及对公司债务的债权人方面应对公司承担的义务有规定的，其他州应予执行。 第三百零九条　董事或高级职员对公司、公司债权人以及股东的义务的存在和范围，由公司成立地州的本地法决定。但在该特定问题上，按照第六条规定的原则，另一州与当事人及交易有更重要的联系时除外。在此种情况下，依该另一州的本地法。
公司主体资格、内部治理	第三百一十条　公司成立地州对一董事或一高级职员所加之责任可在其他州执行。 第三百一十一条　除宪法规定的限制外，外州公司在一州从事商业或其他活动之前，是否必须符合该州在资格方面的条件，依该州的本地法。

跨境证券发行中，可能会由于发行人及其股东、董事和高级管理人员的不当行为而产生相应的法律责任，包括民事责任、行政责任和刑事责任。在证券发行中规定相应的民事责任，是为了规范发行人及其相关利益人的信息披露行为，保护证券市场投资者的合法利益。行政责任是证券监管机构对于证券发行的违法行为行使行政处罚权，而对于构成刑事犯罪的，则由司法机关进行刑事惩处。行政责任和刑事责任属于一国强制性法律规范的范畴，一般由证券发行地行政监管机构或司法机关管辖。本书将针对证券发行中的发行人及其股东、董事和高级管理人员的不当行为而产生的民事责任管辖相关法律冲突进行分析与阐述。

关于股票首次公开发行上市阶段的民事责任，主要是不当信息披露法律责任，包括虚假陈述、遗漏重大信息或信息不准确等情形。香港对于证券发行中涉及虚假陈述需承担的民事责任，主要由《公司条例》、《保障投资者条例》、《证券及期货条例》及《失实陈述条例》等进行规定。对于前述法例没有规定的内容，法院可以依据衡平法原则进行补充或自由裁量给予补偿。根据香港《保障投资者条例》的规定，如果发行人在股票发行中做出不实陈述，则发行人的董事，包括在任董事、将要担任董事的人士，以及“影子”董事，须承担相应的民事责任。香港《公司条例》也做了与《保障投资者条例》类似的规定，但将发行股份的招股章程涉及重大不实陈述而给投资者造成损失时，应当承担赔偿责任的人员范围扩大至公司的发起人及所有批准发出招股章程的人，包括发行人的保荐人。

我国《证券法》第78条、《最高人民法院关于审理证券市场虚假陈述侵权民事赔偿案件的若干规定》第20条对首次公开发行证券的信息披露责任进行了规定，并确定了相关的民事责任主体，包括发行人，发行人的董事、监事、经理等承担主要管理职责的人员，也包括发行人的保荐人和承销商及其直接责任人员，以及发行人的控股股东和实际控制人等，范围也非常广泛。如果发行人关于股票发行的招股说明书存在虚假记载、误导性陈述或重大遗漏，给投资者造成损失的，发行人须承担赔偿责任；除非前述具体承担信息披露责任的相关人士能够提供足够的证据，证明自己对发行人不当信息披露不存在过错，否则应承担连带赔偿责任。发行人的控股股东、实际控制人对招股说明书不实信息披露有过错的，亦须承担连带赔偿责任。

为了解决 A+H 双重上市公司在首次股票发行上市中涉及的法律适用冲突问题，内地证券监管机构和香港证监会、交易所等进行了多方的努力与探讨，为中国公司在香港发行 H 股搭建法律合作框架，并创建专门适用于 H 股公司的关于“股东公司权利”保护制度的“足够水平”标准。我国内地相关监管机构通过发布《境内企业境外发行证券和上市管理试行办法》等规范性文件，对境内企业境外发行进行了统一性规定。香港监管机构则通过对《上市规则》作相应的修改，对内地企业发行上市模式向注册制转变做出反应，从而达到两地对境内企业境外发行上市的监管趋于一致的目的。

根据《境内企业境外发行证券和上市管理试行办法》和香港联交所《上市规则》的相关规定，[①]A+H 双重上市公司的投资者与公司之间、投资者与 A+H 双重上市公司的董事之间、H 股股东与 A 股股东之间，基于发行人的章程或由于法定的权利义务而产生争议，或者由于公司事务而发生争议，应当通过申请仲裁的方式解决。争议当事人可以选择的仲裁机构有两个：中国国际经济贸易仲裁委员会（China International Economic and Trade Arbitration Center，CIETAC）和香港国际仲裁中心（Hong Kong International Arbitration Center，HKIAC）。当事人按照所选择仲裁中心的仲裁规则进行仲裁，并自愿接受仲裁裁决的约束。为解决仲裁过程中的法律适用问题，“香港委任了 6 名仲裁员加入中国国际经济贸易仲裁委员会的专门仲裁小组，同时内地也委任了 6 名仲裁员加入香港国际仲裁中心仲裁小组”。[②] 由于内地和香港都适用联合国《承认及执行外国仲裁裁决公约》（Convention on the Recognition and Enforcement of Foreign Arbitral Awards，New York Convention York，1958），争议当事人在收到仲裁裁决后，即可向对方所在地的人民法院申请认可并执行该

① 《上市规则》第 19A 章。
② 王春阁:《内地公司香港上市及两地监管合作研究》，北京大学出版社 2005 年版，第 61 页。

仲裁裁决。

关于A+H双重上市公司在股票公开发行过程中涉及虚假陈述等不当信息披露，以及有关H股股东身份确认等情形，相关的民事责任或争议可以适用股票发行地法律，由香港有管辖权的法院进行裁判，不适用仲裁方式解决。香港《公司条例》、《保障投资者条例》、《证券及期货条例》及《失实陈述条例》等相关条例，为香港市场的证券投资者构建了一个相对完善的权益保护机制，从法令层面对证券投资者的"法定民事诉讼权"进行了规定，使投资者在遭受损失时可以通过便捷的民事诉讼程序寻求法律帮助和救济。

香港和内地两地信息披露要求现已基本趋同，披露形式上均涵盖年报、半年报等定期报告和重大事件临时报告，披露内容主要涉及与发行人财务经营状况密切相关的信息；另外，根据港交所《上市规则》有关海外发行人的特别规定，A+H股发行人必须在香港同步披露其在A股市场公告的任何资料，[①]而新《证券法》也明确了境内外同步披露要求。[②]这意味着两地上市公司必须同时遵守内地和香港的信息披露法律规范。

对于未按规定披露信息或披露的信息存在虚假记载、误导性陈述或重大遗漏等信息披露违法行为，内地《证券法》规定了行政罚款责任。[③]香港《证券及期货条例》(SFO)则将信息披露违法行为分为未按规定披露内幕信息、向证监会提供虚假或具误导性资料、披露虚假或具误导性资料以诱导公众投资者进行相关证券交易三类，针对第一类和第三类违法行为，授权香港证监会在MMT[④]提起研讯程序，针对第二类违法行为则规定了刑事责任条款。[⑤]两地上市公司如存在财务数据造假、未披露关联交易等问题，则可能同时违反内地《证券法》和SFO等法律有关信息披露的规定。对于A股市场及存托凭

① 《上市规则》第13.10B条。

② 《证券法》第78条第3款。

③ 《证券法》第197条。

④ MMT是香港审理证券违法案件的专门法庭，其审理范围仅限于SFO第245条规定的六种市场失当行为，包括内幕交易、虚假交易、操控价格、披露关于受禁交易的资料、披露虚假或具误导性的资料以诱使他人交易、操纵证券市场。

⑤ SFO第307、384、277、298条。

证信息披露违规部分，中国证监会经调查审理后可直接作出行政处罚；对于港股市场信息披露违规部分，香港证监会经调查后可移交 MMT 审理或提起刑事诉讼。

在首例跨境内幕交易案[①]中，沪市上市公司中远海控收购港股上市公司东方海外，桑某作为中远海控财务顾问瑞银证券的高管，利用职务便利获悉前述内幕信息后将信息泄露给王某和陈某，后者利用本人开立及实际控制的他人港股通账户提前买入“东方海外”股票。该案并未进入行政处罚程序，而是直接移送刑事处理，2019 年 6 月 21 日，上海市第一中级人民法院认定桑某构成内幕交易、泄露内幕信息罪，王某和陈某构成内幕交易罪。2015 年 12 月至 2016 年 7 月，内地私募基金公司从业人员集中资管产品筹集资金，在香港开立沪股通证券账户，配合内地 A 股账户操纵“菲达环保”等 3 只沪市股票，也受到中国证监会行政处罚。

由于 A+H 双重上市公司的注册地及主要营业地都在内地，涉及不当信息披露的民事赔偿案件，香港投资者在得到香港特别行政区法院的胜诉判决后，若 H 股发行人不主动履行判决事项，则只能依据香港与内地签署的司法协助文件，向内地的法院申请认可及强制执行该香港特别行政区法院的判决书。所谓司法协助，是指根据国家或地区之间签署的条约或认可的互惠原则，一个国家或地区的司法机关提出或者接受另一个国家或地区的司法机关的请求，对于相关的司法行为予以承认并代为履行。可以申请司法协助的具体司法行为包括：送达诉讼文书、传唤证人、收集证据、承认和执行外国法院的判决和仲裁机构的裁决等。[②]但是，H 股投资者不应直接向内地人民法院申请认可和执行香港特别行政区法院的判决，而应先向做出终审判决的香港特别行政区法院提出申请，再由香港特别行政区法院向内地法院提起司法协助申请。

---

① 李秋霞：《内地与香港证券执法管辖权问题探析》，《金融法苑》2021 年总第 105 辑，载北京大学金融法研究中心网站，https://www.finlaw.pku.edu.cn/jrfy/gk/2021/2021zd105j/523527.htm，2024 年 6 月 28 日最后访问。

② 王福华：《民事诉讼法学》，清华大学出版社 2015 年版，第 529 页。

内地与香港之间关于司法协助的安排是2008年8月生效的《内地与香港特别行政区法院相互认可和执行当事人协议管辖的民商事案件判决的安排》(以下简称《2008年安排》,已失效)和《内地判决(交互强制执行)条例》(香港法例第597章)。根据前述两份文件的规定,内地与香港之间建立了关于民商事司法文书的相互委托送达、相互执行仲裁裁决和相互认可及执行当事人协议管辖的民商事案件判决等司法协助模式。经过多年发展,与香港、澳门共签署13项司法协助安排和1项司法协助文件,健全区际民商事司法协助体系。其中,与香港就判决相互认可和执行签署3项司法协助安排,实现90%以上民商事判决得到相互认可和执行;与澳门建立司法协助网络互通平台,实现民商事案件送达取证全流程在线完成;与香港、澳门分别建立仲裁程序相互协助保全机制,与香港签署相互执行仲裁裁决的补充安排,发布10件相互执行仲裁裁决典型案例。

最高人民法院和香港特别行政区政府律政司在2019年1月18日签订了《关于内地与香港特别行政区法院相互认可和执行民商事案件判决的安排》(以下简称《2019年安排》)。香港特别行政区立法会已于2022年10月26日通过相关的条例草案(《内地民商事判决(相互强制执行)条例》)。香港特别行政区法院正就相关常规、实务及程序订定一套规则。内地方面,最高人民法院也将就《2019年安排》的实施颁布司法解释。《2019年安排》是内地与香港在民商事裁判领域达成的第六项司法协助安排,不仅在适用范围上显著广于《2008年安排》,对于申请认可与执行的程序及异议与救济措施也作出了更详尽的规定,实施上更具可操作性。

2024年1月29日,《2019年安排》在内地与香港同时生效,标志着两地在法律规则衔接上实现新突破。相比于《2008年安排》,《2019年安排》取消了书面管辖协议的要求。《2008年安排》限于当事人在特定法律关系(即不包括雇佣合同、自然人消费、家庭事宜或者其他非商业目的的合同)中,通过书面方式明确指定香港或是内地法院享有排他性的管辖权的情形。《2019年安排》取消了排他性管辖条款的要求,代之以对原审法院管辖权的审查,请求认可与执行一方仅需证明原审法院依被请求方法律具有管辖权，这扩大了可以得到认可与执行的判决范围。

对于《2019 年安排》排除适用且无单独安排规定的判决，未来会通过最高人民法院与香港政府签署补充文件解决。比如，最高人民法院与香港特区政府已于 2021 年 5 月 14 日就事关跨境投资安全和营商环境优化的破产（清盘）协助问题签署并颁布会议纪要，由最高人民法院指定的内地试点城市（上海市、深圳市、厦门市）与香港开展互认和协助破产程序工作。

根据《2019 年安排》规定的具体条件，申请认可和执行的香港特别行政区法院的判决书、命令和诉讼费评定证明书等，应当是由终审法院、高等法院上诉法庭及原讼法庭和区域法院作出的生效判决。投资者申请认可和执行香港特别行政区法院生效判决的期限是两年，逾期则无权继续申请。但是，前述规定的适用范围非常狭窄，只有 H 股发行人与投资者之间涉及金钱给付关系的民商事合同争议的判决才可以申请内地法院的认可和执行，且双方对于香港特别行政区法院的管辖权有书面的、排他的约定。这一限定性条件事实上将 A+H 双重上市公司发生虚假陈述等不当信息披露行为时，投资者主张民事赔偿责任的案件排除在司法协助的范围之外，因为此类案件属于民事侵权纠纷，通常不会有直接的金钱给付安排，且不会对法院的管辖权进行专门的书面约定。

根据 2019 年签署并生效的《关于内地与香港特别行政区法院就仲裁程序相互协助保全的安排》（以下简称《仲裁保全安排》），香港成为内地对外提供仲裁保全协助的第一个，亦是唯一的司法管辖区。两地司法合作交流和跨境仲裁保全申请的数量稳步增长。2023 年，香港国际仲裁中心（HKIAC）处理了《仲裁保全安排》下的 19 例保全申请，包括财产和行为保全申请。前述申请共向 13 家内地法院提起，保全总金额达 35 亿元人民币（约 4.91 亿美元）。其中，内地人民法院裁定准许保全金额约 5.44 亿元人民币（约 7610 万美元）。自《仲裁保全安排》于 2019 年 10 月颁行至 2023 年年底，香港国际仲裁中心（HKIAC）共处理 105 例保全申请，并获悉内地法院裁定准许保全金额达158亿元人民币（约22亿美元）。[①]

综上所述，由于涉及不同法律体系及监管制度，A+H双重上市公司不仅要适应香港的证券法律及监管规则的规定，也要满足我国境内的监管要求，面对的法律法规和规则的差异非常多，法律冲突问题比单一市场的股票上市更为突出。法律冲突中的主体认许，是股票发行上市地法律对于A+H双重上市公司的法人人格和组织形式等方面的认可，由发行人的属人法决定，适用我国内地法律；而A+H双重上市公司的股票发行行为则适用发行地法律，应分别遵守香港和内地关于股票发行上市的条件和程序、公司治理、信息披露及相关民事责任等规定。

香港证券市场没有区分股票发行和上市程序，香港联交所作为股票发行的一线监管机构，对H股发行人的股票上市申请进行实质性审核，上市标准相对灵活。我国内地上市制度全面实行备案制后，中国证监会对A股发行条件和标准不再进行实质性审核，但并不是放松要求，而是同样将上市申请的审核权交给各个交易所。基于普通法系下投资权与管理权分离的公司治理理念，香港《上市规则》对于公司治理的关注重点是董事职责和作用，尤其是对于独立非执行董事的定位，几乎所有上市公司的重大事项都需要独立非执行董事发表意见。同时，香港非常重视中介机构对于H股发行人规范治理的影响，设定了保荐人、合规顾问、独立财务顾问和承销商等不同的角色，并将保荐人作为同意H股发行的批准人。内地证券发行上市备案制后，也广泛借鉴了香港的经验，加重了保荐人、证券公司和各个中介机构的专业责任和"看门人"责任。监事制度是我国内地独有的公司治理监督制度，中国证监会通过对发行人股东会、董事会和监事会的运行情况进行分析来判断A股发行人的公司治理水平是否符合首次公开发行股票的标准。

对于A+H双重上市公司分别适用香港和内地法律而产生的法律冲突，两地监管机构通过努力已建立协调解决机制，要求A+H双重上市公司在章程中

---

① 香港国际仲裁中心网站，https://www.hkiac.org/zh-hans/news/hkiac-releases-statistics-2023，2024年6月28日最后访问。

对香港和内地的法律差异进行统一，并强制性规定与 A+H 双重上市公司章程有关的争议通过仲裁方式解决。但是，内地和香港均实行强制性信息披露制度，若 A+H 双重上市申请人递交给中国证监会和香港联交所的股票发行上市文件存在重大遗漏、误导性信息和虚假信息，则 A+H 股票发行人及其股东、董事、监事、高级管理人员和其他人员将可能承担相应的法律责任，这由香港和内地有管辖权的法院进行裁判。

由于涉及 H 股公司的法律争议部分适用内地法律，由仲裁解决，而部分适用香港法律，由香港特别行政区法院裁决，但仲裁已经实现可以互相执行[①]，而法律判决则没有，因而需要建议启动司法协助。内地与香港之间关于司法协助的安排进行了广泛的合作，相信 A+H 双重上市公司涉及的不当信息披露民事赔偿案件，H 股投资者在遭受经济损失后的法律救济，很快会得到全面的协调解决，从而真正实现保护证券市场投资者合法权益的根本目的。

① 《最高人民法院关于内地与香港特别行政区相互执行仲裁裁决的补充安排》第 2 条。

图书在版编目（CIP）数据

中国公司 A+H 双重上市发行研究 / 朱宁著. -- 增订版. -- 北京 : 中国法治出版社, 2025. 9. -- ISBN 978-7-5216-5471-4

Ⅰ. F279.246

中国国家版本馆 CIP 数据核字第 20259RM591 号

责任编辑　李槟红　　封面设计　杨泽江

中国公司 A+H 双重上市发行研究

ZHONGGUO GONGSI A+H SHUANGCHONG SHANGSHI FAXING YANJIU

著者 / 朱宁

经销 / 新华书店

印刷 / 北京虎彩文化传播有限公司

开本 / 710 毫米 ×1000 毫米　16 开　　印张 / 22.75　字数 / 315 千

版次 / 2025 年 9 月第 1 版　　2025 年 9 月第 1 次印刷

中国法治出版社出版

书号 ISBN 978-7-5216-5471-4　　定价：88.00 元

北京市西城区西便门西里甲 16 号西便门办公区

邮政编码：100053　　传真：010-63141600

网址：http://www.zgfzs.com　　编辑部电话：010-63141671

市场营销部电话：010-63141612　　印务部电话：010-63141606

（如有印装质量问题，请与本社印务部联系。）